Güllemann | Veranstaltungsmanagement und Recht

Veranstaltungsmanagement und Recht

Vertrags- und Haftungsfragen bei Veranstaltungen, Events, Messen und Ausstellungen

Von

Prof. Dr. Dirk Güllemann

Fachhochschule Osnabrück,

Fakultät Wirtschafts- und Sozialwissenschaften

unter Mitarbeit von

Reza-René Mertens,

Rechtsanwalt

Deutsche Messe AG

5., neubearbeitete Auflage

 Luchterhand 2009

Bibliographische Information der Deutschen Bibliothek
Die Deutsche Bibliothek verzeichnet diese Publikation in der Deutschen Nationalbibliographie;
detaillierte bibliographische Daten sind im Internet über http://dnb.ddb.de abrufbar.

ISBN 978-3-472-07575-2

www.wolterskluwer.de

© 2009 Wolters Kluwer Deutschland GmbH, Luxemburger Straße 449, 50939 Köln
Luchterhand – eine Marke von Wolters Kluwer Deutschland

Umschlagkonzeption: Martina Busch, Grafikdesign, Fürstenfeldbruck
Satz: MainTypo, Frankfurt am Main
Druck und buchbinderische Verarbeitung: Wilhelm & Adam OHG, Heusenstamm

Gedruckt auf säurefreiem, alterungsbeständigem und chlorfreiem Papier.

Vorwort

Die Idee zu dieser Schrift entstand aufgrund längerer Lehr-, Forschungs- und Vortragstätigkeit im Bereich des Veranstaltungsmanagements. Die Begegnung mit Veranstaltungsfachleuten führte mir die Fülle von Rechtsproblemen vor Augen, mit denen diese tagtäglich konfrontiert werden und auf die sie, zumeist ohne spezifische juristische Vorbildung und zugleich unter Entscheidungsdruck, eine Antwort geben müssen. Das reicht von Alltagsfragen der Vertragsgestaltung bis hin zu Haftungsfragen, wenn beispielsweise der Star des Abends ausfällt oder sich verspätet oder aus ungeklärter Ursache eine Sprinkleranlage ausgelöst wird und dabei Equipment des Veranstalters oder Darstellers in Mitleidenschaft gezogen wird. Zuschauer können bei Großveranstaltungen durch Gedränge, Panik, Einsturz von Bauwerken oder Feuer Verletzungen davontragen.

Die Rechtsprobleme des Veranstaltungsmanagements sind in Wissenschaft und Praxis bislang noch wenig erschlossen. Abgesehen von vereinzelten Stellungnahmen und Gerichtsentscheiden fehlt bisher eine kompakte systematische und zugleich praxisbezogene Darstellung dieses Rechtsgebietes. Dem will diese Schrift abhelfen. Sie wendet sich besonders an alle, die berufsmäßig mit der Organisation von Veranstaltungen zu tun haben, wie Mitarbeiter von Kultur- und Jugendämtern und Rundfunkanstalten, Leiter von Hallenbetrieben, an Konzert- und Kongressagenturen, Gastspieldirektionen und Künstlermanager, an Eventagenturen, ferner an Darsteller, Besucher und Veranstaltungsteilnehmer, die mit einem einschlägigen juristischen Problem konfrontiert werden. Zielgruppe sind eben so sehr Juristen in Wissenschaft und Praxis, besonders in den rechtsanwendenden Berufen. Rechtsanwälte, die sich zum Fachanwalt Urheber- und Medienrecht ausbilden lassen, sind hier ebenfalls angesprochen. Schließlich wendet sich die Schrift an Studierende an Fachhochschulen und sonstigen Einrichtungen mit dem Ziel der Ausbildung zum Veranstaltungsfachmann und last but not least an Auszubildende im Ausbildungsberuf Veranstaltungskaufmann/Veranstaltungstechniker. Durch diverse workshops ist mir gerade die letztgenannte Zuhörerschaft besonders ans Herz gewachsen.

Der Beitrag versteht sich weniger als populärwissenschaftlicher Ratgeber denn als Versuch, dieses juristische Neuland wissenschaftlich fundiert und gleichwohl anschaulich zu erschließen. Im Interesse der Anschaulichkeit sind Grafiken eingefügt und Fallbeispiele behandelt, die ausschließlich aus der Praxis stammen. Um eine hohe Praxisnähe zu erreichen, werden zusätzlich zahlreiche Vertragsmuster einbezogen, die bei der Organisation von Veranstaltungen typischerweise benutzt werden. Prof. Günter Valjak, dem früheren Geschäftsführer der Stadthalle Osnabrück, bin ich dafür und für viele anregende Gespräche und Praxisbeispiele zu herzlichem Dank verpflichtet.

Die Mixtur einer systematischen, stark praxisbezogenen Darstellung mit Originalrechtsfällen ist am besten geeignet, bei Juristen wie Nichtjuristen ein Verständnis für die spezifischen Rechtsprobleme der Veranstaltungsbranche zu wecken. Besonders

Praktiker und Studenten sollen damit das nötige Rüstzeug für die Lösung einfacher bis mittelschwerer Fälle an die Hand bekommen.

Diesem Konzept folgen auch die Ausführungen in Kapitel V über Rechtsfragen bei Messen und Ausstellungen. Ich bin glücklich, dass mir mit Rechtsanwalt Reza-René Mertens von der Deutschen Messe AG ein ausgewiesener Experte des Messewesens tatkräftig zur Seite gestanden hat. Er hat nicht nur meine diesbezüglichen Beiträge kritisch begleitet, sondern sich selbst als Autor der Unterkapitel 2 und 4 sowie des Falles 4a und einiger Passagen zur MVStättV profiliert. Über diese harmonische Mitarbeit zwischen einem Praktiker des Messewesens mit wissenschaftlichen Ambitionen und einem Wissenschaftler mit praktischen Ambitionen freue ich mich sehr. Die rechtssystematischen Ausführungen zum Thema Messen und Ausstellungen schließen sowohl privatrechtliche Aspekte aus der Feder von Rechtsanwalt Mertens als auch öffentlichrechtliche Aspekte aus meiner Feder ein. Sie werden dann von mir nach bewährtem Vorbild anhand von 12 Original-Praxisfällen mit Lösungen anschaulich gemacht. Die Anregung zu den Fällen verdanke ich Frau Rechtsanwältin Birgit Rauschenberger von der Deutschen Messe AG, die mich in einem intensiven Dialog in die Besonderheiten des Messewesens eingeführt hat.

Dank schulde ich auch anderen, die mir gesprächsweise oder mit Rat und Tat zur Seite gestanden haben. Ausdrücklich bedanken möchte ich mich insoweit bei Lutz Hölschermann, Veranstaltungsleiter der Stadthalle Osnabrück, für langjährige fruchtbare Kooperation und vielfältige Anregungen.

Die Präsentation authentischen und aktuellen Faktenmaterials und die praxisbezogene, juristische Aufarbeitung soll über den engen Kreis der berufsmäßig Beteiligten hinaus eine breite Öffentlichkeit ansprechen. Es will kein Lehrbuch, sondern eine Art Basisreader des Veranstaltungsrechts sein. Damit soll auch das Verständnis für die Eigenheiten eines neuartigen Rechtsgebietes gefördert werden, das ich Anfang der 90er Jahre aus der Taufe heben durfte und das mir seither in Lehre und Forschung, als Vortragender und ausübender Künstler am Herzen liegt.

Über Fragen, Anregungen und Hinweise aus dem professionellen und studentischen Leserkreis freue ich mich.

Meine Anschrift lautet:

University of Applied Sciences, Postfach 1940, 49009 Osnabrück;
E-mail: guellemann@wi.fh-osnabrueck.de

Osnabrück, Januar 2009   Dirk Güllemann

Inhalt

Verzeichnis der Abbildungen

Abkürzungsverzeichnis

a.A.	anderer Ansicht
Abs.	Absatz
a.F.	alte Fassung
AFG	Arbeitsförderungsgesetz
AG	Amtsgericht
AGB	Allgemeine Geschäftsbedingungen
AGBG	Gesetz zur Regelung der Allgemeinen Geschäftsbedingungen
AktG	Aktiengesetz
AO	Abgabenordnung
AUMA	Ausstellungs-und Messe-Ausschuss der Deutschen Wirtschaft e.V.
AMB	Allgemeine Mietbedingungen
Anm.	Anmerkung
Art.	Artikel
Aufl.	Auflage
AZ	Aktenzeichen
BA	Bundesanstalt für Arbeit
BayObLG	Bayerisches Oberstes Landesgericht
Bekl.	Beklagte(r)
betr.	betreffend
BGB	Bürgerliches Gesetzbuch
BGBl.	Bundesgesetzblatt
BGH	Bundesgerichtshof
BGHZ	Amtliche Entscheidungssammlung des Bundesgerichtshofs in Zivilsachen
BImSchG	Bundes-Immissionschutzgesetz
Bl. … d.A.	Blatt … der Akten
B2B	Business to Business (Unternehmer zu Unternehmer)
B2C	Business to Consumer (Unternehmer zu Verbraucher)
BT-Dr.	Bundestags-Drucksache
bzgl.	Bezüglich
CeBIT	Centrum für Büro- und Informationstechnik
DAA	Deutsche Angestellten Akademie
DBA	Doppelbesteuerungsabkommen
ders.	derselbe
d.h.	das heißt
DMAG	Deutsche Messe AG Hannover
DWiR	Deutsche Zeitschrift für Wirtschaftsrecht
EGV	Vertrag zur Gründung der Europäischen Gemeinschaft
Einf.	Einführung
EntGFG	Entgeltfortzahlungsgesetz
etc.	et cetera

EU	Europäische Union
evtl.	eventuell
e.V.	eingetragener Verein
EVU	Energieversorgungsunternehmen
EVVC	Europäischer Verband der Veranstaltungs Centren e.V.
f.	folgende
ff.	fortfolgende
Fn.	Fußnote
GastG	Gaststättengesetz
GbR	Gesellschaft bürgerlichen Rechts
GEMA	Gesellschaft für musikalische Aufführungs- und mechanische Vervielfältigungsrechte
GG	Grundgesetz
ggf.	gegebenenfalls
GmbH	Gesellschaft mit beschränkter Haftung
grds.	grundsätzlich
GRUR	Zeitschrift Gewerblicher Rechtsschutz und Urheberrecht
GWB	Gesetz gegen Wettbewerbsbeschränkungen (Kartellgesetz)
h.M.	herrschende Meinung
HGB	Handelsgesetzbuch
Hrsg.	Herausgeber
i.d.F.	in der Fassung
IDKV	Internationaler Verband Deutscher Konzertveranstalter und Künstlervermittler e. V.
i.d.R.	in der Regel
IHK	Industrie- und Handelskammer
inkl.	inklusive
insb.	insbesondere
insg.	insgesamt
i.S.v.	im Sinne von
i.V.	in Vertretung, in Vollmacht
i.V.m.	in Verbindung mit
JuS	Juristische Schulung (Zeitschrift)
JZ	Juristenzeitung (Zeitschrift)
KuM	Kultur und Management, Handbuch
KuR	Kultur und Recht, Handbuch
KSchG	Kündigungsschutzgesetz
KSK	Künstlersozialkasse
KSVG	Künstlersozialversicherungsgesetz
LG	Landgericht
lt.	Laut
MDR	Monatsschrift für Deutsches Recht (Zeitschrift)
m.E.	meines Erachtens
MIH	Management Institut Herrenhausen
MüKo	Münchener Kommentar, Kommentar zum BGB

MVStättV	Muster-Versammlungsstättenverordnung
n.F.	neue Fassung
NJW	Neue Juristische Wochenschrift (Zeitschrift)
NJW-RR	NJW-Rechtsprechungsreport Zivilrecht (Zeitschrift)
NOZ	Neue Osnabrücker Zeitung
Nr.	Nummer
NStZ	Neue Zeitschrift für Strafrecht
NWB	Neue Wirtschafts Briefe
NZA	Neue Zeitschrift für Arbeitsrecht
o.ä.	oder ähnlich
OLG	Oberlandesgericht
Palandt/Bearbeiter	Kommentar zum BGB
PWW/Bearbeiter	Prütting/Wegen/Weinrich, BGB Kommentar
PAngV	Preisangabenverordnung
ProdHaftG	Produkthaftungsgesetz
pVV	Positive Vertragsverletzung
RA	Rechtsanwalt
Rn.	Randnummer
RGZ	Entscheidungen des Reichsgerichts in Zivilsachen
RVO	Reichsversicherungsordnung
S.	Seite
SchlHA	Schleswig-Holsteinische Anzeigen (Zeitschrift)
SGB	Sozialgesetzbuch
s.o.	siehe oben
sog.	sogenannte
st.Rspr.	ständige Rechtsprechung
StVG	Straßenverkehrsgesetz
StVO	Straßenverkehrsordnung
s.u.	siehe unten
u.a.	und andere, unter anderem
u.ä.	und ähnliches
UKlaG	Unterlassungsklagegesetz
U-Musik	Unterhaltungsmusik
UStG	Umsatzsteuergesetz
u.U.	unter Umständen
UWG	Gesetz gegen den unlauteren Wettbewerb
v.	vom
VA	Veranstalter
Var.	Variante
VDSM	Internationaler Verband der Stadt-, Sport- und Mehrzweckhallen e. V., jetzt EVVC = Europäischer Verband der Veranstaltungs-Centren e. V. (Berlin)
VersR	Zeitschrift für Versicherungsrecht
VersStVO	Versammlungsstättenverordnung
vgl.	vergleiche

VO	Verordnung
VVK	Vorverkauf
WahrnG	Urheberrechtswahrnehmungsgesetz
WRP	Wettbewerb in Recht und Praxis (Zeitschrift)
WuM	Zeitschrift für Wohnungswirtschaft und Mietrecht
z.B.	zum Beispiel
ZfS	Zeitschrift für Schadensrecht
Ziff.	Ziffer
z.T.	zum Teil
zzgl.	zuzüglich

Literaturverzeichnis

Andryk	Musikrechts-Lexikon, Der Wegweiser für das Musik-Business, 2000
AUMA (Hrsg.)	Die Messewirtschaft, Bilanz 2005, 2006 und 2007
Aunert-Micus/ Güllemann/Streckel/ Tonner/Wiese	Wirtschaftsprivatrecht, 3. Aufl. 2008 (zit: Gemeinschaftswerk)
Bamberger/Roth	Kommentar zum Bürgerlichen Gesetzbuch, 3 Bände, 2. Aufl. 2008 (zit: Bamberger/Roth/*Verfasser*)
Brandt u.a.	Studie Regionalwirtschaftliche Effekte der EXPO 2000 – Eine Schlussbilanz, Hannover 2001
Brox/Walker	Allgemeines Schuldrecht, 32. Aufl. 2007
Brox/Walker	Besonderes Schuldrecht, 33. Aufl. 2008
Bruhn	Kommunikationspolitik, 4. Aufl. 2008
Deutsche Messe AG	Geschäftsbericht 2005 und 2007
Dütz	Arbeitsrecht, 13. Aufl. 2008
Erman	BGB, Handkommentar in 2 Bänden, 12. Aufl. 2008 (zit.: Erman/*Bearbeiter*)
Fessmann	Theaterbesuchsvertrag oder wann krieg ich als Zuschauer mein Geld zurück, NJW 1983, S. 1164
Friauf	Kommentar zur Gewerbeordnung, 1999 (Loseblattsammlung)
Frotscher/ Kramer	Wirtschaftsverfassungs- und Wirtschaftsverwaltungsrecht, 5. Aufl. 2008
Führich	Reiserecht, Handbuch des Reisevertrags-, Reiseversicherungs- und Individualreiserechts, 5. Aufl. 2005 (zit: Führich)
Funke/Müller	Handbuch zum Eventrecht, 2. Aufl. 2003
Güllemann	Vertrags- und Haftungsfragen im Veranstaltungssektor, DWiR 1992, S. 360; Leistungsstörungen im Veranstaltungssektor, DWiR 1992, S. 405
Güllemann/Schmidt/ Erdmann	Rechtsfragen bei Eventagenturen unter öffentlich-rechtlichen Aspekten anhand von praktischen Beispielen: Eine Kurzdarstellung der Muster-Versammlungsstättenverordnung in: Handbuch Kultur und Recht, K2, Nov. 2004
Heinz	Reisevertragsrecht in der Praxis, 1990

Hirte Der praktische Fall: Bürgerliches Recht – Shakespeare im Regen, JuS 1992, S. 401

Jürgensen Basics zur Auslandssteuer, abrufbar unter www. kunstrecht.de

Kirchhof Kompaktkommentar Einkommensteuergesetz, 8. Aufl. 2008 (zit.: Kirchhof/*Bearbeiter*)

Kittner Schuldrecht, rechtliche Grundlagen – wirtschaftliche Zusammenhänge, 3. Aufl. 2003

Klunzinger Grundzüge des Gesellschaftsrechts, 14. Aufl. 2006

Knote »Umfunktionierte« Klassiker-Aufführungen ohne Hinweis – vertragsmäßige Theaterleistung?, NJW 1984, S. 1074

Köhler Unmöglichkeit und Geschäftsgrundlage bei Zweckstörungen im Schuldverhältnis, 1971

Kraft Urteilsanmerkung zur Entscheidung des OLG Bremen vom 18. 3. 1952, NJW 1953, S. 1751

Kreile/Becker Fachaufsatz GEMA, im Internet abrufbar unter www.gema.de/ fachaufsätze/gema.shtml (zit.: Fachaufsatz) urspr. Quelle: Handbuch der Musikwissenschaft (hrsg. Moser/Scheuermann), 6. Aufl.

dies. GEMA, in: Handbuch Kultur und Recht, Bd.1 B 3.6 (2001) (zit.Hdb.KuR)

Larenz Lehrbuch des Schuldrechts, Bd. 1, 14. Aufl. 1987

Löhr/Fischer Die MVStättV in Kürze, m+a report 2003, 51

Löhr/Gröger Bau und Betrieb von Versammlungsstätten, 2. Aufl. 2006

Lorenz/Riehm Lehrbuch zum neuen Schuldrecht, 2002

Medicus/Lorenz Schuldrecht I, Allgemeiner Teil, 18. Aufl. 2008

Michow Der Steuerabzug bei beschränkt steuerpflichtigen Künstlern und Produktionsgesellschaften in: Handbuch Kultur und Recht, Bd. 2, E 1.2

Münchener Kommentar zum Bürgerlichen Gesetzbuch 1994ff., Band 1, 4. Aufl. 2001; Band 4, 4. Aufl. 2005 (zit.: MüKo/*Bearbeiter*, Bd. 1 und MüKo/ *Bearbeiter*, Bd. 4)

Palandt Kommentar zum Bürgerlichen Gesetzbuch, 69. Aufl., 2009 (zit.: Palandt/*Bearbeiter*)

Peters Der verspätete Konzertbeginn, JuS 1993, S. 803

Prütting/Wegen/ Weinreich BGB-Kommentar, 3. Auflage 2008 (zit.: PWW/*Bearbeiter*)

Richardi Auswirkungen eines Arbeitskampfes auf Schuldverhältnisse mit Dritten, JuS 1994, S. 825

Roth Teilunmöglichkeit bei Typenkombinationsverträgen, JuS 1999, S. 220

Rundshagen Doppelbesteuerungsabkommen, in: Handbuch Kultur und Recht, Bd.2, E 1.3

Schlotmann Das Recht der Pauschalreise, 1993

Schwägermann Der Veranstaltungsmarkt, Skript FH Osnabrück 2008

Selinski/Sperling Marketinginstrument Messe, 1995

Stober Besonderes Wirtschaftsverwaltungsrecht, 14. Aufl. 2007

Tasch 50 Jahre Zukunft. Messen in Hannover 1947-1997, Hrsg. DMAG, 1997

Terbrack Kleine Handreichung für Veranstalter in Handbuch Kultur und Management, 2002, C 2.13

Tettinger/Wank Kommentar zur Gewerbeordnung, 7. Aufl. 2004

Ulmer/Brandner/ Hensen Kommentar zum AGB-Gesetz, 10. Aufl. 2006 (zit.: Ulmer/Brandner/Hensen/*Bearbeiter*)

Unverzagt/Meyer Die Verwertungsgesellschaften, in: Handbuch Kultur und Recht, Bd.1, B 3.1 (1998)

Vögl Veranstaltungsrecht, Leitfaden für Veranstalter in Österreich, 2. Aufl. 2004

Wolf/ Horn/Lindacher Kommentar zum AGB-Gesetz, 4. Aufl. 1999

o.V. Gemeinschaft der Großmessen: Die großen Messen in Deutschland, Broschüre der Messen Berlin, Düsseldorf, Frankfurt, Hannover, Köln und München, 1999

Zu diesem Buch

Das jetzt in der 5. Auflage erscheinende Buch geht ursprünglich auf eine Veröffentlichung zurück, die 1992 unter dem Titel »Veranstaltungsrecht« in der edition aragon (Moers) erschienen ist und seit 1999 in mehrfach überarbeiteten und erweiterten Fassungen im Luchterhand Verlag publiziert wird. Seine Konzeption orientiert sich an den Leitzielen

- einer systematischen und zugleich praxisorientierten juristischen Darstellung
- der Hervorhebung juristischer Grundbegriffe, die vor allem Nichtjuristen eine Basis geben soll
- der optischen Veranschaulichung durch zahlreiche Grafiken und Bilder
- der Darstellung und Lösung von Original- Praxisfällen
- der Wiedergabe von Musterverträgen
- und dem Abdruck unveröffentlichter Original-Urteile.

Die jetzige Auflage hat den gesamten Text aktualisiert und z.T. gestrafft.

Während der 1. Teil Vertrags- und Haftungsfragen des Veranstaltungsrechts (privates Veranstaltungsrecht) zum Gegenstand hat, werden im 2. Teil übersichtsartig die öffentlich-rechtlichen Rahmenbedingungen für Veranstaltungen behandelt (öffentliches Veranstaltungsrecht). Einen größeren Raum nimmt dabei das Versammlungsstättenrecht ein, das auf der Grundlage der aktuellen MVStättV 2005 beschrieben wird. Vor allem 7 Fälle mit Lösungen sollen das Verständnis für diese wichtige Materie wecken, an der kein Veranstalter und kein Betreiber vorbei kommt. Aktualisiert wurden auch die Ausführungen zu den weiteren öffentlich-rechtlichen Themen

- Künstlersozialversicherung
- GEMA
- Ausländersteuer.

Die jetzige Auflage befindet sich auf dem Stand von Dezember 2008.

1. Teil: Vertrags- und Haftungsfragen

I. Einleitung und rechtliche Grundlagen

»Das nächste Dorf hieß Farnham. Der Bader machte am Rande des Dorfes halt. Er nahm eine kleine Trommel und einen Stock aus dem Wagen, die er Rob reichte. »Trommle!« ... Rob schlug stolz die Trommel, angesteckt von der Aufregung, die sie auf beiden Seiten der Straße hervorriefen. »Heute Nachmittag gibt's Unterhaltung«, rief der Bader. »Anschließend werden menschliche Krankheiten und große und kleine medizinische Probleme behandelt ...«

Der Bader hielt auf dem kleinen Dorfplatz. Er hob vier Klappbänke vom Wagen herunter und stellte sie nebeneinander auf. »Das heißt Podium«, bezeichnete er Rob gegenüber die kleine Plattform, die damit entstanden war ...«[1]

Die kleine improvisierte Plattform aus dem Mittelalter, von der Noah Gordon hier erzählt, ist mittlerweile angewachsen zu Kongresshäusern, Messe- und Ausstellungshallen, zu Stadt-, Kultur- und Mehrzweckhallen. Bader und Schausteller, Gaukler und Bänkelsänger bauen sich ihr Podium längst nicht mehr selbst auf. Den heutigen Konzert-, Kongress- und Ausstellungsveranstaltern, Entertainern und Künstlern, Stars und Musikgruppen werden die »Bretter, die die Welt bedeuten«, in gut durchorganisierten Hallenbetrieben samt Technik und Personal aufgrund juristisch präziser Vereinbarungen überlassen. Diese vertraglichen Vereinbarungen zu analysieren und ihre juristischen Implikationen für Hallenbetreiber, Veranstalter, Darsteller, Veranstaltungsteilnehmer und -besucher darzustellen, ist Gegenstand der nachfolgenden Ausführungen. In einem ersten Zugang werden zunächst die Vertragsbeziehungen der Beteiligten anhand typischer Vertragsmuster systematisch dargestellt. In einem weiteren Abschnitt werden dann die Rechtsbeziehungen der Beteiligten zueinander anhand praktischer Fälle behandelt.

Vorab ein Blick auf die rechtlichen Grundlagen des Veranstaltungsrechts:

Zunächst ist festzustellen, dass es keine zusammenfassende Regelung des Veranstaltungsrechts in Deutschland gibt. Betrachtet man die zivil- und öffentlich-rechtlichen Rechtsquellen des Veranstaltungsrechts, so ergibt sich folgendes:

Im Zivilrecht sind vor allem die Regelungen des BGB im Allgemeinen Teil und im Schuldrecht relevant. Hier interessieren besonders die Themenbereiche:

- Zustandekommen von Verträgen (§§ 145 ff. BGB)
- Form, Anfechtbarkeit, Nichtigkeit von Willenserklärungen (§§ 119 ff. BGB)
- Stellvertretung (§§ 164 ff. BGB)
- Allgemeine Geschäftsbedingungen (§§ 305 ff. BGB)
- Recht der Leistungsstörungen, insbesondere Unmöglichkeit (§§ 275 ff., 326 BGB), Schuldnerverzug (§§ 286 ff. BGB), Annahmeverzug (§§ 293 ff. BGB), allgemeine Pflichtverletzung (§§ 280 ff. BGB) sowie Störung der Geschäftsgrundlage (§ 313 BGB)

---

1 *Noah Gordon* Der Medicus, Knaur München 1990, S. 49.

- Gewährleistung für Mängel beim Kauf (§§ 434 ff. BGB), bei der Miete (§§ 536 ff. BGB), beim Werkvertrag (§§ 634 ff. BGB) und beim Pauschalreisevertrag (§§ 651 c ff. BGB)
- Haftung im Rahmen von Verträgen (§§ 280, 276, 278 BGB) und Deliktshaftung (§§ 823 ff., 831 ff. BGB) mit ihren Folgen (§§ 249 ff., 843 ff. BGB)

Im öffentlichen Recht sind besonders folgende Bereiche von Bedeutung:

- Das Versammlungsstättenrecht, insbesondere die MVStättV 2005
- Die Künstlersozialversicherung
- Die Ausländersteuer
- Das Recht der Verwertungsgesellschaften, besonders der GEMA
- Die Gewerbeordnung insbesondere zum Thema Messen und Ausstellungen
- Das Gaststättenrecht

Das Buch stellt die zivilrechtlichen Fragen in den Vordergrund, informiert aber in Teil 1 Kap. V und in Teil 2 auch über grundlegende öffentlich- rechtliche Fragestellungen.

II. Die Vertragsbeziehungen zwischen dem Hallenbetreiber einerseits und Veranstaltern, Darstellern, Veranstaltungsteilnehmern und Besuchern andererseits

1. Rechtlicher Ausgangspunkt

Am Anfang steht eine **einfache Primärbeziehung** zwischen Besucher und Darsteller, wie sie oben beim Auftritt des Baders vor einer Menschenmenge geschildert wird. Unter **Darsteller** soll in einem weiten Sinn jeder verstanden werden, der vor einem Publikum eine Darbietung erbringt, sei es als Künstler, Artist, Sänger, Musiker, Schauspieler, Clown, Pantomime, Kabarettist, Schausteller, Aussteller o.ä. Die geschilderte einfache Primärbeziehung trifft der Besucher heutzutage etwa beim Besuch einer Kabarettveranstaltung an, die ein Kabarettist in eigenen Räumlichkeiten darbietet. Dieser ist zugleich Darsteller und Veranstalter.

Unter dem Begriff **Veranstalter** soll derjenige verstanden werden, der eine Veranstaltung eigenverantwortlich im eigenen Namen und auf eigene Rechnung durchführt.[2] Wer als Veranstalter gewerblich tätig wird, also nachhaltig, selbständig und mit Gewinnerzielungsabsicht, muss dies nach § 14 GewO der zuständigen Behörde anzeigen. Eine darüber hinaus gehende Genehmigungspflicht besteht nicht. Insbesondere bedarf es also keines Befähigungsnachweises.

Vielfach hängt das Gelingen von Veranstaltungen von der Mitwirkung weiterer Personen ab (z.B. Choristen, Orchestermusiker, Statisten, Tontechniker, Beleuchter etc.), die ich als **Veranstaltungsteilnehmer** bezeichnen möchte. Darunter sollen Mitwirkende verstanden werden (also nicht Besucher), die aktiv an der Durchführung einer Veranstaltung beteiligt sind, aber im Unterschied zu den eigentlichen Darstellern weniger spektakulär und zumeist namenlos in Erscheinung treten.

---

2 *Vögl* S. 20 definiert für Österreich in Anlehnung an das Wiener Veranstaltungsgesetz den VA als denjenigen, »der die VA im eigenen Namen ankündigt bzw. durchführt, oder sich der Behörde gegenüber als VA deklariert, oder für dessen Rechnung die VA erfolgt«.

Bild 1: Rechtsbeziehung Veranstalter – Besucher

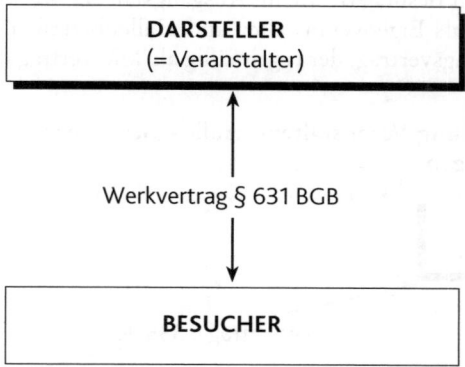

Nach diesen Begriffsdefinitionen zurück zum Ausgangsbeispiel des Kabarettisten, der Darsteller und Veranstalter in einer Person ist, und den Rechtsbeziehungen zum Publikum. Wenn er seinen Besuchern gegen Zahlung einer Eintrittskarte das angekündigte Programm verspricht, bietet er ihnen rechtlich eine Werkleistung bei gleichzeitiger Benutzung eines Sitzplatzes an. Es handelt sich demzufolge um einen Werkvertrag i.S.v. § 631 BGB mit untergeordneten mietvertraglichen Elementen. Allgemein gesprochen, lassen sich die Rechtsbeziehungen zwischen einem Veranstalter und einem Besucher regelmäßig als Werkvertrag charakterisieren. Der Veranstalter schuldet dem Besucher bei einer künstlerischen, aber auch bloß unterhaltenden oder sonstigen Darbietung nicht nur eine reine Tätigkeit im Sinne eines Dienstvertrages (§ 611 BGB), sondern typischerweise ein Werk, mithin ein bestimmtes Ergebnis (§ 631 BGB).[3] Wird dem Zuschauer zusätzlich ein Sitzplatz versprochen, tritt noch ein mietvertragliches Moment zum Werkvertrag hinzu.

2. Der Hallenbetreiber als Vermieter

Diese einfache Rechtsbeziehung wird rechtlich komplizierter durch das Hinzutreten von Hallenbetreibern, die ihre Räumlichkeiten und ihre Organisation zur Verfügung stellen oder sogar die Veranstaltung selbst übernehmen.

Zu der Primärbeziehung zwischen Darsteller und Besucher treten Sekundärbeziehungen zum Hallenbetreiber.

Beispiele:

Ein bekannter Reiseschriftsteller tritt mit seiner Diashow als Eigenveranstalter in einer Stadthalle auf.

oder:

Eine Volkstheatergruppe (nicht eingetragener Verein) führt als eigener Veranstalter ein Lustspiel in einem gemeindlichen Kulturzentrum auf.

---

3 Für einen Werkvertrag mit mietrechtlichem Einschlag auch MüKo/*Müller-Glöge* § 611 Rn. 136; MüKo/*Soergel* § 631 Rn. 245; Palandt/*Sprau* Einf. vor § 631 Rn. 29; *Bamberger/Voit* § 631 Rn. 11; PWW/*Leupertz* vor § 631 bis 651 Rn. 16, *Roth* JuS 1999, 220; AG Aachen NJW 1997, 2058; AG Herne NJW 1998, 3651; AG Hannover NJW 1991, 1219 (bzgl. Rockkonzert); BGH VersR 1957, 228. Speziell zum Theaterbesuchsvertrag u. den Folgen bei einer nicht werkgetreuen Aufführung AG Bonn NJW 1983, 1200; *Fessmann* NJW 1983, 1164; *Knothe* NJW 1984, 1074.

In beiden Fällen bestehen zwischen den Darstellern, die die betreffende Veranstaltung durchführen, und den Besuchern wie im Ausgangsfall ein Werkvertrag und zusätzlich zwischen Darsteller als Eigenveranstalter und Hallenbetreiber ein zumeist entgeltlicher Raumüberlassungsvertrag, der regelmäßig als Mietvertrag deklariert wird.

Bild 2: Rechtsbeziehung Veranstalter – Halle – Besucher bei Fremd-
veranstaltungen

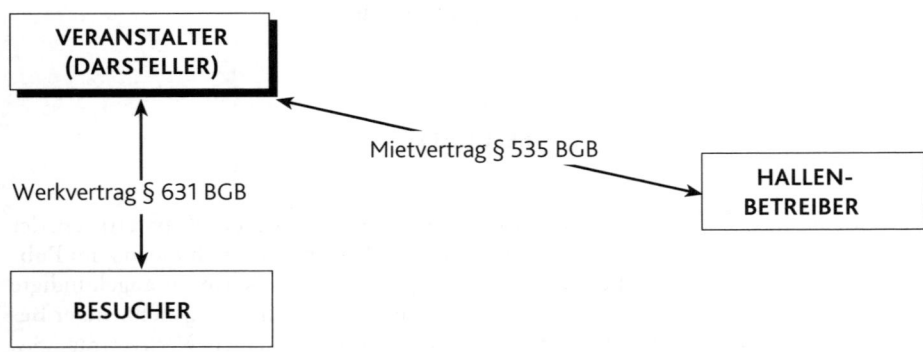

Die üblicherweise verwendeten Vertragsmuster betonen ausdrücklich den mietvertraglichen Charakter der Nutzungsverhältnisse.

So heißt es im **Vertragsmuster 1:**

MIETVERTRAG

Zwischen der Bürgerhaus Bergischer Löwe GmbH ..., vertreten durch den Geschäftsführer ...

– Vermieter –

und der ... vertreten durch

– Mieter –

wird folgender Mietvertrag geschlossen:

§ 1

Der Vermieter vermietet von den in der Entgeltordnung des Bürgerhauses Bergischer Löwe GmbH bezeichneten Räumen zur Durchführung einer

folgende Räume:

für die Zeit am:

§ 2

Die Konkretisierung des Mietobjektes erfolgt im Mietvertrag.

Die Benutzungsordnung des Bürgerhauses Bergischer Löwe GmbH ist wesentlicher Bestandteil dieses Vertrages.

In der zitierten Benutzungsordnung wird nochmals betont:

Das Verhältnis zwischen Vermieter und Mieter wird durch Mietvertrag geregelt.

Das **Vertragsmuster 2**[4] ist ausdrücklich überschrieben mit

Allgemeine Mietbedingungen

und setzt fort:

---

§ 1 VERTRAGSGEGENSTAND

1. *Mietvertragsgegenstand ist:*

   Die Anmietung von Hallen, Räumen, Flächen des Gesamtobjektes sowie andere Einrichtungen und evtl. das Restaurant.

   Die Konkretisierung des Mietobjektes erfolgt im Mietvertrag.

(…)

§ 2 VERMIETER

Der Vermieter ist die im Einzelvertrag bezeichnete Halle.

Das **Vertragsmuster 3** tituliert abweichend davon den Vertrag im Hinblick auf die Zielsetzung als

---

Veranstaltungsvertrag

zwischen

1. *der Osnabrücker Veranstaltungs- und Kongress GmbH*

   – nachfolgend GmbH genannt –

und

2. *…*

   – nachfolgend Veranstalter genannt –

zur Durchführung der Veranstaltung:

---

betont jedoch sodann in

---

4 Internationaler Verband der Stadt-, Sport- und Mehrzweckhallen e.V. (VDSM), der inzwischen Europ. Verband der Veranstaltungs-Centren e.V. (EVVC) heißt. Die zitierten Bestimmungen haben sich nur wenig geändert.

> **§ 1**
>
> *Die GmbH vermietet am*
>
> *...*
>
> *folgende Räumlichkeiten:*
>
> *...*

Unverkennbar steht bei sämtlichen Verträgen die Überlassung des Mietobjektes an den Veranstalter im Vordergrund, so dass der Mietvertrag nach § 535 BGB den Kern des Vertrags charakterisiert. Vielfach treten noch allgemeine und technische Dienstleistungen hinzu, wie Werbung, Kartenverkauf, Dekoration, besondere technische Einrichtungen, Beleuchtung, Beschallung, Bewirtung, Aufsicht, Kontrolle, Pressebetreuung etc. Die Mietverträge weisen dann noch dienst-, werk- und geschäftsbesorgungsrechtliche Aspekte auf (§§ 611, 631, 675 BGB).

Bemerkenswert ist, dass das Konzept einer hauptsächlich mietvertraglichen Ausgestaltung der Nutzungsverhältnisse nicht nur bei den Hallen und Objekten zugrunde gelegt wird, die privatrechtlich in der Form einer GmbH geführt werden, sondern auch bei Eigen- und Regiebetrieben in öffentlichrechtlicher Trägerschaft. So sind z.B. die Rheingoldhalle in Mainz oder die Beethovenhalle in Bonn städtische Einrichtungen; theoretisch könnten hier die Nutzungsverhältnisse zu den Benutzern solcher kommunalen Einrichtungen auch öffentlich-rechtlich konzipiert sein. Tatsächlich ist dies jedoch nicht der Fall, sondern es werden privatrechtliche Nutzungsverhältnisse in Form von Mietverträgen gewählt, die durch »Allgemeine Mietbedingungen« standardisiert sind.

Im **Vertragsmuster 4** heißt es etwa:

> **1. Zweckbestimmung, Geltungsbereich**
>
> *1.1 Die Beethovenhalle wird als Mehrzweckhalle betrieben. In erster Linie soll sie eine Stätte der Musikpflege sein.*
>
> *1.2 Diese Allgemeinen Mietbedingungen gelten für alle in der Beethovenhalle stattfinden den Veranstaltungen. (...)*
>
> **2. Vertragsgegenstand**
>
> *2.1 Mietgegenstände sind:*
>
>   *Räume, Flächen, Inventar, Werbeflächen und der Parkplatz der Beethovenhalle.*
>
> *(...)*
>
> **3. Vermieterin**
>
>   *Vermieterin ist die Stadt Bonn*

Im Ergebnis lässt sich also feststellen, dass die juristische Organisationsform – eigenständige privatrechtliche GmbH oder unselbständige öffentlich-rechtliche Einrichtung – die Ausgestaltung der Nutzungsverträge nicht präjudiziert und diese durchgängig als privatrechtliche Mietverträge konzipiert sind.

Die Organisationsform hat – abgesehen von den internen haushaltsrechtlichen Folgen und den Möglichkeiten der Einflussnahme auf die Geschäftsführung – nach außen hin nur Bedeutung bzgl. der Fragen, wer der verantwortliche Ansprechpartner und der etwaige Vertragspartner des Veranstalters ist:

Ist die Halle eine GmbH, so ist diese als juristische Person der Ansprech- und Vertragspartner und wird durch ihren Geschäftsführer vertreten.

Handelt es sich um den unselbständigen Betrieb einer Stadt (Kommune), so ist diese der Vertragspartner und müsste dementsprechend bei etwaigen streitigen Auseinandersetzungen mit dem Mieter selbst klagen oder verklagt werden.

Wer der Ansprechpartner des Mieters ist, hängt bei öffentlich-rechtlicher Organisation davon ab, ob ein Eigen- oder Regiebetrieb vorliegt:

a) Wird die Halle als **Eigenbetrieb** geführt, so ist ein städtischer Beamter oder Angestellter für den laufenden Betrieb verantwortlich.

b) Wird die Halle als **Regiebetrieb** geführt, sind praktisch verschiedene Ämter für die einzelnen Aufgaben zuständig: Das Verkehrsamt für die Reservierung, das Hochbauamt für den Betrieb und die Unterhaltung, das Personalamt für den Personaleinsatz.

Schließlich ist darauf hinzuweisen, dass nach allen Vertragsmustern der Mieter der Räumlichkeiten gleichzeitig als **Veranstalter** deklariert wird. Dies betont nicht nur das bereits zitierte Vertragsmuster 3 in Titel und Rubrum, sondern etwa auch das **Vertragsmuster 2**, wo es heißt:

---

§ 3 Mieter/Veranstalter

1. *Der im Mietvertrag angegebene Mieter ist für die in den gemieteten Räumlichkeiten bzw. auf dem gemieteten Gelände durchzuführende Veranstaltung gleichzeitig Veranstalter.*

Damit wird unterstrichen, dass der Mieter die Veranstaltung eigenverantwortlich im eigenen Namen und auf eigene Rechnung durchführt. Besonders der Gesichtspunkt der Verantwortlichkeit wird in den Vertragsmustern hervorgehoben, so etwa in Fortsetzung von § 3 im gerade genannten **Vertragsmuster 2:**

---

2. *Auf allen Drucksachen, Plakaten, Eintrittskarten, Einladungen etc. ist der Veranstalter anzugeben, um kenntlich zu machen, dass ein Rechtsverhältnis zwischen Veranstaltungsbesucher und Mieter besteht, nicht etwa zwischen Besucher oder anderen Dritten und dem Vermieter.*

3. *Der Mieter hat dem Vermieter einen Verantwortlichen zu benennen, der während der Benutzung des Mietobjekts anwesend und für den Vermieter erreichbar sein muss.*

Daraus ist ersichtlich, dass es dem Vermieter darauf ankommt, die Verantwortungsbereiche entsprechend den in Bild 2 schematisierten Vertragsbeziehungen klar voneinander abzugrenzen. Die Vertragsbeziehungen sollen seitens des Vermieters auf das

Verhältnis zum Mieter/Veranstalter begrenzt bleiben und nicht auf Besucher und andere Dritte ausgeweitet werden. Ob diese strikte Begrenzung freilich im Hinblick auf Haftungsfragen durchzuhalten ist, erscheint wegen des Schutzcharakters des Mietvertrages fraglich. Eine gewisse **Schutzwirkung zugunsten Dritter** (z.B. der Veranstaltungsteilnehmer und Besucher) wird man auch dem Hallenmietvertrag grundsätzlich zuerkennen müssen. Dies soll in den Fallbeispielen 8 und 10 näher verdeutlicht werden.

Um ein Beispiel für einen in der Veranstaltungsbranche typischen Mietvertrag zu geben, wird auf das im 3. Teil abgedruckte Muster verwiesen.

3. Der Hallenbetreiber als Eigenveranstalter

Die Rechtsbeziehungen des Hallenbetreibers sind völlig anders geartet, wenn er nicht bloß seine Räumlichkeiten für eine fremde Veranstaltung zur Verfügung stellt, sondern eigenverantwortlich eine Veranstaltung im eigenen Namen und auf eigene Rechnung durchführt. Der Hallenbetreiber engagiert beispielsweise einen Autor, Liedersänger, Kabarettisten, Musiker oder eine Gruppe für einen Auftritt, veranstaltet ein Stadtfest, Musiktage oder eine Ausstellung u.ä. In all diesen Fällen übernimmt er das wirtschaftliche Risiko der Veranstaltung. Das bedeutet zunächst:

Wie bei kulturellen Veranstaltungen häufig, muss er die finanziellen Verluste tragen, wenn die Ausgaben höher sind als die Einnahmen, während er bei einer bloßen Vermietung in jedem Fall den Mietzins erhalten und der Mieter das wirtschaftliche Risiko getragen hätte. Andererseits würde der Gewinn bei einer gut besuchten Veranstaltung voll dem Hallenbetreiber zufließen und er müsste nur das vereinbarte Honorar an den Darsteller zahlen.

Juristisch gesehen steht der Hallenbetreiber als Eigenveranstalter in einer doppelten Rechtsbeziehung und damit doppelten Verantwortung:

Zum einen schließt er mit den Darstellern, die in seiner Veranstaltung auftreten, in der Regel einen Werkvertrag (§ 631 BGB), insbesondere dann, wenn es um eine künstlerische Wertschöpfung geht.[5] Insoweit ist er »Besteller« eines Werks, das er dem Künstler oder Ensemble honorarmäßig zu vergüten hat. Zum anderen ist er selbst im Verhältnis zu den Besuchern »Werkunternehmer« i.S.v. § 631 BGB, indem er diesen gegen Zahlung einer Vergütung in der Hauptsache die Durchführung eines Konzerts, einer Theaterveranstaltung oder einer Show verspricht.[6] Hinzu kommt ein mietrechtlicher Einschlag bezüglich des Platzes.

---

5   OLG München NJW-RR 2005, 616; Palandt/*Sprau* Einf. vor § 631 Rn. 29; MüKo/*Soergel* Bd. 1,
    § 631 Rn. 244, 245; PWW/*Leupertz* vor § 631 bis 651 Rn. 16.
6   Vgl. Fn. 3.

Bild 3: Rechtsbeziehung Halle – Darsteller – Besucher bei Eigenveranstaltungen

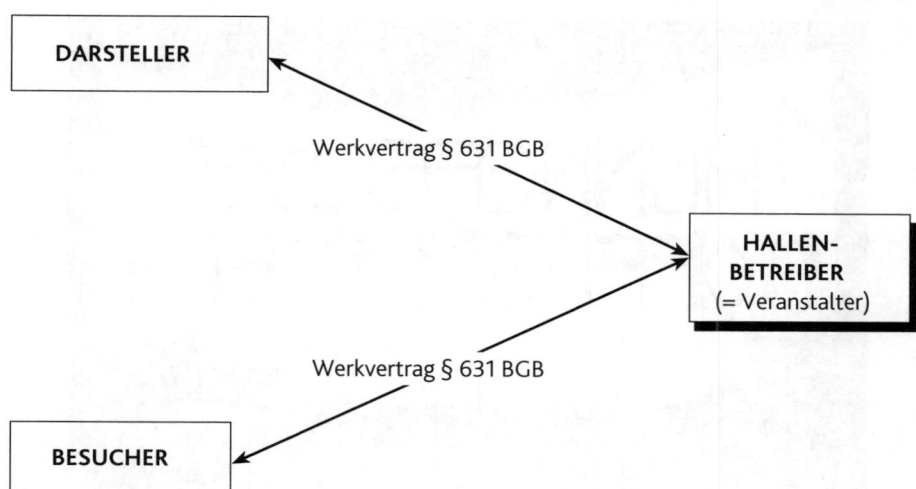

Ein schönes Beispiel für eine solche Konstellation stellt das nachfolgende Open-air-Event dar. Die Schlossbesitzer haben hier auf ihrem Schlosshof eine Shakespeare-Aufführung von »Ende gut, alles gut« veranstaltet, die von der Theatergruppe POETEN-PACK aufgeführt wurde. Juristisch sind Schlossbetreiber und Veranstalter identisch; sie haben mit der Theatergruppe einen Werkvertrag zwecks Aufführung des Shakespeare-Stücks geschlossen und zugleich mit den etwa 500 Besuchern pro Abend fernmündliche Besucherverträge abgeschlossen, die gleichfalls im Kern Werkverträge mit mietvertraglichen Elementen (Sitzplatz-Nutzung sowie Gartennutzung zum Picknicken) darstellen.

Bild 4: Plakat » 1. Hünnefelder Hoffestspiele«

Im Innenhof von Schloß Hünnefeld präsentiert das in Potsdam
ansässige, professionelleTheaterensemble POETENPACK von
William Shakespeare "Ende gut, alles gut".
Am 23. und 24. Juni 2006, jeweils um 20.00 Uhr.
Der Einlass wird bereits ab 17.00 Uhr stattfinden, hier können
Theatergäste in dem um 1800 angelegten englischen Landschaftspark
ihr eigenes, mitgebrachtes Picknick genießen, oder sich im
Café Alte Rentei verpflegen lassen.
Einlass zur Vorstellung um 19.00 Uhr. Freie Sitzwahl!
Eintritt: 25 €
Kartenvorverkauf bei:
Bad Essen Tourist- Information 05472 / 94920
Wiehen- Buchhandlung, Lindenstraße 56, Bad Essen 05472 / 1049
Sparkasssse Osnabrück, Filiale Bad Essen
Café Alte Rentei, Schloß Hünnefeld 05472 / 4962
Mi. bis Fr. von 15.00 bis 18.30 Uhr, Sa. + So. 11.00 bis 18.30 Uhr
Keine Abendkasse!
Wegbeschreibung und Parkmöglichkeiten:
B 65 Richtung Bad Essen, bis Ortschaft Wehrendorf,
hier Richtung Bohmte über den Mittellandkanal (L 85 Bohmter Str.),
erste Einfahrt rechts ins Gewerbegebiet, hier Parkmöglichkeiten.
Fußweg: 1,3 km. Auf Wunsch Busshuttle bis zum Schloss.
Zufahrt über Harpenfeld ist gesperrt.

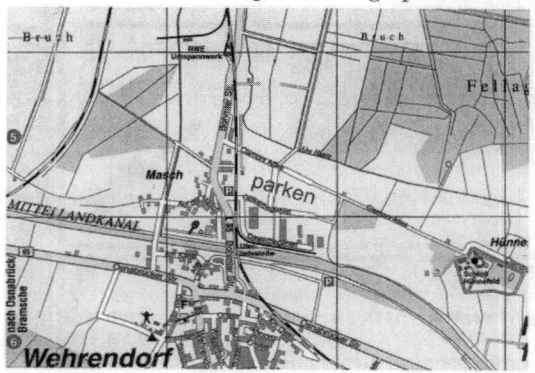

Während die Besucherverträge zumeist formlos abgeschlossen werden (im obigen Beispiel fernmündlich) und damit auch für vertragliche Vereinbarungen abweichend vom
Werkvertragsrecht des BGB kaum Raum bleibt (abgesehen von Aufdrucken auf Eintrittskarten[7] oder Aushängen), werden Gastspiel- oder sonstige Aufführungsverträge
vorwiegend schriftlich abgefasst. Neben den im Einzelnen ausgehandelten Individual-

---

7   Das LG München NJW 1991, 1491 hat in diesem Zusammenhang Klauseln auf Eintrittskarten
     wegen Verstoß gegen das AGBG (heute: §§ 307-309 BGB) für unwirksam erklärt,

vereinbarungen werden häufig Vertragsmuster benutzt, die aber – anders als die vorerwähnten Mietverträge – nicht ausschließlich seitens der Hallenbetreiber vorgelegt werden, sondern gerade bei namhaften Künstlern von diesen selbst oder ihren Managern und Agenten. Als Beispiele für derartige Verträge werden im 4. Teil Muster eines DJ-Vertrages, eines Engagementvertrages und eines Konzertvertrages vorgestellt.

Es ist einleuchtend, dass Vertragsmuster in erster Linie die Interessen derjenigen wahren, die sich ihrer bedienen. Als Beispiel für einen Standardvertrag eines Hallenbetreibers sei folgendes **Vertragsmuster 5** herangezogen, wobei dessen Interessen in den Punkten 9 und 10 betont sind:

VERTRAG

1. Die Stadt Bielefeld (…)

führt am … von … Uhr

im Jugendheim …

folgende Veranstaltung durch …

(…)

3. Mit der Durchführung der unter Punkt 1 genannten Veranstaltung wird folgende(r)

Gruppe/Künstler …

wohnhaft in … beauftragt.

4. Die Stadt Bielefeld verpflichtet sich, dem unter Punkt 2/Punkt 3 genannten Vertragspartner für seine Tätigkeit folgendes Honorar zu zahlen:

(…)

9. Der Vertragspartner verpflichtet sich, 6 Wochen vor und nach der Veranstaltung nicht in Bielefeld aufzutreten.

10. Bei Nichteinhaltung der vertraglichen Verpflichtung zahlt der schuldhaft handelnde Vertragspartner eine Konventionalstrafe in Höhe des vereinbarten Gesamthonorars.

In **Vertragsmustern von Künstlern** wird demgegenüber häufig hervorgehoben, dass

- die Bühne gut bespielbar und ausgeleuchtet ist,
- der Veranstalter die GEMA-Anmeldung und GEMA-Gebühren übernimmt,
- der Veranstalter die Beiträge an die Künstler-Sozialversicherung zahlt,
- der Veranstalter die Licht- und Tontechnikanlage zur Verfügung stellt,
- der Veranstalter für Getränke und Speisen sorgt (Catering),
- der Veranstalter einen abschließbaren Garderobenraum stellt,
- der Veranstalter zu einer festgelegten Zeit den Veranstaltungsraum zwecks Aufbau und Probe öffnet, ggf. auch Hilfskräfte zum Ein- und Ausladen zur Verfügung stellt,
- der Künstler bei Erkrankung oder höherer Gewalt von seinen Vertragspflichten frei wird,
- der Künstler ausschließlich bei Vorsatz oder grober Fahrlässigkeit haftet.

Ein Standardmuster für einen Konzertvertrag hat der IDKV[8] konzipiert. Auf dieses **Vertragsmuster 6** werde ich noch im Zusammenhang mit Veranstaltungsausfällen zurückkommen.

4. Hallenbetreiber und Darsteller als gemeinsame Veranstalter

Gelegentlich kommt es vor, dass Darsteller und Hallenbetreiber ein gemeinsames Interesse an der Durchführung einer Veranstaltung verbindet, etwa bei einem Konzert zu wohltätigen Zwecken, bei dem bekannte Künstler auf ihre Gagen verzichten und der Hallen- oder Stadioninhaber auf den Eintrittserlös. Sie treten gemeinsam als Veranstalter in Erscheinung und lassen die Kartenerlöse (unter Abzug der Kosten) einem guten Zweck zufließen.

Im Falle eines solchen Benefizkonzerts verfolgen beide Seiten gleichgerichtete Interessen und Ziele. Insoweit ist juristisch an eine gemeinsame Zweckverfolgung im Sinne einer vorübergehenden BGB-Gesellschaft zu denken, wobei Darsteller und Hallenbetreiber gemeinsam ihre Beiträge in die Gesellschaft einbringen (§ 705 BGB).

Werden allerdings ohne eine derartige gemeinsame Zweckverfolgung nur die Bruttoeinnahmen zwischen Darsteller und Hallenbetreiber aufgeteilt, erhält der Künstler z.B. 60 % und der Hallenbetreiber 40 % der Einnahmen und wird dem Darsteller eine Mindestgage garantiert, so dürfte regelmäßig keine Gesellschaft vorliegen. Es liegt dann keine gemeinsame Zweckverfolgung vor, sondern ein Austauschverhältnis, und zwar ein Werkvertrag zwischen Hallenbetreiber und Darsteller mit einem besonderen Berechnungsmodus bzgl. der vereinbarten Werkvergütung.

Eine gewisse Ähnlichkeit mit dem Benefizkonzert haben Auftritte von Musikern und anderen Darstellern, die Mitglieder eines Vereins sind und auf dieser Grundlage kostenlos in den Vereinsräumlichkeiten auftreten. Dem Verein kommen dann die Darbietungen, die er als Veranstalter der Öffentlichkeit präsentiert, auf vereinsrechtlicher Grundlage zugute (§§ 21 ff. BGB).

---

8 Internationaler Verband Deutscher Konzertveranstalter und Künstlervermittler e.V., Hamburg; heute Bundesverband der Veranstaltungswirtschaft (idkv) e.V.

Bild 5: Rechtsbeziehung bei Benefizveranstaltungen

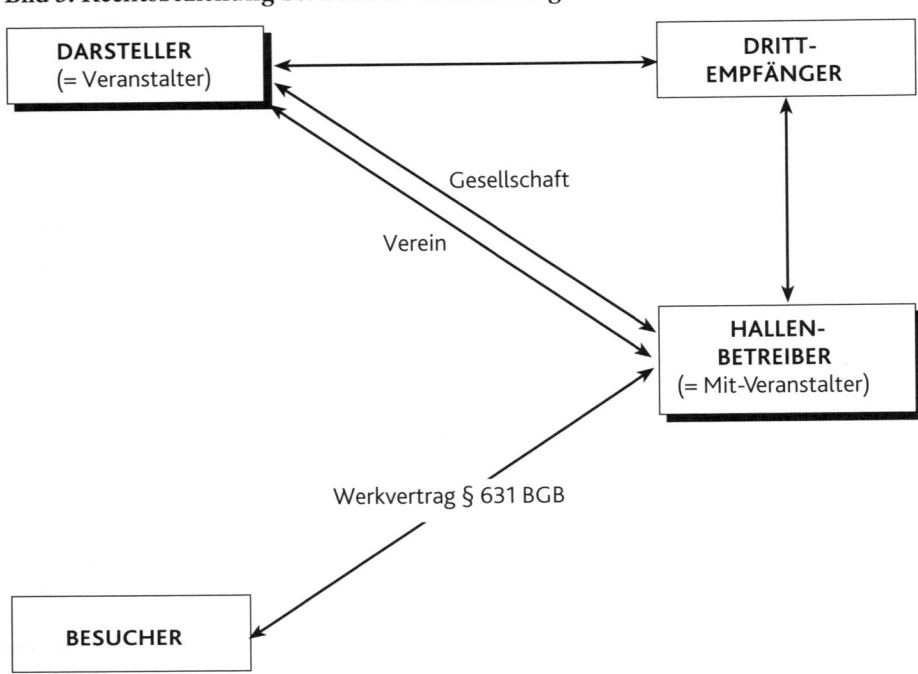

5. Hallenbetreiber und Drittbeteiligte (»Vermarkter«)

Die Rechtslage wird schließlich noch dadurch komplexer, dass bekanntere Künstler, Gruppen, Entertainer und sonstige Darsteller zumeist nicht mehr selbst mit den Hallenbetreibern in Kontakt treten, sondern sich Managern, (Konzert-) Agenten, Künstlervermittlern, Gastspiel- und Konzertdirektionen, Konzertbüros, Konzert- und Tourneeunternehmen oder sonstigen Vermittlern und Veranstaltern – also Dritten – anvertrauen, die ihnen die organisatorische Arbeit mehr oder weniger abnehmen. Ich möchte diese Personengruppen, deren Aufgaben und Selbstverständnis sehr verschieden sind, unter dem Begriff »Drittbeteiligte« zusammenfassen. Ihnen ist die Zielsetzung gemeinsam, den Darsteller oder sein Produkt zu vermarkten. Durch die Einschaltung dieser »Vermarkter« werden **Tertiärbeziehungen** unterschiedlicher Art hergestellt, die rechtlich komplex sind und nachfolgend analysiert werden sollen. Die Drittbeteiligten beschreiten unterschiedliche Wege zu dem Ziel, den Darsteller oder sein Produkt zu vermarkten. Sie müssen daher entsprechend ihren Aufgaben und Methoden unterschieden werden. Hier lassen sich wenigstens drei Hauptgruppen trennen, wobei von vornherein darauf hinzuweisen ist, dass die in der Branche benutzten Bezeichnungen keineswegs einheitlich sind, teilweise von Marketinggesichtspunkten bestimmt werden und nicht immer scharfe Trennlinien aufweisen. Gleichwohl sind wegen ihrer unterschiedlichen Aufgaben und Methoden auseinander zu halten:

- Manager
- Agenten
- Direktionen

Manager betreuen den Künstler umfassend, nehmen ihm die organisatorische Arbeit bei Planung und Durchführung von Veranstaltungen ab, nehmen in jeder Weise seine Interessen wahr und stehen zu ihm in einer zumeist engen, vertrauensvollen Beziehung. Im Kern liegt ein Dienstvertrag mit Geschäftsbesorgungscharakter vor (§§ 611, 675 BGB).[9]

Agenten oder (Künstler- bzw. Konzert-) **Agenturen** haben dagegen eine neutralere Position. Sie haben vielfach mehrere Künstler in ihrer Datei und vermitteln diese auf Anfrage für eine bestimmte Veranstaltung an Dritte. Eine Betreuung während der Veranstaltung ist zumeist nicht vorgesehen. Der Agent führt also einen Darsteller mit einem Interessenten zusammen, so dass im Kern eine Maklertätigkeit vorliegt (§ 652 BGB).

Eine (Gastspiel- bzw. Konzert-) **Direktion** verpflichtet einen Künstler oder Darsteller für sich, sei es für einen oder mehrere Auftritte, und zahlt ihm dafür ein festes Honorar und/oder eine Beteiligung an den Einnahmen. Sie nimmt dem Darsteller damit weitgehend die Risiken ab und steht zu ihm in einer werkvertraglichen Beziehung (§ 631 BGB). Die Direktion kann dann das Programm entweder an einen Dritten (z.B. an eine Halle) »verkaufen«, der dieses dann als Veranstalter selbst durchführt, oder aber selbst als Veranstalter in Erscheinung treten. In beiden Fällen liegen Werkverträge vor.[10] Eine solche Konzeption wird zumeist auch bei Konzertbüros und großen Konzert- und Tourneeunternehmen anzutreffen sein (auch wenn sie sich selbst als Agenturen bezeichnen). Die nachfolgenden Ausführungen zu Direktionen gelten demzufolge auch für sie.

5.1 Hallenbetreiber und Manager

Wie bereits beschrieben, übernehmen Manager für die Künstler weitgehend die organisatorische Arbeit, kümmern sich um Engagements, handeln die Konditionen aus, schließen für sie Verträge ab, übernehmen zumeist auch die Öffentlichkeitsarbeit und insgesamt die Förderung des Künstlers und seiner Werke (»Promotion«).

Im **Muster-Management-Vertrag** des IDKV sind die Vertragspflichten genau ausformuliert. In diesem **Vertragsmuster 7** heißt es u.a.:

---

§ 1

1. *Der Künstler überträgt dem Management für das In- und Ausland exklusiv sämtliche Aufgaben der Öffentlichkeitsarbeit, Planung, Koordinierung und Vermittlung, soweit diese mit der Ausübung seines Berufes als Künstler in Zusammenhang stehen.*

(…)

§ 2

1. *Das Management wird in angemessenem Umfang geeignete Tätigkeiten zur Förderung des Künstlers und seiner Werke und Leistungen unternehmen und dabei*

---

9   BGH NJW 1983,1191.
10   OLG München NJW-RR 2005, 616.

> *im Rahmen der gegebenen Möglichkeiten in Verbindung zu den Medien wie z.B. Rundfunk- und Fernse hunternehmen, Agenturen, Tourneeveranstaltern, Film- und Fernsehproduzenten, Presse, Journalisten und Publizisten, Tonträgerfirmen, Produzenten treten.*
>
> 2. *Das Management wird im Rahmen des Möglichen bei der ev. Plattenfirma des Künstlers Einfluss nehmen, dass diese den Künstler angemessen in Werbung und Promotion fördert.*

Rechtlich sind solche Managementverträge als Dienstverträge mit Geschäftsbesorgungscharakter einzustufen (§§ 611, 675 BGB). Dies hat der BGH bereits in einer grundlegenden Entscheidung[11] zu einem langjährigen Management- und Promotionvertrag im Bereich der Unterhaltungsmusik so entschieden. Mittelbar ergibt sich aus dieser Entscheidung zugleich, dass der Manager mangels Weisungsabhängigkeit in keinem Arbeitsverhältnis zum Künstler steht (wie umgekehrt ebenso wenig). Im Gegenteil handelt es sich um Dienstleistungen höherer Art, die aufgrund besonderen Vertrauens übertragen werden.[12] Folge davon ist, dass solche Managementverträge gemäß § 627 BGB jederzeit ohne Angabe von Gründen kündbar sind. Das gilt laut BGH auch bei einer langjährigen, im entschiedenen Fall 14-jährigen Zusammenarbeit, die nach Meinung des Gerichts mangels genereller Abmachung einer Partnerschaft auch nicht die Annahme eines Gesellschaftsverhältnisses rechtfertige.

Soweit Manager Verträge mit Dritten abschließen, wirken diese Vereinbarungen infolge Stellvertretung regelmäßig zwischen dem Dritten und dem Künstler (§ 164 BGB). Ein Manager, der für den Künstler eine Halle anmietet, oder auch für den Künstler einen Konzertvertrag mit der Halle abschließt, verpflichtet damit rechtlich wirksam den Künstler. Er tritt in dessen Namen auf (»i.V.«) und ist regelmäßig vom Künstler dazu auch legitimiert. Die entsprechende Vertretungsmacht ergibt sich meist unmittelbar aus dem Managementvertrag. Im zitierten **Vertragsmuster 7** heißt es dazu:

> ## § 5
>
> *Das Management vertritt den Künstler gerichtlich und außergerichtlich.*
>
> *(...)*
>
> *Der Künstler erteilt dem Management mit der Unterzeichnung dieses Vertrages die Vollmacht, für ihn Verträge aller Art, insbesondere für Auftritte, Tourneen usw. abzuschließen.*

Die Beziehungen des Darstellers zum Hallenbetreiber lassen sich im Falle einer Eigenveranstaltung des Hallenbetreibers, zu der er den Darsteller über seinen Manager verpflichtet hat, wie folgt darstellen:

---

11 BGH NJW 1983, 1191.
12 Dies ergibt sich z.B. auch klar aus dem Muster-Management-Vertrag nach Vertragsmuster 7, wo es in § 4 heißt: Die Vertragspartner sind sich darüber einig, dass nur eine enge und vertrauensvolle Zusammenarbeit die Karriere des Künstlers fördern kann.

Bild 6: Rechtsbeziehung bei Einsatz von Managern

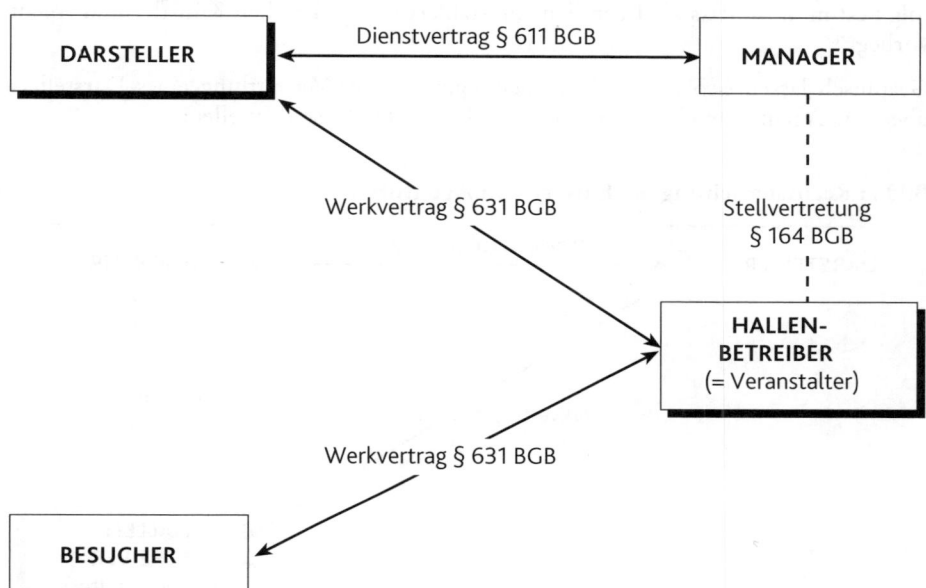

5.2 Hallenbetreiber und Agenturen

Vermittelt eine Künstler-, Konzert- oder Spezialagentur einen Künstler, ein Ensemble, eine Jazzband, einen Entertainer, eine Tanz- oder Trachtengruppe an ein Kulturamt, eine Konzertdirektion, einen Jazzclub, Vereine oder Betriebe, und erhält der betreffende Vermittler dafür eine Vergütung, so liegt rechtlich zumeist ein Maklervertrag (§ 652 BGB) vor. Für diesen ist typisch, dass die Gelegenheit zum Abschluss eines Vertrages geboten oder ein Vertrag selbst vermittelt wurde und für die erfolgreiche Vermittlung eine Vergütung versprochen wurde, alles Elemente, die bei derartigen Vermittlungsgeschäften in der Regel vorliegen. Wesentlich ist, dass der Agent – im Unterschied zum Manager – nicht für seine bloße Tätigkeit, sondern nur für seine erfolgreiche Abschluss- oder Vermittlungstätigkeit ein Honorar erhält.

Beauftragt ein Künstler eine Agentur mit seiner Vermittlung, werden **sog. Agenturverträge** geschlossen, die die Pflichten der Partner näher definieren.

In einem **Muster-Agenturvertrag** des IDKV – **Vertragsmuster 8** – heißt es dazu:

1. *Der/Die KÜNSTLER/IN beauftragt R. mit ihrer/seiner Vertretung bei der Beschaffung von Engagements.*

(…)

6. *Kommt mit dem/der KÜNSTLER/IN durch Vermittlung von R., oder für das/die benannte(n) Programm(e), oder im Vertragsgebiet ein Engagement zustande, erhält R. bei Erst-Engagements, auch bei mehreren Auftritten, eine Vergütung in Höhe von x% des Künstlerhonorars.*

Hier ist klar eine Vermittlungstätigkeit vereinbart und dafür eine Vergütung bei Erfolg bestimmt, so dass zivilrechtlich ein Maklervertrag zwischen Künstler und Agent vorliegt.[13]

Graphisch lassen sich die Rechtsbeziehungen bei der Vermittlung eines Darstellers über eine Agentur an einen Veranstalter, z.B. eine Halle, so darstellen:

Bild 7: Rechtsbeziehung bei Einsatz von Agenturen

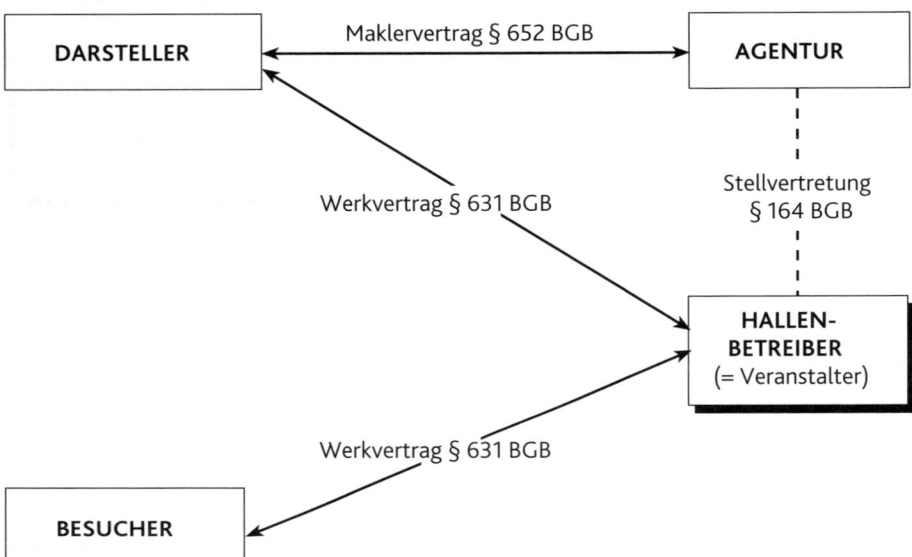

5.3 Hallenbetreiber und Direktionen

Konzertbüros, Konzert- und Gastspieldirektionen und große Tourneé- und Konzertveranstalter, hier kurz »Direktionen« genannt, nehmen Künstler und andere Darsteller häufig unter Vertrag, planen Tourneen oder Einzelveranstaltungen (»Gastspiele«) und führen diese als Eigen-, Fremd- oder Gemeinschaftsveranstaltungen durch, je nachdem, ob sie selbst als Veranstalter auftreten, die Produktionen einem anderen überlassen oder mit diesem zusammen als Veranstalter in Erscheinung treten.

Sie nehmen damit dem Darsteller weitgehend die organisatorischen und wirtschaftlichen Risiken ab und übernehmen selbst – im Unterschied zu Managern oder Agenten – eine gesteigerte rechtliche und wirtschaftliche Verantwortung, die gleichermaßen die Gefahr von Verlusten als auch die Chance von Gewinnen in sich birgt. Betrachtet man zunächst das rechtliche Verhältnis zu dem Darsteller, so wird dieses im Einzelnen durch sog. **Künstler- oder Engagementverträge** bestimmt. Diese legen häufig auf formularmäßiger Basis die wechselseitigen Vertragspflichten fest und regeln mehr oder minder ausführlich mindestens die folgenden Kernfragen:

---

13 Bei einer Vermittlung durch die Bundesanstalt für Arbeit richten sich die Rechtsbeziehungen nach öffentlichem Recht (SGB III). Die BA hat entsprechende Künstlerdienste eingerichtet, beansprucht jedoch – anders als in der Vergangenheit – kein Vermittlungsmonopol mehr.

- mit welchem Programm der Darsteller engagiert wird,
- zu welchen Veranstaltungsterminen und an welchen Veranstaltungsorten er zu seinen Auftritten zur Verfügung stehen soll und
- welche Gage er von der Direktion erhält.

Diesbezüglich war beispielsweise in einem Engagementvertrag eines Schlagersängers mit einer Konzertdirektion, den später der BGH[14] zu beurteilen hatte, vorgesehen, dass der Schlagersänger sich zu einer Hitparaden-Tournee durch mehrere Städte in der Bundesrepublik zu einem festgelegten Zeitraum mit näher bestimmten Auftrittsterminen und -orten verpflichtete und je Auftritt eine feste Gage erhielt. Gleichzeitig waren – wie vielfach bei derartigen Verträgen üblich – Konventionalstrafen für den Fall schuldhafter Nichterfüllung des Vertrages vorgesehen.

Nachfolgend wird das **Vertragsmuster 9** des IDKV mit einigen zentralen Bestimmungen auszugsweise wiedergegeben.

KÜNSTLERVERTRAG

Zwischen dem Künstler

(1.) ...

(...)

und der Gastspieldirektion

2.) ...

(...)

wird folgender Vertrag geschlossen:

§ 1 Die Direktion verpflichtet den Künstler für folgende(n) konzertmäßige(n) Auftritt(e):

...

(...)

Der Künstler verpflichtet sich, rechtzeitig zum Probenbeginn am Veranstaltungsort präsent zu sein. Der Künstler unterliegt weder in der Programmgestaltung noch in seiner Darbietung Weisungen der Direktion. Der Direktion sind sein Stil und seine Art bekannt. Der Künstler ist nur an die durch diesen Vertrag vereinbarten Bedingungen gebunden. Dispositionen und Regie obliegen dem Künstler.

§ 2 Die Direktion zahlt für den Auftritt folgendes Honorar:

§ 8 Entfällt der Auftritt durch Verschulden des Künstlers oder aus einem anderen, vom Künstler verursachten Grund, zahlt der Künstler das in §2 vereinbarte Honorar mit Umsatzsteuer zzgl. 20 % Schadensersatz. Ersparte Aufwendungen werden nicht abgezogen. Entfällt der Auftritt durch Verschulden der Direktion, ist diese zum Schadensersatz, max. jedoch bis zur Höhe des vereinbarten Honorars, verpflichtet.

---

14   BGH NJW 1985, 2133.

> *Ist der Künstler oder ein Mitglied der Künstlergruppe durch Krankheit verhindert, so hat er dies unverzüglich mitzuteilen und durch ärztliches Attest nachzuweisen. Die Auftrittspflicht des Künstlers und die Vergütungspflicht des Veranstalters entfallen in diesem Fall.*

Derartige Engagements- und Künstlerverträge sind rechtlich als Werkverträge zu werten.[15] Arbeitsverträge scheiden nach richtiger Auffassung aus, da regelmäßig keine persönliche Abhängigkeit oder eine Weisungsabhängigkeit des Künstlers besteht, wie die eben wiedergegebenen Vertragsmuster klar belegen. Typische Kennzeichen der Arbeitnehmereigenschaft, wie Einbindung in eine Betriebsorganisation, Unterwerfung unter fremde Dispositionen oder Regie fehlen.[16] Normalerweise liegen auch keine selbständigen Dienstverträge vor, weil die Darsteller aufgrund der abgeschlossenen Verträge ein bestimmtes Programm und damit eine Werkleistung gegenüber der Direktion schulden. Eine solche Wertschöpfung ist aber gerade typisch für einen Werkvertrag.

Soweit es nun um die weitere »Vermarktung« der Produktion geht, muss unterschieden werden, ob die Direktion selbst als Veranstalter auftritt oder nicht.

5.3.1 Direktion als Veranstalter

Präsentiert die Direktion die Veranstaltung selbst, so tritt sie zu den **Besuchern** direkt in vertragliche Beziehungen, die wiederum werkvertraglicher Natur sind und bei Überlassung eines Sitzplatzes auch untergeordnete mietrechtliche Elemente aufweisen.[17] Sie schuldet dann jedem Besucher als Gegenleistung für die Bezahlung der Eintrittskarte das angekündigte Programm, das ihr wiederum die von ihr engagierten Darsteller aufgrund eines entsprechenden Werkvertrages zu erbringen haben.

---

15 Ebenso MüKo/*Soergel* § 631 Rn. 244, 245; OLG Karlsruhe VersR 1991, 193; Palandt/*Sprau* Einf. vor § 631 Rn. 29, der allerdings Verträge mit Künstlern, die nur auf Mitwirkung an der Aufführung gerichtet sind, je nach den Umständen für Dienst- oder Arbeitsverhältnisse hält.
16 Ebenso OLG Düsseldorf NStZ 1987, 31; BGH NJW 1985, 2133.
17 Im gleichen Sinne MüKo/*Soergel* § 631 Rn. 244, 245.

**Bild 8: Rechtsbeziehung bei Einsatz von Direktionen
(hallenfremde Veranstaltungen)**

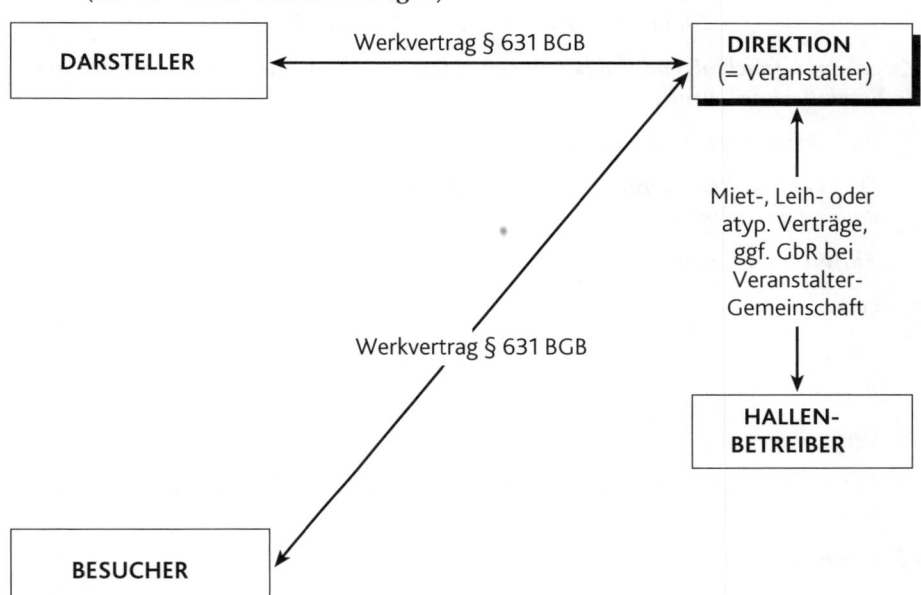

Zum **Hallenbetreiber** bestehen im Allgemeinen mietvertragliche Beziehungen nach dem bereits oben dargestellten Muster.

Es kommt gelegentlich auch vor, dass die Halle mietfrei überlassen wird, z.B. weil der Hallenbetreiber aus kulturellen oder anderen Gründen ein besonderes Interesse daran hat, einen bestimmten Künstler oder eine Gruppe in die Halle zu holen. Dann würde juristisch ein Leihvertrag anzunehmen sein (§ 598 BGB). In solchen Fällen sind jedoch auch atypische Vertragsgestaltungen (§ 311 I BGB) anzutreffen, wenn etwa der Hallenbetreiber keinen Mietzins beansprucht und sich zusätzlich an dem Risiko der Veranstaltung beteiligt, z.B. bei einem Verlust die Hälfte der Kosten trägt; vielfach wird er andererseits bei einem Erfolg der Veranstaltung die Hälfte des Überschusses oder den Mietzins beanspruchen.

Manchmal tritt der Hallenbetreiber auch zusammen mit der Direktion als **gemeinschaftlicher** Veranstalter auf. Eine solche Veranstaltungsgemeinschaft kann als Gesellschaft bürgerlichen Rechts qualifiziert werden (§ 705 BGB). Wegen näherer Einzelheiten wird insoweit auf Fall 7 Bezug genommen.

5.3.2 Direktion als Lieferant eines Gastspiels

Die Direktion kann ihr Programm auch einem Dritten »verkaufen«, der dieses als eigene Veranstaltung herausbringt. So werden Theaterstücke, Shows oder Konzertveranstaltungen von Gastspieldirektionen an andere Veranstalter wie z.B. Hallenbetriebe oder andere Direktionen geliefert. Grundlage sind zumeist standardisierte **Gastspielverträge** folgender Muster.

21

Vertragsmuster 10 betrifft eine Theatervorstellung. Dort heißt es u.a.:

VERTRAG ÜBER EINE VERANSTALTUNG

Zwischen ... (nachfolgend Produzent genannt) und dem Veranstalter ... wird folgende Vereinbarung getroffen:

1. *Aufführung/Zeit/Ort/Besetzung*

   Der Veranstalter übernimmt vom Produzenten die nachfolgend genannte Vorstellung am ... in ...

   Aufführung: Lustspiel

   von ...

   mit ...

   Regie: ...

2. *Vergütung*

a) *Der Produzent erhält vom Veranstalter für die genannte Vorstellung ein Honorar von ...*

b) *Tantieme ...*

   Der Veranstalter überweist die Tantieme an den Bühnenverlag ...

(...)

8. *Pflichten und Haftung*

(...)

b) *Der Produzent versichert, dass mit den unter Ziffer 1 genannten Protagonisten feste Verträge bestehen.*

Vertragsmuster 11 betrifft eine Gesangs- und Entertainershow. Dort heißt es u.a.:

GASTSPIELVERTRAG

(...)

1. *Der Veranstalter, ... (Hallenbetreiber) übernimmt folgende Programm-Inszenierung und Aufführung des Mitproduzenten, der Konzertdirektion GmbH ...*

2. *Darbietungen: Silvester-Gala Gastspiel mit ...*

   Gesangs- und Entertainershow

(...)

5. *Gastspielhonorar: ...*

Im **Vertragsmuster 12** über eine Konzertveranstaltung heißt es schließlich:

VERTRAGLICHE VEREINBARUNG

PARTNER I: *KONZERTDIREKTION ... GMBH*

PARTNER II: *STADTHALLE ...*

(...)

VERTRAGSPARTNER I stellt nachfolgend aufgeführte Künstler bzw. Programm:

KONZERTVERANSTALTUNG

TERMIN

VERANSTALTUNGSORT

PROGRAMMDAUER

HONORAR

NEBENKOSTEN

GESAMTKOSTEN

Derartige Gastspielverträge sind rechtlich als Werkverträge (§ 631 BGB) zu bewerten, aufgrund derer sich Direktionen verpflichten, dem Hallenbetreiber als Veranstalter ein bestimmtes Programm von Künstlern zur Verfügung zu stellen, also die Herstellung eines »Werkes«, eines durch Dienstleistung herbeizuführenden Erfolges.[18] In der Praxis ist es so, dass die Vertragsmuster, die die werkvertraglichen Beziehungen näher definieren, vorwiegend von Seiten der Direktion präsentiert werden und primär deren Interessen wahren. Dies spiegelt sich etwa bei der Regelung von Haftungsfragen wider:

Regelmäßig wird dem Veranstalter formularmäßig die Haftung für die Sicherheit des Künstlers, seiner Musiker und Hilfskräfte und der eingebrachten Anlagen und Instrumente zugewiesen; stets wird geregelt, dass höhere Gewalt sowie Erkrankung des Künstlers beide Vertragsparteien von ihren Vertragspflichten entbindet, wobei Krankheit durch Attest nachgewiesen werden muss; teilweise wird die eigene Verantwortung der Direktion auf Fälle groben Verschuldens beschränkt. Gelegentlich wird die eigene Haftung, etwa bei schuldhaftem Nichtauftritt des Künstlers, auf maximal bis zur Höhe der vereinbarten Vergütung begrenzt.

---

18   Vgl. OLG Karlsruhe VersR 1991, 193.

**Bild 9: Rechtsbeziehung bei Einsatz von Direktionen
(halleneigene Veranstaltung)**

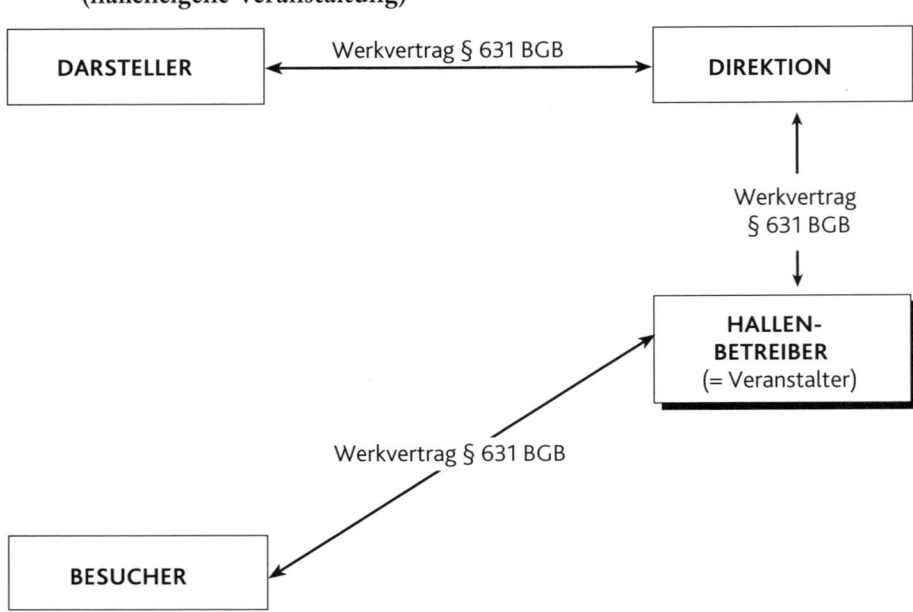

Die Künstlerverträge, die die Direktion ihrerseits mit den Darstellern getroffen hat, wurden bereits oben als Werkverträge qualifiziert. Gleiches gilt bzgl. der Verträge, die die Veranstalter (z.B. Hallenbetreiber) mit den Besuchern eingehen.

Insgesamt ist festzuhalten, dass die Leistung des Darstellers bei Lieferung über eine Direktion über drei selbständige Werkverträge zum Besucher gelangt, nämlich per Künstlervertrag an die Direktion, von dort per Gastspielvertrag an den Hallenbetreiber oder sonstigen Veranstalter und von diesem schließlich über die Besucherverträge an die Besucher.

III. Fallbeispiele

Nachfolgend sollen einige typische Fallkonstellationen aus der Praxis vorgestellt werden, die die Rechtsposition des Hallenbetreibers im Verhältnis zu Veranstaltern, zu Veranstaltungsteilnehmern und zu Veranstaltungsbesuchern beleuchten.

1. Die Rechtsposition des Hallenbetreibers im Verhältnis zum Veranstalter

Ein Hauptproblem zwischen Hallenbetreiber und Veranstalter ist der Veranstaltungsausfall (»no show«). Dieser Fall – juristisch als Nichterfüllung des Vertrages bezeichnet – kann z.B. auf Mängel der Mietsache, eine Erkrankung oder sonstige persönliche Verhinderung, aber auch auf allgemeine Umstände wie Streik, Bombendrohung, terroristische Anschläge oder Kriegsausbruch zurückzuführen sein.

Man kann demzufolge kategorisieren:

- Risiken aus der Risikosphäre des Hallenbetreibers,
- Risiken aus der Risikosphäre des Veranstalters,
- Risiken außerhalb der Risikosphäre der Beteiligten, wie höhere Gewalt.

1.1 Risikosphäre des Hallenbetreibers

Es kommt immer wieder vor, wie vor einiger Zeit das Beispiel der nicht funktionierenden Hydraulik im Münchener Nationaltheater zeigte, dass technische Einrichtungen kurz- oder längerfristig versagen. Dazu folgender

---

Fall 1: Defekter Vorhang

Der Vorhang öffnet sich nicht. Das Publikum verlässt nach und nach die Veranstaltung und verlangt das Eintrittsgeld zurück.

---

a) Zunächst zur Rechtsbeziehung Publikum zu Veranstalter:

Geht der Vorhang in einer angemieteten Halle überhaupt nicht auf und kann die Veranstaltung daher nicht durchgeführt werden, so können die Besucher zu Recht ihr volles Eintrittsgeld vom Veranstalter zurückverlangen, weil sie mit Lösung der Eintrittskarte zumeist einen Werkvertrag mit dem Veranstalter auf Durchführung eines Konzerts, einer Theater- oder sonstigen Veranstaltung geschlossen haben und diese Werkleistung aus Gründen, für die weder der Veranstalter noch das Publikum verantwortlich sind, nicht erbracht werden kann. Es liegt ein Fall beiderseits nicht zu vertretender Unmöglichkeit vor. Hier wird der Veranstalter als Schuldner von seiner Pflicht zur Erbringung der Werkleistung gemäß § 275 I BGB frei. Umgekehrt entfällt die Pflicht der Besucher zur Honorierung der nicht erbrachten Leistung gemäß § 326 I BGB (Schlagwort: »Für nichts gibt's nichts«). Da die Besucher ihr Eintrittsgeld bereits vorher bezahlt hatten, können sie dieses nach §§ 326 IV, 346 I BGB zurückverlangen. Der Anspruch geht auf Rückerstattung des vollen Eintrittsgeldes. Ein Abzug in Höhe der Vorverkaufsgebühr ist nicht statthaft. Es mag zwar sein, dass der Veranstalter auch bei einer ausgefallenen Veranstaltung Aufwendungen bzgl. der Kosten des Vorverkaufs hatte. Diese kann er bei einem Ausfall der Veranstaltung jedoch nicht den Besuchern anlasten, sondern muss dieses Risiko selbst tragen oder über eine Ausfallversicherung abdecken.

§ 346 I BGB belegt nämlich unzweifelhaft, dass die von den Zuschauern kassierten Eintrittsgelder als »empfangene Leistungen« ohne Abzüge rückzuerstatten sind. Es lässt sich auch nicht mit Erfolg argumentieren, der Besucher habe juristisch zwei Verträge geschlossen: einen mit der Vorverkaufsstelle und einen mit dem Veranstalter. Eine solche Konstruktion versagt ohnehin, wenn der Veranstalter sich seines eigenen Vorverkaufsnetzes bedient und keine getrennten Rechtssubjekte anzutreffen sind. Aber auch bei Vorliegen eines eigenständigen Vorverkaufsnetzes wäre es künstlich, den Kartenerwerb in einen Vertrag mit dem Veranstalter über die Durchführung der Veranstaltung und einen weiteren gesonderten Vertrag mit der Vorverkaufsstelle über den Erwerb einer Karte aufzuspalten. Der Besucher schließt beim Kartenerwerb vielmehr nur einen einzigen Vertrag, nämlich in der Regel einen Werkvertrag ab, der ihm gegen Zahlung eines Entgelts Anspruch auf den Genuss der gebuchten Veranstaltung gibt. Die Karte ist nur ein Legitimationspapier, das seine Zugangsberechtigung aufgrund des getätigten Vertragsschlusses beweist. Es liegt also ein einziger, **einheitlicher** Werkvertrag mit dem Veranstalter vor, der bei Unmöglichkeit der Durchführung auch in vollem Umfang rückabgewickelt werden muss.

Falls es sich bei der durchgeführten Veranstaltung um eine **Eigenveranstaltung** des Hallenbetreibers handelte, so hat der Besucher bei einem unverschuldeten Defekt in der Bühnentechnik gleichfalls nach §§ 326 IV, 346 I BGB Anspruch auf Rückzahlung des vollen gezahlten Eintrittspreises, diesmal gegen den Hallenbetreiber als Veranstalter.

Bei einem Verschulden des Hallenbetreibers, z.B. bei ungenügender Wartung der Anlage, haftet der Hallenbetreiber dem Besucher wegen verschuldeter Unmöglichkeit sogar auf Schadensersatz statt der Leistung (§§ 280 I, III, 283 BGB). Da bloße Frustrationsschäden (bislang) nicht zu ersetzen sind, wird der Zuschauer in diesen Fällen neben Rückerstattung seines Eintrittsgeldes vor allem an einem Ersatz seiner vergeblichen Aufwendungen interessiert sein, wie etwa für Fahrt und Unterkunft. Diese müssten ihm bei schuldhafter Pflichtverletzung seitens des Veranstalters tatsächlich gemäß § 284 BGB auf Verlangen erstattet werden.[19]

b) Nun zur Rechtsbeziehung des Veranstalters zum Hallenbetreiber im Falle einer **Fremdveranstaltung**:

Der Veranstalter ist infolge der nicht bespielbaren Bühne an der Nutzung der Mietsache gehindert. Diese ist mit einem Fehler behaftet, der ihre Tauglichkeit zu dem vertragsmäßigen Gebrauch aufhebt, so dass der Veranstalter als Mieter von der Zahlung des Mietzinses befreit ist (§ 536 I 1 BGB). Er kann ggf. sogar nach § 536 a BGB Schadensersatz, z.B. wegen entgangenen Gewinns oder unnützer Aufwendungen, vom Hallenbetreiber beanspruchen.

Dabei ist zu unterscheiden: Lag der Mangel, zumindest im Ansatz, schon **bei Abschluss** des Mietvertrages vor, so müsste der Hallenbetreiber unabhängig davon, ob man ihm einen Schuldvorwurf machen kann, Schadensersatz an den Veranstalter zahlen. Es ist dabei gleichgültig, ob der Hallenbetreiber von dem Mangel wusste. Nach § 536 a I 1. Alternative BGB haftet der Vermieter dem Mieter nämlich garantiemäßig dafür, dass die vermietete Sache fehlerfrei ist.[20] Kann der Mieter also nachweisen, dass ein Defekt an der Mechanik im Ansatz bereits bei Abschluss des Mietvertrages vorhanden war, ohne dass sich dieser schon durch Ausfallerscheinungen beim Öffnen oder Schließen des Vorhangs manifestiert haben müsste, dann muss der Vermieter an ihn Schadensersatz leisten.

Anders wäre es, wenn der Mangel erst **später entstanden** wäre; dann haftet der Hallenbetreiber nach der zweiten Alternative der Vorschrift nur bei einem Verschulden, z.B. wenn ihm hätte auffallen müssen, dass mit dem Vorhang etwas nicht stimmte oder wenn er die nötigen Wartungsarbeiten nicht in den angemessenen Intervallen hatte durchführen lassen. Den Hallenbetreiber trifft allerdings die Beweislast für fehlendes Verschulden, da es sich um Umstände aus seinem Gefahrenbereich handelt, auf die der Mieter keinen Einfluss hat.[21]

---

19 Die anders lautende Entscheidung des LG Lüneburg (NJW 2002, 614) erging noch zum alten Recht und ist durch die Schuldrechtsreform überholt.
20 Vgl. Palandt/*Weidenkaff* § 536 a Rn. 9.
21 BGH NJW 1964, 33; ebenso Palandt/*Weidenkaff* § 536 a Rn. 11.

In der Praxis wird versucht, die geschilderten Haftungsrisiken **durch formular-mäßige Klauseln** einzuschränken. In den **Vertragsmustern 1 und 4** heißt es z.B. sachlich übereinstimmend:

> *Die Vermieterin übergibt die vermieteten Räume und Einrichtungen in ordnungs-gemäßem Zustand, wovon sich der Mieter bei der Übergabe zu überzeugen hat.*

Eine solche formularmäßige Tatsachenbestätigung ist m.E. unwirksam. Sie verstößt im Verkehr mit Privatleuten gegen das Klauselverbot von § 309 Nr. 12 b BGB[22] und bei Verwendung gegenüber Unternehmern gegen §§ 307, 310 BGB.[23]

In **Vertragsmuster 2** ist eine solche Klausel nicht anzutreffen. Dort heißt es jedoch unter § 17 Nr. 6:

> *Bei Versagen irgendwelcher Einrichtungen, Betriebsstörungen oder bei sonstigen, die Veranstaltung beeinträchtigenden Ereignissen haftet der Vermieter lediglich, wenn diese Ereignisse nachweisbar von ihm oder seinem Erfüllungsgehilfen vor-sätzlich oder grob fahrlässig verschuldet worden sind.*

Die Haftungsfreizeichnung für Zufälle und Fälle leichten Verschuldens auf Seiten des Vermieters und seiner Mitarbeiter ist für sich betrachtet rechtlich nicht zu be-anstanden, da § 309 Nr. 7 b BGB eine Haftungsfreizeichnung nur bei grobem Ver-schulden verbietet.[24]

Allerdings dürfte die Verschiebung der Beweislast auf den Mieter bzgl. von Um-ständen, die im Verantwortungsbereich des Vermieters liegen, gemäß § 309 Nr. 12 a BGB gegenüber Privatleuten und gemäß §§ 307 II Nr. 1, 310 I BGB auch gegenüber Unternehmern unwirksam sein. Da jedoch nur das Wort »nachweisbar« gestrichen werden muss, dürfte die Klausel nicht insgesamt nichtig, sondern mit dieser Maßga-be wirksam sein. Es handelt sich insofern um teilbare Bestimmungen einer Vertrags-klausel, bei der der unwirksame Teil der Bestimmung nach dem »blue-pencil-test«[25] einfach weg gestrichen werden kann.

Nicht aufteilbar zwischen inhaltlich unwirksamen und inhaltlich unbedenklichen Bestimmungen ist dagegen folgende Klausel aus dem **Vertragsmuster 3:**

> *Für Versagen irgendwelcher Einrichtungen oder sonstige die Veranstaltung beein-trächtigende Ereignisse haftet die GmbH nicht.*

Da hier pauschal jegliche Haftung ausgeschlossen wird, und zwar selbst in Fällen grober Fahrlässigkeit und Vorsatz, verstößt diese Klausel gegen § 309 Nr. 7 b BGB und ist insgesamt unwirksam. Das gilt auch bei Verwendung gegenüber einem Un-

---

22 Die Bestätigung, der Vertragsgegner habe die Sache in einwandfreiem Zustand übernommen, ist unwirksam, vgl. Wolf/Horn/Lindacher/*Wolf* § 11 Nr. 15 AGBG Rn. 11; Palandt/*Grüneberg* § 309 Rn. 101; OLG Koblenz NJW 1995, 3392.
23 Vgl. BGHZ 101, 184; Palandt/*Grüneberg* § 309 Rn. 103; BGHZ 101, 184.
24 So auch BayObLG NJW 1985, 1716.
25 Vgl. OLG Brdbg. ZMR 04, 745; Palandt/*Grüneberg* Vorb. vor § 307 Rn. 11.

ternehmer, da eine totale Haftungsfreizeichnung bzgl. der Hauptpflicht, die Bühne spielbereit zur Verfügung zu stellen, eine unangemessene Benachteiligung des anderen Vertragspartners darstellt (§§ 307, 310 BGB).[26]

Insgesamt zeigt sich, dass die in der Praxis verwendeten Klauseln überwiegend in diesem Punkt unwirksam sind und nur solche Klauseln Bestand haben, die bei leichter Fahrlässigkeit des Hallenbetreibers die Haftung bei einem Versagen der Inneneinrichtung ausschließen. Bei grobem Verschulden ist das Haftungsrisiko dagegen nicht auf den Mieter abwälzbar.

Die gleichen Rechtsgrundsätze lassen sich auf die nachfolgenden beiden Fallgestaltungen anwenden.

Fall 2: Unbespielbare Halle infolge Asbestgefahr

Eine Konzerthalle ist wegen Asbestgefahr unbespielbar.

Auch hier erhalten die Besucher ihr volles Eintrittsgeld vom Veranstalter zurück (§§ 326 I u. IV, 346 BGB). Handelt es sich um einen Fremdveranstalter, so muss dieser an den Hallenbetreiber keinen Mietzins zahlen (§ 536 I BGB). Da die Ursache für die Asbestgefahr regelmäßig bereits bei Abschluss des Mietvertrages mit dem Veranstalter vorgelegen hat, haftet der Hallenbetreiber aufgrund seiner Garantiehaftung gemäß § 536 a I BGB dem Veranstalter gegenüber auf Schadensersatz.

Soweit das **Vertragsmuster 2** verwendet wurde, ist diese verschuldensunabhängige Garantiehaftung allerdings wirksam durch die betreffende Klausel ausgeschlossen.[27] Eine Haftung verbleibt nun auf jeden Fall aber in den Fällen, in denen dem Hallenbetreiber vorsätzliches oder grob fahrlässiges Verhalten angelastet werden kann. Davon kann praktisch wohl nur gesprochen werden, wenn es greifbare und unübersehbare Anhaltspunkte für eine Asbestversuchung gab, über die sich der Hallenbetreiber bewusst hinweggesetzt hat oder wenn er entsprechenden Anhaltspunkten aus Nachlässigkeit nicht nachgegangen ist. Kann der Vorwurf eines solchen groben Verschuldens dagegen nicht erhoben werden, würde jede Haftung des Hallenbetreibers entfallen und nur eine Rückzahlungspflicht bzgl. des Mietzinses bestehen.

Fall 3: Veranstaltungsausfall infolge Wassereinbruchs

Bei einer Veranstaltung hat wahrscheinlich ein Besucher die Sprinkleranlage ausgelöst. Der gesamte Raum steht unter Wasser. Der Verursacher konnte nicht gefunden werden. Der Schaden ist so groß, dass das Haus 14 Tage geschlossen bleibt und alle Veranstaltungen abgesagt werden müssen.

Hier müsste den Besuchern, die bereits Eintrittskarten gekauft hatten, ebenfalls der volle Eintrittspreis vom Veranstalter zurückerstattet werden (§§ 326 I u. IV, 346 BGB).

Die Veranstalter, die die betreffenden Räumlichkeiten für spätere Veranstaltungen angemietet hatten, brauchen keinen Mietzins zu entrichten oder erhalten ihn bei evtl. Vo-

---

26 BGHZ 89, 367; NJW 1985, 915; NJW-RR 1988, 559. Zulässig ist aber der Ausschluss der Garantiehaftung i.S.v. § 536 a I BGB bei Mängeln, die bereits bei Abschluss des Mietvertrages vorlagen, vgl. Palandt/*Weidenkaff* § 536 a Rn. 7 und (zum früheren § 538 BGB) Bay ObLG NJW 1985, 1716.

27 So auch Bay ObLG NJW 1985, 171.

rauszahlungen zurück (§ 536 I BGB). Schadensersatzansprüche der Veranstalter gegen den Hallenbetreiber nach § 536 a I BGB bestehen nur, falls ihn bzgl. des Eintretens der Überschwemmung oder deren rechtzeitiger Beseitigung ein Verschulden trifft.

Sollte **Vertragsmuster 2** verwendet worden sein, würde insoweit einfache Fahrlässigkeit nicht genügen, sondern es müsste Vorsatz oder grobe Fahrlässigkeit seitens des Hallenbetreibers vorliegen.

1.2 Risikosphäre des Veranstalters

Das größte Risiko, das den Veranstalter treffen kann, ist die Verhinderung des nicht zu ersetzenden Hauptdarstellers (»Protagonist«), mit dem die Veranstaltung steht und fällt. Beispiel: Ohne Udo Jürgens kein »Abend mit Udo Jürgens«. Dazu folgender

---

Fall 4: Erkrankung des Hauptdarstellers

Die Veranstaltung fällt aus, weil der Hauptdarsteller krank wurde.

---

1. Falls der erkrankte **Darsteller selbst Veranstalter** und Mieter der Halle ist – Bild 2 –, geht das Risiko seiner Erkrankung zu seinen Lasten. Er müsste Besuchern, die bereits eine Eintrittskarte gelöst haben, das Geld zurückerstatten (lassen), da eine beiderseits unverschuldete Unmöglichkeit vorliegt (§§ 326 I u. IV, 346 BGB). Andererseits müsste er die Miete an den Hallenbetreiber bezahlen. In § 537 I BGB ist nämlich bestimmt, dass der Mieter von der Entrichtung der Miete nicht dadurch befreit wird, dass er durch einen in seiner Person liegenden Grund an der Ausübung seines Gebrauchsrechts gehindert wird.

Darin kommt der Gedanke zum Ausdruck, dass die Miete allein aufgrund des geschlossenen Mietvertrages für die vereinbarte Gebrauchsüberlassung geschuldet wird, gleichgültig, ob der Mieter den Gebrauch tatsächlich ausübt, ausüben kann oder nicht. Er trägt als Sachleistungsgläubiger das effektive Verwendungsrisiko.[28] Selbst eine unverschuldete persönliche Verhinderung entbindet den Mieter daher nicht von der Verpflichtung zur Zahlung der Miete. Dazu zählen Krankheit oder Tod, auch naher Angehöriger, und überhaupt alles, was in seinen Risikobereich fällt, ohne Rücksicht darauf, ob er diese Umstände beeinflussen kann oder nicht.[29]

Dementsprechend hat das OLG Frankfurt[30] entschieden, dass der Mieter eines Messestandes in jedem Fall die Miete zahlen muß, auch wenn er dann für die Ausstellung keinen passenden Platz zugeteilt erhält und den gemieteten Messestand nicht nutzen kann. In Übereinstimmung mit der geschilderten Rechtslage bürden auch die erwähnten Vertragsmuster der Hallenbetreiber das Risiko einer Erkrankung oder sonstigen Verhinderung dem Mieter auf, kommen ihm allerdings teilweise bei unverschuldeter Nichtdurchführung (so Muster 1) oder rechtzeitiger Absage durch völligen (so Muster 3) oder teilweisen Wegfall der Mietzahlungspflicht (so Muster 2 und 4) entgegen. Wegen näherer Einzelheiten wird auf das Folgende verwiesen.

---

28 Palandt/*Weidenkaff* § 537 Rn. 4.
29 Palandt/*Weidenkaff* § 537 Rn. 4.
30 MDR 1981, 231.

2. Die Rechtslage ist schwieriger, falls eine **Direktion (oder Agentur)** die Halle angemietet hat und selbst der **Veranstalter** ist. Diese Situation (s. Bild 7) lag bereits dem bekannten Marika-Rökk-Fall zugrunde, den das OLG Bremen 1952 entschieden hat:

Die beklagte Stadt Bremen vermietete der Klägerin (einem Veranstalter) für die Zeit vom 30. 5. bis 1.6.1950 ihre Sporthalle zum Zwecke der Aufführung des Gastspiels »Zwei Stunden für Dich« mit Marika Rökk gemäß dem beigefügten Programm. Der Mietpreis sollte 15 % der Bruttoeinnahmen betragen, mindestens jedoch 1.500,– DM (~ 750,– €). Das Gastspiel fiel aus, weil sich Marika Rökk eine Verletzung zugezogen hatte. Die Klägerin verlangte darauf Rückzahlung der bereits bei Vertragsabschluss entrichteten 1.500,– DM (~ 750,– €).

Das OLG Bremen gab der Klage mit der Begründung statt, es seien nicht bloß Räumlichkeiten als solche ohne Rücksicht auf ihren Verwendungszweck vermietet worden, sondern nach dem Inhalt und Zweck des Vertrages müsse davon ausgegangen werden, dass die **Durchführung des Gastspiels** von Marika Rökk **Vertragsinhalt** geworden sei.[31] Infolge der Erkrankung sei der Vermieterin, die ihr nach dem Mietvertrag obliegende Leistung, bestehend in der Überlassung der Sporthalle zur Durchführung des genannten Gastspiels, infolge der Erkrankung von Frau Rökk unmöglich geworden. Da dies keine Seite zu vertreten habe, müsse die Stadt Bremen als Vermieterin die erhaltene Mietvorauszahlung wegen nachträglicher, unverschuldeter Unmöglichkeit (§ 323 a. F., heute § 326 I, IV BGB) an den Veranstalter als Mieter zurückerstatten. Für die Anwendung von § 552 (heute: § 537) BGB sei kein Raum, weil die Erkrankung für den Veranstalter als Mieter kein bloß subjektiver, ihn persönlich treffender, sondern ein objektiver, jeden Mieter gleichermaßen treffender Hinderungsgrund gewesen sei.

Das Urteil überzeugt weder vom Ergebnis noch von der Begründung. Es beruht auf einer zu engen Interpretation des jetzigen § 537 BGB. Die Bestimmung bezweckt, das Verwendungsrisiko dem Mieter aufzuerlegen: ob er die Sache nutzen kann oder nicht, ist ausschließlich sein Problem. Wenn die Veranstaltung scheitert, weil der Protagonist erkrankt, sein Flugzeug verpasst oder in einem Verkehrsstau stecken bleibt, geht dies zu Lasten des Veranstalters, der die angemieteten Räumlichkeiten dann nicht nutzen kann. Dies sind typische Risiken, die in seine Sphäre fallen. Er, der Veranstalter, hat den Protagonisten unter Vertrag genommen. Erscheint dieser nicht, muss er die Folgen tragen. Damit hat der Vermieter nichts zu tun. Seine Leistungspflicht besteht nur darin, die angemieteten Räumlichkeiten in einem Zustand zur Verfügung zu stellen, wie es für die Durchführung der geplanten Veranstaltung vereinbart war. Er kann die vereinbarte Miete deshalb auch bei Ausfall der Veranstaltung verlangen, muss sich allerdings eventuell ersparte Aufwendungen für Personal- bzw. Sachleistungen (z.B. Einsparungen für Bühnenaufbau, Sicherheits- und Bewachungspersonal, Energiekosten etc.) anrechnen lassen.[32]

---

31 NJW 1953, 1394.
32 Für eine Lösung über Wegfall der Geschäftsgrundlage noch die 1. Auflage und Kraft, NJW 1953, 1751. Zur Problematik vgl. auch *Köhler* S. 166 f. Das Ergebnis, dass der Vermieter den Mietzins zurückerstatten muss, erscheint mir jedoch aus heutiger Sicht nicht mehr interessengerecht. Vielmehr geht das Verwendungsrisiko richtiger Weise zu Lasten des Veranstalters. So auch OLG Braunschweig in NJW 1976, 570 in folgendem Fall: Die Beklagte hatte am 20.1.1971 für die im September 1971 geplante Internationale Automobilausstellung beim Kläger 22 Hotelbetten be-

Anders wäre nur dann zu entscheiden, wenn Veranstalter und Mieter gemeinsame Veranstalter wären. Bei einer derartigen Co-Veranstaltung müsste der Veranstalter dann einen Teil des Risikos mit übernehmen. In einem solchen Fall könnte dann ggf. von einer Störung der Geschäftsgrundlage (heute § 313 BGB) gesprochen werden. Hervorzuheben ist aber, dass es nicht ausreicht, dass die geplante Verwendung dem Vermieter mitgeteilt oder im Mietvertrag erwähnt wird.[33] Vielmehr müsste sich der Vermieter die geplante Verwendung (z.B. als Co-Veranstalter) zu seinem eigenen Anliegen gemacht haben. Dann hätten die Parteien das Ausfallrisiko ersichtlich zu ihrem gemeinsamen Anliegen gemacht, so dass ein Festhalten an der Zahlung des vollen Mietzinses durch den Mieter nicht zumutbar wäre (vgl. § 313 BGB)[34].

Die gerade diskutierten schwierigen Fragen werden heute zumeist durch ausdrückliche vertragliche Gestaltung aus dem Wege geräumt.

Im **Vertragsmuster 1** heißt es z.B.:

---

17. Ausfall oder Verschiebung der Veranstaltung

17.1 Führt der Mieter aus einem Grund, den er zu vertreten hat, die Veranstaltung nicht durch, so schuldet er die im Mietvertrag ausgewiesenen Nutzungsentgelte und Nebenkosten in voller Höhe, wenn die Veranstaltung nicht so rechtzeitig vor ihrem festgesetzten Termin abgesagt oder verlegt wird, dass eine anderweitige Verwendung der Räume möglich ist. Ansonsten sind die bereits entstandenen Kosten zu erstatten.

Diese Regelung ist mieterfreundlich und belastet ihn (günstiger als nach BGB) nur dann mit den Mietkosten, wenn ihn ein Verschulden am Ausfall der Veranstaltung trifft. Dies ist bei Erkrankung des Hauptdarstellers i.d.R. nicht der Fall, da der Veranstalter dafür nicht verantwortlich zu machen ist. Dann beschränkt sich seine Verpflichtung bloß auf die Erstattung bereits entstandener Kosten an den Hallenbesitzer.

---

stellt und am 28.1.1971 die Bestellung rückgängig gemacht, weil die IAA inzwischen abgesagt worden war. Das Gericht befand, dieses Risiko gehe zu Lasten des Mieters und er müsse die volle Miete von DM 11.000,– (~ € 5.500) abzüglich ersparter Aufwendungen des Vermieters bezahlen. Die Parteien hätten keine gemeinsamen Vertragszwecke verfolgt. Der Vermieter müsse sich daher nicht an dem Risiko des Veranstaltungs-Ausfalls beteiligen. Im gleichen Sinn Palandt/*Grüneberg* § 313 Rn. 35 f. Eine andere Frage ist allerdings, ob dem Mieter bei frühzeitiger Absage ev. nicht ein ausdrückliches oder stillschweigendes Rücktrittsrecht zusteht. Der BGH hat in einem vergleichbaren Fall (NJW 1977, 386) die Frage aufgeworfen, ob es nicht eine Verkehrsübung gebe, bis 21 Tage vor dem Termin ohne weiteres Obligo den Rücktritt vom Vertrag erklären zu dürfen und die Sache an die Vorinstanz zurückverwiesen. Wie dort entschieden wurde, ist nicht bekannt. M.E. ist gegenüber einer solchen Übung im Hotelgewerbe Skepsis angebracht.

33   BGH NJW-RR 1992, 182; Palandt/*Grüneberg* § 313 Rn. 37.
34   Vgl. Palandt/*Grüneberg* § 313 Rn. 37 unter Hinweis auf *Larenz* § 21 II.

Erheblich härter für den Mieter formuliert **Vertragsmuster 2:**

---

§ 18 RÜCKTRITT VOM VERTRAG

(...)

3. Führt der Mieter aus irgendeinem, vom Vermieter nicht zu vertretenden Grund die Veranstaltung nicht durch, oder tritt er vom Mietvertrag zurück bzw. kündigt ihn, so bleibt er zur Zahlung der Gesamtmiete incl. anfallender Nebenkosten verpflichtet, ersparte Aufwendungen des Vermieters sind abzurechnen.

Diese Klausel erscheint auf den ersten Blick insoweit bedenklich, als sämtliche Risiken außer denen, die vom Vermieter zu verantworten sind, global auf den Mieter abgewälzt werden. Dennoch hält die Klausel der Billigkeitskontrolle des § 307 BGB stand, der eine einseitige Risikoverlagerung auf den Vertragsgegner verbietet. Eine unangemessene Benachteiligung des Mieters wird durch die nachfolgende Ziff. 4 vermieden, wo es heißt:

Kann die vertraglich festgelegte Veranstaltung aufgrund höherer Gewalt nicht stattfinden, so trägt jeder Vertragspartner seine bis dahin gehabten Kosten selbst.

Das bedeutet, dass der Mieter jedenfalls bei Ereignissen, die für ihn trotz äußerster Sorgfalt nicht abwendbar und nicht vorhersehbar sind, keine Miete schuldet.[35] Die Erkrankung einzelner Künstler oder das nicht rechtzeitige Eintreffen eines oder mehrerer Teilnehmer fällt allerdings aufgrund ausdrücklicher Regelung im Vertragsformular nicht unter den Begriff »Höhere Gewalt«.

Inhaltlich gleich verlagert auch das **Vertragsmuster 4** das Risiko des Ausfalls von Künstlern auf den Veranstalter. Es kommt allerdings dem Mieter bei längerfristiger Absage mit einer gestaffelten Regelung entgegen, wonach er bei Absage

---

a) vor Beginn des 5. Monats mietfrei (bleibt),
b) ab Beginn des 5. Monats 20 %
c) ab Beginn des 3. Monats 50 % und
d) innerhalb eines Monats 100 %

---

der Miete schuldet.

Vertragsmuster 3 unterscheidet nur zwischen kurz- und langfristigen Absagen wie folgt:

Für Veranstaltungen, die nicht spätestens 6 Wochen vor ihrem festgesetzten Termin abgesagt oder verlegt werden, sind die vollen Entgelte ... zu entrichten, sofern nicht eine anderweitige Verwendung der Räume möglich ist.

---

35   Näher zum Begriff der höheren Gewalt unten unter 1.3.

Danach würden Absagen des Veranstalters wegen kurzfristiger Erkrankung des Darstellers voll zu seinen Lasten gehen. Trotz der mieterfreundlichen Regelung bei längerfristigen Absagen erscheint mir eine derartige volle Überbürdung des Mietrisikos bei Absagen innerhalb von 6 Wochen, gleichgültig aus welchem Grund sie erfolgen, bedenklich. Nach meiner Meinung stellt es eine unangemessene Benachteiligung des Mieters dar, wenn er nicht wenigstens in Fällen höherer Gewalt und unverschuldeter Unmöglichkeit von der Mietzahlungspflicht befreit ist.[36] Die Klausel ist daher wegen Verstoß gegen § 307 BGB unwirksam.

3. Hat der **Hallenbetreiber** seinerseits den Darsteller engagiert und ist er selbst **Eigenveranstalter**, so gehen unverschuldete Erkrankungen des Darstellers zu Lasten des Hallenbetreibers.

Der Darsteller kann in einem solchen Fall unverschuldet sein Werk nicht erbringen und ist wegen nachträglich eingetretener Unmöglichkeit von seiner Leistungspflicht frei (§ 275 I BGB). Andererseits schuldet ihm dann der Hallenbetreiber kein Honorar (§ 326 I BGB). Dies wird auch teilweise in den Verträgen, die von Seiten der Darsteller vorgelegt werden, ausdrücklich unterstrichen. So heißt es z.B. in dem **Konzertvertragsmuster 6** des IDKV in § 8 III:

> *Ist der Künstler oder ein Mitglied der Künstlergruppe durch Krankheit verhindert, so ist dies unverzüglich mitzuteilen und durch ärztliches Attest nachzuweisen. Die Auftrittspflicht des Künstlers und die Vergütungspflicht des Veranstalters entfallen in diesem Fall.*

4. Die gleiche Rechtslage gilt bei **Eigenveranstaltungen** der Hallenbetreiber **im Rahmen von Gastspielverträgen** mit Direktionen.

Bei Erkrankung des nicht ersetzbaren Hauptdarstellers schulden sich beide Seiten nichts. Die Direktion wird wegen Unmöglichkeit von ihrer Vertragspflicht frei (§ 275 I BGB). In den Gastspielverträgen finden sich entsprechende Regelungen. So heißt es in **Vertragsmuster 10**[37] **für eine Theaterproduktion:**

> *Umstände höherer Gewalt, zwingender künstlerischer Gründe oder von Erkrankung führen zur Aufhebung der Gastspielvereinbarung ohne gegenseitige Entschädigung, falls der Produzent weder eine Umbesetzung noch einen Ersatztermin anbieten kann.*

In **Vertragsmuster 12**[38] ist eine inhaltlich übereinstimmende Regelung bzgl. Erkrankung zu finden, während **Vertragsmuster 11**[39] bei unverschuldeter Erkrankung des Künstlers der Direktion das Recht gibt, eine gleichwertige Ersatzdarbietung zu offerieren.

Der gesetzlichen Regelung am nächsten kommt ein **Vertragsmuster des IDKV** mit folgender klarer Regelung in § 8 III:

---

36 In diesem Sinn auch *Fessmann* NJW 1983, 1167.
37 Ziffer 8 b.
38 Ziffer 7.
39 Ziffer 12.

> Ist der Künstler oder ein Mitglied der Künstlergruppe durch Krankheit verhindert, so hat die Direktion dies unverzüglich mitzuteilen und durch ärztliches Attest nachzuweisen. Die Lieferpflicht der Direktion und die Vergütungspflicht des Veranstalters entfallen in diesem Fall.

Eine Variante des gerade behandelten Falles ist folgender

Fall 5: Ausfall des Hauptdarstellers wegen Alkohol oder Drogen

Der Hauptdarsteller kann infolge von Alkohol oder Tablettenkonsum nicht auftreten.

Dann ergeben sich bzgl. der Erwägungen zum Punkt 1. keine Abweichungen, wohl aber bei den Punkten 2., 3. und 4.

Im Einzelnen:

1. Ist der **Darsteller** selbst auch **Veranstalter**, sind Alkohol- und Tablettenkonsum sein persönliches Risiko und entlasten ihn nicht von der Mietzahlung (§ 537 I BGB).

2. Ist eine **Direktion** der **Veranstalter** in einer angemieteten Halle, so kann ihnen selbst ein schuldhafter Drogenkonsum des von ihnen engagierten Darstellers im Verhältnis zum Vermieter der Halle nicht über § 278 BGB zugerechnet werden; denn im Rahmen des hier interessierenden Mietvertrages ist der Darsteller nicht Erfüllungsgehilfe des Mieters. Er wird vom Veranstalter nicht bei der Erfüllung der Mieterpflichten eingesetzt.

   Andererseits gehört ein derartiger Veranstaltungsausfall zur Risikosphäre des Veranstalters. Das Engagement derartiger Darsteller ist typischerweise ein Betriebsrisiko des Veranstalters, das nach Treu und Glauben (§ 242 BGB) nicht auf den Vermieter verlagert werden kann.

   Im Übrigen gelten die formularmäßigen Mietbedingungen, soweit diese wirksam sind.[40]

3. Ist der **Hallenbetreiber** der **Veranstalter**, so ändert sich die Lösung, weil man dem Darsteller einen exzessiven Alkohol- oder Drogenkonsum, der ihn außer Gefecht setzt, zum Schuldvorwurf machen muss (vgl. §§ 276 I 1, 827 S. 2 BGB). Daraus folgt: Der Darsteller wird wegen Eigenverschuldens nicht von seiner Leistungspflicht frei, sondern muss im Gegenteil gemäß § 283 BGB Schadensersatz an den Veranstalter leisten. Er muss abgesehen vom Verlust seiner Gage beispielsweise für nutzlose Aufwendungen des Veranstalters und für dessen entgangenen Gewinn aufkommen (§ 252 BGB).

   Da sich dieser manchmal schwer ermitteln lässt oder gelegentlich fraglich sein kann, wäre die Vereinbarung einer Vertragsstrafe in Höhe der Gage ein sinnvolles Mittel, den Darsteller von solchen Ausrutschern abzuhalten.

   Bekannte Künstler werden sich dem allerdings widersetzen und ihrerseits Vertragsformulare präsentieren, wonach in allen Fällen der Erkrankung oder Verhinderung,

---

40 Vgl. Fall 4.

selbst infolge Eigenverschuldens, keine Ersatzansprüche gegen sie geltend gemacht werden können. Dies ist jedoch im Hinblick auf § 309 Nr. 7 b BGB bedenklich. Danach sind Klauseln in Formularverträgen jedenfalls dann unwirksam, wenn der Verwender bei grob verschuldeten Pflichtverletzungen seine Haftung ausschließt. Bei BtB-Verträgen gilt das Gleiche über § 307 BGB.[40a]

4. Hat eine Direktion (oder Agentur) einen Darsteller im Rahmen eines Gastspiels einem **Hallenbetreiber** zur Verfügung gestellt, der **das Gastspiel als Eigenveranstaltung** darbietet, so würde ein exzessiver Alkohol- oder Tablettenkonsum des Darstellers, der die Veranstaltung platzen lässt, über § 278 BGB der Direktion zuzurechnen sein. Denn diese schuldet im Rahmen des Gastspielvertrages dem Hallenbetreiber die Erbringung der verabredeten Werkleistung und bedient sich dabei zur Erfüllung ihrer werkvertraglichen Pflichten des Darstellers. Dass dieser gegenüber der Direktion nicht weisungsgebunden ist, sondern in einer eigenständigen werkvertraglichen Beziehung zu ihr steht, ist gleichgültig. So ist anerkannt, dass beim Werkvertrag der Subunternehmer Erfüllungsgehilfe des Hauptunternehmers[41] ist oder bei einer Pauschalreise der Hotelier der Erfüllungsgehilfe des Reiseunternehmens.[42] Entscheidend ist, dass der Darsteller mit dem Willen des Schuldners – also der Direktion – bei der Erfüllung einer diesem obliegenden Verbindlichkeit als seine Hilfsperson tätig wird. Das ist der Fall. Wie bereits ausgeführt, schuldet die Direktion aufgrund des Gastspielvertrages der Halle das Theater-, Konzert- oder sonstige Programm und bedient sich dabei der Mitwirkung der von ihr engagierten Darsteller. Dass diese zugleich ihre eigene Verbindlichkeit aus dem Künstlervertrag erfüllen wollen, steht nicht der Annahme entgegen, dass sie auch Erfüllungsgehilfen der Direktion bei der Durchführung des Programms sind.[43]

Daraus folgt: Verschuldet ein Protagonist oder sonstiger Darsteller durch übermäßigen Alkohol- oder Tablettenkonsum den Ausfall der Veranstaltung, so wird dieses Verschulden der Direktion nach § 278 BGB zugerechnet. Damit wird sie gegenüber dem Hallenbetreiber gemäß § 283 BGB schadensersatzpflichtig und muss ihm alle Nachteile wegen des Ausfalls der Veranstaltung ersetzen. Intern kann sie bei dem Darsteller Regress nehmen, der sich die Erfüllung seiner Vertragspflichten schuldhaft unmöglich gemacht hat (§ 283 BGB).

Die vorbezeichnete Haftung kann durch **Formularklauseln** nicht unterlaufen werden. Zwar sehen Gastspielverträge von Direktionen und Künstlerverträge durchgängig formularmäßige Haftungsfreizeichnungen oder -beschränkungen bei Erkrankung des Hauptdarstellers vor. Dies ist rechtlich jedoch nur in Fällen unverschuldeter Erkrankung zulässig. Ist die Erkrankung indes auf ein grobes **Verschulden** des Darstellers zurückzuführen, so können nach § 309 Nr. 7 b BGB weder seine eigene Haftung gegenüber der Direktion bzw. Agentur noch andererseits die Haftung der Direktion bzw. der Agentur gegenüber der Halle ausgeschlossen oder begrenzt werden.[44] Falls die Veranstaltung wegen übermäßigen Alkohol- oder Drogenkonsums ausfällt, wird regelmäßig ein derartiges grobes Verschulden anzunehmen sein. Der Darsteller missachtet bei einem solchen Exzess nämlich in beson-

---

40a BGH NJW 2007, 3774; OLG Hamm NJW-RR 1996, 969.
41 BGHZ 66, 48.
42 BGHZ 63, 98.
43 BGHZ 13, 114.
44 Vgl. Palandt/*Grüneberg* § 309 Rn. 43 ff.

derem Maße seine Sorgfaltspflichten gegenüber seinem Vertragspartner und handelt trotz der voraussehbaren und vermeidbaren Folgen in unverantwortlicher Weise (= grobe Fahrlässigkeit) oder nimmt ggf. sogar einen Ausfall billigend in Kauf (= bedingter Vorsatz). Auch bei nur leichter Fahrlässigkeit könnte die Schadensersatzpflicht gemäß § 307 BGB weder ausgeschlossen noch begrenzt werden, da bei alkoholbedingtem Veranstaltungsausfall in jedem Fall ein Verstoß gegen Kernpflichten des Vertrages anzunehmen ist. Bei allen Arten des Verschuldens ist daher ein Ausschluss der Haftung unzulässig. Ferner könnte dem Vertragspartner sein Recht, vom Vertrag zurückzutreten (§§ 323 bzw. 326 BGB), nicht durch AGB genommen werden (§ 309 Nr. 8 b BGB).

Die vorstehenden Erwägungen gelten sinngemäß über §§ 310 I und 307 BGB **auch im kaufmännischen Verkehr**, z.B. wenn ein Gastspielvertrag zwischen Hallen-GmbH und einer Gastspiel-Direktions-GmbH geschlossen ist. Unabhängig von dem Meinungsstreit um die Tragweite der angesprochenen Klauselverbote im Verhältnis zu Unternehmen im Einzelnen[45] besteht in der Praxis Einigkeit[46] darüber, dass bei der Verletzung von wesentlichen Vertragspflichten (»Kardinalpflichten«) die Haftung für Fahrlässigkeit i.d.R. nicht ausgeschlossen werden darf. Da die Erbringung der Werkleistung eine zentrale Pflicht des Werkunternehmers (das sind Direktion sowie Künstler) ist, müssen Fälle von Alkohol- oder Drogenmissbrauch, die die Erbringung dieser Leistung zunichte machen, als Verletzung von Kardinalpflichten eingestuft werden. Daraus folgt, dass das Risiko einer verschuldeten Verhinderung hier von der Direktion bzw. letztlich vom Darsteller getragen werden muss.

Freilich dürften im Einzelfall erhebliche Beweisprobleme bestehen, was den wahren Grund der Erkrankung angeht. Zusätzlich stellt sich evtl. die Frage eines etwaigen Mitverschuldens, wenn dem Veranstalter die entsprechende Labilität des Künstlers von vornherein bekannt ist (§ 254 BGB).

1.3 Risiken außerhalb der Risikosphäre der Beteiligten

Es kommt immer wieder vor, dass Naturkatastrophen (Erdbeben,[47] Orkanwetterlagen,[48] Überschwemmungen), Krieg, Terroranschläge,[49] innere Unruhen, Reaktorunfälle und größere Unfälle, kurz Fälle **höherer Gewalt**, zur Absage von Veranstaltungen führen. Es handelt sich dabei um Ereignisse, die von außen kommen, keinen betrieblichen Zusammenhang aufweisen und auch durch äußerste vernünftigerweise zu erwartende Sorgfalt nicht abzuwenden sind.[50]

---

45 Vgl. die Nachweise bei Palandt/*Grüneberg* § 309 Rn. 48, 49.
46 BGHZ 89, 367; BGH NJW 1985, 915; BGH NJW-RR 1988, 559; Wolf/Horn/Lindacher/*Wolf* § 11 Nr. 7 Rn. 52; Palandt/*Grüneberg* § 307 Rn. 35.
47 Wie im April 1992 im Rheinland.
48 Wie im Januar/Februar 1991 mit der Folge der Absage der Rosenmontagsumzüge; weiteres Beispiel der Jahrhundertorkan Georges im September 1998 an der amerikanischen Südostküste oder der Hurrican Katrina im Jahre 2005 in New Orleans. Letztes Vorkommnis in Deutschland war der verheerende Orkan Kyrill am 18./19.1.2007.
49 Wie am 11. September 2001.
50 Vgl. BGHZ 100, 185; der Begriff höhere Gewalt wird im BGB im Zusammenhang mit der Hemmung der Verjährung (§ 206 BGB) und der Kündigungsmöglichkeit eines Pauschalreisevertrages (§ 651 j) erwähnt und hat nunmehr auch in § 7 StVG Anerkennung gefunden.

Dazu folgender

Fall 6: Veranstaltungsausfall infolge Golfkrieg

Wegen des Golfkriegs I sagt eine Karnevalsgesellschaft (e.V.) alle Veranstaltungen ab. Sie kündigt die Hallenräume auf und bestellt die Künstler ab.

---

1. Im Hinblick auf die Aufkündigung der bereits angemieteten Hallenräume kommt keiner der klassischen Beendigungsgründe in Betracht. Eine Kündigung nach § 542 I BGB entfällt, da die Mietzeit fest bestimmt war. Wegen Zeitablaufs ist nach § 542 II BGB keine Beendigung möglich, weil die Zeit noch nicht gekommen und dementsprechend noch nicht abgelaufen ist. Ein außerordentliches Kündigungsrecht nach § 543 BGB scheitert ebenso, weil die Gründe für eine evtl. Kündigung nicht aus der Sphäre des Vermieters stammen.[51] Eine Bedingung, dass bei Ausbruch eines Kriegs die Anmietung entfallen sollte, war weder ausdrücklich noch stillschweigend vereinbart. Ein vertragliches Rücktrittsrecht, das wegen der absehbaren Krise sicher sinnvoll gewesen wäre, war nicht vereinbart. Ein gesetzliches Rücktrittsrecht könnte sich allerdings infolge beiderseits unverschuldeter Unmöglichkeit ergeben (§ 326 V BGB). Daran wäre etwa zu denken, wenn ein behördliches Verbot ergangen wäre, öffentliche Lustbarkeiten durchzuführen, z.B. bei Verhängung von Staatstrauer. Davon kann hier indes keine Rede sein. Die Veranstaltung wurde vielmehr freiwillig mit Rücksicht auf die Krisensituation abgesagt. Es kann demzufolge nicht davon gesprochen werden, dass die Veranstaltung aus tatsächlichen Gründen nicht stattfinden konnte.

Da auch eine Anfechtung wegen Irrtums ausscheidet, bleibt nur die Frage, ob nicht wegen Wegfalls der Geschäftsgrundlage (§ 313 BGB) ein Recht zur Vertragsauflösung besteht. Konkret handelt es sich wie im Marika-Rökk-Fall um einen Fall der Störung des Verwendungszwecks. Hier gilt, dass das Verwendungsrisiko grundsätzlich beim Gläubiger (Mieter) liegt.[52] Das heißt, dass es im Allgemeinen ohne Bedeutung ist, ob der Gläubiger (Mieter) die Sache nutzen kann. Nur wenn der Verwendungszweck zur Geschäftsgrundlage (§ 313 BGB) gemacht worden ist, muss dies ausnahmsweise anders beurteilt werden; dazu reichen aber Kenntnis und Erörterung des Verwendungszwecks, wie etwa die Erwähnung gegenüber einem Juwelier, die gekauften Ringe seien für eine (später nicht stattfindende) Verlobung bestimmt, nicht aus. Vielmehr muss sich der Vertragspartner den Verwendungszweck selbst so zu Eigen gemacht haben, dass das Beharren auf einer unveränderten Vertragserfüllung trotz der eingetretenen Zweckstörung als widersprüchliches und unzumutbares Verhalten zu werten gewesen wäre.[53] Davon kann m.E. nicht gesprochen werden, wenn sich der Gläubiger selbst aufgrund eigener Entscheidung zu der Absage entschließt. Dann muss er auch die Konsequenzen dieser Entscheidung selbst tragen. Dem Vertragspartner, der von dieser fremden Entscheidung betroffen

---

51 Der wichtige Grund nach § 543 BGB muss aus dem Risikobereich des Kündigungsempfängers herrühren, vgl. Palandt/*Weidenkaff* § 543 Rn. 5.
52 BGHZ 74, 374.
53 Dabei mag dahinstehen, ob der Hallenbetreiber überhaupt die Karnevalsveranstaltung zu seinem eigenen Anliegen gemacht hat, d.h. ob dies zur Geschäftsgrundlage des Vertrages geworden ist.

wird, kann jedenfalls nicht vorgehalten werden, er verhalte sich widersprüchlich[54] und müsse sich fairerweise zu einer Vertragsanpassung bereit finden. Eine andere Beurteilung käme einem Zwang gleich, dieselbe Gewissensentscheidung zu treffen.

Das bedeutet im Ergebnis, dass die Karnevalsgesellschaft zur Zahlung des Mietzinses verpflichtet bleibt.

Diese Beurteilung gilt auch, falls der Mietvertrag auf der Grundlage der bereits zitierten Vertragsmuster abgeschlossen worden ist. Die **Vertragsmuster 2 und 4** sehen zwar bei »höherer Gewalt« eine Befreiung von der Mietzinsverpflichtung vor und bestimmen lediglich, dass jeder Vertragspartner seine bis dahin gehabten Kosten selbst zu tragen habe; aber ein Fall höherer Gewalt lag m.E. im Falle des 1. Golfkrieges nicht vor. Das Beispiel der USA, die im Unterschied zu Deutschland selbst unmittelbar in den Krieg involviert waren, zeigt, dass der Veranstaltungsausfall keineswegs ein »unabwendbares Ereignis« war: In der Hochburg des Karnevals New Orleans fanden die Karnevalsveranstaltungen wie gewohnt in vollem Umfang statt (wie der Verfasser aus eigenem Erleben weiß). Umso weniger hat der Golfkrieg als solcher bei uns die Durchführung von Karnevalsveranstaltungen verhindert. Der Veranstaltungsausfall war nicht zwangsläufig, sondern Folge einer selbst zu verantwortenden Entscheidung.

Die Konsequenzen dieser freiwilligen Solidaritätsbekundungen müssen deshalb auch bei Geltung des **Vertragsmusters 1** zu Lasten desjenigen gehen, der die Veranstaltung absagt, d.h. hier des Mieters. Denn er führt die Veranstaltung aus einem Grund, den er zu vertreten hat, bewusst und gewollt nicht durch und schuldet daher nach Ziffer 17.1 die volle Miete.

Vertragsmuster 3 sieht schon von vornherein selbst bei höherer Gewalt keine kurzfristige Absagemöglichkeit zugunsten des Mieters vor. Diese Regelung verstößt zwar gegen § 307 BGB, die dann maßgebliche gesetzliche Regelung (§ 306 BGB) führt jedoch in diesem speziellen Fall zu keinem anderen Ergebnis. Wie eben ausgeführt, führen weder die Vorschriften über Unmöglichkeit noch die der Störung der Geschäftsgrundlage zur Befreiung von der Mietzahlungspflicht.

2. Nicht anders als die Absage gegenüber dem Vermieter ist die Absage gegenüber den bereits engagierten Künstlern zu beurteilen. Der Veranstalter – in diesem Fall die Karnevalsgesellschaft – hat zwar ein jederzeitiges Kündigungsrecht nach § 649 BGB, bleibt aber dennoch zur Zahlung der vereinbarten Vergütung verpflichtet. Diese vermindert sich allerdings um die ersparten Aufwendungen, etwa Transport- und Übernachtungskosten, sowie Erlöse aus anderweitig erzieltem oder möglichem Einsatz der Arbeitskraft, was den betreffenden Künstlern wegen der verbreiteten Absage von Karnevalsveranstaltungen nur im Ausnahmefall möglich gewesen sein dürfte.

---

54 *Köhler* S. 143 ff.; Palandt/*Grüneberg* § 313 Rn. 37; anders OLG Karlsruhe NJW 1992, 3177 in dem allerdings anders gelagerten Fall, in dem die Gemeinde die Halle wegen des Golfkriegs nicht zur Verfügung stellte und die notwendigen gaststättenrechtlichen und polizeirechtlichen Genehmigungen für die vorgesehene Tanzveranstaltung und das Überschreiten der Sperrstunde nicht erteilte. Der Karnevalsverein musste daher den Musikern absagen. Die Klage der Musiker auf 18.000,– DM (~ 9.000,– €) Gage gegen den Verein als Veranstalter wurde wegen Wegfalls der Geschäftsgrundlage mit der Begründung abgewiesen, das Risiko des Scheiterns aufgrund dieser gemeindlichen Versagung treffe beide Seiten gleichermaßen.

Eine folgenlose Stornierung ohne Vergütungspflicht kann dagegen weder wegen Unmöglichkeit noch wegen Störung der Geschäftsgrundlage angenommen werden. Hier gelten sinngemäß die obigen Erwägungen.

Soweit die Werkverträge mit den Künstlern auf Formularvertragsbasis geschlossen wurden, bleibt die Beurteilung im Allgemeinen gleich. Sind hier Rücktritts- oder Kündigungsmöglichkeiten bei »höherer Gewalt« vorgesehen, trifft dies auf den vorliegenden Fall wegen der Freiwilligkeit der Absage nicht zu. Eine Vergütungspflicht bleibt auch bei einem Konzertvertrag nach dem **Vertragsmuster 6** bestehen, wo es heißt:

> *§ 8 Entfällt der Auftritt durch Absage des Veranstalters oder aus einem anderen, vom Veranstalter verursachten oder in seiner Risikosphäre liegenden Grund, zahlt der Veranstalter das ... vereinbarte Honorar.*

Allerdings ist der nachfolgende Satz:

> *Ersparte Aufwendungen werden nicht abgezogen.*

wegen Verstoß gegen § 307 BGB als nichtig anzusehen, da er einen wesentlichen Grundgedanken des Werkvertragsrechts, nämlich § 649 S. 2 BGB, missachtet.[55] Da aber dieser Passus nach der »blue-pencil«-Methode[56] problemlos gestrichen werden kann, bleibt die im Satz davor getroffene Regelung wirksam.

Es sei noch bemerkt, dass in der Praxis viele Hallenbetreiber seinerzeit aus Solidarität auf die ihnen an sich zustehende Miete verzichtet haben und ebenso einige Künstler auf ihre Gage; andere Künstler, die z.B. bereits angereist waren, haben ihr Honorar auch voll erhalten oder sich mit den Veranstaltern auf 50 % der Gage für die ausgefallene Veranstaltung und einen weiteren Auftritt im folgenden Jahr zu 100 % Gage verständigt.

Stets aktuell sind Fälle eines Veranstaltungsausfalls durch Streik. Nachfolgend sollen rechtliche Aspekte eines Streiks im öffentlichen Dienst behandelt werden und dabei insbesondere die Frage, inwieweit ein streikbedingter Veranstaltungsausfall entschädigungslos alle Leistungspflichten entfallen lässt. Dazu folgender

---

Fall 7: Veranstaltungsausfall infolge Streiks

Eine Konzertdirektion trifft mit einer Stadthalle eine schriftliche Vereinbarung, am 30. April in der Stadthalle gemeinsam die Veranstaltung »Tanz in den Mai« durchzuführen. Gewinn und Verlust aus der Veranstaltung sollen zwischen den Parteien geteilt werden. Mehrere Folgeveranstaltungen sind geplant. Namens der Veranstaltergemeinschaft werden verschiedene Kapellen engagiert, die mit eigener Licht- und Schalltechnik anreisen, aber wegen Streiks nicht auf die Bühne gelassen werden. Die Veranstaltung fällt aus. Die Kapellen beanspruchen ihre Gage.

---

55 BGH NJW 1973, 1190; Palandt/*Sprau* § 649 Rn. 17.
56 Vgl. Palandt/*Grüneberg* Vorb. v § 307 Rn. 11; OLG Brandenburg ZMR 04, 745.

Die Veranstaltergemeinschaft stellt eine Gesellschaft bürgerlichen Rechts (GbR) dar, da sich Direktion und Stadthalle zu dem gemeinsamen Zweck verbunden haben, Veranstaltungen der beschriebenen Art durchzuführen (§ 705 BGB). Dabei war im Vertrag im Einzelnen festgelegt, welche Einzelaufgaben den beiden Vertragsparteien zufielen, um die betreffenden Veranstaltungen zu organisieren und abzuwickeln. Danach oblag u.a. das Engagement der Musikgruppen nach vorheriger gemeinsamer Festlegung der Direktion.

Die dementsprechend abgeschlossenen Engagementverträge mit den Kapellen waren demgemäß gegenüber der Stadthalle verbindlich (§ 714 BGB). Die Musikgruppen haben ihre versprochene Leistung termingerecht angeboten (§§ 293 f. BGB) und müssten folglich von der Stadthalle und der Direktion gemeinsam ihr Honorar erhalten, wenn dieser Anspruch nicht ausnahmsweise infolge des Streiks entfiele. Das wäre anzunehmen, wenn die Vertragserfüllung streikbedingt unmöglich geworden wäre und keiner der Vertragspartner die Unmöglichkeit zu vertreten hätte (§§ 275, 326 BGB). Damit übereinstimmend sieht auch Ziffer 2 des Engagementvertrags den Wegfall des Gegenanspruchs vor, wenn durch vom Auftraggeber nicht zu vertretende Umstände eine Veranstaltung nicht stattfinden kann. Ob die aus dem Streik resultierenden Leistungshindernisse tatsächlich so stark waren, dass sie die Veranstaltung unmöglich machten, hängt stark von den Umständen des Einzelfalls ab; sie müssten vom Auftraggeber nachgewiesen werden. Der Ausfall ersetzbarer oder notfalls entbehrlicher Arbeitskräfte reicht dazu nicht aus. Beispielsweise verhinderten der Ausstand des Hausmeisters und technischen Personals nicht notwendig die Durchführung der Veranstaltung, wenn Öffnung und Schließung der Zugänge sowie die Betätigung der Licht- und Klimaanlage durch den Hallenleiter hätten übernommen werden können. Ein größerer technischer Einsatz von Seiten der Halle war offenbar nicht zu leisten, da die Musikgruppen ihre eigenen Verstärker- und Beleuchtungsanlagen mit sich führten und selbst bedient hätten.

Neben Zweifeln, ob die Veranstaltung tatsächlich nicht stattfinden konnte, ist zu fragen, ob der Hallenbetreiber eine etwaige Unmöglichkeit wirklich **nicht zu vertreten** hat. Auch insoweit trifft ihn die Beweispflicht (§ 280 I 2 BGB). Anerkannt ist zunächst, dass ein Streik von Mitarbeitern ihm nicht automatisch über § 278 BGB (Haftung für Erfüllungsgehilfen) zuzurechnen ist.[57] Andererseits bleibt es bei dem Grundsatz der Vertragstreue (»pacta sunt servanda«), wonach der Veranstalter gegenüber den Musikgruppen verpflichtet bleibt, trotz Streiks die Veranstaltung durchzuführen. Er müsste in jedem Fall versuchen, streikbedingte Leistungshindernisse abzuwehren oder die Veranstaltung auf andere Weise, z.B. durch den Einsatz von Ersatzkräften, »durchzuziehen«.[58] Wieweit dieser Kooperationspflicht Genüge getan worden ist, lässt sich nur im Einzelfall beurteilen. Sie wäre bei einer Solidarisierung mit den Streikforderungen durch bewusste Verhinderung der Veranstaltung sicher verletzt. Die Musikergruppe würde dann ihren Anspruch auf die Gage behalten (§ 326 II BGB).

Umgekehrt würde jegliche Zahlungspflicht entfallen, wenn infolge des Streiks die Leistungshindernisse so stark gewesen sein sollten, dass die Veranstaltung unvermeidbar ausfallen musste (§§ 275, 326 I BGB).

---

57 H.M., vgl. *Richardi* JuS 1984, 825; *Dütz* Arbeitsrecht, Rn. 680; Palandt/*Heinrichs* § 278 Rn. 8.
58 So bereits eindringlich *Fessmann* NJW 1983, 1165 für den Fall eines Theaterstreiks.

2. Die Rechtsposition des Hallenbetreibers im Verhältnis zu Veranstaltungsteilnehmern

Im Vordergrund des Interesses stehen hier Haftungsfragen infolge von Unfällen. Dazu folgender

---

Fall 8: Sturz des Choristen von der Bühne

Ein Chorsänger fällt von der Bühne und verletzt sich schwer. Grund: Für Chor und Orchester war die Bühne zu klein. Die Halle hatte dem Veranstalter die Bühnenmaße zur Verfügung gestellt, die von ihm aber nicht beachtet wurden.

War der verunglückte Chorist ein **Berufssänger** im Angestelltenverhältnis, so liegt ein Arbeitsunfall vor (§§ 8 u. 2 SGB VII). Die zuständige Berufsgenossenschaft müsste ihm dann, gleichgültig ob ein Fremd- oder auch ein Eigenverschulden anzunehmen ist,[59] die üblichen Leistungen der gesetzlichen Unfallversicherung erbringen, z.B. kostenlose ärztliche Versorgung und Verletztengeld (§ 26 SGB VII).

Ein selbständiger Berufssänger ist im Unterschied zur früheren Rechtslage[60] heute nicht mehr kraft Gesetzes unfallversichert, könnte sich allerdings freiwillig bei der gesetzlichen Unfallversicherung versichern.

Eine Leistungspflicht der gesetzlichen Unfallversicherung besteht in keinem Fall, wenn es sich um einen **Laienchor** handelte und der verletzte Sänger dem Chor z.B. als Vereinsmitglied angehörte. Dann kann der verletzte Chorsänger auch nicht auf zivilrechtlicher Grundlage mit Erfolg den Hallenbetreiber auf Schadensersatz in Anspruch nehmen. Vertragliche Ansprüche wegen schuldhafter Verletzung des Mietvertrages (Pflichtverletzung gemäß § 280 I BGB), in dessen Schutzbereich außer dem Veranstalter als eigentlichem Vertragspartner auch Teilnehmer und Besucher fallen, scheitern im Ergebnis ebenso wie Ansprüche aus unerlaubter Handlung (§ 823 BGB) am fehlenden Verschulden des Hallenbetreibers. Er ist mit der Durchgabe der genauen Bühnenmaße seinen vertraglichen und allgemeinen Sorgfaltspflichten hinreichend nachgekommen.

Zusätzliche Warn- und Informationspflichten bzgl. der Größe der Bühne an jeden einzelnen Veranstaltungsteilnehmer würde ich für zu weitgehend halten und ablehnen. Allerdings kann sich der verletzte Teilnehmer wegen fehlerhafter Organisation und unterbliebener Hinweise in puncto Bühne an den Veranstalter halten und von ihm Schadensersatz gemäß § 280 I BGB wegen Verletzung einer leistungsbezogenen Nebenpflicht und unerlaubter Handlung (§ 823 BGB) beanspruchen.

Fallübergreifend lässt sich bzgl. der Haftung des Hallenbetreibers zu Veranstaltungsteilnehmern folgendes sagen:

---

59 Leistungen können nämlich nach § 101 SGB VII nur dann ganz oder teilweise entzogen werden, wenn der Versicherungsfall bei einer von Versicherten begangenen Handlung eingetreten ist, die nach rechtskräftigem strafgerichtlichem Urteil ein Verbrechen oder vorsätzliches Vergehen ist. Auch verbotswidriges Handeln schließt einen Versicherungsfall nicht aus, vgl. § 7 II SGB VII.

60 Die Versicherungspflicht für vertraglich engagierte Schausteller, Künstler und Artisten nach § 539 I Nr. 3 RVO ist seit 1.1.1997 mit Inkrafttreten des SGB VII und der Neufassung der Versicherungspflichtigen in § 2 entfallen. Eine freiwillige Unternehmerversicherung ist seither in § 6 SGB VII vorgesehen. Außerdem ist kraft Satzungsregelung der zuständigen Berufsgenossenschaft eine Unfallversicherung für Unternehmer möglich, § 3 SGB VII.

Zwischen beiden bestehen häufig keine direkten vertraglichen Beziehungen. Das schließt jedoch etwaige Schadensersatzansprüche nicht aus. Der Hallenbetreiber schuldet nämlich den Veranstaltungsteilnehmern und ebenso bloßen Besuchern die gleiche vertragliche Sorgfalt und Obhut wie dem Veranstalter als seinem eigentlichen Vertragspartner. Die Rechtsprechung hat dies aus der **Rechtsfigur des Vertrages mit Schutzwirkung zugunsten Dritter** entwickelt und beispielsweise anerkannt, dass Vereinsmitglieder bei einem Mietvertrag mit dem Verein[61] oder Gäste bei der Überlassung von Gaststättenraum für eine Veranstaltung[62] in den Mietvertrag mit dem Veranstalter so einbezogen sind, dass sie bei der Verletzung von Sorgfaltspflichten durch den Vermieter gegen diesen eigene vertragliche Ansprüche geltend machen können. Diese Ausweitung von Vertragspflichten über den Vertragspartner hinaus lässt sich aufgrund folgender Umstände[63] begründen:

Zum einen trifft das Moment der **Leistungsnähe** zu, weil der Veranstaltungsteilnehmer bestimmungsgemäß mit der Leistung des Hallenbetreibers in Berührung kommt und den Gefahren in gleicher Weise ausgesetzt ist wie der Veranstalter selbst als der Vertragspartner.

Sodann besteht eine **Schutzpflicht des Gläubigers** gegenüber dem Dritten, weil der Veranstalter seinen Teilnehmern aufgrund vereinsmäßiger oder vertraglicher Beziehungen Schutz und Fürsorge schuldet.

Diese Schutzpflicht und die Drittbezogenheit der Leistungen sind für den Hallenbetreiber auch ohne weiteres **erkennbar.** Schließlich ist der Veranstaltungsteilnehmer **schutzbedürftig,** weil er sonst auf die unzureichende allgemeine Deliktshaftung mit Exculpationsmöglichkeit aus § 831 S. 2 BGB angewiesen wäre.

Die Anerkennung solcher vertraglicher Schutzpflichten gegenüber den Veranstaltungsteilnehmern führt insbesondere bei Pflichtverletzungen durch Mitarbeiter der Halle zu einer **Haftungserweiterung,** weil der Hallenbetreiber sich nicht mit dem bei unerlaubten Handlungen sonst möglichen Nachweis entlasten kann, er habe seine Mitarbeiter sorgfältig ausgewählt und überwacht (§ 831 S. 2 BGB), sondern für deren Fehler unbedingt einstehen muss (§ 278 BGB). Andererseits wird man jedoch formularmäßige **Haftungsbegrenzungen,**[64] die gegenüber dem Mieter zulässigerweise die Haftung des Hallenbetreibers auf grobe Pflichtverstöße einschränken, auch und erst recht im Verhältnis zu Dritten, wie Veranstaltungsteilnehmern und -besuchern, anerkennen müssen.[65]

Hervorzuheben bleibt, dass die vertraglichen Ansprüche aus Pflichtverletzung bislang nur materielle Schäden umschlossen, was jedoch inzwischen durch die Neufassung von § 253 BGB geändert worden ist. **Schmerzensgeldansprüche** gegen den Hallenbetreiber können daher jetzt sowohl wegen Pflichtverletzung (§ 280 IBGB) als auch wegen unerlaubter Handlung (§§ 823 ff. BGB) beansprucht werden.

---

61 BGH NJW 1965, 1757; OLG Schleswig SchlHA 49, 63.
62 RGZ 160, 155.
63 Zu diesen Kriterien vgl. Palandt/*Grüneberg* § 328 Rn. 16-18, sowie *Medicus/Lorenz* Rn. 774-776
64 Vgl. § 17 V Vertragsmuster 2 des VDSM, wo es heißt: »Der Vermieter haftet lediglich für Schäden, die auf mangelnde Beschaffenheit der vermieteten Räume und des vermieteten Inventars oder auf vorsätzliche oder grob fahrlässige Verletzung der von ihm übernommenen Verpflichtungen zurückzuführen sind.«
65 Vgl. Palandt/*Grüneberg* § 328 Rn. 20; BGHZ 56, 269.

Schematisch lassen sich die Rechtsbeziehungen so darstellen:

Bild 10: Rechtsstellung des Hallenbetreibers bei Schäden von Veranstaltungs-teilnehmern

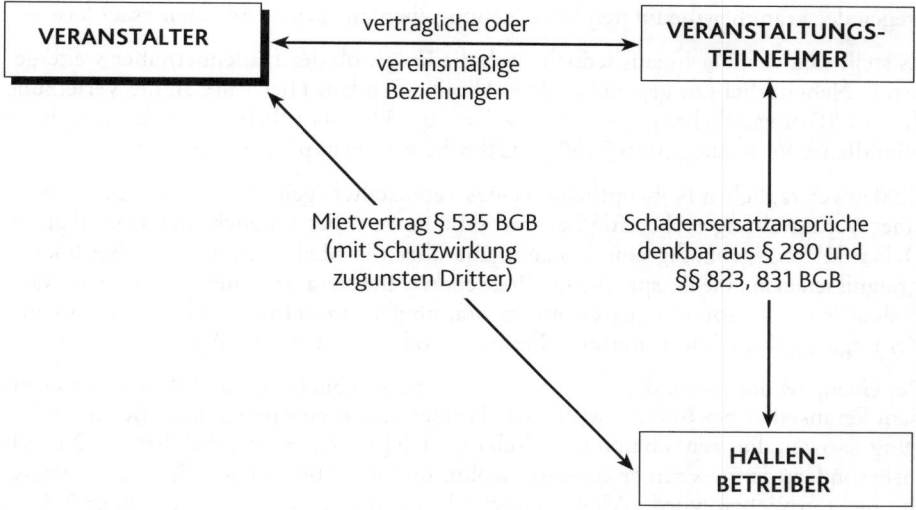

3. Die Rechtsposition des Hallenbetreibers im Verhältnis zu Besuchern

Die Rechtsbeziehungen des Hallenbetreibers zu Besuchern haben – wie bereits oben systematisch dargestellt (vgl. auch Bilder 2 und 3) – eine unterschiedliche Qualität, je nachdem ob der Hallenbetreiber eine eigene Veranstaltung durchführt oder seine Halle lediglich für Fremdveranstaltungen vermietet. Während im ersten Fall unmittelbare Vertragsbeziehungen zum Publikum begründet werden, fehlt es daran im zweiten Fall schon vom Ausgangspunkt her.

3.1. Eigenveranstaltungen der Halle

Die Hauptproblematik des Veranstaltungsausfalls ist bereits oben ausführlich erörtert worden. In diesem Zusammenhang bleibt noch die Frage von Nebenpflichten bei einem Veranstaltungsausfall. Dazu folgender

Fall 9: Die nicht mitgeteilte Absage eines Konzerts

Ein Konzertabonnent reist aus einer 50 km entfernten Nachbarstadt zu einem Abonnementskonzert an und erfährt erst vor Ort, dass die Veranstaltung wegen Erkrankung des Dirigenten verschoben werden musste. Er möchte seine Fahrtkosten ersetzt haben.

Falls der Hallenbetreiber die Veranstaltung nicht umdisponieren konnte, kann ihm der Veranstaltungsausfall selbst nicht zur Last gelegt werden. Die Unmöglichkeit, die **Hauptleistungspflicht** zu erbringen, hat er folglich nicht zu vertreten,[66] so dass er ohne Schadensersatzpflichten von seiner Leistungspflicht frei wird (§ 275 I BGB), andererseits den anteiligen Abonnementsbeitrag an den Abonnenten zurückerstatten muss (§ 326 I BGB). Könnte die Veranstaltung später nachgeholt werden, so hat der Hallenbetreiber den eingetretenen Verzug nicht zu vertreten (§ 286 IV BGB) und muss wegen der krankheitsbedingten Verschiebung ebenfalls keinen Schadenersatz leisten.

Es stellt sich darüber hinaus jedoch noch die Frage, ob der Hallenbetreiber weitergehende **Nebenpflichten** gegenüber dem Abonnenten hat. Hier wäre an die Verletzung der Aufklärungspflichten, speziell Anzeige- und Hinweispflichten, zu denken, deren schuldhafte Verletzung nach § 280 I BGB Schadensersatzpflichten auslöst.[67]

Zu den vertraglichen Nebenpflichten eines Veranstalters gehört es, dass er den Ausfall einer Veranstaltung rechtzeitig bekannt gibt, soweit dies möglich und zumutbar ist. Dabei dürfte regelmäßig eine Bekanntgabe über die Medien ausreichen, bei lokalen Ereignissen also eine entsprechende Pressenotiz. Bei Veranstaltungen von überlokaler Bedeutung, insbesondere bei Großveranstaltungen, sind Hinweise in überregionalen Zeitungen, ggf. auch in Rundfunk, Fernsehen oder im Internet nötig.

Bei einem Abonnenten, der bereits fest im Voraus gebucht hat und dessen Anschrift dem Veranstalter bekannt ist, würde ich darüber hinaus eine persönliche Benachrichtigung – soweit dies zeitlich und technisch möglich ist – für erforderlich halten. Dies gilt insbesondere dann, wenn er auswärts wohnt und die Absage über die örtliche Presse ihn nicht erreichen würde. Vielfach dürfte heute auch eine Information über E-Mail möglich und zumutbar sein.

Sollte dies im vorliegenden Fall nicht geschehen sein, müsste der Besucher wegen seiner nutzlosen Aufwendungen für Reise etc. aufgrund einer Pflichtverletzung gemäß § 280 I BGB seitens des Veranstalters entschädigt werden.[68] Der reine Freizeitverlust ist allerdings im Unterschied zu den Reisekosten als immaterieller Schaden grundsätzlich nicht erstattungsfähig (§ 253 BGB).[69]

Wer noch keine Karte besitzt und vergebens zu einem angekündigten, nicht bereits ausverkauften Konzert fährt, weil der Star des Abends erkrankt war, kann ggf. vom Veranstalter ebenfalls Schadensersatz wegen Verletzung vorvertraglicher Hinweispflichten beanspruchen. Dies trifft zu, wenn der Veranstalter es schuldhaft versäumt hat, den Ausfall des Konzerts über die Medien bekannt zu geben. Der enttäuschte Besucher kann aus einer Pflichtverletzung bei Vertragsanbahnung gemäß §§ 280 I i.V.m. 311 II, 241 II BGB den Ersatz nutzloser Aufwendungen wie Reisekosten u.ä. beanspruchen.

---

66 Anders war die Situation dagegen im Fall des AG Berlin-Schöneberg NJW 1989, 2824, wo der Besitzer einer Eintrittskarte keinen Zutritt zu der Silvesterveranstaltung fand, weil der Veranstalter zu viele Eintrittskarten verkauft hatte. Hier liegt eine zu vertretende Unmöglichkeit vor, die zum Ersatz des eingetretenen materiellen Schadens verpflichtet (§ 325 BGB a. F., heute: § 283). Ob der Freizeitverlust darunter fällt, ist zweifelhaft, wurde jedoch vom erkennenden Gericht bejaht und mit 100,– DM (~ 50,– €) honoriert.

67 Vgl. Palandt/*Heinrichs* § 280 Rn. 22ff.

68 Die anderslautende Entscheidung des LG Lüneburg (NJW 2002, 614) überzeugt schon nach altem Recht nicht und ist zudem durch die Schuldrechtsreform überholt. In § 284 BGB wird nun der Anspruch auf Aufwendungsersatz eindeutig anerkannt.

69 So auch *Roth* JuS 1999, 223; anders AG Herne NJW 1998, 3651 (3653), das für einen verdorbenen Nachmittag einen Betrag von 20,– DM wegen nutzlos aufgewendeter Freizeit zugestand sowie AG Berlin-Schöneberg NJW 1989, 2824, s. Fn. 66.

Denn der Veranstalter hatte mit der Ankündigung des Konzerts bereits einen geschäftlichen Kontakt angebahnt, auf den der Besucher seinerseits eingegangen war; er durfte mangels anderweitiger Informationen dann redlicherweise mit der Durchführung der Veranstaltung rechnen und darauf vertrauen.

Der Hallenbetreiber wird mit Haftungsrisiken vielfach auch aufgrund von Unfällen konfrontiert, die Besucher im Bereich der Hallenräumlichkeiten erleiden. Dies kann sowohl bei Eigen- wie auch Fremdveranstaltungen passieren, so dass der nachfolgende Fall in beiden Varianten erörtert werden soll.

Fall 10 a: Sturz auf dem Parkett bei Eigenveranstaltung

Die Besucherin einer Eigenveranstaltung der Halle stürzt beim Besuch der Halle auf dem Parkettfußboden und bricht sich den Arm.

Hier sind sowohl vertragliche Ansprüche aus Pflichtverletzung gemäß § 280 I BGB als auch außervertragliche Ansprüche gemäß §§ 823 ff. BGB denkbar. In beiden Fällen ist die entscheidende Frage, ob der Hallenbetreiber seinen Verkehrssicherungspflichten schuldhaft nicht nachgekommen ist. Diese Pflichten hat allgemein jeder, der Gefahrenquellen schafft, gegenüber denjenigen, die diesen Gefahren ausgesetzt sind. Dementsprechend treffen auch den Betreiber einer Stadthalle Verkehrssicherungspflichten bzgl. der Gefahren, die den Besuchern beim Betreten der Räumlichkeiten drohen.

Das Verlegen eines Parkettfußbodens, der bekanntlich häufig Stürze verursacht, ist als solches nicht als Verletzung von Verkehrssicherungspflichten anzusehen, da derartige Böden bauordnungsrechtlich gestattet sind. Entsprach also der Boden bauordnungsrechtlichen Vorschriften, so wird man Schadensersatzansprüche nur anerkennen können, wenn dieser übermäßig glatt gewachst oder gebohnert war. Andererseits verstoßen Verlegung und gewöhnliche Pflege eines Parkettbodens nicht gegen Verkehrssicherungspflichten.

Das LG Nürnberg-Fürth hat dies auf den Kern gebracht: »Auf die dem Parkettboden eigene normale Glätte muss sich das Publikum einer Halle grundsätzlich einstellen.«[70]

Nach Auffassung der Rechtsprechung gibt es auch keinen allgemeinen Erfahrungssatz, dass das Ausrutschen eines Gastes auf dem Boden die Folge eines zu glatten Bodenbelags ist. Es kommen nämlich mehrere Ursachen für solche Stürze in Betracht, wie Unaufmerksamkeit des Gastes oder ungeeignetes Schuhwerk, so dass sich der Gast nicht auf einen Beweis des ersten Anscheins berufen kann, der Boden sei zu glatt gewesen. Das gilt nach dem Urteil des LG Nürnberg selbst dann, wenn sich in einem Café mit Parkettfußboden durchschnittlich ein bis zwei Stürze pro Monat ereignen. Dann möchte ich allerdings meinen, dass ein besonderes Warnschild aufgestellt werden müsste, das vor den Gefahren des betreffenden Parketts warnt.

Grafisch zusammengefasst stellen sich die Haftungsrisiken des Hallenbetreibers gegenüber Besuchern so dar:

---

70   ZfS 1989, 225.

Bild 11: Rechtsstellung des Hallenbetreibers bei Schäden von Besuchern im Rahmen halleneigener Veranstaltungen

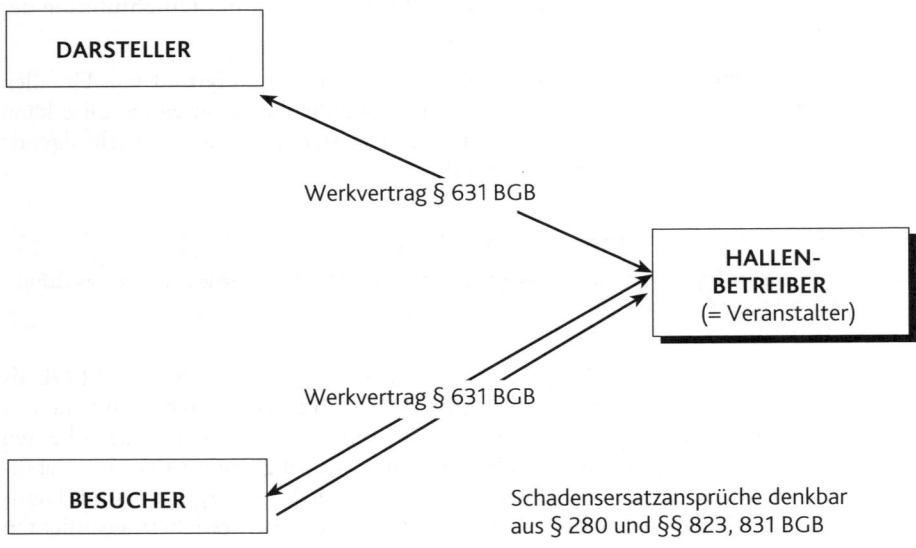

3.2 Fremdveranstaltungen der Halle

Der gerade behandelte Fall kann auch in folgender Variante auftreten:

Fall 10 b: Sturz auf dem Parkett bei Fremdveranstaltung

Die Besucherin einer Fremdveranstaltung stürzt beim Besuch der Halle auf dem Parkettfußboden und bricht sich den Arm.

Die inhaltlichen Fragen bzgl. des Verschuldens sind hier die gleichen wie bereits erörtert. Sollte sich ein solches Verschulden wegen übermäßiger Glätte oder fehlender Warntafel trotz bekannter Unfallhäufigkeit feststellen lassen, so kann ein Schadensersatzanspruch bei einem Einsatz gut ausgewählter und hinreichend kontrollierter Mitarbeiter letztlich dennoch an der Entlastungsmöglichkeit des § 831 I 2 BGB scheitern.

Hier stellt sich deshalb besonders die Frage nach vertraglichen Schadensersatzansprüchen wegen Pflichtverletzung (§ 280 I BGB), weil dann eine solche Entlastungsmöglichkeit entfällt (§ 278 BGB). Zentrale Frage ist, wieweit bei Fremdveranstaltungen, bei denen direkte Vertragsbeziehungen nur zwischen Besucher und Veranstalter einerseits und Veranstalter und Halle andererseits bestehen, vertragliche Schutzpflichten auch gegenüber Besuchern anzuerkennen sind. Dies ist aufgrund der Rechtsfigur des **Vertrages mit Schutzwirkung zugunsten Dritter** grundsätzlich – wie bei Unfällen von Veranstaltungsteilnehmern bereits ausgeführt[71] – zu bejahen. Denn ein Besucher kommt mit den Gefahren der vermieteten Sache typischerweise ebenso in Kontakt wie

---

71 Siehe Fall 8.

der Veranstalter als eigentlicher Vertragspartner. Neben dieser **Leistungsnähe** trifft auch die weitere Voraussetzung für eine Ausweitung der vertraglichen Schutzpflichten zu, nämlich das Vorhandensein einer **Schutzpflicht des Gläubigers** gegenüber dem Dritten: Den Veranstalter trifft gegenüber seinen Besuchern eine Verpflichtung, diese vor Schäden bei Nutzung der Halle zu bewahren, also bei der bestimmungsgemäßen Leistungserbringung. Diese Tatsache ist dem Hallenbetreiber ohne weiteres erkennbar, denn er weiß, dass die vermietete Halle bei der Veranstaltung einem größeren Publikum zugänglich sein soll. Das entsprechende Haftungsrisiko gegenüber Besuchern ist von vornherein übersehbar, lässt sich kalkulieren und versichern und erscheint somit **zumutbar**, während andererseits der Besucher **schutzbedürftig** ist.

Damit liegen alle Voraussetzungen für eine Ausweitung vertraglicher Schutzpflichten vor. Ob diese im Einzelfall von einem Mitarbeiter der Halle schuldhaft verletzt worden sind und dieser dann über § 278 BGB zugerechnet werden müssen, hängt von den Umständen des Einzelfalls ab. Falls Sorgfaltspflichten bzgl. des Bodens (insbesondere seiner Pflege und Hinweise bzgl. Gefahren) missachtet wurden, wäre die Halle der Besucherin zum Ersatz ihres materiellen und immateriellen Schadens infolge Pflichtverletzung nach §§ 280 I, 253 BGB verpflichtet. Ggf. mindert sich die Ersatzpflicht allerdings wegen Mitverschuldens, wenn der Besucherin der übermäßig glatte Boden bei gehöriger Sorgfalt hätte auffallen müssen (§ 254 BGB).[72] Es sei aber nochmals betont, dass dann, wenn der Boden ordnungsgemäß gepflegt wurde und er nur die ihm eigentümliche Glätte besaß, alle etwaigen Ansprüche aus einer Pflichtverletzung von vornherein am fehlenden Verschulden der Hallenbediensteten oder sonstigen Mitarbeiter scheitern.

Die Risiken, denen der Hallenbetreiber im Verhältnis zu Besuchern ausgesetzt ist, sind bei einer Fremdveranstaltung wegen der geringeren Vertragsdichte zu den Besuchern im Vergleich zu Eigenveranstaltungen insgesamt geringer, da die veranstalterspezifischen Verkehrssicherungspflichten dann nicht die Halle, sondern eben nur den Veranstalter treffen. So hat die Halle bei Durchführung einer Veranstaltung durch einen Fremdveranstalter regelmäßig keine Pflicht, sich um die Abstimmung der Verstärkeranlage der Musikergruppe oder den Sicherheitsdienst zu kümmern, sondern hat diese Aufgaben auf den Veranstalter übertragen.

Grafisch lassen sich die Rechtsbeziehungen wie folgt festhalten:

---

72 Aus diesem Grunde hat das AG Wermelskirchen (MDR 1988, 407) ein hälftiges Mitverschulden mit dem zusätzlichen Argument angenommen, der Boden sei an mehreren Stellen glatt gewesen und die Geschädigte sei nicht die erste gewesen, die gestürzt sei.

Bild 12: Rechtsstellung des Hallenbetreibers bei Schäden von Besuchern im Rahmen hallenfremder Veranstaltungen

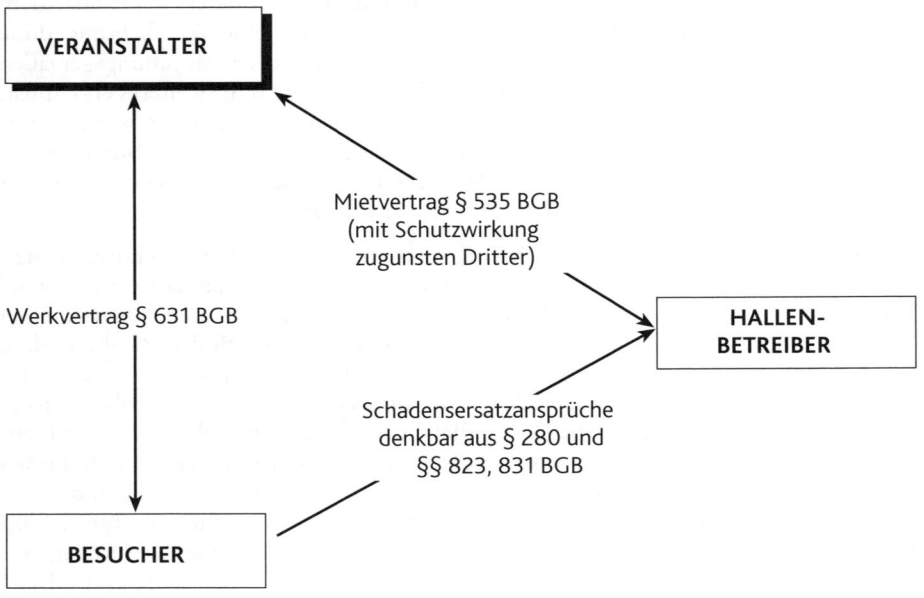

Fall 11: Die tödliche Hochzeitsfeier[73]

Der Besitzer eines Gebäudes mit einer Tanzhalle im 3. Stockwerk vermietete diese für eine Hochzeitsfeier an die Brautleute. Die Feier hatte gerade mit einem ausgelassenen Tanz begonnen, als der Boden unter den Gästen mit einem dumpfen Knall einbrach. Die Tanzhalle stürzte ein und riss die Gäste 30 Meter in die Tiefe. Dabei wurden 26 Gäste getötet und über 350 Gäste verletzt. Als Ursache zeichnet sich ab, dass der Besitzer des Gebäudes vier tragende Säulen beseitigt hatte, um mehr Platz für zahlende Gäste zu haben. Die Betroffenen fragen nach ihren Ansprüchen.

Hier kommen vor allem Schadensersatzansprüche aus unerlaubter Handlung in Frage, die in Deutschland aus der Grundnorm des § 823 I BGB abzuleiten wären. Die Voraussetzungen dafür sind:

1. eine Rechtsgutverletzung, die ursächlich auf ein Verhalten des Gebäudebesitzers zurückzuführen sein müsste,
2. die Widerrechtlichkeit der Schadenszufügung,
3. ein Verschulden des Gebäudebesitzers.

Im Einzelnen gilt:

Zu 1: Wenn sich tatsächlich bewahrheitet, dass der Besitzer eigenhändig vier tragende Säulen entfernt hat oder evtl. durch eine Baufirma entfernen ließ, so hat er damit eine Ursache gesetzt, die den Einsturz bewirkt hat und auch kausal für die

---

73 Der Fall ist einem tragischen Vorfall in Israel nachgebildet, über den seinerzeit die Medien berichteten (vgl. NOZ vom 26.5.2001).

Tötung von 26 Gästen und die Körperverletzung von über 350 weiteren Gästen war. Damit hat er Leben, Körper und Gesundheit zahlreicher Menschen durch seine Handlungsweise adäquat kausal verletzt.

Zu 2: Diese Handlung war durch nichts gerechtfertigt und damit widerrechtlich.

Zu 3: Ein Verschulden liegt zumindest in Form von Fahrlässigkeit vor, da er in keinem Fall vier tragende Säulen eines zum Aufenthalt von Menschen bestimmten Raums entfernen durfte und damit seine Sorgfaltspflichten sträflich vernachlässigt hat.

Er haftet damit den Verletzten auf Schadensersatz, der zum einen den Ersatz des materiellen Schadens umfasst. Dazu zählen z.B. Arzt- und Krankenhauskosten, soweit nicht versichert, sonstige Heilungskosten, Kosten wegen vorübergehender Arbeitsunfähigkeit oder wegen Einschränkung der Erwerbsfähigkeit nach § 843 BGB. Zum anderen können die Verletzten aber auch den immateriellen Schaden in Form eines angemessenen Schmerzensgeldes ersetzt verlangen (§ 253 II BGB).

Bei den Todesopfern können die Hinterbliebenen zum einen die Beerdigungskosten ersetzt verlangen, aber ggf. auch eine Geldrente beanspruchen, wenn ihnen der Verstorbene zum Unterhalt verpflichtet war, z.B. als Ehepartner oder als Elternteil (§ 844 BGB), oder wenn er ihnen kraft Gesetzes Dienstleistungen im Haushalt erbringen musste (§ 845 BGB).

Der Vollständigkeit halber sei erwähnt, dass eine Haftung des Grundstücksbesitzers sich ggf. auch wegen mangelhafter Unterhaltung aus § 836 BGB und wegen Mietmangels aus § 536 a I BGB bzw. wegen Pflichtverletzung aus § 280 I BGB gegenüber den Brautleuten als Mietern ergeben kann. Die Hinterbliebenen könnten über die Rechtsfigur eines (Miet-) Vertrages zugunsten Dritter ebenfalls entsprechende vertragliche Schadensersatzansprüche haben, denen hier allerdings nicht weiter nachgegangen werden soll, weil sie keine weiterreichenden Ansprüche auslösen würden.

Ergebnis:
Die Betroffenen und die Hinterbliebenen haben in jedem Fall gegen den Gebäudebesitzer Schadensersatzansprüche wegen unerlaubter Handlung nach § 823 I BGB.

Zum Abschluss der Erörterungen noch ein Fall aus dem Leben:

Fall 12: Aller Segen kommt von oben

Ein Ballsaal mit Empore. Während der Veranstaltung übergibt sich ein Teilnehmer über die Emporenbrüstung. Ein vollbesetzter Tisch wird getroffen, Essen und Getränke sind verschmutzt, die Kleidung muss gereinigt werden. Der Verursacher kann nicht ermittelt werden, die Besucher verlangen deshalb Ersatz von der Stadthalle.

Juristisch gesehen existiert keine Haftung der Stadthalle, weil sie oder ihre Mitarbeiter keinen haftungsrelevanten Handlungs- oder Unterlassungsbeitrag zu diesem Vorkommnis geliefert haben. Damit scheiden Schadensersatzansprüche wegen Pflichtverletzung nach § 280 I BGB ebenso aus wie aus unerlaubter Handlung nach § 823 BGB. Eine Zurechnung des fremden Verhaltens über § 278 BGB im Falle vertraglicher Pflichtverletzung scheitert, da der Besucher kein Erfüllungsgehilfe des Hallenbetreibers ist. Ebenso wenig kann § 831 1 BGB angewendet werden, da der Besucher auch kein Verrichtungsgehilfe der Halle war. Die Betroffenen sind daher allein auf Ansprüche gegen den Übeltäter angewiesen, der bei Vermeidbarkeit des Vorfalls gemäß § 823 I BGB haften würde. Gelingt es ihnen aber nicht, ihn ausfindig zu machen oder ließ sich das Geschehen nicht verhindern, so bleiben sie ohne Entschädigung. Dann bleibt das Risiko dort, wo es sich verwirklicht hat.

Damit schließt sich der Kreis zu der römischen Rechtstradition, die den Satz prägte: »Casum sentit dominus« oder frei übersetzt: »Schicksalsschläge muss jeder selbst ertragen«, eine Auffassung, wie sie in der mittelalterlichen Szene mit dem Auftritt des Baders auf dem Dorfplatz noch ganz selbstverständlich war. Heute freilich lässt sich der Besucher ungern – obwohl es der Rechtslage entspricht – mit dem Hinweis abspeisen, dass man gewisse Risiken selbst tragen muss.

Geschäftlich klug und erfrischend menschlich wäre es daher, wenn die Halle kulanterweise einen Ausgleich geben würde, um die frustrierten Gäste zufrieden zu stellen. Das schafft oft mehr Zufriedenheit als das Beharren auf Rechtspositionen, selbst wenn sie noch so begründet sind.

IV. Die Rechtsbeziehungen zwischen dem Veranstalter einerseits und Besuchern, Darstellern und Veranstaltungsteilnehmern andererseits

1. Vertrags- und Haftungsfragen

Während in den beiden vorausgegangenen Kapiteln die rechtlich relevanten Fragen aus Sicht des Hallenbetreibers betrachtet wurden, soll der Blick nunmehr auf die Rechtsebene zwischen Veranstalter einerseits und Besuchern, Darstellern und Veranstaltungsteilnehmern andererseits geworfen werden. Damit wird die Rechtsposition des zweiten Akteurs im Veranstaltungsbereich beleuchtet, dessen organisatorischer Einsatz in maßgeblicher Weise zum Gelingen oder Misslingen einer Veranstaltung beiträgt. Stellt der Hallenbetreiber mit der »location« sozusagen das sachliche Substrat zur Verfügung, so ist der Veranstalter der schöpferisch und zugleich planvoll organisierende Dienstleister, dessen Aufgabe es ist, die Veranstaltung von der Idee bis zur Umsetzung und Abwicklung zu begleiten (»Event maker«). Gedankliche Konzeption, planvolle Umsetzung mit Auswahl von Personen und Teams, die die Veranstaltung tragen, Auswahl der geeigneten Räumlichkeiten für das zu erwartende Publikum, Organisation der sonstigen Sachmittel, Kontrolle und Begleitung der Veranstaltung sowie Nachbereitung sind nur einige wesentliche Aufgaben, die sich auf folgende Kurzformel bringen lassen: Zentrale Aufgabe des Veranstalters ist es, die richtigen Personen und Mittel an der richtigen Stelle zusammenzuführen, damit die Erwartungen und Ansprüche des Publikums und des etwaigen Auftraggebers befriedigt werden. Dementsprechend sind vertragliche Absprachen und die haftungsrechtlichen Konsequenzen bei Nicht- und Schlechterfüllung die juristischen Brennpunkte, auf die sich die nachfolgenden Ausführungen konzentrieren. Bevor jedoch auf Vertragsinhalte, Mängel- und Schadenshaftung sowie Leistungsstörungen näher eingegangen wird, sollen vorab einige Grundbegriffe in Form eines Überblicks verdeutlicht werden.

1.1 Grundbegriffe[74]

Allgemeine Geschäftsbedingungen (AGB)

Unter AGB sind nach § 305 I BGB zu verstehen: «alle für eine Vielzahl von Verträgen vorformulierten Vertragsbedingungen, die eine Vertragspartei (Verwender) der anderen Vertragspartei bei Abschluss eines Vertrags stellt».

Diese zumeist in kleingedruckten Allgemeinen Lieferbedingungen, Allgemeinen Mietbedingungen oder sonstigen Allgemeinen Vertragsbedingungen niedergelegten Vertragsklauseln nehmen häufig einseitig die Interessen des Verwenders wahr, der sie zwecks gleichmäßiger Behandlung seiner Geschäftsabläufe aufstellt und damit einen Rationalisierungseffekt verfolgt. Daher werden vom BGB zum Schutz des Vertragspartners in den §§ 305 ff. BGB bestimmte formale und inhaltliche Voraussetzungen für die Wirksamkeit solcher Klauseln aufgestellt:

Nach § 305 II BGB bedarf es formal einer Einbeziehungsvereinbarung, also einer Vereinbarung, mit der solche Klauseln in den Vertrag integriert werden. Eine wirksame Einbeziehungsvereinbarung verlangt dreierlei:

1. den ausdrücklichen Hinweis auf die AGB, der bei Massengeschäften ausnahmsweise auch durch einen deutlich sichtbaren Aushang ersetzt werden darf,
2. die Verschaffung der Möglichkeit, von den AGB in zumutbarer Weise Kenntnis zu nehmen und
3. das Einverständnis der anderen Vertragspartei.

All dies muss spätestens im Zeitpunkt des Vertragsschlusses geschehen.

Soweit der Vertragspartner Unternehmer ist, sind die Anforderungen nach § 310 I BGB nicht ganz so streng; dennoch bedarf es auch hier einer vertraglichen Einbeziehungsvereinbarung.

Inhaltlich unterliegen die Klauseln einer allgemeinen Inhaltskontrolle nach § 307 I BGB. Wenn sie den Vertragspartner entgegen den Geboten von Treu und Glauben unangemessen benachteiligen, sind sie unwirksam.

Ist der Vertragspartner Verbraucher (§ 13 BGB), so gelten vorrangig die speziellen Klauselverbote der §§ 308 und 309 BGB. Im Veranstaltungssektor sind vor allem wichtig:

1. Das Verbot nachträglicher Änderung der versprochenen Leistung nach § 308 Nr. 4 BGB,
2. Grenzen für die Pauschalierung von Schadensersatzansprüchen nach § 309 Nr. 5 BGB,
3. Vorgaben zur Zulässigkeit von Vertragsstrafen, die in AGB versteckt werden, § 309 Nr. 6 BGB,
4. starke Grenzen für Haftungsausschlüsse nach § 309 Nr. 7 BGB
5. das Verbot der Verlagerung der Beweislast nach § 309 Nr. 12 BGB.

Außerdem sind überraschende und mehrdeutige Klauseln nach § 305 c BGB unwirksam.

---

74 Vertiefung zum Nachfolgenden in Gemeinschaftswerk, S.111 ff., 197 ff., 233 ff., 284 ff., 313 ff.

Soweit Klauseln unwirksam sind, bleibt der Vertrags im Übrigen wirksam (§ 306 I BGB) und richtet sich dann bezüglich der unwirksamen Klauseln nach den gesetzlichen Vorschriften (§ 306 II BGB).

Primäre Leistungspflicht

Der Veranstalter eines Konzertes, einer Messe, Tagung oder Ausstellung schuldet seinem etwaigen Auftraggeber, den Besuchern und sonstigen Veranstaltungsteilnehmern in erster Linie die vertraglich festgelegte und zugesagte Leistung.

Sekundäre Leistungspflicht

Das ist die Pflicht, die besteht, wenn die primäre Leistungspflicht nicht erfüllt wird oder nicht erfüllt werden kann. Sie geht zumeist auf Schadensersatz, z.B. wenn der Veranstalter wegen schuldhafter Pflichtverletzung die Veranstaltung nicht durchführen kann.

Haftung

Kommt der Veranstalter seinen vertraglichen Verpflichtungen nicht, nicht ausreichend oder nicht rechtzeitig nach, verletzt er fremde Rechtsgüter und kommen dadurch andere zu Schaden, so können daraus Schadensersatzpflichten resultieren. Insoweit spricht man von Haftung. Haftung in diesem Sinn ist also Verantwortlichkeit mit der Konsequenz einer Schadensersatzpflicht gegenüber dem Geschädigten. Hier geht es speziell um die Entschädigungspflicht des Veranstalters.

Veranstalter

Darunter ist derjenige zu verstehen, der eine Veranstaltung eigenverantwortlich im eigenen Namen und auf eigene Rechnung durchführt. Der Bereich der Veranstaltungen ist breit und kann von einer Aktionärsversammlung bis zum phantasiereichen Happening oder einem Event reichen.

Veranstaltungsarten

Mit Veranstaltungen im gewerberechtlichen Sinn sind zunächst Messen, Ausstellungen und Märkte wie Großmärkte, Wochenmärkte, Spezialmärkte oder Jahrmärkte gemeint (vgl. §§ 64 ff. Gewerbeordnung). Gemeinsam ist diesen Veranstaltungen, dass eine Vielzahl von Ausstellern oder Anbietern, die überwiegend Gewerbetreibende sein müssen, in organisierter Form auftreten. Die Organisation wird von dem Aussteller übernommen, der für die Veranstaltung eine behördliche Genehmigung in Form einer sog. Festsetzung (§ 69 GewO) einholen kann, aber nicht muss. Mängel in der Organisation können eine Haftung auslösen.

Dies gilt auch für **private,** nicht behördlich festgesetzte Messen, Märkte oder Ausstellungen, beispielsweise einen privaten Flohmarkt oder eine Autobörse. Diese sind nicht genehmigungspflichtig und genießen daher auch nicht die Marktprivilegien, wie die Teilnahmefreiheit der Beschicker oder die Privilegien beim Ladenschluss und beim Gaststättenrecht. Sie sind jedoch haftungsrechtlich gleich zu behandeln. Veranstaltungen im zivilrechtlichen Sinne sind darüber hinaus Tagungen, Kulturveranstaltungen (z.B. Konzerte, Theater- oder Ballettaufführungen), Promotions- oder Road Shows, Kongresse oder Schaustellungen jedweder Art. Der Veranstaltungsbegriff ist demnach im Unterschied zum Gewerberecht in einem weiten Sinne zu verstehen. Für alle Formen von Veranstaltungen gilt bei Vermeidung einer Haftung der einheitliche Grundsatz, dass der Veranstalter seinem Vertragspartner die vertragsgemäße Leistung schuldet.

Vertragsgemäße Leistung

besagt, dass der Veranstalter seinem Vertragspartner die vereinbarte und zugesagte Leistung am rechten Ort, zur rechten Zeit und in rechter Weise schuldet, also »so, wie sie zu bewirken ist« (§ 294 BGB). Geschieht dies nicht, so kann dies Mängelansprüche auslösen.

Mängelansprüche

sind Ansprüche des Vertragspartners, der eine mangelhafte Leistung als Käufer, Mieter, Besteller eines Werks oder einer Pauschalreise erhalten hat und nunmehr primär eine Nacherfüllung verlangen kann, sekundär vom Vertrag zurücktreten oder Minderung beanspruchen, unter Umständen auch Schadensersatz verlangen kann. Welche Mängelansprüche im Einzelnen bestehen, hängt vom jeweiligen Vertragstyp ab und ist im BGB speziell im Kauf-, Miet-, Werk- oder Pauschalreisevertragsrecht geregelt. Nacherfüllungsansprüche setzen zumeist nur einen Mangel voraus, Rücktritt und Minderung darüber hinaus regelmäßig noch eine vergebliche Fristsetzung, Schadensersatzansprüche zumeist ein Verschulden.

Leistungsstörungen

Hierbei handelt es sich um Probleme bei der Abwicklung eines Vertrages. Sie entstehen, wenn »etwas schief läuft«.[75] Im Veranstaltungssektor sind besonders folgende Fallgruppen zu nennen:

- Die Veranstaltung kann nicht stattfinden und es kommt zu einem totalen oder zumindest teilweisen Ausfall der Veranstaltung.
  Rechtlich handelt es sich dann um einen Fall der vollständigen oder teilweisen **Unmöglichkeit.**

- Der Veranstalter erbringt seine Leistung verspätet.
  Rechtlich handelt es sich um einen Fall des **Schuldnerverzugs.**

- Umgekehrt nimmt der Gläubiger die angebotene Leistung nicht an.
  Rechtlich handelt es sich um den Fall des **Annahmeverzugs oder Gläubigerverzugs.**

- Der Veranstalter erbringt eine Vertragsleistung, die Mängel aufweist.
  Rechtlich handelt es sich um einen Fall der **Mängelhaftung.**

- Der Veranstalter hält für Besucher oder Darsteller keine diebstahlsicheren Garderoben bereit. Er erbringt dann seine Leistung nicht so »wie geschuldet«.

- Rechtlich handelt es sich um einen Fall der **Schlechtleistung oder Schlechterfüllung** (früher: positive Vertragsverletzung). Diese kann sich auf die eigentliche Hauptleistungspflicht, aber auch auf Nebenleistungspflichten oder bloße (nicht leistungsbezogene) Schutzpflichten erstrecken.

- Der Veranstalter verletzt schon vor Vertragsschluss interessierten Besuchern gegenüber Pflichten, etwa Hinweis- oder Aufklärungspflichten, indem er z.B. nicht mitteilt, dass die angekündigte Veranstaltung ausfällt.
  Rechtlich handelt es sich um einen Fall **vorvertraglicher Haftung** (früher Verschulden bei Vertragsschluss).

---

75 *Kittner* Rn. 639.

Sämtliche dieser Tatbestände der Leistungsstörungen (außer dem Gläubigerverzug) werden heute unter dem Begriff »**Pflichtverletzung**« (**§ 280 BGB**) zusammengefasst. Ihnen ist gemeinsam, dass sie eine vertragliche, zumindest eine vorvertragliche Grundlage haben. Daher handelt es sich hier um Fälle der **vertraglichen Haftung**. Eine Haftung kann aber auch außerhalb eines Vertragsverhältnisses kraft Gesetzes ausgelöst werden. Man spricht dann von

Außervertraglicher Haftung,
d.h. einer Haftung, die nicht auf Vertrag, sondern Gesetz beruht.

Beispiel

Die Bühnendekoration stürzt von der Decke herab und verletzt einen zufällig anwesenden Handwerker.

Den Obhutspflichtigen trifft hier eine Schadensersatzpflicht aufgrund unerlaubter Handlung, falls die eingetretene Körperverletzung auf sein rechtswidriges und schuldhaftes Verhalten zurückzuführen ist (§ 823 I BGB).

Selbst wenn zugleich eine Vertragshaftung eingreift, kann eine Haftung aus unerlaubter Handlung bestehen.

Beispiel

Die Bühnendekoration trifft einen Zuschauer.

Dieser hat wegen Pflichtverletzung vertragliche Ansprüche (§ 280 I BGB) und wegen unerlaubter Handlung gesetzliche Ansprüche (§ 823 I BGB) gegen den Veranstalter.

Schuldprinzip
Dieses ist ein Leitprinzip des gesamten Haftungsrechts, also sowohl der vertraglichen wie der außervertraglichen Haftung. Es bedeutet: Keine Haftung ohne Verschulden. Oder umgekehrt ausgedrückt: Eine Haftung setzt prinzipiell ein Verschulden voraus. So verlangt § 823 I BGB ausdrücklich, dass jemand vorsätzlich oder fahrlässig gehandelt haben muss, um wegen unerlaubter Handlung schadensersatzpflichtig zu sein. Vorsatz und Fahrlässigkeit sind Verschuldensformen. Das Schuldprinzip gilt durchgängig auch im Bereich der Vertragshaftung. So muss der Schuldner für eine Pflichtverletzung verantwortlich sein, damit er zum Schadensersatz herangezogen werden kann. Er muss die Pflichtverletzung »**zu vertreten**« haben (vgl. § 280 I 2 BGB), was freilich vermutet wird. Zu vertreten hat der Schuldner im Regelfall Vorsatz und Fahrlässigkeit (§ 276 I 1 BGB).

Vorsatz
bedeutet: bewusst und gewollt handeln. Bedingter Vorsatz reicht aus. Wer also den schädlichen Erfolg einer Handlung billigend in Kauf nimmt, handelt vorsätzlich.

Fahrlässigkeit
bedeutet nach der Legaldefinition des § 276 II BGB, dass die im Verkehr erforderliche Sorgfalt außer Acht gelassen wurde. Jeder, auch ein geringer Sorgfaltsverstoß (sog. **leichte oder einfache Fahrlässigkeit**) löst bereits eine vertragliche oder außervertragliche Haftung aus. Keineswegs muss eine **grobe Fahrlässigkeit** gegeben sein. Darunter versteht man, dass jemand die im Verkehr erforderliche Sorgfalt in besonders starkem Maße missachtet, also eine gesteigerte Unsorgfalt, die Missachtung elementarer Sorgfaltsregeln oder das Außerachtlassen dessen, was jedem einleuchten muss.

Beispiele

Nichtanlegen des Sicherheitsgurtes durch den Autofahrer; Nichtabschließen eines geparkten Autos; die Nichtbenutzung des Sicherheitshelms durch einen Motorradfahrer oder einen Bauarbeiter.

Während die Unterscheidung nach dem Grad der Fahrlässigkeit bei der zivilrechtlichen Haftung ohne Bedeutung ist, spielt sie bei der arbeitsrechtlichen Haftung für betriebsbedingte Schäden ebenso eine Rolle wie etwa bei Versicherungsfällen (keine Ansprüche aus der Kaskoversicherung bei grober Fahrlässigkeit).

Haftungsklauseln

Grundsätzlich ist zu beachten, dass ein formularmäßiger Haftungsausschluss aufgrund ausdrücklichen Hinweises oder durch Aushang nur in Fällen leichter Fahrlässigkeit erlaubt ist. Der Ausschluss der Haftung bei grober Fahrlässigkeit ist dagegen unwirksam (§ 309 Nr. 7 b BGB). Bei Verletzung von Leben, Körper oder Gesundheit ist überhaupt kein Haftungsausschluss erlaubt, d.h. selbst bei Fällen leichter Fahrlässigkeit nicht (§ 309 Nr. 7 a BGB). Ein solches Verbot gilt im Übrigen nach der Rechtsprechung stets bei der Verletzung elementarer Pflichten, sog. Kardinalpflichten. Das bedeutet, dass der Veranstalter allenfalls bei Sach- und Vermögensschäden seine Haftung für leichte Fahrlässigkeit begrenzen kann und auch hier nicht, wenn er gegen Kardinalpflichten (z.B. Sicherheitsvorkehrungen bei Veranstaltungen) verstößt. Formularmäßigen Haftungsklauseln sind also sehr enge Grenzen gezogen.

Muss der Veranstalter also für sein Verschulden weitgehend einstehen, so besteht umgekehrt ohne Verschulden regelmäßig keine Haftung. Aber auch davon gibt es bestimmte Ausnahmen, so in den gesetzlich bestimmten Fällen verschuldensunabhängiger Haftung.

Verschuldensunabhängige Haftung

Sie kommt z.B. bei der Vermietung von Sachen in Betracht. Wer als Vermieter jemandem einen Messestand überlässt, haftet garantiemäßig dafür, dass der Messestand bei Vertragsschluss keine Mängel aufweist, der seine Tauglichkeit zum vertragsgemäßen Gebrauch aufhebt oder mindert. Liegt ein solcher Mangel vor, so kann der Mieter unabhängig von einem Verschulden Schadensersatz vom Vermieter verlangen (§ 536 a I BGB). Dies ist ein Fall vertraglicher **Garantiehaftung**.

Im Bereich außervertraglicher Haftung kann der Veranstalter ggf. auch ohne Verschulden haften, nämlich im Rahmen einer Gefährdungshaftung. Diese trifft etwa den Halter eines Kfz für Schäden, die beim Betrieb des Kfz anderen zugefügt werden (§ 7 StVG), oder den Hersteller, Importeur oder Lieferanten eines fehlerhaften Produktes nach dem Produkthaftungsgesetz.

Wesentlich ist, dass dies Ausnahmen vom Grundsatz der Verschuldenshaftung sind, die ausdrücklich einer gesetzlichen Grundlage bedürfen. Über die durch spezielle Gesetze geregelten Fälle hinaus gibt es also keine generelle verschuldensunabhängige Haftung.

1.2 Typische Verträge bei Veranstaltungen

Welche Leistungspflichten den Veranstalter treffen und welche Haftung bei Verletzung dieser Pflichten eintritt, hängt entscheidend von dem zugrunde liegenden Vertrag ab. Als hauptsächliche Vertragstypen kommen im Veranstaltungsbereich folgende Verträge vor:

- Kaufverträge
- Mietverträge
- Dienstverträge
- Werkverträge
- Pauschalreiseverträge

Nachfolgend eine kurze Übersicht über diese Vertragstypen:

Vertragstyp	Vertragsinhalt	Rechtsgrundlagen
Kaufvertrag	Veräußerung von Sachen oder Rechten gegen Geld	§§ 433 – 479 BGB
Mietvertrag	Zeitweilige Überlassung von Sachen zum Gebrauch gegen Geld	§§ 535 – 580a BGB
Dienstvertrag	Erbringung von Dienstleistungen (Tätigkeiten) gegen Vergütung	§§ 611 – 630 BGB
Werkvertrag	Herstellung eines Werks (Leistungsergebnis) gegen Vergütung	§§ 631 – 651 BGB
Reisevertrag	Erbringung einer Gesamtheit von Reiseleistungen gegen Vergütung	§§ 651a – 651m BGB

1.2.1 Kaufverträge

Beispiel: Verkauf von Artikeln auf einer Verkaufsausstellung

Der Kauf ist das wichtigste Umsatzgeschäft des täglichen Lebens. Er zielt auf Veräußerung einer Sache oder eines Rechts gegen Entgelt. Es handelt sich also um einen gegenseitigen Vertrag, bei dem Leistung und Gegenleistung im Austauschverhältnis stehen. Der Verkäufer ist verpflichtet, dem Käufer das Eigentum und den Besitz an einer Sache zu verschaffen oder beim Rechtskauf das Recht zu verschaffen. Dabei muss die Sache oder das Recht frei von Mängeln sein. Umgekehrt hat der Käufer im Gegenzug den Kaufpreis zu bezahlen und die Sache abzunehmen.

1.2.2 Mietverträge

Beispiel: Vermietung eines Messestandes

Die Miete ist die zeitweilige Gebrauchsüberlassung an einer Sache gegen Entgelt. Sie stellt gleichfalls einen gegenseitigen Vertrag dar. Der Vermieter ist verpflichtet, dem Mieter die Mietsache während der Mietzeit zur vertraglich vereinbarten Nutzung in einem mangelfreien Zustand zu überlassen und in ordnungsgemäßem Zustand zu erhalten. Hinzutreten können weitere Nebenpflichten. Dazu zählt z.B. die Verkehrssicherungspflicht, d.h. die Pflicht dafür zu sorgen, dass die Mietsache selbst (z.B. die Räume) wie auch die Zugänge (z.B. Treppen, Gänge etc.) sich in einem sicheren Zustand befinden und gefahrlos betreten und benutzt werden können. Der Mieter hat seinerseits die vereinbarte Miete, ggf. auch eine Mietkaution und Nebenkosten zu entrichten.

1.2.3 Dienstverträge

Beispiel 1: Beauftragung eines Steuerberaters durch eine Messegesellschaft
Beispiel 2: Einstellung einer Sekretärin für die Messeleitung

Der Dienstvertrag verpflichtet zur Leistung von Diensten gegen Entgelt. Im Unterschied zum verwandten Werkvertrag wird nur die Tätigkeit als solche, nicht jedoch ein weitergehender Erfolg geschuldet. Der Dienstvertrag ist also tätigkeits- und zeitbestimmt, der Werkvertrag dagegen erfolgsbestimmt. Er ist ein gegenseitiger Vertrag mit wechselseitigen Pflichten und kommt in zwei Formen vor: zum einen als selbständiger Dienstvertrag – Beispiel 1 – und zum anderen als unselbständiger Dienstvertrag – Beispiel 2 –. Im letzten Fall handelt es sich um ein Arbeitsverhältnis, für das die Weisungsgebundenheit des Dienstverpflichteten, die Fremdbestimmtheit seiner Tätigkeit und die Fremdnützigkeit der Arbeit charakteristisch sind. Für Arbeitsverhältnisse gelten besondere arbeitsrechtliche Schutzvorschriften, z.B. bzgl. des Kündigungsschutzes (KSchG) oder bzgl. der Weiterzahlung der Bezüge bei Krankheit (Entgeltfortzahlungsgesetz).

1.2.4 Werkverträge

Beispiel 1: Engagement einer Kapelle für eine Karnevalssitzung
Beispiel 2: Theaterbesuch

Der Werkvertrag verpflichtet den Unternehmer zur Herstellung des versprochenen Werks, den Besteller im Gegenzug zur Zahlung der versprochenen Vergütung. Gegenstand können die Herstellung oder Veränderung einer Sache, aber auch – wie im Veranstaltungsbereich vorwiegend – ein durch Arbeit oder Dienstleistung herbeizuführender Erfolg sein. Während der Dienstvertrag tätigkeitsorientiert ist, ist der Werkvertrag ergebnisorientiert. In Beispiel 1 handelt es sich nicht um einen Dienstvertrag, weil nicht bloß eine irgendwie geartete Tätigkeit geschuldet wird – Musizieren als solches –, sondern pointengenaue Tuschs bei Büttenreden und Karnevalslieder entsprechend der Stimmungslage. Es handelt sich daher um eine ergebnisorientierte Werkleistung.

Auch im Beispielsfall 2 erwartet der Besucher nicht nur ein redliches Sichbemühen der Darsteller, sondern eine abgerundete Theatervorstellung des Werks eines bestimmten Dramatikers oder Tonschöpfers. Auf ein solches Werk hat der Besucher mit Lösen der Eintrittskarte einen Anspruch. Es liegt also ein Werkvertrag zugrunde. Auszuscheiden ist auch ein Kauf- oder Mietvertrag, obwohl in dem Erwerb der Karte gewisse Elemente des Kaufs und in der Nutzung des Sitzplatzes gewisse Elemente der Miete liegen. Beides prägt jedoch nicht den Vertragstyp. Der Erwerb der Eintrittskarte ist bloßes Mittel zum Zweck, ebenso die Anmietung des Sitzplatzes. Entscheidend ist das Werk, das aufgeführt werden soll und für das Eintrittsgeld bezahlt wird. Im Vordergrund steht daher der Werkvertragscharakter. Wegen des Austauschcharakters zwischen Werk und Vergütung ist auch der Werkvertrag ein gegenseitiger Vertrag.

1.2.5 Pauschalreiseverträge

Beispiel: Pauschalreise »Jazz on Sea«

Der Vertrag über eine Pauschalreise beinhaltet die Erbringung von mindestens zwei Reiseleistungen, also eines Leistungspaketes, das von dem Veranstalter als Gesamtleistung zu einem Gesamtpreis versprochen wird. Im Beispielsfall bietet der Reiseveranstalter Transport, Unterkunft und Verpflegung an Bord sowie musikalische Unterhaltung in einem Gesamtpaket. Der Reisende bezahlt dafür einen Gesamtpreis. Auch hier handelt es sich wieder um einen gegenseitigen Vertrag.

1.3 Vertragliche Haftung für Pflichtverletzungen

Eine vertragliche Haftung wird immer dann ausgelöst, wenn Pflichten aus dem jeweils abgeschlossenen Vertrag verletzt werden. Wann eine solche Pflichtverletzung (§ 280 I BGB) vorliegt, hängt von dem betreffenden Vertrag und dem im Einzelnen übernommenen Pflichtenkreis ab. Bei der Art der Pflichtverletzung lassen sich verschiedene

Kategorien von Leistungsstörungen unterscheiden, die in einer Nichtleistung, in einer verspäteten Leistung, in einer mangelhaften Leistung, in einer Verletzung von Neben- und Schutzpflichten oder in der Verletzung vorvertraglicher Pflichten liegen können. Alle Arten dieser Leistungsstörungen werden nach dem neuen Schuldrecht unter dem zentralen Begriff der **Pflichtverletzung** zusammengefasst. Damit steht ein einheitlicher Grundtatbestand für sämtliche Leistungsstörungen zur Verfügung, der zu einer Vereinfachung und Vereinheitlichung der bisherigen komplexen Regelungen beitragen soll. Ein wesentliches Anliegen der Reform ist es, die bisherige Dominanz der Unmöglichkeitsregeln zu beseitigen und an ihre Stelle die Pflichtverletzung zum zentralen Grundtatbestand zu erheben[76].

Nach § 280 I BGB hat der Schuldner bei jeder von ihm zu vertretenden Pflichtverletzung Ersatz des hierdurch entstehenden Schadens zu leisten. Dabei ist es gleichgültig, ob es sich um Hauptleistungs-, Nebenleistungs- oder Verhaltenspflichten handelt[77]. Der Begriff der Pflichtverletzung ist also in einem außerordentlich weiten Sinne zu verstehen und meint die Abweichung des Verhaltens einer Partei von dem jeweils geschuldeten Pflichtenprogramm. Dieses ergibt sich aus dem betreffenden Schuldverhältnis. So ist der Verkäufer einer Sache zur Übergabe und Übereignung der Kaufsache verpflichtet (§ 433 I 1 BGB); erfüllt er diese Pflichten nicht, liegt eine Pflichtverletzung vor. Er ist ebenso zur Lieferung einer mangelfreien Sache verpflichtet (§ 433 I 2 BGB); liefert er eine mangelhafte Sache, begeht er eine Pflichtverletzung. Kurz gesagt ist also unter einer Pflichtverletzung ein **objektiv** nicht dem Schuldverhältnis entsprechendes Verhalten des Schuldners zu verstehen[78].

Zu der objektiven Pflichtverletzung muss hinzukommen, dass der Schuldner dieses Verhalten **zu vertreten** müssen hat. Dies ist regelmäßig eine Frage des Verschuldens. Das Gesetz geht hier allerdings grundsätzlich davon aus, dass dies der Fall ist. Ein Verschulden wird also vermutet, wenn der Schuldner die Leistung nicht oder nicht so wie geschuldet erbracht hat. Falls er sich nicht entlasten kann, hat dies zur Folge, dass er Schadensersatz leisten muss. Hat er einen Erfüllungsgehilfen mit der Wahrnehmung der betr. Pflichten betraut, muss er für dessen Verschulden wie für eigenes Verschulden einstehen, § 278 BGB. Der Fehler eines Mitarbeiters geht also zu seinen Lasten.

Da das Gesetz für einige Pflichtverletzungstatbestände **zusätzliche Voraussetzungen** an die Schadensersatzpflicht knüpft, wie etwa bei Unmöglichkeit, Verzug, Mängeln etc., ist es sinnvoll, diese zu differenzieren und nachfolgend in eigenen Kategorien zu behandeln. Gleichzeitig sei aber betont, dass es sich nur um Abwandlungen des allgemeinen Pflichtverletzungstatbestandes des § 280 I BGB handelt und jede Kategorie als Pflichtverletzung zu verstehen ist.

1.3.1 Unmöglichkeit

Falls die Veranstaltung aus rechtlichen oder tatsächlichen Gründen nicht stattfinden kann, liegt ein Fall der Unmöglichkeit vor. Der Schuldner, d.h. der Veranstalter, wird dann von seiner Leistungspflicht frei. Dabei spielt es heute keine Rolle mehr, ob er die Unmöglichkeit der Leistungserbringung zu vertreten oder nicht zu vertreten hat, und

---

76 So die Gesetzesbegründung BT-Dr. 14/6040, S. 84; ferner *Lorenz/Riehm* Rn. 161.
77 Vgl. dazu näher Palandt/*Heinrichs* § 280 Rn. 12 ff.
78 So die Gesetzesbegründung BT-Dr. 14/6040, S. 135.

ob das Leistungshindernis bereits bei Vertragsschluss vorlag oder nachträglich eintrat. In jedem Fall ist der Anspruch auf die Leistung nach § 275 I BGB ausgeschlossen. Das gilt auch bei faktischer Unmöglichkeit nach § 275 II BGB und persönlicher Unzumutbarkeit nach § 275 III BGB: Auch in diesen Fällen kann der Schuldner seine Leistung verweigern.

Beispiel für Unmöglichkeit

Die Veranstaltung fällt aus, weil der Pianist nicht auftreten will oder wegen Erkrankung nicht auftreten kann. Der Veranstalter wird hier von seiner Leistungspflicht gegenüber den Besuchern wegen Unmöglichkeit der von ihm zugesagten Leistung frei, § 275 I BGB.

Welche Rechte dem Vertragspartner – im Beispielsfall also den Besuchern – zustehen, beurteilt sich gemäß § 275 IV BGB nach den §§ 280, 283 – 285, 311 a und 326 BGB. Das bedeutet:

Der Vertragspartner schuldet keine Gegenleistung, also keine Bezahlung für die nicht erbrachte Leistung, § 326 I BGB. Falls er diese bereits erbracht hatte, kann er sie zurückfordern, §§ 326 IV, 346 BGB.

Beispiel

Die Besucher hatten bereits Eintrittskarten erworben. Wenn das angekündigte Konzert ausfällt, haben sie Anspruch auf Rückzahlung ihres Eintrittsgeldes (§§ 326 IV, 346 BGB).

Darüber hinaus kommen im Falle der Unmöglichkeit Schadensersatzansprüche des Gläubigers in Betracht, wenn eine schuldhafte Pflichtverletzung seitens des Schuldners vorliegt, §§ 283, 280 I BGB. Der Anspruch geht auf Schadensersatz statt der Leistung bzw. nach Wahl des Gläubigers auf Aufwendungsersatz, § 284 BGB.

Ist die Pflichtverletzung jedoch unverschuldet, entfällt eine Schadensersatzpflicht. Die Haftung auf Schadensersatz ist also an ein Verschulden geknüpft.

Beispiel

Der Pianist verweigert seinen Auftritt, weil ihm die vor Konzertbeginn zu zahlende Gage vom Veranstalter nicht ausgezahlt wurde.

Hier geht der Ausfall des Konzerts und damit die eingetretene Unmöglichkeit der Leistung gegenüber den Besuchern, die bereits im Besitz einer Eintrittskarte waren, auf das Konto des Veranstalters. Er muss sich die Unmöglichkeit als schuldhafte Pflichtverletzung zurechnen lassen und haftet den frustrierten Besuchern daher auf Schadensersatz statt der Leistung, §§ 283, 280 I BGB. Diese können dann beispielsweise den Ersatz ihrer vergeblichen Aufwendungen verlangen. Wenn sie eine lange Reise für das Konzert unternommen hatten und vielleicht auch eine Hotelübernachtung notwendig wurde, so könnten sie diese Kosten dem Veranstalter in Rechnung stellen, § 284 BGB. Daneben können sie selbstverständlich Rückzahlung des Eintrittsgeldes beanspruchen, §§ 326 IV, 346 BGB; denn Rücktritt und Schadensersatzansprüche können heute nebeneinander geltend gemacht werden, § 325 BGB.

Falls ein nicht zu beseitigendes Leistungshindernis bereits bei Abschluss des Vertrages bestand, ist der der geschlossene Vertrag zwar gültig, § 311 a BGB. Allerdings ist der Anspruch auf die Leistung auch in diesem Fall der **anfänglichen Unmöglichkeit** ausgeschlossen. Der Gläubiger kann den Schuldner dann auf Schadensersatz in Anspruch nehmen. Das gilt aber nicht, wenn der Schuldner seinerseits das Leistungshindernis nicht kannte und auch nicht hätte kennen müssen, § 311 a II BGB.

Beispiel

Die von einem Veranstalter über eine Agentur gebuchte Girl-Group existierte wegen eines harten Streits schon bei Vertragsschluss nicht mehr. Der Vertrag mit der Agentur wäre zwar gültig, ein Anspruch auf die Leistung aber wegen Unmöglichkeit ausgeschlossen. Der Veranstalter hätte Schadensersatzansprüche gegen die Agentur. Diese entfallen, wenn die Agentur nachweisen könnte, dass sie bei Vertragsschluss von dem Auseinanderbrechen der Band noch nichts wusste oder wissen konnte.

1.3.2 Verzug

Die neben der mangelhaften Leistung häufigste Leistungsstörung ist die verspätete Leistung, also der Verzug. Erbringt der Schuldner seine Leistung nicht rechtzeitig, kommt er in Schuldnerverzug und begeht damit eine Pflichtverletzung, § 280 II BGB.

Nimmt umgekehrt der Gläubiger die Leistung nicht rechtzeitig entgegen, spricht man von Gläubigerverzug, § 293 BGB.

1.3.2.1 Schuldnerverzug

Schuldnerverzug liegt gemäß § 286 I BGB vor, wenn der Schuldner

1. in einem bestehenden Schuldverhältnis,
2. nach Eintritt der Fälligkeit, also dem Leistungszeitpunkt,
3. auf eine Mahnung des Gläubigers nicht leistet und
4. der Schuldner die Verspätung zu vertreten hat.

In den in § 286 II BGB genannten Fällen ist eine Mahnung entbehrlich. Dazu zählt insbesondere der Fall, dass die Leistung nach dem Kalender bestimmt ist.

> **Beispiel**
>
> Die für 20.00 Uhr angekündigte Musikveranstaltung beginnt erst um 20.45 Uhr. Wegen der kalendermäßigen Fixierung bedarf es keiner Mahnung. Der Veranstalter kommt vielmehr mit seiner Leistung automatisch in Verzug.
>
> Die wichtigsten Fälle, in denen ein Zahlungsverzug automatisch eintritt, sind:
>
> Es wurde ein Zahlungsziel vereinbart – § 286 II Nr. 1 BGB – sowie unabhängig von einem gesetzten Zahlungsziel laut Gesetz: 30 Tage nach Erhalt einer Rechnung – § 286 III BGB. Ferner kann das Zahlungsziel von einem bestimmten Ereignis abhängig gemacht werden – § 286 II Nr. 2 BGB.

> **Beispiel**
>
> In der Rechnung über die Hallenmiete steht: »Zahlbar innerhalb von 2 Wochen nach Erhalt.«
>
> Trifft die Rechnung am 2. 3. ein, müsste sie bis 16. 3. bezahlt werden. Danach befindet sich der Mieter auch ohne Mahnung in Verzug.
>
> Nicht ausreichend wäre der Vermerk: zahlbar unverzüglich nach Erhalt der Rechnung, da dann keine angemessene Frist gesetzt ist.
>
> Bei einer Geldschuld ist bei Verzug mindestens ein Zins von 5 % über dem Basiszins zu zahlen, bei Forderungen zwischen Unternehmen 8 % über dem Basiszins (seit 1.1.2009: 1,62 %), § 288 I, II, 247 BGB.
>
> Allgemein gilt, dass der Schuldner dem Gläubiger den durch die Verzögerung entstehenden Schaden ersetzen muss, § 280 II BGB.
>
> Ein Rücktritt vom Vertrag ist nach der Schuldrechtsreform nicht mehr an einen Schuldnerverzug und eine zusätzliche Fristsetzung mit Ablehnungsandrohung geknüpft, § 326 I BGB a. F. Vielmehr reicht bereits, dass eine fällige Leistung nicht erbracht und zusätzlich eine angemessene Frist zur Leistung bestimmt wurde, § 323 I BGB. Auf ein Verschulden des Schuldners kommt es ebenso wenig mehr an wie auf eine Ablehnungsandrohung. In bestimmten Fällen ist die Fristsetzung entbehrlich, § 323 II BGB.

> **Beispiel**
>
> Die für 20.00 Uhr angekündigte Musikveranstaltung hat um 20.45 Uhr noch nicht begonnen.
>
> Hier handelte es sich um eine ersichtlich fristgebundene Leistung nach § 323 II Nr. 2 sowie um besondere Umstände, die eine Fristsetzung nicht zulassen (Nr. 3), so dass der Besucher ohne weiteres seinen Rücktritt erklären und das Eintrittsgeld zurückverlangen könnte.

1.3.2.2 Gläubigerverzug

Die Verspätung einer Leistung kann auch auf das Verhalten des Gläubigers zurückgehen, insbesondere dann, wenn er eine ihm angebotene Leistung nicht annimmt. In diesen Fällen spricht man von Gläubiger- oder auch Annahmeverzug. Nach § 293 BGB setzt dieser nur voraus, dass der Gläubiger eine ihm angebotene Leistung nicht annimmt. Weshalb dies geschieht, insbesondere, ob den Gläubiger ein Verschulden oder kein Verschulden trifft, ist rechtlich ohne Bedeutung. Allein ausschlaggebend ist, dass die Leistung dem Gläubiger so, wie sie zu bewirken ist, tatsächlich angeboten und von ihm nicht angenommen wurde, § 294 BGB. Die Leistung muss dem Gläubiger in rechter Weise, am rechten Ort und zu rechter Zeit angeboten werden.

Beispiel

Der Besucher hat ein Ticket für eine Opern-Aufführung im Opernhaus der Stadt D. am 22.4.2006, Beginn 20.00 Uhr. Die Vorstellung beginnt pünktlich. Der Besucher erscheint erst nach Beginn der Veranstaltung. Er befindet sich, da ihm die Leistung vertragsgemäß angeboten wurde, in Annahmeverzug. Das gilt auch dann, wenn er in einen Verkehrsstau geraten war und ihn an der Verspätung evtl. kein Verschulden trifft.

Diejenigen Folgen des Gläubigerverzugs, die bei Veranstaltungen eine praktische Relevanz haben, sind vor allem:

- Kommt es nach Eintritt des Gläubigerverzugs zu einer vom Schuldner nicht zu vertretenden Unmöglichkeit der Leistung, so behält der Schuldner entgegen dem Grundsatz des § 326 I BGB den Anspruch auf die Gegenleistung, § 326 II BGB.
- Der Gläubiger kann nicht mehr vom Vertrag zurücktreten, wenn ein vom Schuldner nicht zu vertretender Rücktrittsgrund während des Gläubigerverzugs eintritt, § 323 VI BGB.
- Im Arbeitsverhältnis hat der in Annahmeverzug geratene Arbeitgeber das Arbeitsentgelt für die nicht erbrachte, aber angebotene Arbeitsleistung zu bezahlen. Der Arbeitnehmer muss sich jedoch ersparte Aufwendungen und einen anderweitig erzielten oder böswillig unterlassenen Verdienst anrechnen lassen, § 615 BGB. Dies gilt auch für selbständige Dienstleistungen.

Beispiel

Die Garderobenfrau, die rechtzeitig zu der Veranstaltung erscheint, wird wieder nach Hause geschickt, weil nicht genügend Besucher da sind. Sie behält ihren Anspruch auf Bezahlung ihres Arbeitsentgelts aufgrund des zugrundeliegenden Arbeitsvertrages und des eingetretenen Annahmeverzugs seitens ihres Arbeitgebers, § 615 BGB. In der Regel wird sie das volle Arbeitsentgelt beanspruchen können, da sie nichts erspart hat oder anderweitig verdient hat.

1.3.3 Mängelhaftung

Wer eine mangelhafte Hauptleistung erbringt, begeht eine Pflichtverletzung und muss nach der grundsätzlichen Haftungsnorm des § 280 I BGB dem Vertragspartner Schadensersatz leisten. Diese Aussage gilt heute nach der Modernisierung des Schuldrechts für alle Arten von Verträgen. Dennoch existieren für einige Verträge, die gerade im Veranstaltungsrecht von besonderem Interesse sind, Besonderheiten: Das BGB enthält für Kaufverträge, Mietverträge, Werk- und Reiseverträge einige spezifische Regelungen zur Mängelhaftung. Diese haben allerdings nicht mehr die gleiche Bedeutung wie früher, als für jeden Vertragstyp eigene, unterschiedliche Regeln über die Gewährleistung galten. Hier hat nunmehr eine Angleichung stattgefunden, die im Wesentlichen gleiche Regelungen für die Mängelhaftung beinhaltet. Im Einzelnen gilt:

1.3.3.1 Kaufmängel

Ist die gekaufte Sache mangelhaft, kann der Käufer primär Nacherfüllung verlangen, d.h. nach seiner Wahl Beseitigung des Mangels oder Lieferung einer mangelfreien Sache, §§ 437 Nr. 1, 439 BGB.

Beispiel

Die gekauften Boxen weisen starke Klangverzerrungen auf.

Rechtsfolge: Der Käufer kann nach seiner Wahl Beseitigung der Mängel oder Lieferung einwandfreier Boxen verlangen.

Vom Vertrag zurücktreten oder den Kaufpreis mindern kann der Käufer regelmäßig erst, nachdem er dem Verkäufer erfolglos eine Frist zur Nacherfüllung gesetzt hat oder diese aus besonderen Gründen entbehrlich ist: Dazu zählen z.B. die Fälle der Verweigerung, des Fehlschlagens oder der Unzumutbarkeit der Nacherfüllung, §§ 437 Nr. 2, 323, 440, 441 BGB.

Beispiel

Der Verkäufer hat zweimal vergeblich versucht, die Mängel zu beseitigen.

Rechtsfolge: Der Käufer kann nunmehr wegen Fehlschlagens der Nachbesserung vom Vertrag zurücktreten oder den Kaufpreis mindern, vgl. § 440 BGB.

Schadensersatz kommt grundsätzlich nur in Betracht, wenn der Verkäufer den Mangel zu vertreten hat, d.h. bei Verschulden oder einer Garantie, §§ 437 Nr. 3, 440, 280, 281, 283, 311 a BGB.

1.3.3.2 Mietmängel

Bei Mängeln der Mietsache kann der Mieter die Miete mindern, § 536 I BGB. Dies gilt z.B., wenn der versprochene Stromanschluss am Messestand fehlt. Ist die Gebrauchstauglichkeit ganz aufgehoben, braucht überhaupt keine Miete gezahlt zu werden. Ferner kann der Mieter nach § 536 a I BGB Schadensersatz verlangen, wenn

- der Mietmangel bereits bei Vertragsschluss vorhanden war (Fall verschuldensunabhängiger Haftung) – § 536 a I 1. Alternative BGB –

Beispiel

Der versprochene Stromanschluss fehlte bereits bei Vertragsschluss. Folge: Der Mieter könnte dann einen entsprechenden Umsatzrückgang vom Vermieter ersetzt verlangen.

oder

- der Mangel später infolge eines Verschuldens des Vermieters entstanden oder infolge Verzugs nicht rechtzeitig beseitigt worden ist (Fälle verschuldensabhängiger Haftung) – § 536 a I 2. u. 3. Alternative BGB –

Beispiel

Das Stromnetz ist überlastet und es kommt dauernd zu einem Kurzschluss. Wenn der Vermieter trotz Mängelanzeige keine Abhilfe schafft, kommen Schadensersatzansprüche auf ihn zu.

1.3.3.3 Werkmängel

Ist das Werk mangelhaft, kann der Besteller primär Nacherfüllung verlangen; in einem solchen Fall kann der Unternehmer nach seiner Wahl den Mangel beseitigen oder ein neues Werk herstellen, §§ 634 Nr. 1, 635 BGB.

Beispiel

Der Messeaussteller hatte den Bau eines speziellen Messestandes in Auftrag gegeben. Die Ausführung entspricht nicht der Vereinbarung. Falls der Aussteller vom Messebauer Nacherfüllung verlangt, kann dieser entweder den Mangel beseitigen oder einen ganz neuen Stand herstellen.

Eine Selbstvornahme mit Aufwendungsersatz kommt regelmäßig erst nach erfolgloser Fristsetzung in Betracht, §§ 634 Nr. 2, 637 BGB.

Rücktritt vom Vertrag oder Minderung kommen ebenfalls grundsätzlich nur nach erfolgloser Fristsetzung in Betracht, §§ 634 Nr. 3, 636, 323 BGB. Bei missglückten Aufführungen ist wegen der Termingebundenheit der Leistung eine Fristsetzung allerdings entbehrlich, vgl. § 323 II Nr. 2 BGB. Bei künstlerischen oder anderen »just- in- time«-Leistungen bedarf es daher keiner Fristsetzung, sondern die Vergütung kann bei Mängeln des Werks sofort gekürzt bzw. zurückverlangt werden. Eine volle Rückerstattung kommt allerdings nur bei gänzlicher Untauglichkeit des Werks in Frage.

Trifft den Unternehmer an der Entstehung des Mangels ein Verschulden (z.B. war die Karnevalskapelle infolge Trunkenheit nicht mehr reaktionsfähig), so muss er den Besteller entschädigen, §§ 634 Nr. 4, 280, 281, 284 BGB. Das würde etwa gelten, wenn das Publikum infolge der miserablen musikalischen Darbietungen scharenweise die Veranstaltung verlässt und der Veranstalter dadurch hohe Umsatzeinbußen hat.

1.3.3.4 Reisemängel

Beim Pauschalreisevertrag kann der Reisende bei Mängeln Abhilfe verlangen, Minderung des Reisepreises beanspruchen und bei erheblichen Mängeln kündigen, §§ 651 c-e BGB. Schadensersatz kann er beanspruchen, wenn der Mangel auf einem Umstand beruht, den der Veranstalter zu vertreten hat, § 651 f BGB.

Beispiel

Buchung einer Reise mit Unterkunft zwecks Besuchs eines Musicals für 2 Personen. Bei Ankunft erhalten die Reisenden ihre Karten und müssen feststellen, dass sie getrennte Sitzplätze bekommen haben. Hier ist anzunehmen, dass der Veranstalter bereits bei Buchung auf diesen Umstand hätte hinweisen müssen, der bei einer gemeinsamen Reise als Mangel zu werten ist. Folglich besteht ein Anspruch auf Schadensersatz.

1.3.4 Schlechtleistung

Wenn der Schuldner die Vertragsleistung nicht »wie geschuldet« erbringt, handelt es sich um eine Schlechtleistung oder Schlechterfüllung, die gemäß § 281 i.V.m. § 280 BGB dem Gläubiger das Recht gibt, Schadensersatz statt der Leistung zu verlangen.

Dabei kann es sich um Haupt- oder Nebenleistungspflichten handeln.

Beispiele

Der Tourcrew-Busfahrer weigert sich, zum nächsten Auftrittsort abzufahren. Hier liegt die Verletzung einer Hauptleistungspflicht vor.

Die Verletzung einer Nebenleistungspflicht ist z.B. gegeben, wenn für das verkaufte elektronische Instrument keine Bedienungsanleitung mitgeliefert wird.

In beiden Fällen kann der Gläubiger erst dann aus dem Vertrag »aussteigen« und Schadensersatz statt der Leistung beanspruchen, wenn er zuvor dem Schuldner eine entsprechende Frist zur Leistung gesetzt hat und die Frist nutzlos verstrichen ist. Verweigert allerdings der Schuldner die Leistung ernsthaft und endgültig oder liegen besondere Umstände für die sofortige Geltendmachung des Schadensersatzanspruchs vor, kann sofort statt der primären Leistung auf den sekundären Ersatzanspruch übergegangen werden, § 281 II BGB. Möchte der Gläubiger an seinem Leistungsanspruch festhalten, kann er dies natürlich auch und neben diesem Schadensersatz wegen der Pflichtverletzung beanspruchen, § 280 BGB.

Das Gleiche gilt auch für die Verletzung von Schutzpflichten.

Beispiel

Der Messeveranstalter unterlässt schuldhaft einen Hinweis darauf, dass die Stromleitung keinen Gleichstrom führt. Ein Gerät des Ausstellers wird dadurch beschädigt.

Hier muss der Messeveranstalter den entstandenen Schaden dem Aussteller nach § 280 I BGB ersetzen. Sich vom Vertrag lösen und Schadensersatz statt der ganzen Leistung verlangen könnte er allerdings nur, wenn ihm die Leistung durch den Schuldner nicht mehr zuzumuten wäre, §§ 282, 280 BGB. Das wäre beispielsweise bei gravierenden Einbußen oder im Wiederholungsfall anzunehmen.

1.3.5 Schadensersatz wegen Verletzung vorvertraglicher Pflichten

Ein Schuldverhältnis kann bereits durch Aufnahme von Vertragsverhandlungen, durch die Anbahnung eines Vertrages oder ähnliche geschäftliche Kontakte begründet werden, § 311 II BGB. Bereits in diesem vorvertraglichen Stadium besteht beiderseits die Verpflichtung zur Rücksicht auf die Rechte, Rechtsgüter und Interessen des anderen Teils, § 241 II BGB. Wer diese Anforderungen verletzt, hat dem anderen Teil Schadensersatz wegen Pflichtverletzung nach § 280 I BGB zu leisten, es sei denn, er hat die Pflichtverletzung nicht zu vertreten.

Beispiel 1

Dem auswärtigen Besucher wird telefonisch erklärt, es gebe für die Abendveranstaltung noch reichlich Karten. Schon zu diesem Zeitpunkt war die Veranstaltung aber bereits ausverkauft.

Hier sind durch den Anruf geschäftliche Kontakte aufgenommen worden, die den Veranstalter zur Rücksicht auf die Interessen des Anrufers verpflichteten. Die fehlerhaften Auskünfte berechtigen den Anrufer, Schadensersatz wegen der vergeblichen Anreise nach § 280 I BGB zu verlangen.

Beispiel 2

Der Veranstalter eines Marktes gibt einem Interessenten eine falsche Auskunft über die Auswahl der Marktbeschicker oder die zu erwartende Zahl von Teilnehmern. Der Interessent trifft daraufhin Dispositionen im Hinblick auf eine Teilnahme an dem Markt, die er später rückgängig machen muss.

Auch hier wurde ein geschäftlicher Kontakt aufgenommen, der zu wahrheitsgemäßen Informationen seitens des Veranstalters gegenüber seinem potentiellen Vertragspartner verpflichtete. Diese vorvertraglichen Pflichten hat der Veranstalter schuldhaft verletzt und muss dem Vertragsinteressenten daher wegen Pflichtverletzung nach § 280 I BGB Schadensersatz leisten.

Weitere Beispiele

Fehlerhafte Prospektangaben; gefahrenträchtige Geschäftsräume, in denen ein potentieller Kunde zu Fall kommt.

1.3.6 Gemeinsamkeiten der vertraglichen Haftung

Die vertragliche Haftung knüpft grundsätzlich an ein Verschulden des Schuldners an, sog. **Schuldprinzip** (vgl. § 280 I BGB). Steht die Pflichtverletzung objektiv fest, so wird das Verschulden allerdings vermutet, wie sich aus der negativen Formulierung des § 280 I 2 BGB ergibt. In Ausnahmefällen greift eine vertragliche Haftung auch ohne Verschulden ein, etwa bei Garantiezusagen (§ 276 I 1 BGB) oder bei der Haftung des Vermieters für eine Fehlerfreiheit der Mietsache bei Vertragsschluss (§ 536 a I BGB).

Soweit es auf ein Verschulden ankommt, ist es gleichgültig, ob den Schuldner selbst – also z.B. den Veranstalter in Person – oder einen Mitarbeiter von ihm ein Verschulden trifft; denn auch für diese sog. **Erfüllungsgehilfen** muss er wie für eigenes Verschulden einstehen und kann sich nicht mit dem Hinweis entlasten, es handele sich um gut ausgesuchte und gut angeleitete Mitarbeiter (§ 278 BGB). Eigenverschulden und Fremdverschulden eines Mitarbeiters stehen also gleich und sind für den Veranstalter haftungsmäßig gleichermaßen nachteilig.

Die Haftung kann durch formularmäßige **Haftungsklauseln** praktisch nicht ausgeschlossen oder begrenzt werden (vgl. § 309 Nr. 7 BGB). Das Gleiche gilt bzgl. der **Mängelhaftung** bei Verträgen über die Lieferung neu hergestellter Sachen und über Werkleistungen (§ 309 Nr. 8 b BGB).

Im Falle einer vertraglichen Haftung ist zunächst der entstandene materielle Schaden wieder gut zumachen. Bei Personenschäden ist darüber hinaus an den Betroffenen auch wegen des Schadens, der nicht Vermögensschaden ist, eine billige Entschädigung in Geld zu zahlen (§ 253 BGB).

1.4 Außervertragliche Haftung

Unter außervertraglicher Haftung ist eine Haftung zu verstehen, die unabhängig von einem Vertragsverhältnis aufgrund Gesetzes ausgelöst wird. Haftungsgrund ist im Veranstaltungsbereich zumeist eine unerlaubte Handlung (vgl. §§ 823 ff. BGB). Denkbar sind ggf. auch Haftungstatbestände nach dem Straßenverkehrsgesetz (StVG) infolge von Unfällen mit einem Kraftfahrzeug oder eine Haftung für fehlerhafte Produkte nach dem Produkthaftungsgesetz (ProdHaftG). Während unerlaubte Handlungen dem **Schuldprinzip** unterliegen, handelt es sich bei den beiden letztgenannten Fällen weitgehend um eine verschuldensunabhängige **Gefährdungshaftung**.

1.4.1 Haftung für eigene unerlaubte Handlungen

Verletzt der Veranstalter selbst oder sein Geschäftsführer (§ 31 BGB) fremde Rechtsgüter, so muss er für etwaige unerlaubte Handlungen nach § 823 BGB persönlich einstehen.

Beispiel

Nach einem Rockkonzert zerstören unzufriedene Besucher das Mobiliar, werfen Scheiben ein und reißen den Teppichboden heraus. Diese Ausschreitungen konnten nicht unterbunden werden, weil der Veranstalter, der die Halle gemietet hatte, einen personell unzureichenden Ordnungsdienst eingesetzt hatte, der nicht in der Lage war, wirkungsvoll einzuschreiten.

In diesem Fall liegt ein eigenes Versagen des Veranstalters aufgrund unzureichender Organisation vor, was bedeutet, dass er dem Hallenbetreiber (unabhängig von einer evtl. bestehenden vertraglichen Haftung) nach § 823 BGB Schadensersatz leisten muss.

Die Voraussetzungen einer Haftung für unerlaubte Handlungen nach § 823 I BGB sind:

1. Der Schädiger muss »das Leben, den Körper, die Gesundheit, die Freiheit, das Eigentum oder ein sonstiges Recht eines anderen ... verletzt« haben.

Das kann entweder durch aktives Tun oder Unterlassen einer gebotenen Handlung geschehen.

Der Schädiger, der zum Schadensersatz herangezogen werden soll, muss also ursächlich eine **Rechtsgutverletzung** an einem der aufgezählten Rechtsgüter begangen haben.

Im Beispielsfall hat der Veranstalter es versäumt, einen ausreichenden Ordnungsdienst zu organisieren und einzusetzen. Infolge pflichtwidrigen Unterlassens dieser gebotenen Maßnahme hat er eine Ursache dafür gesetzt, dass Randalierer in der Lage waren, das Eigentum der Halle zu beschädigen. Der Veranstalter hat für diese Rechtsgutverletzung also eine relevante Ursache gesetzt.

2. Die Rechtsgutverletzung muss ferner **widerrechtlich** sein.

Das ist grundsätzlich zu vermuten, wenn kein spezieller Rechtfertigungsgrund wie Notwehr, Einwilligung, Notstand o.ä. in Bezug auf die Rechtgutverletzung vorliegt.

Mangels Rechtfertigung (selbst Personal- oder Geldknappheit würden keine Rechtfertigung sein) war hier die Rechtgutverletzung widerrechtlich, also unerlaubt.

3. Schließlich muss ein **Verschulden** in Form von **Vorsatz oder Fahrlässigkeit** vorliegen.

Der Einsatz eines personell unzureichenden Ordnungsdienstes durch den Veranstalter entspricht nicht der im Verkehr erforderlichen Sorgfalt und muss daher als fahrlässig bezeichnet werden.

Falls der Veranstalter keine Einzelperson, sondern eine GmbH ist, wäre auf das Verschulden des Geschäftsführers oder der sonstigen Leitungspersonen (z.B. des Art Directors) abzustellen, § 31 BGB. Es wäre also zu fragen, ob diesen ein Fehlverhalten vorzuhalten ist.

Liegen die vorbezeichneten Voraussetzungen vor, muss der Schädiger dem Geschädigten Ersatz des angerichteten Schadens leisten. Im Beispielsfall muss der Veranstalter also den Hallenbetreiber entschädigen.

Anzumerken ist noch, dass selbstverständlich aufgrund der vorsätzlichen Sachbeschädigung auch die Randalierer selbst haften. Da man sie aber häufig nicht identifizieren kann, verbleibt dem Hallenbetreiber bei unzureichendem Sicherheitsdienst dann praktisch nur eine Inanspruchnahme des Veranstalters.

Im Falle einer Haftung aus unerlaubter Handlung ist der entstandene materielle Schaden im vollen Umfang zu ersetzen (§§ 823, 249 BGB). Sollte es zu einem Personenschaden gekommen sein – wurden z.B. durch die Ausschreitungen auch Besucher verletzt –, müssten nicht nur die daraus resultierenden materiellen Schäden (z.B. Arzt-, Krankenhauskosten, Verdienstausfall) ersetzt, sondern den Betroffenen auch ein Schmerzensgeld gezahlt werden (§ 253 BGB).

Im Veranstaltungsbereich führt vor allem die Verletzung von **Verkehrssicherungspflichten** zu einer Haftung des Veranstalters. Unter einer Verkehrssicherungspflicht versteht man die Verpflichtung, dass derjenige, der der Öffentlichkeit Räumlichkeiten, Wege, Treppen, Messestände, Boxen o.ä. eröffnet, Vorkehrungen treffen muss, um daraus erwachsende Gefahren im Rahmen des Zumutbaren abzuwenden. Jeder, der in der Lage ist, über die Sache zu verfügen – also auch der Veranstalter als Mieter –, ist verpflichtet, entsprechende Abwehrmaßnahmen zu treffen. Der Veranstalter muss demzufolge dafür Sorge tragen, dass keine Bühnendekorationen herabfallen, ein gefahrloses Betreten und Verlassen der Räumlichkeiten möglich ist, nicht zu viele Besucher eingelassen werden, der Geräuschpegel durch Musikgruppen im erträglichen Rahmen bleibt und vieles mehr. Falls der Veranstalter eine GmbH ist, würde ein Fehler ihres Geschäftsführers oder ihrer leitenden Angestellten über § 31 BGB der GmbH selbst zugerechnet.

1.4.2 Haftung für fremde unerlaubte Handlungen

Wer einen anderen zu einer Verrichtung bestellt, ist für den Schaden verantwortlich, den dieser sog. Verrichtungsgehilfe in Ausübung der Verrichtung einem Dritten widerrechtlich zufügt, § 831 BGB. Die Haftung entfällt allerdings, wenn der Geschäftsherr nachweisen kann, dass ihn bzgl. der Auswahl und Überwachung des Verrichtungsgehilfen kein Verschulden trifft.

Beispiel

Der vom Veranstalter eingesetzte Mitarbeiter, der für die Tonabmischung zuständig ist, überzieht den Lautstärkepegel so stark, dass es bei einigen Besuchern zu einem Hörsturz kommt.

Diese von dem Mischer des Veranstalters begangene unerlaubte Handlung gegenüber den Besuchern geht auch zu Lasten des Veranstalters, da der Mischer als weisungsabhängiger Mitarbeiter Verrichtungsgehilfe des Veranstalters ist. Kann der Veranstalter nicht den Nachweis erbringen, dass er den Mitarbeiter gut ausgewählt und genügend überwacht hat, muss er selbst Schadensersatz an die betroffenen Besucher zahlen. Das gilt für den gesamten Sach- und Personenschaden einschließlich Schmerzensgeld.

2. Fallbeispiele

Nachstehend werden einige typische Fallkonstellationen aus der Praxis vorgestellt, die die Rechtsposition des Veranstalters im Verhältnis zu Besuchern, Darstellern und Veranstaltungteilnehmern beleuchten. Sie basieren auf eigenem Erleben, Medienberichten oder Gerichtsurteilen.

2.1 Die Rechtsposition des Veranstalters im Verhältnis zu Besuchern

Abgesehen vom Fall des Veranstaltungsausfalls, über den bereits oben berichtet wurde, kann es bei Veranstaltungen zu Verzögerungen kommen, die entweder aus der Sphäre des Besuchers (Fall 14: »Wer zu spät kommt, den bestraft das Leben«) oder des Veranstalters stammen (Fall 15: »Open air mit Verzögerung«). Es kann ferner zu einem Ausschluss von der Veranstaltung wegen ungebührlichen Betragens kommen (Fall 13: »Isoldes Liebestod«) oder zu einem Abbruch der Veranstaltung wegen Erschöpfung des Hauptakteurs (Fall 16: »Milvas Zusammenbruch«). Schließlich kann es zu einer Reihe von Pannen kommen (Fall 17: »Pannen beim Auftritt des Megastars«) oder zu einer Schädigung von Besuchern (Fall 18: »Hörsturz beim Heavy-Metal Konzert« und Fall 19: »Feuer in der Discothek«). Dazu im Einzelnen:

2.1.1 Risikosphäre der Besucher

Hauptprobleme, die die Sphäre von Besuchern betreffen, sind ungebührliches Verhalten und Unpünktlichkeit.

Fall 13: »Isoldes Liebestod«

Herr S. besucht seiner Freundin zuliebe einen Wagner-Abend mit einer Solo-Darbietung einer bekannten Opern-Diva, die von einem Pianisten begleitet in einem kleinen Saal mit etwa 100 Besuchern auftritt. Er sitzt in der ersten Reihe, raschelt während der Darbietung im Konzertprogramm, stiert gegen die Decke und sackt dann von Müdigkeit übermannt mit dem Kopf auf die Schulter. Die Diva kommt aus der Fassung und Herr S. wird gebeten, in den hinteren Reihen Platz zu nehmen. Dort erliegt er dem Schlafdrang. Nach dem Auftreten längerer sägender Schnarchgeräusche wird er von der Diva, die auch zugleich Veranstalterin des Konzerts war, des Saales verwiesen. Er verlangt darauf Rückzahlung des Eintrittsgeldes.

Der Fall, der einer Gerichtssendung im ZDF (»Streit um Drei«) nachempfunden ist, gibt Veranlassung, über Verhaltenspflichten von Zuschauern und Zuhörern bei Veranstaltungen zu reflektieren. Zunächst jedoch zur Grundlage des Anspruchs. Falls man die Leistungserbringung durch die veranstaltende Künstlerin als unmöglich ansieht, könnte sich der Rückzahlungsanspruch aus §§ 326 I und IV sowie § 346 BGB ergeben. Falls man die Leistung trotz Störung für möglich hält, käme ein Rücktritt wegen Leistungsverweigerung nach §§ 323 I, II Nr. 1, 346 BGB in Betracht. Vom Ergebnis unterscheiden sich beide Lösungen nicht. Da Unmöglichkeit als Spezialfall anzusehen ist, soll zunächst darauf zunächst eingegangen werden.

§ 326 I BGB stellt darauf ab, dass der Schuldner die Leistung wegen Unmöglichkeit gemäß § 275 I bis III BGB nicht zu erbringen hat. Hier wäre ggf. § 275 III BGB anwendbar. Die erste Voraussetzung passt, da der Schuldner – hier die Künstlerin – die Leistung persönlich zu erbringen hat. Die Frage ist, ob ihr die Leistung nicht zugemutet werden kann und sie diese daher verweigern darf. Hier stellt sich nun die Frage, welche Störungen ein Künstler hinnehmen muss und wo die Grenzen der Zumutbarkeit liegen. Ein Künstler kann sicher nicht erwarten, dass ihm die ungeteilte Aufmerksamkeit aller Besucher zuteil wird. Unaufmerksamkeit, Apathie, Rascheln, Hüsteln, Blättern im Programmheft, Tuscheln mit Mitbesuchern müssen in gewissem Umfang hingenommen werden. Hier kommt es sicher entscheidend auf den Inhalt und den Rahmen der Veranstaltung an. Bei ernsten Veranstaltungen ist vom Besucher deutlich mehr Zurückhaltung und Aufmerksamkeit zu erwarten als bei Aufführungen von U-Musik. Bei Großveranstaltungen muss ebenfalls wesentlich mehr an Störungen akzeptiert werden als bei kleineren Veranstaltungen mit intimerem Charakter. Bei Theaterbesuchen und Konzerten mit ernster Musik lässt sich wohl sagen, dass sich für den Besucher folgende Verhaltenspflichten ergeben: Er hat den Anordnungen des Personals Folge zu leisten, Gebots- und Verbotshinweise (z.B. keine Fotos; keine Mitschnitte) zu beachten, das Handy auszuschalten und Störungen wie lautes Unterhalten und Zwischenrufe während der Veranstaltung zu unterlassen.[79] Verstöße gegen diese Pflichten können nach vorheriger Abmahnung zum Ausschluss von der Veranstaltung führen. Misst man das Verhalten des Besuchers vorliegend an diesen Maßstäben, so reichen das Rascheln im Programmheft, Gähnen oder an die Decke Stieren für sich genommen nicht für einen Ausschluss aus. Anders werden länger anhaltende störende Schnarchgeräusche zu werten sein. Diese empfindlichen Störungen überschreiten das Maß des Zumutbaren, besonders nach den vorausgegangenen Ereignissen im vorliegenden Fall.

Da das Leistungsinteresse des Gläubigers (Besuchers) hier offensichtlich auf Null geschrumpft war, wird man unter Abwägung der beiderseitigen Interessen die Leistungs-

---

79 *Funke/Müller* Rn. 251.

erbringung durch die veranstaltende Künstlerin als unzumutbar einstufen können. Sie konnte daher zu Recht ihre Leistung gegenüber dem Besucher verweigern (§ 275 III BGB).

Die Folge wäre in der Regel, dass der Besucher von seiner Gegenleistungspflicht frei wäre und das gezahlte Eintrittsgeld zurückverlangen könnte (§ 326 I und IV BGB).

Dies gilt hier jedoch nicht, weil der Besucher als Gläubiger für die Umstände, die das Leistungsverweigerungsrecht der Künstlerin begründen, allein verantwortlich ist. Ein Rückzahlungsanspruch scheitert daher an § 326 II BGB.

Würde man keine Unmöglichkeit, sondern eine Leistungsverweigerung der Künstlerin nach § 323 I und II Nr. 1 BGB annehmen, würde ein Rücktritt des Besuchers dennoch aus den gleichen Gründen scheitern. Er wäre für die Umstände, die ihn an sich zum Rücktritt berechtigten, allein verantwortlich und könnte daher nach § 323 VI BGB keinen Rücktritt vom Vertrag erklären.

Im Ergebnis bedeutet das: In keinem Fall kommt eine Rückzahlung des Eintrittsgeldes in Frage.

Fall 14: »Wer zu spät kommt, den bestraft das Leben«

Eine Gruppe von Theaterinteressierten trifft sich vor Beginn der Vorstellung zu einem gemütlichen Beisammensein. Über einem guten Wein vergessen die Freunde die Zeit und verspäten sich. Als sie im Theater ankommen, hat die Vorstellung schon begonnen. Das Personal verweigert den Einlass in den Theatersaal, da die Vorstellung schon zwanzig Minuten läuft. Die Gruppe muss bis zum zweiten Akt warten und verlangt deshalb einen Teil ihres Eintrittsgeldes zurück.

Der Anspruch auf Rückzahlung eines Teils des Eintrittsgeldes könnte sich möglicherweise aus §§ 326 I, IV, 346 BGB unter dem Gesichtspunkt ergeben, dass es den Besuchern unmöglich war, den ersten Akt der Vorstellung mitzuerleben. Sie könnten wegen dieser nicht erbrachten Teilleistung daher evtl. anteilige Rückzahlungsansprüche haben, die sich am Umfang des versäumten Teils zu dem ganzen Programm orientieren müssten. Das würde bei einer Gesamtlänge von 180 Minuten Spielzeit und einer Länge von 45 Minuten für den versäumten ersten Akt bedeuten, dass ein Viertel des Eintrittsgeldes u. U. rückzuerstatten wäre.

Eine solche Betrachtung lässt jedoch unberücksichtigt, dass sich die verspäteten Besucher den Ausfall des ersten Aktes, der unwiederbringlich für sie vorbei war und ihnen wegen Zeitablaufs unmöglich noch einmal geleistet werden konnte, selbst zuschreiben lassen müssen. Die Unmöglichkeit der Leistungserbringung ihnen gegenüber trat nämlich ein, als sie sich selbst in Annahmeverzug mit der Leistung befanden. In einem solchen Fall bleibt der Anspruch auf die Gegenleistung bestehen und es können keine Rückforderungsansprüche geltend gemacht werden, § 326 II BGB.

Die von dem Veranstalter zugesagte Leistung war die Durchführung der betreffenden Oper und das Bereitstellen eines Sitzplatzes der gebuchten Kategorie. Dabei handelt es sich um einen gemischten Vertrag mit Elementen des Werk- und Mietvertrages, bei dem aber die werkvertraglichen Elemente als hervorgehobene Leistungsmerkmale überwiegen. Der Veranstalter war verpflichtet, die Veranstaltung zur zugesagten Zeit beginnen zu lassen. Dem hat er hier entsprochen. Umgekehrt waren die Besucher gehalten, das dargebotene Werk zu diesem Zeitpunkt entgegenzunehmen. Das ist jedoch nicht geschehen. Damit gerieten die verspäteten Besucher mit Vorstellungsbeginn in Annahmeverzug, da sie die ihnen tatsächlich dargebotene Leistung nicht angenommen haben, §§ 293, 294 BGB. Man könnte nun argumentieren, der Annahmeverzug sei mit dem verspäteten Erscheinen (also 20 Minuten nach Beginn der Vorstellung) beendet gewesen und der Eintritt zu der Veranstaltung sei jetzt möglich gewesen. Dies berücksichtigt jedoch nicht genügend, dass die Veranstaltung durch den Eintritt während der laufenden Veranstaltung erheblich gestört worden wäre. Die Verweigerung der Zulassung kann dann auch nicht als schuldhafte Pflichtverletzung seitens des Veranstalters gewertet werden, so dass etwaige Schadensersatzansprüche nach §§ 281, 280 BGB von vornherein scheitern. Durch den Eintritt der Gruppe wäre nämlich erhebliche Unruhe entstanden, die den Ablauf der Veranstaltung und den ungestörten Genuss der übrigen Zuschauer beeinträchtigt hätte. Es war daher gerechtfertigt, den Nachzüglern den Zutritt erst zum nächsten Akt zu gestatten. Für diese Umstände sind sie und nicht der Veranstalter verantwortlich, so dass sie sich auch die Wartezeit mit der für sie unmöglichen Teilnahme selbst zuzuschreiben haben. Selbst wenn man also den Annahmeverzug mit dem verspäteten Erscheinen für beendet hielte, wären sie für die fortwirkende Unmöglichkeit der Teilnahme selbst ganz überwiegend verantwortlich, so dass Rückforderungsansprüche an § 326 II 1, 2. Alternative BGB scheitern würden.

Ergebnis:
Die Besucher haben keinen Anspruch auf Rückerstattung des Eintrittsgeldes.

Zu dem gleichen Ergebnis ist seinerzeit auch das Amtsgericht Hamburg im Fall des verspäteten Erscheinens eines Besuchers zu dem Musical »Phantom der Oper« gekommen[80]. Der Besucher verlangte wegen 25 Minuten Wartens bis zum Einlass ein Drittel des gezahlten Eintrittsgeldes zurück und wurde dahingehend beschieden:

»Wer zu einer Theateraufführung 10 Minuten zu spät kommt und vom Personal erst zu einem passend erscheinenden Zeitpunkt 35 Minuten nach Beginn der Vorstellung eingelassen wird, hat keinen Anspruch auf teilweise Rückzahlung des Eintrittsgeldes.« Das Amtsgericht wies daher die Klage, für die es seinerzeit keine eigentliche Anspruchsgrundlage finden konnte, u.a. mit dem Hinweis darauf ab: »Wer zu spät kommt, den bestraft das Leben.« Dem ist auch heute aus den genannten Rechtsgründen voll zuzustimmen.

2.1.2 Risikosphäre des Veranstalters

Hauptrisiken aus dem Verantwortungsbereich des Veranstalters sind Verspätungen, Ausfälle oder Abbruch der Veranstaltung, schlechte Leistungen und Schädigungen der Besucher.

Fall 15: Open Air mit Verzögerung

Ein Konzertbesucher verlässt ermüdet um 22.30 Uhr eine Open-Air-Veranstaltung, welche von 17.00 – 22.00 Uhr angesetzt war, jedoch aufgrund von Schwierigkeiten im Bühnenaufbau tatsächlich erst mit viereinhalb Stunden Verspätung begann. Um 19.30 Uhr hatte der Besucher bereits vergeblich versucht, vom Konzertveranstalter das Eintrittsgeld in Höhe von 45 € zurückzufordern.

---

80   AG Hamburg MDR 1994, 665.

Das AG Passau hatte in seiner Entscheidung vom 12.2.1993 [81] dem Besucher grundsätzlich einen Rückzahlungsanspruch wegen verspäteter Werkherstellung (§ 636 a. F. BGB) zugebilligt. Nach Wegfall dieser Vorschrift aufgrund des Schuldrechtsmodernisierungsgesetzes kommt als Anspruchsgrundlage nunmehr der neu gefasste § 323 BGB in Betracht, der ein Rücktrittsrecht bei Nichterbringung einer fälligen Leistung unter bestimmten weiteren Voraussetzungen vorsieht. Dann müsste der Veranstalter nach § 346 BGB das Eintrittsgeld zurückzahlen.

Der Konzertveranstalter hatte hier aufgrund des mit dem Konzertbesucher abgeschlossenen Werkvertrages für einen termingerechten Beginn und programmgemäßen Ablauf der Veranstaltung Sorge zu tragen. Das bedeutet, dass die Veranstaltung grundsätzlich zur angekündigten Zeit beginnen muss, wobei allerdings je nach Eigenart der Veranstaltung gewisse zeitliche Zugeständnisse zu machen sind. Bei Konzertveranstaltungen erscheinen kleinere Verzögerungen im üblichen Rahmen durchaus angemessen[82]. Dabei ist auf die Umstände des Einzelfalls abzustellen. Hier handelte es sich um ein Open-Air-Konzert, für das eigens eine Bühne aufgebaut werden musste. Die hierbei möglichen Schwierigkeiten rechtfertigen jedoch in keinem Fall eine Verzögerung von viereinhalb Stunden. Es gehörte zu den veranstaltereigenen Vertragspflichten, diesen Aufbau so rechtzeitig vorzunehmen, dass die Veranstaltung pünktlich beginnen konnte.

Die regelmäßig erforderliche Fristsetzung zur Leistungserbringung war hier nach § 323 II Nr. 2 BGB entbehrlich, da die Leistung zu einem vertraglich bestimmten Termin (angekündigter Beginn: 17.00 Uhr) zu erfolgen hatte und das Leistungsinteresse der Besucher selbstverständlich an die Einhaltung des angekündigten Veranstaltungsbeginns gebunden war.

Da bei einer viereinhalbstündigen Verspätung (tatsächlicher Beginn: 21.30 Uhr) auch keineswegs von einer unerheblichen Pflichtverletzung gesprochen werden kann (vgl. § 323 V 2 BGB), war der Besucher zum Rücktritt vom Vertrag berechtigt.

Das AG Passau zog dem Besucher allerdings ein Fünftel (im Beispielfall entspräche dies 9 €) mit der Begründung ab, dass er immerhin eine Stunde an dem Konzert teilgenommen habe und sich insoweit die geleisteten Dienste zurechnen lassen müsse (§ 346 S. 2 BGB a. F.). Dieses vermag aber aufgrund der gravierenden Verspätung und der hinzukommenden Beeinträchtigungen wie auftretende Verärgerung und Kälte nicht zu überzeugen. An der solchermaßen erbrachten (Teil-) Leistung hatte der Besucher kein Interesse (§ 323 V 1 BGB n.F.). Das wird auch daran deutlich, dass er bereits um 19.30 Uhr die Veranstaltung verlassen wollte und vergeblich vom Veranstalter Rückerstattung des Eintrittsgeldes verlangt hatte. Bei richtiger Betrachtung[83] führt dies zu folgendem

Ergebnis:
Der Besucher hat Anspruch auf Rückzahlung des vollen Eintrittsgeldes.

---

81 NJW 1993, 1473.
82 Ebenso *Funke/Müller* Rn. 264.
83 So auch *Peters* JuS 1993, 805.

Fall 16: Milvas Zusammenbruch

Die italienische Sängerin Milva erlitt am 18.2.2002 während eines Konzerts in Berlin einen Schwäche-anfall. Nachdem sie den ersten Teil ihres Konzerts absolviert hatte, brach sie wegen akuter Erschöpfung in der Konzertpause zusammen und musste ins Krankenhaus eingeliefert werden. Wahrscheinlicher Grund war, dass sie seit dem Morgen nichts mehr zu sich genommen hatte und sich bis zur Pause voll verausgabt hatte. Einige empörte Fans verlangten darauf vom Veranstalter die Hälfte ihres Eintrittsgel-des zurück, weil ihnen nur die Hälfte des Konzerts geboten worden sei.

Die Fans könnten gegenüber dem Veranstalter einen entsprechenden Anspruch evtl. aus §§ 326 I, IV, 346 BGB haben. Dazu müssten folgende Voraussetzungen vorliegen:

1. Vorliegen eines gegenseitigen Vertrages

Dies trifft zu, da die Besucher mit Lösen der Eintrittskarte einen Werkvertrag (§ 631 BGB) mit dem Veranstalter auf Durchführung des Konzerts »Best of Milva« geschlossen haben.

2. Ausschluss der Leistungspflicht gemäß § 275 I-III BGB

Dem Veranstalter ist die Durchführung der Veranstaltung, soweit es sich um den zwei-ten Teil des Konzerts handelt, unmöglich. Die Sängerin musste sich wegen akuter ge-sundheitlicher Probleme ins Krankenhaus begeben; ein Auftritt nach der Konzertpau-se war aus diesem Grunde nicht möglich. Der Veranstalter war demzufolge nicht in der Lage, das versprochene Programm weiter darzubieten. Da es sich allerdings um eine für sich genommen abgeschlossene Teildarbietung handelte, liegt nur eine teilweise Unmöglichkeit vor, so dass nach §§ 326 I, 441 III BGB der Anspruch auf die Gegen-leistung nicht voll entfällt, sondern sich auf die Hälfte reduziert.

Ergebnis:

Die Fans können ihre bereits erbrachte Gegenleistung – also die Hälfte des Eintritts-geldes – nach §§ 326 I, IV, 441 III, 346 BGB zu Recht zurückfordern.

Anzumerken ist, dass selbstverständlich auch der Veranstalter von Milva die Hälfte der Gage aus dem gleichen Grund zurückverlangen könnte. Darüber hinaus sind sogar Schadensersatzansprüche nach §§ 283, 280 BGB vorstellbar, da die Unmöglichkeit des Auftritts nach Lage der Dinge auf eine schuldhafte Pflichtverletzung von M zurück-zuführen ist. Die Pflichtverletzung (im objektiven Sinn) ist darin zu sehen, dass es M unmöglich war, das vertraglich vereinbarte Konzert in vollem Umfang zu absolvie-ren. Diese Pflichtverletzung ist von ihr subjektiv zu vertreten. Sie hätte sich vor einem derartig anstrengenden Konzertabend, bei dem sie sich voll verausgabte, körperlich soweit stärken müssen, dass sie einen kompletten Abend konditionell durchstehen konnte. Die fehlende Stärkung ist daher als Fahrlässigkeit zu werten. Ob es entlastende Gründe gab, die die Pflichtverletzung entschuldigen könnten (z.B. andere nicht zu ver-tretende Gesundheitsprobleme), wurde in den Medien nicht erwähnt. Bleibt unklar, worauf der Kollaps zurückzuführen war, geht dies zu Lasten von M, da nach § 280 I 2 BGB ein Verschulden grundsätzlich vermutet wird. Der Veranstalter könnte daher von ihr nach § 283 BGB Schadensersatz statt der Leistung bzgl. des nicht erbrachten 2. Teils des Konzertabends beanspruchen.

> **Fall 17: Pannen beim Auftritt des Megastars**
>
> Im Sommer 2002 veranstaltete der Betreiber eines größeren überdachten Stadions mit einem Fassungsvermögen von 10 000 Personen ein Popkonzert mit einer international bekannten Sängerin und bot Karten zum Preise von 40, 50, 60 und 75 € an. Einem Besucher, der telefonisch eine Karte der zweitbesten Kategorie gebucht hatte, wurde ein Platz in der obersten Reihe seitlich von der Bühne angewiesen, von wo aus er die Akteure nur von der Seite sehen konnte. Seiner Bitte, einen anderen Platz zu erhalten, wurde nicht entsprochen. Zusätzlich traten folgende Probleme auf:
>
> Auf Grund der sommerlichen Temperaturen herrschten saunaartige Verhältnisse; Ventilation oder Klimatisierung waren nicht vorhanden. Die Akustik war so, dass der Gesang nur verschwommen ankam, Ansagen nicht zu hören waren und die Lautstärke oben nur gering war.
>
> Der Auftritt war nach einer Stunde bereits zu Ende.
>
> Der Megastar war nicht bei Stimme. Die von den CDs bekannten Songs kamen verfremdet an, da die bekannt hohen Partien um einige Töne tiefer gesungen wurden und stattdessen von der Background-Sängerin übernommen wurden.
>
> Der enttäuschte Besucher verlangt nun vom Veranstalter die Hälfte des Eintrittsgeldes, also 30 € zurück. Zu Recht?

Dieser Fall betrifft das Thema von Mängeln einer Veranstaltung und ihre rechtlichen Folgen. Da es sich bei dem gebuchten Konzert um das aktuelle Programm der Tournee handelte, wird man den Besuchervertrag als Werkvertrag mit mietrechtlichem Einschlag einstufen können. Je nach Art der geschilderten Widrigkeiten kommen Mietmängel und Werkmängel in Betracht. Schlechte Sicht, schlechte Akustik und Raumklima sind von der Art des gemieteten Sitzplatzes abhängig, beurteilen sich daher nach Mietrecht. Länge und Qualität des Programms sind Fragen, die das Werk als solches betreffen, und sind daher nach Werkvertragsrecht zu bewerten.[84]

1. Mietmängel

Bei Mietmängeln kann der Mieter nach § 536 I BGB Mietminderung beanspruchen.

Hier könnte es sich um Mängel handeln, die die Tauglichkeit der Mietsache zu dem vertragsgemäßen Gebrauch mindern. Bei einem Sitzplatz der zweitbesten Kategorie ist zu erwarten, dass eine **gute Sicht** auf die Bühne möglich ist. Die Zuweisung eines Sitzplatzes in der obersten Reihe, von wo aus dann nur ein seitlicher statt frontaler Blick auf die Bühne ermöglicht wird, muss unter diesen Umständen als Mangel angesehen werden. Dieser Mangel war dem Mieter bei Buchung am Telefon nicht offenbart worden, so dass eine Kenntnis vom Mangel nach § 536 b BGB ausscheidet. Auch eine nachträgliche Billigung kommt nicht in Betracht, da der Besucher ausdrücklich protestiert und einen anderen Platz verlangt hat.

Das Raumklima kann ggf. auch als Mangel eingestuft werden. Sicher müssen im Sommer auch hohe Temperaturen akzeptiert werden, aber saunaartige Temperaturen aufgrund fehlender Ventilation oder Klimatisierung überschreiten das Maß des Erträglichen. Wer ein überdachtes Stadion als Veranstaltungsstätte anbietet, muss m.E. dafür Sorge tragen, dass entweder das Dach geöffnet werden kann oder eine andere Art der Ventilation oder Klimatisierung stattfindet, die einen Aufenthalt erträglich macht. Dauerhaft Temperaturen von weit über 40 Grad ausgesetzt zu sein, wie das hier der Fall war, stellt sich danach bei einem Konzertbesuch als Sachmangel dar, der den vorgese-

---

84 Ebenso im Sinne einer Aufspaltung nach Art der spezifischen Pflichten AG Herne NJW 1998, 3651 mit eingehender Besprechung durch *Roth* JuS 1999, 220.

henen Gebrauch deutlich einschränkt. Generell meine ich, dass bei überdachten Stadien die Temperaturen im Schnitt nicht höher als maximal 35 Grad betragen dürfen.

Die Akustik des betreffenden Sitzplatzes muss den Verhältnissen entsprechen, die bei einer Räumlichkeit der vorgesehenen Art und der gewählten Preiskategorie normalerweise erwartet werden können. Bei einem Stadion kann dementsprechend nicht eine Akustik wie in einem Konzertsaal als Maßstab zugrunde gelegt werden. Andererseits werden bei einem Popkonzert Verstärkeranlagen eingesetzt, die nach heutigem Standard eine hohe Qualität der Tonwiedergabe ermöglichen. Diese müssen dann so ausgelegt werden, dass bei einem Sitzplatz der zweitbesten Kategorie eine einwandfreie Akustik herrscht. Ist die Lautstärke zu gering (oder zu hoch), sind Ansagen nicht zu hören, ist der Gesang nicht klar, sondern nur verschwommen zu hören, handelt es sich bei einer Konzertdarbietung daher um Mängel, die die Tauglichkeit der Mietsache einschränken.

Ergebnis:
Die schlechte Sicht auf die Bühne, das unerträgliche Raumklima und die schlechten akustischen Verhältnisse stellen sämtlich negative Abweichungen von der Sollbeschaffenheit eines Sitzplatzes der gehobenen Preiskategorie dar, die m.E. nach § 536 BGB eine Mietminderung im Umfang von einem Viertel rechtfertigen.

2. Werkmängel
Die Kürze der Darbietung und die Indisposition des Megastars könnten programmbezogene Mängel, d.h. Mängel der Werkleistung sein, die dem Besucher nach §§ 634 Nr. 3, 638 BGB ein Recht auf Minderung der Vergütung geben könnten.

Ein Sachmangel liegt bei einem Werkvertrag nach § 633 BGB vor, wenn das Werk nicht von der vereinbarten Beschaffenheit ist oder es sich nicht für die nach dem Vertrag vorausgesetzte Beschaffenheit oder die gewöhnliche Verwendung eignet.

Die Dauer des Programms kann unter Umständen einen Werkmangel begründen. Dabei ist zu berücksichtigen, dass eine bestimmte Länge bei Konzerten üblicherweise mit den Besuchern nicht vereinbart wird. Sie ergibt sich aus der Eigenart des betreffenden Programms, so wie es angekündigt und beworben ist. Bei sinfonischen Konzerten gelten sicher andere Maßstäbe als bei Popkonzerten. Ein abendfüllendes Programm setzt m.E. unter Berücksichtigung des erheblichen Eintrittspreises jedoch bei einem Popkonzert mindestens eine Programmlänge von 90 Minuten voraus, die der Besteller üblicherweise nach der Art des Werks erwarten kann. Eine Darbietung von nur einer Stunde Dauer bei dem Auftritt eines teuer zu bezahlenden Popstars bleibt unter diesem fairerweise zu erwartenden Rahmen und muss deshalb als Werkmangel eingestuft werden.

Die Qualität des Programms wird dagegen nur in seltenen Fällen juristisch als Werkmangel eingestuft werden können. Denkbar wäre dies bei eklatanten Abweichungen von dem angekündigten Programm, so wenn statt der Life-Band nur ein Play-back erklingen würde. Eine individuelle Indisposition muss dagegen bei einem Life-Auftritt eines Popstars regelmäßig hingenommen werden. Es gehört sicher auch zur künstlerischen Freiheit, Passagen anders als auf der betr. CD zu singen.

Ergebnis:
Die Kürze des Programms rechtfertigt eine Minderung. Eine vorhergehende Fristsetzung scheidet nach § 323 II Nr. 3 BGB wegen der besonderen Umstände der Ver-

anstaltung aus: Der Konzertbesucher hat keine zumutbare Möglichkeit, von dem Veranstalter eine Verlängerung des Konzerts zu erwirken. Bei der Bemessung des Minderungsbetrages erscheint eine Kürzung von 25% m.E. durchaus angemessen. Nimmt man die Mietmängel hinzu, so ist eine Gesamtrückforderung von 50% des Eintrittsgeldes aus meiner Sicht gerechtfertigt. Das bedeutet, dass der Besucher insgesamt 30 € des von ihm gezahlten Eintrittsgeldes zurückverlangen könnte.

> **Fall 18: Hörsturz beim Heavy-Metal-Konzert**
>
> Ein jugendlicher Konzertbesucher von 15 Jahren trägt nach der Teilnahme an einem Heavy-Metal-Konzert einen Hörschaden davon.

1. Der Veranstalter eines Konzertes hat bei der Durchführung Verkehrssicherungspflichten zu übernehmen. Werden diese widerrechtlich und schuldhaft von ihm verletzt, kann er zu Schadensersatzleistungen und insbesondere zur Zahlung eines Schmerzensgeldes verpflichtet sein (§§ 823, 253 BGB). Bei einer Musikveranstaltung mit großer Lautstärke betreffen die Verkehrssicherungspflichten insbesondere die Auswahl des geeigneten Veranstaltungsortes und seine technische Ausstattung sowie die Begrenzung oder Messung der Lautstärke.

Begehrt ein Konzertbesucher Schadensersatz, besonders Schmerzensgeld aufgrund eines erlittenen Hörschadens, muss er allerdings dem Veranstalter nachweisen, dass dieser seiner Verkehrssicherungspflicht nicht nachgekommen ist und der Hörschaden auf der Verletzung der Verkehrssicherungspflicht beruht.[85] Eine Beweiserleichterung aufgrund Anscheinsbeweis wird von den Instanzgerichten zumeist abgelehnt. Wenn bei einem Besucher z.B. nach einem Konzert Tinnitus-Beschwerden aufgetreten sind, beweist das nach Meinung einiger Gerichte nicht prima-facie, dass die Ursache durch das Konzert gesetzt wurde und zu hohe Lautstärken vorlagen. Zumeist wird darauf verwiesen, dass auch andere Ursachen, wie etwa eine besondere Stressbelastung, in Betracht kommen und es für einen Anscheinsbeweis an einer monokausalen Verursachung fehle.[86]

---

85 Ein 17-jähriges Mädchen hatte mit ihrer Klage auf Schmerzensgeld zunächst keinen Erfolg, da ihr dieser Beweis nicht gelang. Sie besuchte ein Rockkonzert in einem Musikzelt und erlitt einen Hörschaden. Das OLG Karlsruhe (19 U 93/99), JZ 2000, 789 hielt den Beweis für nicht erbracht. Das Urteil ist inzwischen vom BGH durch Urteil vom 13.3.2001 (NJW 2001, 2019) aufgehoben worden.

86 So z.B. Urt. des AG Osnabrück v. 1.10.1997 – 15 C 317/97 –, das die Klage einer Konzertbesucherin auf Schmerzensgeld gegen einen Konzertveranstalter wegen eines unmittelbar nach dem Konzert erlittenen Hörsturzes mit den folgenden, wenig überzeugenden Argumenten abweist: »Es fehlt bereits an ausreichend substantiiertem und unter Beweis gestellten Vortrag der Klägerin über die bei dem Konzert aufgetretenen Frequenzen und Lautstärken. Das Gericht ist sich bewusst, dass entsprechende Informationen für die Klägerin schwer zugänglich sind. Letzten Endes beruht aber das Vorbringen der Klägerin nur auf der Schlussfolgerung, dass bei ihr nach dem Konzert Tinnitus-Beschwerden aufgetreten seien und deshalb die Ursache ihrer Beschwerden durch das Konzert gesetzt worden sein müsse. Ein Beweis für zu hohe Lautstärken bedeutet dies freilich nicht. Es ist gerichtsbekannt, dass Tinnitus-Beschwerden nicht nur durch hohe Lautstärken verursacht werden, sondern auch andere Ursachen wie beispielsweise eine Stressbelastung in Betracht kommen. Insoweit greift zu Gunsten der Klägerin auch kein Anscheinsbeweis, da es gerade bei Tinnitus-Beschwerden an einer monokausalen Verursachung fehlt. Dies zeigt sich auch daran, dass nicht bei allen Besuchern des Konzertes, sondern nur bei einzelnen Konzertbesuchern Beschwerden aufgetreten sein sollen.«

Das überzeugt nicht sonderlich. Wer als junger Mensch gesund und munter in ein Konzert geht und dann mit einem Hörsturz zurückkehrt, hat diesen mit großer Wahrscheinlichkeit aufgrund der Lautstärke erlitten. Nur eine solche Betrachtung ermöglicht einen hinreichenden Rechtsschutz; denn sonst wird dem Besucher, dem regelmäßig weder Messgeräte noch sachverständige Zeugen zur Verfügung stehen, jede Chance einer Rechtsverfolgung genommen.[87]

Der BGH hat jetzt in einer grundlegenden Entscheidung[88] die Pflicht des Konzertveranstalters betont, Konzertbesucher vor Gehörschäden durch übermäßige Lautstärke der dargebotenen Musik zu schützen. Eine Verletzung dieser Verkehrssicherungspflicht komme nicht erst, wie das OLG Karlsruhe als Vorinstanz entschieden hatte,[89] in Betracht, wenn ein übermäßiger Schalldruck **festgestellt** werden könne. Die Verkehrssicherungspflichten des Veranstalters zum Schutz der Besucher vor Schädigungen umfassten auch Maßnahmen, die geeignet seien, »eine gesundheitsgefährliche Lautstärke der Musik **aufzuzeigen**«.[90] Dazu könnten ggf. fortdauernde Schallmessungen gehören, wie sie etwa in der DIN-Norm 15 905 Teil 5 betreffend die »Tontechnik in Theatern und Mehrzweckhallen« vorgeschrieben seien, sowie die Aufzeichnung oder Anzeige dieser Messungen. Diese DIN-Norm mit dem Untertitel »Maßnahmen zum Vermeiden einer Gehörgefährdung des Publikums durch hohe Schalldruckpegel bei Lautsprecherwiedergabe« beinhalte eine Dokumentationspflicht, könnte aber ggf. auch weitergehend dahin zu verstehen sein, dass die Messung des Beurteilungspegels den Veranstalter in die Lage versetzen solle, die »zum Vermeiden einer Gehörgefährdung entsprechenden Maßnahmen zu ergreifen«. Diese DIN-Norm könnte sich – wie der BGH erwägt, aber nicht abschließend beurteilt – als eine technische Regel erweisen, die eine (auch fortlaufende) Messung des Beurteilungspegels vorsieht, um ein als gesundheitsgefährdend angesehenes Überschreiten des Grenzwerts für den Schalldruck möglichst zu vermeiden. »Sie umfasste bei einem solchen Verständnis die Pflicht des Musikveranstalters, durch Lärmpegelmessungen in näher bezeichneter Weise sowie durch deren Aufzeichnung oder Anzeige eine rechtzeitige Herabsetzung des Schalldruckpegels zu ermöglichen und so das in seiner Macht Stehende zum Schutz der Konzertbesu-

---

87 Erfreulich ist eine neuere Entscheidung des OLG Köln vom 13.9.2001 (AZ: 5 U 1324/00): Danach wurde einem 13-jährigen Mädchen, das ein Popkonzert besucht hatte, ein Schmerzensgeld-Anspruch zuerkannt. Hier betrug der Abstand zur Bühne weniger als 2 Meter und der Schallpegel bis zu 104 dB (A). Nach dem Konzert traten bei dem Mädchen Ohrenprobleme auf. Der von ihr aufgesuchte Arzt diagnostizierte eine »hochgradige lärmtraumatische Innenohrschädigung mit Tinnitus beidseits« und eine »Schwindelsymptomatik«, die eine längere auch stationäre Behandlung zur Folge hatte. Die Richter stellten fest: Gesundheitsgefahren hätten auch dann bestanden, wenn über die gesamte Konzertdauer hinweg ein mittlerer Pegel von 90 dB (A) gegeben gewesen wäre. Sie hatten keinen Zweifel daran, dass die Klägerin gesundheitsgefährdenden und damit verkehrssicherungspflichtwidrigen Schalleinflüssen ausgesetzt war. Andere Schadensursachen seien auszuschließen. Es könne ihr auch nicht zum Vorwurf gemacht werden, sich in die unmittelbare Nähe einer Lautsprecherbox begeben zu haben. Sie habe sich, wie auch die anderen Besucher, darauf verlassen können, dass das Konzert keine Gefahren für sie mit sich bringen werde, und zwar unabhängig von dem Platz, den der einzelne Besucher eingenommen habe. Das OLG Köln verurteilte den Veranstalter des Popkonzertes auf Schadensersatz und Schmerzensgeld in Höhe von 9.000,– DM (~ 4.500,– €). Weitere Rechtsprechung bei PWW/*Schaub* § 823 Rn. 157.

88 NJW 2001, 2019.

89 JZ 2000, 789.

90 NJW 2001, 2020.

cher vor Gehörschäden … wahrzunehmen«.[91] Der BGH betont in diesem Zusammenhang, dass der Beklagte seiner Verkehrssicherungspflicht nicht nachgekommen sei, wenn er nur gelegentliche Messungen mit einem Handmessgerät statt in der von der technischen Regel vorgesehenen Weise habe durchführen lassen. Die Vorinstanz habe allerdings in tatsächlicher Hinsicht zu überprüfen, welchem Zweck die in der DIN-Norm vorgesehene Messpflicht diene und ob sie bei einem Konzert in einem Zelt zu beachten sei. Wenn ein Verstoß gegen eine aus der DIN-Norm abzuleitende Verkehrssicherungspflicht in Betracht käme, so könnte durchaus ein Beweis des ersten Anscheins dafür sprechen, dass Schädigungen in örtlichem und zeitlichem Zusammenhang mit der Verletzung der Verkehrssicherungspflicht durch den Pflichtenverstoß verursacht seien. Dem Veranstalter bliebe dann die Erschütterung des Anscheinsbeweises vorbehalten. Er könnte insbesondere dartun, dass die Schäden nicht auf die Verletzung der DIN-Norm zurückzuführen seien. Der BGH weist noch besonders darauf hin, dass der Umfang der Verkehrssicherungspflicht nicht allein durch DIN-Normen bestimmt werde. Wie jeder, der eine Gefahrenquelle eröffne, habe der Veranstalter einer Musikdarbietung grundsätzlich **selbständig** zu prüfen, ob und welche Sicherungsmaßnahmen zur Vermeidung von Schädigungen der Zuhörer notwendig seien; er habe ungeachtet etwaiger gesetzlicher oder anderer Anordnungen, Unfallverhütungsvorschriften oder technischer Regeln wie DIN-Normen **eigenverantwortlich** die erforderlichen Maßnahmen zu treffen; denn derartige Bestimmungen enthielten im Allgemeinen keine abschließenden Verhaltensanforderungen gegenüber den Schutzgütern. Damit hat der BGH erfreulicherweise die Rechtsposition des Besuchers erheblich gestärkt, indem er die Verkehrssicherungspflichten des Veranstalters ausgedehnt hat. Der Umfang dieser Pflichten bestimmt sich zum einen nach den einschlägigen Vorgaben insbesondere in DIN-Normen, zum anderen jedoch nach den eigenverantwortlich zu beurteilenden Notwendigkeiten im Einzelfall.

Soweit die Frage der Verkehrssicherungspflichten und ihrer Be- bzw. Missachtung im hier geschilderten Fall zu beantworten ist, kommt es auf die Umstände im Einzelnen an. So gehen bei einem Heavy-Metal-Konzert bekanntermaßen aufgrund der »übermäßigen« Lautstärke erhebliche Gefahren für den Hörsinn der Zuhörer aus. Hieraus resultieren erhöhte Anforderungen an die Erfüllung der Verkehrssicherungspflicht.

Das LG Trier[92] gestand in dem konkreten Fall dem jugendlichen Besucher des Heavy-Metal-Konzertes Schmerzensgeld und materiellen Schadensersatz zu, da der Veranstalter nach Meinung des Gerichts seine Verkehrssicherungspflicht schuldhaft verletzt hatte. Insbesondere waren keine Vorkehrungen gegen eine mögliche Überschreitung von Lärmgrenzwerten getroffen worden. Im Gegenteil, es wurde vom Veranstalter besonders hervorgehoben, dass Lärmgrenzwerte – wie bei Heavy-Metal üblich – wahrscheinlich überschritten worden seien. Außerdem war der Veranstaltungsort – ein Kellergewölbe – denkbar ungeeignet für eine Veranstaltung dieser Art.

2. Ein Mitverschulden des Geschädigten am Zustandekommen des Hörschadens ist allerdings gemäß § 254 I BGB ggf. mit zu berücksichtigen. Es liegt vor, wenn der

---

91 NJW 2001, 2020.
92 Urt. v. 29.10.1992, NJW 1993, 1474.

Geschädigte die ihm in eigenen Angelegenheiten obliegende Sorgfalt verletzt hat. Die Schädigung muss dementsprechend vorhersehbar und vermeidbar gewesen sein.[93] Bei dem erwähnten Heavy-Metal-Konzert begab sich der Geschädigte auf die Bühne zwischen die Boxen. Somit hatte er sich erkennbar einer höheren Gefahr ausgesetzt, da bekanntlich nahe den Boxen die Belastung des Hörsinns nochmals verstärkt wird. Dies muss auch ihm erkennbar gewesen sein. Trotz seines jugendlichen Alters von fünfzehn Jahren nahm das Gericht an, dass er die erforderliche Reife besaß, sich nicht von der angeheizten Stimmung mitreißen zu lassen und sich nicht leichtsinnig der erhöhten Gefahr in der Nähe von Boxen auszusetzen. Hier war daher grundsätzlich ein Mitverschulden anzunehmen.[94]

Der Umfang der Ersatzpflicht ist durch Abwägung der Umstände des Einzelfalles zu bestimmen. Im vorliegenden Fall wog die Pflichtverletzung des Veranstalters, der über besondere fachliche Erfahrungen verfügte, gegenüber dem gefahrerhöhenden Verhalten des Jugendlichen nach Ansicht des Gerichts deutlich schwerer. Der Veranstalter musste für 4/5 und der Zuhörer für 1/5 des Schadens aufkommen.

3. Es stellte sich weiter die Frage, ob die Haftung wegen eines Aufdrucks auf der Eintrittskarte entfiel, wo es hieß: »Keine Haftung für Sach- und Körperschäden.« Dies ist schon aus formalen Gründen abzulehnen, weil die Klausel erst nach Vertragsschluss eingeführt wurde und damit nicht wirksam in den Vertrag einbezogen wurde (§ 305 II BGB). Darüber hinaus ist sie inhaltlich bedenklich. Die Haftung für Körper- und Gesundheitsschäden kann heute formularmäßig nicht mehr ausgeschlossen werden. Durch das Gesetz zur Modernisierung des Schuldrechts ist der Ausschluss oder die Begrenzung der Haftung für Schäden aus der Verletzung des Körpers oder der Gesundheit, die auf einer fahrlässigen Pflichtverletzung des Verwenders oder einer vorsätzlichen oder fahrlässigen Pflichtverletzung eines gesetzlichen Vertreters oder Erfüllungsgehilfen des Verwenders beruhen, als Klauselverbot in den § 309 Nr. 7 a BGB aufgenommen worden. Die genannte Klausel verstößt gegen dieses Verbot und ist somit unwirksam.

Ergebnis:

Der Veranstalter schuldet dem jugendlichen Besucher Schadensersatz in Höhe von 4/5 des Schadens. Das vom Gericht zugebilligte Schmerzensgeld wegen des Hörsturzes wurde auf 1.600,– DM (heute ca. 800,– €) festgesetzt, ein Betrag, der angesichts der Schwere der Folgen deutlich zu niedrig angesetzt ist und heute eher zwischen € 3.500 bis 4.000 liegen dürfte.[95]

Fall 19: Feuer in der Diskothek

Ein Diskotheken-Besitzer veranstaltete eine Halloween-Party. Eintrittsgeld: 30 €. Im Laufe des Abends zündeten einige Gäste bengalische Feuer an, ohne dass der Inhaber oder sein Personal dagegen einschritten. Gegen Mitternacht zündete ein Gast zwei bengalische Feuer an. Plötzlich entwickelte sich eine enorme Stichflamme, die die Deckendekoration in Brand setzte. Es kam zu einer Panik. Da alle Notausgänge durch Boxen und Büffet-Tische verstellt waren, kamen einige Gäste nicht mehr rechtzeitig durch den total verstopften Hauptausgang ins Freie und zogen sich schwere Brandverletzungen zu. Sie fragen nach ihren Ansprüchen.

---

93 Palandt/*Heinrichs* § 254 Rn. 8.
94 Anders dagegen in dem vom OLG Köln entschiedenen Fall, vgl. Fn. 87.
95 Wie die Urteile des BGH a.a.O Fn. 88 und des OLG Köln a.a.O. Fn. 87 zeigen.

Es kommen vertragliche Ansprüche aus Pflichtverletzung (§ 280 I BGB) sowie außervertragliche Ansprüche aus unerlaubter Handlung (§ 823 I BGB) gegen den Discotheken-Besitzer in Betracht.

Zu den **vertraglichen Ansprüchen**:

Schadensersatzansprüche aus § 280 I BGB setzen zunächst ein **Schuldverhältnis** voraus. Das ist anzunehmen, weil die Gäste für den Besuch der Party ein Eintrittsgeld bezahlen mussten. Das bedeutet juristisch, dass sie mit dem Veranstalter einen gegenseitigen Vertrag besonderer Art eingegangen sind, der ihnen den Eintritt und die Teilnahme an der Veranstaltung gegen Bezahlung von 30 € erlaubte.

Des Weiteren müsste eine **Pflichtverletzung** feststellbar sein. Hauptpflicht des Veranstalters war die Organisation und Durchführung der angekündigten Party. Daneben bestanden aber auch Schutzpflichten, sich bei der Abwicklung des Schuldverhältnisses so zu verhalten, dass Körper, Leben, Eigentum und sonstige Rechtsgüter des anderen Vertragsteils nicht verletzt wurden (vgl. § 241 II BGB).[96] Dieser Pflicht ist der Veranstalter insoweit nicht nachgekommen, als er nicht verhinderte, dass einige Gäste ein gefährliches Spiel mit bengalischem Feuer unternahmen, das auf keinen Fall in Innenräumen gezündet werden darf. Eine weitere – gravierende – Pflichtverletzung lag in dem Versperren von Fluchtwegen und Notausgängen mit Boxen und Tischen. Fluchtwege und Notausgänge müssen in jedem Fall offen bleiben, damit in Notsituationen ein sicheres Verlassen möglich ist. Für Versammlungsstätten mit einem Fassungsvermögen von mehr als 200 Besuchern geben die VersammlungsstättenVO der einzelnen Bundesländer näheren Aufschluss über die Führung und Beschaffenheit von Rettungswegen[97] sowie über die Beschaffenheit von Dekorationen. Danach müssen in jedem Geschoss mit Aufenthaltsräumen mindestens zwei voneinander unabhängige Rettungswege vorhanden sein, die frei zu halten sind. Die Deckenverkleidungen[98] in Versammlungsstätten müssen aus nicht brennbaren Baustoffen bestehen. Die Nichtbeachtung solcher öffentlich-rechtlicher Pflichten wäre zugleich als zivilrechtliche Pflichtverletzung gegenüber den Besuchern einzustufen, da sie aufgrund vertraglicher Nebenpflicht vor solchen sicherheitsrelevanten Gefahren bewahrt werden müssen. Der Veranstalter hat also im Ergebnis in mehrfacher Weise gegen seine Schutzpflichten verstoßen, indem er gegen das Entzünden von bengalischem Feuer nicht einschritt, gegen das Versperren von Fluchtwegen und Notausgängen nichts unternahm und brennbaren Dekorationsstoff verwendete.

Diese Pflichtverletzungen hatten insgesamt zur Folge, dass sich ein Brand entwickeln konnte und einige Besucher nicht rechtzeitig die Diskothek verlassen konnten und daher Brandverletzungen davontrugen.

Nach § 280 I BGB wird das **Verschulden** des Schuldners vermutet, so lange er nicht das Gegenteil bewiesen hat. Hier ist für eine Entlastung des Discothekenbesitzers keinerlei Anhalt gegeben, so dass von seinem Verschulden auszugehen ist.

---

96 Palandt/*Heinrichs* § 280 Rn. 28.
97 Vgl. die MVStättV 2005, Abschnitt 2, §§ 6 ff. Vgl. zur MVStättV 2002: *Güllemann/Schmidt/Erdmann* Handbuch Kultur und Recht (2004), K 2.
98 Vgl. § 5 III MVStättV.

Ergebnis:

Er muss daher den Brandopfern gemäß § 280 I BGB eine Entschädigung zahlen, die den materiellen Schaden sowie den immateriellen Schaden in Form eines Schmerzensgeldes umfasst (§ 253 BGB).

Die Betroffenen könnten darüber hinaus **außervertragliche Ansprüche** haben, die ihnen ebenfalls einen Anspruch auf Ersatz materieller Schäden und auf Schmerzensgeld geben würden.

Derartige Ansprüche gemäß § 823 I BGB setzen zunächst eine Rechtsgutverletzung voraus, die ursächlich auf dem Verhalten des Schädigers beruhte. Hier hat der Veranstalter zentrale Verkehrssicherungspflichten unbeachtet gelassen: Er hat das Abbrennen von Fackeln nicht unterbunden, die Fluchtwege nicht offen gehalten und brennbares Deko-Material verwendet. Das führte in der Summe dazu, dass es zu einem Brand kam und die Besucher nicht auf schnellstem Wege ins Freie gelangen konnten. Damit war sein Verhalten dafür ursächlich, dass eine Anzahl von Besuchern Brandverletzungen erlitt. Der Veranstalter hat also aufgrund seiner Versäumnisse Körper und Gesundheit seiner Gäste verletzt.

Dieses Verhalten war mangels Rechtfertigungsgrund rechtwidrig und wegen Nichtbeachten der Verkehrssicherungspflichten auch schuldhaft, da ihm zumindest der Vorwurf eines fahrlässigen Verhaltens zu machen ist.

Ergebnis:

Der Veranstalter haftet daher den betroffenen Besuchern ebenfalls gemäß § 823 I BGB auf Schadensersatz, der auch den immateriellen Schaden in Form eines Schmerzensgeldes umfasst.

2.2 Die Rechtsposition des Veranstalters im Verhältnis zum Darsteller

Zwischen Veranstalter und Darsteller können vielfältige Probleme auftreten, die entweder aus der Sphäre des Darstellers, des Veranstalters oder Dritter stammen. Typische Fälle aus dem Verantwortungsbereich des Darstellers sind Nichterscheinen, Verspätungen oder schlechte Darbietungen, womit dann ein Ausfall der Veranstaltung (»no show«), eine Verzögerung der Veranstaltung (»late show«) oder eine Schlechtleistung (»bad show«) verbunden sein kann. Dazu verhalten sich Fall 20 (»Der DJ kommt nicht«), Fall 21 (»Der Pianist tritt nicht auf«), Fall 22 (»Der Solist verspätet sich«) sowie Fall 23 (»Tusch mit Zeitverzögerung«). Typische Probleme aus der Veranstaltersphäre sind Nichtzahlen oder verspätetes Zahlen der Gage (Fall 24: »great show but no money«), fehlende Werbeaktivitäten (Fall 25: »keine Werbung, kein Publikum«) oder fehlende Sicherheitsmaßnahmen (Fall 26: »Die ungesicherte Künstlergarderobe«). Ein Beispiel für Probleme außerhalb der Sphäre von Veranstalter und Darsteller ist der Veranstaltungsausfall wegen terroristischer Anschläge (Fall 27: »Die Folgen des 11. September«). Dazu im Einzelnen:

2.2.1 Risikosphäre des Darstellers

Fall 20: Der DJ kommt nicht

Zwei Veranstalter planten die Durchführung einer Benefiz-Veranstaltung in einer Diskothek in Wiefelstede bei Oldenburg und engagierten dazu einen DJ aus Köln für die Nacht vom 25. auf den 26.

Dezember. Die Gage sollte laut dem zugrunde liegenden »Booking-Vertrag« 1.500 € zzgl. Mehrwertsteuer betragen, wovon die Hälfte im Voraus gezahlt wurde. In dem Vertrag hieß es dann unter Ziffer 4: »Sollte einer der Vertragspartner seinen in diesem Vertrag genannten Verpflichtungen ganz oder teilweise nicht nachkommen, so wird eine Vertragsstrafe in Höhe von 1.500 € fällig. Ausgenommen sind Fälle der höheren Gewalt, wie sie im BGB definiert sind.« Am Tage der Veranstaltung traf der DJ nicht mit dem Vertreter der Veranstalter im Hauptbahnhof Bremen zusammen, wo er abgeholt werden sollte. Er erschien auch nicht in der Diskothek. Er wurde daraufhin von den Veranstaltern auf Rückzahlung der erhaltenen halben Gage und zusätzlich auf Zahlung von 1.500 € Vertragsstrafe in Anspruch genommen. Er weigerte sich zu zahlen und behauptete im nachfolgenden Prozess, per Zug nach Bremen gereist, dort aber entgegen der Vereinbarung nicht abgeholt worden zu sein. Die Veranstalter behaupteten dagegen, ein Vertreter von ihnen habe vergeblich am Bahnhof gewartet und den Beklagten erfolglos über Lautsprecher ausrufen lassen. Wie ist die Rechtslage?

Der Rückzahlungsanspruch der Veranstalter könnte sich aus §§ 326 I, IV, 346 BGB ergeben. Danach verliert der Schuldner bei Unmöglichkeit der Leistung seinen Anspruch auf die Gegenleistung. Falls diese bereits bewirkt ist, kann das Geleistete zurückgefordert werden. Außerdem kann dann der Rücktritt vom ganzen Vertrag erklärt werden (§ 326 V BGB). Die Voraussetzungen für den Rückzahlungsanspruch sind folgende:

1. Vorliegen eines gegenseitigen Vertrages

Der Booking-Vertrag ist ein gegenseitiger Vertrag, weil der DJ bei der Benefiz-Veranstaltung auftreten und dafür im Gegenzug eine Vergütung erhalten sollte.

2. Unmöglichkeit der Leistung, die den Schuldner von seiner Leistungspflicht gemäß § 275 I bis III BGB befreit

Die Beteiligten hatten die Vereinbarung getroffen, dass der Beklagte als DJ an dem festgelegten Termin und zu der festgelegten Zeit in der Diskothek bei Oldenburg auftreten sollte. Dieser Auftritt erfolgte nicht. Er kann auch nicht nachgeholt werden, da es sich um ein **absolutes Fixgeschäft** handelte, bei dem die Nichteinhaltung der Leistungszeit zum Eintritt einer dauernden Unmöglichkeit führte. Denn es handelte sich um eine Benefizveranstaltung am 1. und 2. Weihnachtstag, bei der die Einhaltung des Termins von ausschlaggebender Bedeutung war. Mit anderen Worten war die Einhaltung der Leistungszeit so wesentlich, dass mit der zeitgerechten Leistung das Geschäft stand und fiel. Die Veranstaltung war auf diesen bestimmten Termin bewusst wegen Weihnachten gelegt worden und entsprechend angekündigt. Die Räumlichkeiten waren entsprechend frei gehalten worden. Alles hing also an der Einhaltung des Termins. Es handelte sich deshalb nicht bloß um ein einfaches Fixgeschäft, das nach § 323 II Nr. 2 BGB zu behandeln wäre,[99] sondern nach Ablauf des Abends war ein Nachholen der Veranstaltung unmöglich. Aufgrund des Zeitablaufs war die Leistung also unmöglich und der Schuldner von seiner Leistungspflicht gemäß § 275 I BGB frei.

3. Bewirken der nicht geschuldeten Gegenleistung

Da die Gage bereits zur Hälfte bezahlt, aber infolge des verpassten Termins nicht geschuldet war, liegt diese Voraussetzung vor.

Der Beklagte müsste daher die erhaltene Teilgage zurückzahlen und die Kläger könnten vom gesamten Vertrag zurücktreten, es sei denn, sie seien selbst für die eingetretene

---

99   Vgl. Palandt/*Grüneberg* § 323 Rn. 19.

Unmöglichkeit allein oder überwiegend verantwortlich, § 326 II BGB. Dies müsste ihnen jedoch, da es sich um einen Ausnahmetatbestand von dem Grundsatz des Absatz 1 handelt, nachgewiesen werden. Der Schuldner muss also beweisen, dass die Unmöglichkeit auf einem Ereignis beruht, das aus dem Organisations- oder Herrschaftsbereich des Gläubigers stammt.[100] Das bedeutet, dass der Beklagte den Nachweis hätte führen müssen, dass er am Hauptbahnhof in Bremen eingetroffen, dort aber nicht abgeholt worden war und er daher den Aufführungstermin nicht wahrnehmen konnte.

Selbst wenn ihm der Beweis gelingen würde, dass er zur vereinbarten Zeit im Bahnhof vergeblich auf die Kontaktperson der Kläger gewartet hatte, würde dies jedoch nicht ausreichen, um den Klägern die Verantwortung für den Ausfall der Veranstaltung zuzuweisen. Denn es wäre, worauf das AG Westerstede[101] zu Recht hinweist, »aufgrund der getroffenen Absprache ohne Weiteres zumutbar und möglich gewesen, anderweitig zum Veranstaltungsort zu gelangen, zumal der Beklagte (später) … mit dem Taxi von Bremen nach Köln zurückgefahren ist. Ihm wäre es deshalb auch möglich gewesen, die weitaus nähere Strecke von Bremen nach Wiefelstede mit dem Taxi zurückzulegen.«

Ergebnis:
Der Beklagte muss die Gage zurückzahlen.

Des Weiteren stellt sich die Frage, ob der Beklagte den Klägern auch die Zahlung der vereinbarten **Vertragsstrafe** schuldet. Ein entsprechender Anspruch könnte aus § 339 BGB erwachsen. Dafür müssten folgende Voraussetzungen vorliegen:

1. Wirksame Vereinbarung einer Vertragsstrafe

In dem Booking-Vertrag hatten die Vertragspartner sich wechselseitig versprochen, für den Fall, dass einer von ihnen seinen in dem Vertrag genannten Verpflichtungen nicht nachkommt, eine Vertragsstrafe von 1 500 € zu zahlen. Diese Vereinbarung verstößt nicht gegen AGB-rechtliche Bestimmungen. Nach § 309 Nr. 6 BGB ist zwar die AGB-mäßige Vereinbarung einer Vertragsstrafe für den Fall der Loslösung vom Vertrag unwirksam, so dass nur individuelle und nicht formularmäßige Vereinbarungen dieser Art zulässig sind. Dies gilt aber nur, wenn der Schuldner ein Verbraucher ist. Hier ist der Beklagte aber Unternehmer, da er als professioneller DJ im Rahmen seiner selbständigen beruflichen Tätigkeit handelte, § 14 BGB. Die Beschränkungen, die gegenüber Verbrauchern nach §§ 309 und 308 BGB gelten, treffen daher nicht auf ihn zu (§ 310 BGB); das Versprechen einer Vertragsstrafe im Rahmen eines vorformulierten Vertrages durch einen Unternehmer ist daher rechtlich unbedenklich.[102]

2. Verletzung der sanktionsbewehrten Leistungspflichten

Dies ist der Fall, da der Beklagte zu dem vereinbarten Abend nicht erschienen war, um als DJ in der Diskothek des Kläger aufzutreten.

3. Verschulden

Ein Verschulden des Beklagten liegt darin, dass er – wenn er überhaupt nach Bremen gefahren sein sollte – er dann nicht den Weg zur Diskothek bei Oldenburg fortgesetzt hat. Er hätte notfalls ein Taxi nehmen und alles daran setzen müssen, seinen zugesagten

---

100 Palandt/*Grüneberg* § 326 Rn. 14.
101 Urteil v. 22.10.1996, AZ: 1626-8-2a C 773/96 VII, das mir freundlicherweise Herr Dipl. Kfm. Marc Schmidt zur Verfügung gestellt hat.
102 So auch die h.M., vgl. Palandt/*Grüneberg* § 309 Rn. 38.

Auftritt wahrzunehmen. Mit der behaupteten Rückkehr nach Köln hat er eine falsche Entscheidung getroffen und zumindest fahrlässig den Veranstaltungsausfall bewirkt. Damit liegen die Voraussetzungen für die Verwirkung der Vertragsstrafe vor.

Ergebnis:
Der DJ schuldet den Veranstaltern daher neben der Rückzahlung der Gage auch die versprochene Vertragsstrafe von 1 500 €.

Fall 21: Der Pianist tritt nicht auf

Der international bekannte Pianist Justus F. hatte ein Konzert in einem großen Kurhotel in Hessen am Abend von Ostersonntag 2002 zugesagt. Das Hotel hatte dazu einen großen Konzertflügel aus Hamburg einfliegen lassen, diesen durch einen Experten stimmen lassen, Werbemaßnahmen durch Plakat- und Zeitungswerbung durchgeführt sowie zusätzliches Personal für den Abend engagiert. Für das Konzert waren bereits 170 Karten à 20 € und 25 € verkauft worden. Das war dem Meister zuwenig. Mit den Worten: »Das mach' ich nicht!« verließ er das Hotel, das ihm eine große Suite zur Verfügung gestellt hatte und das nun den enttäuschten Besuchern das Eintrittsgeld zurückerstatten musste. Die Hotelleitung fragt sich, ob sie nicht wenigstens die Aufwendungen von dem Meister erstattet verlangen kann.

Ein solcher Fall von »Null Bock«[103] kann ggf. juristische Konsequenzen in Form von Ersatzansprüchen haben. Anspruchsgrundlage für den Ersatz der getätigten Aufwendungen könnten §§ 280 I, III, 283, 284 BGB sein. Aufwendungsersatz kann danach anstelle der Leistung unter folgenden Voraussetzungen verlangt werden:

1. Vorliegen eines Schuldverhältnisses

Dieses liegt auf Grund des Engagement-Vertrages vor.

2. Der Schuldner braucht nach § 275 I-III BGB nicht zu leisten.

Daran könnte man zweifeln, da J. F. ja bewusst das Publikum sitzen gelassen hat, also selbst das Scheitern des Konzerts verursacht hat. Dies könnte ein Fall der Pflichtverletzung nach § 281 BGB sein, bei der grundsätzlich erst nach einer Fristsetzung Schadensersatz statt der Leistung verlangt werden kann. Diese Vorschrift setzt aber voraus, dass die Leistung grundsätzlich noch erbracht werden kann. Dies dürfte jedoch von dem Moment an nicht mehr möglich gewesen sein, wo J. F. seinen Entschluss, nicht aufzutreten, in die Tat umgesetzt hat. Mit der Abreise kurz vor dem Konzert wurde die terminbezogene Leistung unmöglich. Infolge Abwesenheit des Künstlers scheiterte das Konzert. Da es sich um ein absolutes Fixgeschäft handelte, das nur an dem angekündigten Ostersonntag-Abend erbracht werden konnte, ist nach Verstreichen dieses Termins ein Oster-Konzert nicht mehr möglich und schlichtweg nicht nachholbar. Der **Leistungserfolg**, auf den bzgl. der Unmöglichkeit nach § 275 I BGB abzustellen ist,[104] kann nicht mehr eintreten. Damit liegt ein Fall der Unmöglichkeit vor, auch wenn die **Leistungshandlung** seinerzeit durchaus möglich war. Infolge Unmöglichkeit ist J. F. daher von seiner Leistungspflicht frei.

3. Der Schuldner müsste das Leistungshindernis zu vertreten haben

Die Abwesenheit an dem Konzertabend mit der Folge des Konzertausfalls (»no show«) geht ausschließlich auf das Konto von J. F. Er hatte keine Lust aufzutreten und

---

103 So die Landecksche Landeszeitung v. 2.4.2002 und weiter: »F. lässt Publikum sitzen«
104 Vgl. Palandt/*Heinrichs* § 275 Rn. 18.

hat damit bewusst einen Vertragsbruch begangen. Entlastungsgründe, die die Pflichtverletzung als unverschuldet erscheinen lassen könnten, sind nicht ersichtlich. Aufgrund des abgeschlossenen Engagementvertrages bestand für ihn die Verpflichtung, an dem betr. Abend aufzutreten.

Der Vertrag enthielt keine Klausel, wonach er bei Nichterreichen einer bestimmten Besucherzahl das Recht hatte, das Konzert abzusagen. Es war auch keineswegs unzumutbar (§ 242 BGB), vor dem zu erwartenden Teilnehmerkreis zu spielen. Bereits 170 verkaufte Karten und etwa noch 50 zu erwartende Besucher (laut Presse) ergeben ein auch für einen Spitzenmusiker ausreichendes Auditorium. Es ist dabei besonders zu berücksichtigen, dass nach dem Vertrag die Veranstaltung in einem Hotelsaal stattfinden sollte und das maximale Fassungsvermögen ungefähr bei der doppelten Teilnehmerzahl lag. Die Empörung des Meisters war also durchaus unberechtigt. 220 Gäste sind ein Teilnehmerkreis, der einen Auftritt in jedem Fall zumutbar erscheinen lässt. Es liegt also ein bewusster und nicht zu entschuldigender Vertragsbruch vor. Die Abreise, also das den Konzertausfall bewirkende Leistungshindernis, ist mithin von J. F. zu vertreten.

Rechtsfolge:

Der Veranstalter – hier das Kurhotel – kann Schadensersatz statt der Leistung geltend machen. Alternativ kann stattdessen auch Ersatz der vergeblichen Aufwendungen verlangt werden, die der Gläubiger im Vertrauen auf den Erhalt der Leistung gemacht hat. Hier waren die Aufwendungen zu ideellen Zwecken gemacht worden, da der Veranstalter den Erlös aus dem Verkauf der Eintrittskarten vollständig dem Künstler überlassen wollte. Davon ausgenommen war nur der Erlös aus dem Verkauf von etwa 75 Karten, die zur Bestreitung der eigenen Kosten dienten. Da diese Einnahmen infolge Rückzahlung des Eintrittsgeldes entfallen sind, kann das Hotel nunmehr Aufwendungsersatz beanspruchen, der die Kosten für Werbung, Hotelunterkunft des Künstlers, die Miete und den Transport des Flügels einschließlich seiner Stimmung betrifft sowie die Aufwendungen für das zusätzliche Personal.

Ergebnis:
Zu Recht kann die Hotelleitung den Meister auf Ersatz ihrer Aufwendungen in Anspruch nehmen.

Fall 22: Der Solist verspätet sich

Der Solist kommt mit einer halben Stunde Verspätung zum Konzertauftritt. Das Konzert kann dementsprechend nicht um 20.00 Uhr, sondern erst um 20.30 Uhr beginnen.

Verspätungen sind bei Künstlern ein verbreitetes Übel und können Rechtsfolgen auslösen, weil dann im Regelfall Schuldnerverzug eintritt. Schadensersatz wegen Verzögerung der Leistung kann in einem solchen Fall vom Veranstalter unter folgenden Voraussetzungen nach §§ 280 II, 286 BGB verlangt werden:

1. Schuldverhältnis

Hier liegt ein Konzertvertrag vor, der den Solisten zu einem Auftritt an einem bestimmten Termin verpflichtete.

2. Nichterbringung der Leistung trotz Fälligkeit

Die Leistung war von dem Solisten zur vereinbarten Zeit an dem betr. Termin zu erbringen. Sie erfolgte aber nicht.

3. Mahnung

Sie ist wegen der terminlichen und zeitlichen Festlegung nach § 286 II Nr. 1 BGB unnötig.

4. Vertretenmüssen

Nach dem Wortlaut des § 286 IV BGB wird vermutet, dass die Verzögerung vom Schuldner zu vertreten ist. Falls der Solist kein überzeugendes Argument für seine Verspätung vorbringen kann – dabei reicht nicht der Hinweis auf einen Verkehrsstau, da damit bei den heutigen Verkehrsverhältnissen zu rechnen ist –, muss er also für den Verzögerungsschaden haften. Dieser kann beispielsweise darin bestehen, dass der Veranstalter das Personal an dem Veranstaltungstag für einen entsprechend längeren Zeitraum bezahlen muss.

Darüber hinaus kann sogar Schadensersatz statt der Leistung beansprucht werden (§§ 281, 280 BGB), da eine Fristsetzung wegen der besonderen Umstände entbehrlich ist. Ebenso wäre ein Rücktritt ohne Fristsetzung wegen des Termincharakters der Leistung möglich (§§ 323 I, II Nr. 2 BGB). Von beiden Rechten wird der Veranstalter aber nur ausnahmsweise Gebrauch machen, da er regelmäßig trotz Verzögerung noch an der Durchführung der Veranstaltung interessiert sein wird.

Ergebnis:
Der verspätete Solist riskiert, dem Veranstalter den durch seine Verzögerung bedingten Schaden ersetzen zu müssen.

Fall 23: Tusch mit Zeitverzögerung

Bei einer Karnevalssitzung spielte die Kapelle den fälligen Tusch nach einer Pointe des Büttenredners ständig mit mehreren Sekunden Zeitverzögerung, so dass der Effekt verpuffte. Außerdem spielte sie entgegen der getroffenen Verabredung statt Karnevalslieder vorwiegend Volkslieder. Bitten des Karnevalvereins nach Einhaltung des vereinbarten Programms entsprach die Kapelle nicht. Nach und nach verließ das Publikum enttäuscht den Saal. Der Karnevalsverein verweigerte daraufhin die Auszahlung der Gage an die Kapelle. Zu Recht?

Bei zulässigem Rücktritt vom Vertrag könnte die vereinbarte Gage verweigert werden. Ein Rücktritt könnte hier nach §§ 634 Nr. 3, 636, 323 BGB in Frage kommen. Das würde voraussetzen:

1. Einen Werkvertrag zwischen dem Karnevalsverein und der Musikkapelle

Das Engagement beruht hier auf einem Werkvertrag, weil nicht ein beliebiges Musizieren für eine gewisse Zeit vereinbart war wie im Falle eines Dienstvertrages, sondern eine Werkleistung. Diese bestand in pointengenauen Tuschs bei den Büttenreden und im Vortrag von Karnevalsliedern. Die Darbietung der Kapelle war also erfolgsorientiert.

2. Das erbrachte Werk müsste mangelhaft sein

Unter den gegebenen Umständen war das erbrachte Werk mangelhaft. Vereinbart waren zeitgenaue Tuschs und Karnevalslieder. Dieser Beschaffenheit entsprachen die phasenverzögerten Einlagen ebenso wenig wie die vorwiegend gespielten Volkslieder. Damit lag ein Sachmangel nach § 633 II BGB vor.

3. Vergebliche Fristsetzung

Eine Fristsetzung nach § 323 I BGB erübrigte sich hier, da die Musiker, die um eine Änderung gebeten worden waren, hier durch ihr eigenwilliges Verhalten die geforderte und vertraglich vereinbarte Leistung endgültig und ernsthaft verweigerten (§ 323 II Nr. 1 BGB).

Ergebnis:
Der Karnevalsverein konnte den Engagementvertrag rückgängig machen und musste aufgrund des Rücktritts keine Vergütung an die Kapelle leisten. Die von dieser erbrachten Leistungen waren wertlos und mussten nicht honoriert werden.

2.2.2 Risikosphäre des Veranstalters

Fall 24: »great show but no money«

Am Ende der Veranstaltung verlangt der Darsteller vom Veranstalter die Gage. Dieser erklärt, er habe leider kein Bargeld dabei und kündigt baldige Überweisung an. Nach 14 Tagen ist das Geld noch immer nicht auf dem Konto. Der Darsteller führt daraufhin in den folgenden 4 Wochen eine Reihe von Telefongesprächen mit dem Veranstalter, verlangt eine zügige Überweisung und erhält auch entsprechende Zusagen. Nach 2 Monaten schaltet er einen Rechtsanwalt ein, um seine Gage zu bekommen. Rechtslage?

Wann die Gage zu zahlen ist, ist eine Frage der vertraglichen Vereinbarung. Mangels einer entsprechenden Vereinbarung ist die Vergütung erst nach Erbringung der Werkleistung, also nach der künstlerischen, sportlichen, wissenschaftlichen oder sonstigen Darstellung fällig, §§ 646, 641 BGB. Das bedeutet, dass der Darsteller grundsätzlich vorleistungspflichtig ist und dann ggf. nach seiner Darbietung kein Geld erhält, sondern von dem Veranstalter immer wieder vertröstet wird. Allerdings wäre die Gage mit Fertigstellung des Werks zu verzinsen, §§ 646, 641 IV BGB. Der gesetzliche Zinssatz beträgt jedoch nur 4% (§ 246 BGB). Ab Eintritt des Verzugs, der grundsätzlich erst durch Mahnung eintritt, erhöht er sich dann immerhin auf 8% über dem Basiszins (§§ 286, 288 II BGB), d.h. z. Zt. auf 9,62% (Der Basiszins betrug am 1.1.2009: 1,62 %). Im vorliegenden Fall würde der Verzug spätestens aufgrund des telefonischen Verlangens nach zügiger Überweisung eintreten. War vereinbart, dass die Gage nach der Darbietung zu zahlen war, würde eine kalendermäßige Bestimmung vorliegen und bei Nichtzahlung zu diesem Termin sofortiger Verzug eintreten, § 286 II Nr. 1 BGB. Derartige Zinsansprüche dürften in der Veranstaltungsbranche allerdings eher auf dem Papier stehen, da es sich zumeist nur um geringe absolute Zinsbeträge handelt und der Darsteller den Veranstalter, mit dem er in Zukunft häufig weiterarbeiten möchte, nicht verärgern will.

Es ist daher **dringend zu empfehlen**, von vornherein klare Absprachen bzgl. der Gagenauszahlung zu treffen. Üblich und unbedingt empfehlenswert ist eine Auszahlung der Gage unmittelbar vor Veranstaltungsbeginn oder in der Pause. Nur so hat der Darsteller überhaupt ein Druckmittel in der Hand und könnte notfalls den (weiteren) Auftritt verweigern, wenn er nicht die vereinbarte Gage erhält. Handelt es sich um größere Veranstaltungen oder erstmalige Geschäftsbeziehungen, wird sich eine (teilweise)

Vorabzahlung der Gage vor der Veranstaltung anbieten, um nicht Gefahr zu laufen, dass der Veranstalter insolvent wird und die Gage später nicht mehr zahlen kann oder irgendwelche Vorwände sucht, sich zu drücken.

Wenn die Einschaltung eines Rechtsanwalts notwendig wird, um die Gagenzahlung durchzusetzen, ist das Kind zumeist in den Brunnen gefallen. »No money« trotz erbrachter Leistung ist wirtschaftlich unergiebig, erzeugt Frust und belastet die Beziehungen zwischen Darsteller und Veranstalter erheblich. Vorsorge durch glasklare schriftliche Vereinbarung mit Auszahlungstermin spätestens bei der Veranstaltung und Auszahlung in bar ist dagegen das Gebot für jeden Darsteller. Nur so erspart er sich, seiner Gage hinterherzulaufen und ggf. bis zum St. Nimmerleinstag vertröstet zu werden. Falls nicht geschehen, bleibt als Trost: Auch die Anwaltskosten gehen als Verzugsschaden zu Lasten des Veranstalters, § 280 II BGB.

Fall 25: Keine Werbung, kein Publikum

Ein Veranstalter bewirbt entgegen den getroffenen Vereinbarungen nicht genügend den Auftritt eines bekannten Kabarettisten. Dieser fordert ihn noch mal nachhaltig auf, bestimmte ausdrücklich vereinbarte Werbemaßnahmen (Medien- und Plakatwerbung) innerhalb der nächsten Woche durchzuführen. Der Veranstalter unternimmt nichts. Nach gänzlich unbefriedigendem Kartenabsatz im Vorverkauf sagt der Darsteller seinen Auftritt ab und verlangt Schadensersatz. Zu Recht?

Ein Recht zur Absage könnte sich aufgrund gesetzlichen **Rücktrittsrechts** nach § 323 I BGB ergeben.[105] Der Veranstalter hatte es hier vertragsgemäß übernommen, seinerseits die Veranstaltung in bestimmter Weise zu bewerben. Dieser Verpflichtung war er jedoch trotz Fristsetzung nicht hinreichend nachgekommen. Damit hatte er als Schuldner der Werbeaktivitäten diese fällige Leistung nicht vertragsgemäß erbracht. Nach Fristsetzung war demzufolge ein Rücktritt möglich, es sei denn, die Pflichtverletzung wäre unerheblich gewesen, § 323 V 2 BGB. Das hängt entscheidend von den Umständen ab. Wenn zentrale Werbeaktivitäten nicht entfaltet wurden, wie dies hier bei der Medien- und Plakatwerbung anzunehmen sein wird, und daraufhin ein gänzlich unbefriedigender Kartenvorverkauf stattfindet, wird man eine erhebliche Pflichtverletzung des Veranstalters annehmen müssen. Das bedeutet, dass der Darsteller zu Recht den Rücktritt vom Vertrag erklärt hat.

Weiterhin könnte er **Schadensersatzansprüche** besitzen, die neben dem Rücktritt möglich sind (§ 325 BGB).[106] Diese können auf Schadensersatz statt der Leistung gerichtet werden, wenn die Voraussetzungen von §§ 281, 280 BGB vorliegen. Dazu gehört:

1. Der Schuldner erbringt die geschuldete Leistung nicht oder nicht wie geschuldet (Pflichtverletzung)

Hier trifft letzteres zu, da der Veranstalter seinen Werbeaktivitäten nicht pflichtgerecht nachgekommen ist. Wie bereits erwähnt, hat er wesentliche Werbemaßnahmen unterlassen, so dass eine Pflichtverletzung vorliegt.

---

105 Ferner könnte sich ein Kündigungsrecht aus § 643 BGB wegen unterlassener Mitwirkung ergeben, das an ähnliche Voraussetzungen wie § 323 BGB geknüpft ist. Beide Ansprüche können nebeneinander bestehen, vgl. Palandt/*Sprau* § 643 Rn. 1. Aus didaktischen Gründen soll hier nur das allgemeine Leistungsstörungsrecht betrachtet werden.

106 Etwaige Ansprüche aus § 642 BGB bleiben hier aus den gleichen Gründen wie vorstehend ausgeführt unberücksichtigt.

2. Erfolglose Fristsetzung

Der Darsteller hatte vergeblich eine Frist von einer Woche für die Medien- und Plakatwerbung gesetzt.

3. Vertretenmüssen

Der Veranstalter hat es schuldhaft versäumt, die notwendigen Werbemaßnahmen zu ergreifen. Entlastende Gründe sind nicht ersichtlich. Dies geht zu Lasten des Schuldners, weil dessen Verschulden vermutet wird, § 280 I 2 BGB.

Ergebnis:

Der Darsteller kann daher nicht nur absagen (Rücktritt vom Vertrag), sondern vom Veranstalter auch Schadensersatz statt der Leistung verlangen, der z.B. Gage und getätigte Aufwendungen umfassen würde.

Fall 26: Die ungesicherte Künstlergarderobe

Einem Solisten werden aus der Künstlergarderobe ein wertvolles Instrument und Bargeld während seines Auftritts entwendet. Der Veranstalter hatte zugesagt, dass der Wachdienst die Garderobe sichern werde. Dies wurde versäumt.

Der Solist könnte wegen seines Verlustes den Veranstalter ggf. wegen Pflichtverletzung auf Schadensersatz in Anspruch nehmen (§ 280 I BGB).

Der Veranstalter hatte hier vertraglich die Pflicht übernommen, die Künstlergarderobe sichern zu lassen. Diese Pflicht, die sich als Nebenpflicht aus dem Engagementvertrag verstehen lässt, umfasste entsprechende organisatorische Vorkehrungen durch den Veranstalter, die hier jedoch versäumt wurden. Wenn der Veranstalter nicht dartun und beweisen kann, weshalb er nicht dafür verantwortlich zu machen ist, dass die Garderobe nicht hinlänglich gesichert wurde, muss er den entstandenen Schaden dem Solisten ersetzen (§ 280 I 2 BGB).

Diesen kann allerdings evtl. ein Mitverschulden treffen, wenn ihm etwa die fehlende Absicherung hätte auffallen müssen oder er gebotene Maßnahmen der Eigensicherung schuldhaft unterlassen hat. Dann würde sich der Ersatzanspruch ggf. nach § 254 I BGB entsprechend mindern. Dies hängt entscheidend von den Umständen im Einzelfall ab, denen hier nicht näher nachgegangen werden kann.

Ergebnis:

Der Veranstalter, der eine Bewachung der Garderobe zugesagt hat, haftet also dem Grunde nach auf Schadensersatz wegen der entwendeten Gegenstände nach § 280 I BGB.

Anmerkung: Für die Anwendung der §§ 282, 241 II BGB ist kein Raum, da nur »einfacher« Schadensersatz und nicht Schadensersatz »statt der Leistung« verlangt wird.

2.2.3 Risiken außerhalb der Risikosphäre von Veranstalter und Darsteller

Wie bereits oben geschildert, gibt es eine Reihe von Risiken, die zum Ausfall oder zumindest zur Verschiebung von geplanten Veranstaltungen führen können, und auf die die Vertragspartner keinen Einfluss haben. Krieg, Naturgewalten, Katastrophen können derartige Fälle **höherer Gewalt** darstellen. Dazu ein aktuelles Beispiel:

Fall 27: Die Folgen des 11. September

Die Ereignisse des 11. September 2001 verhindern den Abflug einer New Yorker Musikergruppe. Der Veranstalter muss daraufhin das kurz danach geplante Konzert absagen. Rechtslage?

Hier entfällt die Leistungspflicht der Musikergruppe gemäß § 275 I BGB, weil es ihnen nicht möglich war, den Flug anzutreten und in Deutschland aufzutreten. Es mag auch Fälle gegeben haben, wo zwar Flüge durchführbar waren, aber die Darsteller aus persönlichen Gründen nicht auftreten konnten, weil sie beispielsweise nahe Verwandte verloren hatten oder selbst von den Ereignissen unmittelbar betroffen waren. Solche Situationen fallen unter § 275 III BGB, da es sich um persönliche Leistungen handelt, die unter den betreffenden Umständen zumutbarer Weise nicht erbracht werden können. Umgekehrt wird der Veranstalter von seiner Vergütungspflicht gegenüber den Darstellern gemäß § 326 I BGB frei.

Was das Verhältnis des Veranstalters zu Besuchern angeht, gilt sinngemäß das Gleiche: Hier wird der Veranstalter infolge Unmöglichkeit von seiner Leistungspflicht frei (§ 275 I BGB) und Karteninhaber könnten ihrerseits Rückzahlung des Eintrittsgeldes verlangen (§§ 326 I, IV, 346 BGB).

Ergebnis:
Bei Unmöglichkeit der Leistung entfallen die gegenseitigen Vertragsansprüche.

2.3 Die Rechtsposition des Veranstalters im Verhältnis zu Veranstaltungsteilnehmern

Der Veranstalter tritt zumeist nicht nur zu Darstellern und Hallenbetrieben in vertragliche Beziehungen, sondern übernimmt häufig weitere organisatorische Leistungen. Dazu können z.B. die Organisation des Transports, des Catering, der Unterkunft, der Werbung, der Medienpräsentation oder auch die Verpflichtung von Ton- und Beleuchtungstechnikern gehören. Überall kann es zu Störungen bei der Vertragsabwicklung kommen, wofür beispielhaft der folgende Fall stehen soll:

Fall 28: Die geplatzte Tournee und der Beleuchtungstechniker (BGH NJW 2002, 595)

Die beklagte Konzertveranstalterin bereitete für September bis November 1997 eine Tournee der Musikgruppe »Tic Tac Toe« vor und engagierte für diesen Zeitraum den Kläger, der Inhaber eines Betriebs für Beleuchtungstechnik und Lichtdesign ist, als Beleuchtungstechniker. Für jeden Konzert-, Aufbau- und Probeabend sollte er 450,– DM Vergütung erhalten und für jeden vorbereitungsfreien, reise- und veranstaltungsfreien Tourneetag 225,– DM zuzüglich Mehrwertsteuer. Der Beginn der Tournee wurde verschoben und scheiterte dann endgültig am 21. November 1997, weil sich die Mitglieder der Gruppe, drei Sängerinnen, zerstritten hatten. Der Kläger nahm die Beklagte auf Ersatz des ihm entgangenen Verdienstausfalls in Anspruch und verlangte von ihr Zahlung von insgesamt 13.820,– DM (heute etwa 7.000,- €).

Der Bundesgerichtshof sprach in seiner Entscheidung vom 18.10.2001 dem Kläger den geltend gemachten Anspruch in voller Höhe zu und stützte diesen wahlweise auf § 615 BGB (Annahmeverzug beim Dienstvertrag) oder § 324 I BGB a. F. (vom Gläubiger zu vertretende nachträgliche Unmöglichkeit).

Zunächst ordnete das Gericht den Vertrag als Dienstvertrag ein, weil der Kläger dafür sorgen musste, während der geplanten Tournee als Chef der Lichtabteilung für die Beleuchtung und die Lichteffekte entsprechend dem Gestaltungsplan des Lichtdesigners zu sorgen. Dieses ist nach Auffassung des BGH »eher einer für den Dienstvertrag charakteristischen allgemeinen, laufenden Tätigkeit zuzuordnen als dem fest umrissenen Leistungsgegenstand eines Werkvertrages«.[107] Dies werde indiziell auch dadurch bestätigt, dass die Vergütung sich ausschließlich nach der Zahl der jeweiligen Konzert-, Aufbau- und Probenabende (voller Vergütungssatz) einerseits und der vorbereitungs-, reise- und veranstaltungsfreien Tourneetage (geminderter Vergütungssatz) andererseits richtete, also von der Erzielung eines bestimmten Leistungserfolges unabhängig war.[108]

Das Gericht billigt dann die Auffassung des Berufungsgerichts, dass durch das endgültige Zerwürfnis der Gruppe »Tic Tac Toe« die Tournee nicht mehr habe stattfinden können, weil niemand die Gruppe zu einem Auftritt hätte zwingen können und diese auch nicht durch eine andere Gruppe zu ersetzen gewesen wäre. Dennoch lässt es letztlich offen, ob der Vergütungsanspruch aus Annahmeverzug (§ 615 BGB) oder aus vom Gläubiger zu vertretender, nachträglicher Unmöglichkeit (§ 324 a.F. BGB) abzuleiten sei, da beides zum gleichen Ergebnis führe. Die Beklagte habe hier das Leistungshindernis zwar nicht verschuldet, aber dennoch »zu vertreten«. Sie habe nämlich in dem Vertrag zumindest konkludent (schlüssig) das Risiko des betreffenden Leistungshindernisses – hier also das Risiko des endgültigen Scheiterns der Tournee – übernommen.[109]

M.E. liegt hier tatsächlich ein endgültiges Hindernis vor, so dass sich die Lösung über die nachträgliche Unmöglichkeit eher angeboten hätte, weil bei Annahmeverzug stets vorausgesetzt werden muss, dass die Leistung überhaupt erbringbar ist. Würde man den Fall heute nach neuem Schuldrecht behandeln, hieße dies, dass § 326 II BGB n.F. zur Anwendung käme. Der Gläubiger muss nämlich als Veranstalter das Risiko übernehmen, dass die Veranstaltung auch durchgeführt wird. Er trägt in einem weiteren Sinne das Verwendungsrisiko bzgl. der Dienste des Klägers. Wegen dieser Verantwortung der Beklagten für die Durchführung der Veranstaltung geht das Risiko des Scheiterns zu ihren Lasten und sie wäre verpflichtet, die zugesagte Vergütung unter Abzug ersparter Aufwendungen trotz der eingetretenen Unmöglichkeit zu zahlen.

Ergebnis:
Bei Scheitern der Veranstaltung wegen Auflösung der Gesanggruppe muss der Veranstalter dennoch den Beleuchtungstechniker, den er für die gesamte Tournee engagiert hatte, bezahlen.

V. Rechtsfragen bei Messen und Ausstellungen

Das Messe- und Ausstellungswesen in Deutschland hat – wie bekannt – eine lange und glanzvolle Tradition, die bis ins Mittelalter zurück reicht. Heutzutage genießt der Messeplatz Deutschland weltweite Anerkennung und nimmt mit seinen großen Messe-

---

107 BGH NJW 2002, 595.
108 BGH NJW 2002, 595.
109 BGH NJW 2002, 595.

plätzen[110] eine Spitzenstellung ein, die globale Akzente und Maßstäbe setzt. Zahlreiche internationale Leitmessen und das zunehmende ausländische Interesse lassen einen hohen Stellenwert des Messestandorts Deutschland erkennen, der weit über die Grenzen Deutschlands hinaus reicht. Zur Verdeutlichung: Weltweit finden im Jahr etwa 5000 Messen statt, darunter 150 Leitmessen. 100 davon werden allein in Deutschland durchgeführt.[111] Damit ist der Messeplatz Deutschland in der Durchführung internationaler Messen weltweit die Nr.1. Neben der Deutschen Messe AG (DMAG) haben 5 der 10 umsatzmäßig größten Messeveranstalter der Welt ihren Sitz in Deutschland.[112] Dies unterstreicht zum einen die hohe Bedeutung des Messeplatzes Deutschland und zum anderen die hohe Konzentration internationaler Leitmessen. Der starke Konzentrationsgrad wird noch dadurch verstärkt, dass etwa 70% des deutschen Messemarktes auf die sechs großen Messeplätze in Deutschland entfallen. Nach einer Umfrage des Forschungsinstituts FORSA bei den 500 umsatzstärksten deutschen Unternehmen nach den wichtigsten und bekanntesten deutschen Leitmessen ergeben sich folgende Ergebnisse:[113]

Bild 13: Bekannteste Leitmessen in Deutschland

Wichtigste deutsche Leitmessen für den deutschen Export und für das Image der deutschen Wirtschaft im Ausland

Welche internationalen Leitmessen sind die Zugpferde des deutschen Exports, welche prägen am stärksten das Image der deutschen Wirtschaft im Ausland? Nach Ansicht der Mehrheit der Entscheider aus den TOP-500 trägt die HANNOVER MESSE am meisten zur Unterstützung des Exports der deutschen Wirtschaft bei (46%) und prägt am stärksten das Ansehen Deutschlands im Ausland (43%).

Welche große ökonomische Bedeutung Messen und Ausstellungen zukommt, wird am Beispiel der Deutschen Messe AG deutlich: Sie ist seit 1947[114] Veranstalterin der größten Industriemesse der Welt, der HANNOVER MESSE. Diese vereinigt allein 10 Fachmessen, wovon sich fünf zu den größten ihrer Art entwickelt haben. Die HANNOVER MESSE ist eine technische Messe, mit der sich Hannover »unumstritten Weltruf

---

110 Zu nennen sind vor allem die 6 großen Messestandorte Frankfurt, Hannover, München, Köln, Düsseldorf und Nürnberg sowie seit der Eröffnung des neuen Messegeländes am Flughafen im Jahr 2006 auch die Landesmesse Stuttgart.

111 Vgl. Gemeinschaft der Großmessen, Die großen Messen in Deutschland, S. 6. Nähere Einzelheiten auch fortlaufend in den AUMA-Mitteilungen sowie unter www.auma.de.

112 DMAG unter: www.messe.de

113 Vgl. den Geschäftsbericht 2003 der DMAG, S. 8.

114 Damals noch unter der Bezeichnung »Deutsche Messe- und Ausstellungs-A.G. Hannover Laatzen«.

erworben«[115] hat. Aufgrund der Entwicklung der Informations- und Telekommunikations-Technologie und ihrer immer größer gewordenen Bedeutung für Wirtschaft und Verbraucher wurde die CeBIT (Centrum für Büro- und Informationstechnik), die bis 1985 ein Bestandteil der HANNOVER MESSE war, ausgegliedert und 1986 erstmals als eigenständige Veranstaltung durchgeführt. In den 90er-Jahren hat die CeBIT ihre »Mutter«, die HANNOVER MESSE, hinsichtlich Ausstellungsfläche (ca. 315.000 qm in 2005) und Besucherzahl (ca. 474.000 in 2005)[116] deutlich überrundet. Sie ist damit unangefochten die weltweit größte Messe überhaupt.

Industriemesse und CeBIT gehören heute zu den wichtigsten Leitmessen des Messestandortes Hannover.[117] An diesem Messestandort verfügt die Deutsche Messe AG inzwischen (2006) über eine Gesamthallenfläche von 496.000 qm in insgesamt 27 Hallen, 58.000 qm Freifläche und eine gesamte Geländefläche von etwa 1 qkm.[118] An der CeBIT nahmen 2008 5.845 Aussteller sowie 495.000 Besucher , davon mehr als 100.000 aus dem Ausland teil,[119] an der HANNOVER MESSE 2008 ca. 5.100 Aussteller und 200.000 Besucher. Insgesamt – so das Ergebnis einer Besucherumfrage – ist es zur Anbahnung von 3,2 Millionen Business-Kontakten gekommen.[120] Bezogen auf sämtliche am Messeplatz Hannover im Jahr 2005 durchgeführten Veranstaltungen ergibt sich folgendes Bild:

- 19.207 Aussteller bei Fachmessen, 4.146 bei Publikumsmessen
- annähernd 2 Mio. m² belegte Ausstellungsfläche
- annähernd 1,8 Mio. Besucher, davon 1,2 Mio. Besucher bei Fachmessen und
- 630.000 bei Publikumsmessen.

Im Ranking stehen laut einer Forsa Umfrage von Feb. 2004[121] Hannover Messe und CeBIT in ihrer Bedeutung deutlich vor der IAA, der Frankfurter Buchmesse, der Automechanika (sämtlich Frankfurt/M.), der bauma (München), der drupa (Düsseldorf), der ISH (Frankfurt/M.) und der Grünen Woche und der IFA (beide Berlin). Nach einer Emnid Umfrage von Okt. 2005 rangieren Messen in der B2B-Kommunikation auf Platz 1.

---

115 *Tasch* S. 29.
116 Geschäftsbericht 2005 der DMAG, S.25.
117 *Tasch* S. 54 f. Insgesamt verzeichnet die DMAG 19 Intern. Leitmessen im Jahre 2007 vgl. www. messe.de/leitmessen.html.
118 www.messe.de/messegelaende.
119 Internetauftritt der DMAG, siehe www.cebit.de/51824
120 Internetauftritt der DMAG, siehe www.hannovermesse.de/53562
121 Quelle: FAZ Institut.

Bild 14: Bedeutung von Messen in der B2B-Kommunikation[122]

MESSEN AUF PLATZ EINS

In der B2B-Kommunikation betrachten ... % der deutschen ausstellenden Unternehmen als sehr wichtig:

81%	Messen und Ausstellungen
76%	Persönlicher Verkauf/Außendienst
58%	Direct Mailing
50%	Werbung in Fachzeitschriften
42%	Public Relations
39%	Events
39%	Vertrieb über Internet
30%	Kongresspräsentation

Repräsentative Umfrage von TNS Emnid im Auftrag des AUMA unter 500 Unternehmen, die auf fachbesucherorientierten Messen ausstellen; Oktober 2005

2005 war laut Geschäftsbericht das veranstaltungsintensivste Jahr der DMAG mit 53 Messen und Ausstellungen im Inland und 45 im Ausland, wobei das Auslandsgeschäft eine wachsende Bedeutung hat. Die DMAG ist allein mit 73 Repräsentanten und 7 Auslandstöchtern in 73 Ländern vertreten, mit einem Schwerpunkt in Shanghai.[123]

Angesichts der geschilderten Datenlage kann es nicht verwundern, dass eine Fülle von organisatorischen und juristischen Fragen bei der Organisation und Durchführung von Messen und Ausstellungen zu bewältigen ist. Über diese sollen die folgenden Ausführungen informieren, wobei der Schwerpunkt auf juristischen Fragestellungen von Messen liegt: Nach einführenden Begriffsklärungen werden öffentlich- und privatrechtliche Aspekte im Kontext eines Messeauftritts zunächst systematisch dargestellt. Es folgen – nach bewährtem Muster – ein gutes Dutzend Fallbeispiele, die das theoretisch Dargestellte erläutern und weiterführen. Abgerundet wird das Kapitel durch eine

---

122 Geschäftsbericht 2005 der DMAG, S.11.
123 Geschäftsbericht 2005 der DMAG, S.59

Checkliste für eine Messeteilnahme und durch einen Mustervertrag der Deutschen Messe AG nebst Teilnahmebedingungen, der in Teil 4 abgedruckt ist.

1. Definitionen und Funktionen

1.1 Begriff der Messe

Mit der Föderalismusreform haben die Länder zwar die Möglichkeit erhalten, jeweils eigene, die bisherigen Reglungen der GewO ersetzende Messegesetze zu erlassen. Von dieser neuen Gesetzgebungskompetenz hat aber bis heute kein Bundesland Gebrauch gemacht. Für die Ausrichtung von Messen und Ausstellungen in Deutschland sind daher weiterhin die Regelungen der GewO einschlägig.

Nach § 64 GewO ist eine Messe eine

- zeitlich begrenzte
- im Allgemeinen wiederkehrende Veranstaltung
- auf der eine Vielzahl von Ausstellern
- das wesentliche Angebot eines oder mehrerer Wirtschaftszweige ausstellt
- und überwiegend nach Muster an gewerbliche Wiederverkäufer, gewerbliche Verbraucher oder Großabnehmer vertreibt
- und bei der Verbraucher gar nicht oder nur in beschränktem Umfang an einzelnen Tagen während bestimmter Öffnungszeiten zugelassen sind.

Kurz gesagt handelt es sich bei der Messe um eine »Veranstaltung mit Marktcharakter, die sich im Gegensatz zur Ausstellung an Fachbesucher, d.h. Wiederverkäufer oder gewerbliche Käufer richtet«[124]. Dabei bieten Messen das wesentliche Angebot eines Wirtschaftszweiges (Branchenmesse, Fachmesse) oder mehrerer Wirtschaftszweige (Universalmesse, Mehrbranchenmesse) an und finden in der Regel in einem bestimmten Turnus am gleichen Ort statt. Sie stehen z.T. zu bestimmten Öffnungszeiten auch einem allgemeinen Publikum offen.

1.2 Begriff der Ausstellung

Eine Ausstellung ist gemäß § 65 GewO

- eine zeitlich begrenzte Veranstaltung
- auf der eine Vielzahl von Ausstellern
- ein repräsentatives Angebot eines oder mehrerer Wirtschaftszweige oder Wirtschaftsgebiete ausstellt und vertreibt
- oder über dieses Angebot zum Zwecke der Absatzförderung informiert.

Die wesentlichen Unterschiede zur Messe liegen – wie bereits erwähnt – darin,

- dass sich die Messe in erster Linie an gewerbliche Fachbesucher richtet, während Ausstellungen sich an das allgemeine Publikum wenden,
- die Messe im Allgemeinen eine regelmäßig wiederkehrende Veranstaltung ist und
- ein wesentliches und nicht nur repräsentatives Angebot bietet.

In der Praxis vermischen sich die rechtlichen Unterschiede von Messen und Ausstellungen. Dies wird bei einem Blick auf das Messekonzept der DMAG in Hannover deutlich. Schwerpunkte der Messeaktivitäten der DMAG bilden mit der HANNO-

---

124 Brockhaus Lexikon, auch unter www.lexi-tv.de/lexikon/brockhaus, Stichwort Messe.

VER MESSE und der CeBIT große internationale Investitionsgüter- und Technologie-Leitmessen, die aktuelle Markttendenzen und Techniktrends auf internationaler Ebene aufzeigen und widerspiegeln. Dies sind eindeutig Messen im Sinne von § 64 GewO, da es sich um wiederkehrende Veranstaltungen handelt, die ein wesentliches Angebot bieten und sich an gewerbliche Fachbesucher richten.

Neben diesen Leitmessen stehen jedoch ebenfalls wichtige nationale Fach- und Publikumsmessen auf dem Programm.[125] Im Jahr 2003 wurden beispielsweise von der DMAG und ihren Tochtergesellschaften im Inland insgesamt 51 Messen veranstaltet, davon 35 Fach- und 16 Publikumsmessen.[126] In der nachfolgenden Übersicht sind die Veranstaltungstypen und die jeweiligen Aussteller- und Besucherzahlen verdeutlicht:

Bild 15: Inlandsveranstaltungen der DMAG[127]

		2003		2002	
		Fach-Messen	Publikums-Messen	Fach-Messen	Publikums-Messen
Eigen-Veranstaltungen	Anzahl	7	6	7	6
Gast-Veranstaltungen	Anzahl	28	10	18	5
		35	16	25	11
	Gesamt		51		36
ausstellende Unternehmen	Anzahl	19.207	4.146	20.390	3.861
	Gesamt		23.353		24.251
belegte Ausstellungsfläche	Tsd. qm	1.468	488	1.741	395
	Gesamt		1.956		2.136
Besucher	Tsd.	1.166	631	1.432	632
	Gesamt		1.797		2.064

Diese Aufstellung zeigt, dass im Geschäftsleben unter dem Begriff Messen praktisch sowohl Messen i.e.S. als auch Ausstellungen verstanden werden.

Erstere – die Fachmessen – zielen auf die speziellen Bedürfnisse von gewerblichen Fachbesuchern, sind also B2B-Veranstaltungen und im Sinne von § 64 GewO Messen. Letztere – die Publikumsmessen – wollen dagegen vorwiegend einer breiten Besuchermasse interessante Angebote näher bringen. Sie sind B2C-Veranstaltungen und im engeren rechtlichen Sinn Ausstellungen gemäß § 65 GewO.[128]

---

125 Zu nennen sind etwa die EMO, die Domotex, die LIGNA+Hannover 2003 oder die Pferd und Jagd 2003.

126 Jahresabschluss 2003 der DMAG, S. 3.

127 Quelle: wie vorstehend.

128 Die Unschärfe der Begriffe dokumentiert z.B. der Geschäftsbericht 2003 der DMAG, der einmal von Fach- und Publikumsmessen spricht (Jahresabschluss 2003, S. 3), an anderer Stelle von Publikumsausstellungen. Die Begriffe Publikumsmesse und Publikumsausstellung werden dort synonym gebraucht. Dagegen ist nichts einzuwenden, weshalb dem hier gefolgt wird.

Hervorzuheben ist schließlich, dass die in der GewO definierten Begriffe der Messen, Ausstellungen und Märkte gesetzlich nicht geschützt sind. Das bedeutet, dass Veranstalter sich möglicherweise dieser Begriffe bedienen, ohne sie inhaltlich auszufüllen. Wer z.B. eine private Camping-Ausstellung durchführt, ohne ein repräsentatives Angebot dieses Wirtschaftszweiges vorzustellen, erfüllt nicht den Begriff der Ausstellung nach § 65 GewO, kann aber gleichwohl diese Bezeichnung wählen. Seine Ausstellung unterliegt dann nicht behördlicher Festsetzung. Die nach der GewO vorgesehenen Privilegien gelten für ihn nicht.

1.3 Funktionen von Messen und Ausstellungen

Aus Marketing-Sicht lassen sich für Messen und Ausstellungen folgende Gemeinsamkeiten hervorheben:[129]

Sie umfassen als Kommunikationsinstrumente die Planung, Organisation, Durchführung sowie Kontrolle und Nachbearbeitung aller Aktivitäten, die mit der Teilnahme an einer zeitlich begrenzten und räumlich festgelegten Veranstaltung verbunden sind, deren Zweck in der Möglichkeit zur Produktpräsentation, Information eines Fachpublikums und der interessierten Allgemeinheit, Selbstdarstellung des Unternehmens, Möglichkeit zum unmittelbaren Vergleich mit der Konkurrenz liegt, um damit gleichzeitig spezifische Marketingziele (vor allem Kommunikations- und Verkaufsziele) zu erreichen.

Messen sind nach verbreitetem Verständnis[130]

- »Märkte auf Zeit«
- Konzentrieren Angebot und Nachfrage auf wenige Tage an einem Ort
- Bieten nahezu komplette Marktübersicht/Transparenz
- Erschließen neue Märkte (regional und branchenmäßig)
- Ermöglichen direkten Leistungsvergleich
- Sprechen alle menschlichen Sinne an
- Haben Erlebnischarakter

1.4 Messegesellschaften

Messegesellschaften sind die Unternehmen, die Messegelände und Ausstellungshallen entweder selbst als Veranstalter oder einem Veranstalter zur Durchführung von Messen und Ausstellungen auf vertraglicher Grundlage zur Verfügung stellen. Sie sind in Deutschland zumeist auch Eigentümer der Gelände und Ausstellungshallen. Gelegentlich sind sie auch bloße Pächter oder Managementgesellschaften fremder Immobilien. Messegesellschaften trennen manchmal aus fiskalischen und steuerrechtlichen Gründen Besitz und Betrieb und spalten sich in Besitz- und Betriebsgesellschaften. Messeunternehmen werden vorwiegend als GmbH, aber auch als AG geführt (Beispiel: DMAG). Die Messegesellschaften gehören in der Regel mehrheitlich der jeweiligen Stadt und/ oder dem Bundesland ihres Standortes.[131]

---

129 *Bruhn* Kommunikationspolitik (1997), S. 435.

130 Vgl. *Schwägermann* Der Veranstaltungsmarkt, Teil 4, S. 2.

131 Ein gutes Beispiel ist die DMAG. Ihre Gesellschafter sind zu je 49,832 % das Land Niedersachsen und die Landeshauptstadt Hannover, zu 0,207 % das Land Bremen und zu 0,129 % die Region Hannover (Quelle: Geschäftsbericht der DMAG (2003), S. 41).

Im Unterschied zum anglo- amerikanischen Raum treten die Messegesellschaften nicht nur als Vermieter auf, sondern organisieren und realisieren vielfach Eigenveranstaltungen. Sie sind dann zugleich Veranstalter. Der Trend geht dahin, dass sich Messegesellschaften »mehr und mehr als Anbieter von Kommunikationsdienstleistungen in Form von Messen und Ausstellungen« verstehen.[132]

1.5 Messeveranstalter

Unter Messeveranstalter ist derjenige zu verstehen, der eine Messe eigenverantwortlich, also im eigenen Namen und auf eigene Rechnung plant, organisiert und durchführt.[133] Er ist für den Inhalt und den Ablauf der Veranstaltung, für die Finanzen und die Haftungsfrage wirtschaftlich und rechtlich verantwortlich. Man kann ihn auch als Produzent der Dienstleistung Messeveranstaltung bezeichnen. In Deutschland sind dies zumeist die großen Messegesellschaften, die als Spezialveranstalter von Messen und Ausstellungen auftreten und zumeist gleichzeitig auch die Betreiber der Messegelände sind. Nicht selten treten aber auch Verbände als Veranstalter einer Messe auf. Erwähnt seien beispielsweise die Internationale Automobilausstellung in Frankfurt, die vom Verband der Deutschen Autoindustrie durchgeführt wird, oder die Frankfurter Buchmesse, die der Verband des deutschen Buchhandels ausrichtet. Selbstverständlich muss der Veranstalter einer Messe nicht alle Aufgaben selbst übernehmen, sondern wird diese häufig an andere Unternehmen, Organisationen oder Einzelpersonen abgeben (Outsourcing). Dementsprechend wird eine Vielzahl von Aufgaben an Messe-, Ausstellungs- und Event-Agenturen und andere Dienstleister (Catering, Veranstaltungstechnik, Security) abgegeben, die darauf spezialisiert sind, diese Aufgaben zu übernehmen.

Rechtlich gesehen sind diese Dienstleister Erfüllungsgehilfen des Veranstalters, § 278 BGB. Sie werden auf vertraglicher Grundlage im Verantwortungsbereich des Veranstalters tätig. Fehler, die ihnen verschuldetermaßen unterlaufen, werden dem Veranstalter (VA) wie eigene Fehler zugerechnet. Den VA trifft also seinen Vertragspartnern gegenüber die Verantwortung für Pflichtverletzungen dieser Spezialisten, die er für sich einsetzt. Der Gedanke ist einsichtig: wer andere im eigenen Interesse bei der Erfüllung seiner Aufgaben einsetzt, muss für diese gerade stehen, falls sie schuldhaft einen Fehler begehen.

1.6 Aussteller

Hier können private Unternehmen, Verbände, Branchen, Städte. Kreise, Regionen etc. auftreten. Denkbar sind sowohl Individualausstellungen als auch Zusammenschlüsse mehrerer Aussteller zu Gemeinschaftspräsentationen. Im letzteren Fall handelt es sich um Gelegenheitsgesellschaften im Sinne von BGB-Gesellschaften (§ 705 BGB), da die Aussteller sich zu einem zeitlich begrenzten Zeitraum zusammenschließen, um einen gemeinsamen Zweck zu verfolgen.

---

132 Vgl. hierzu und zum folgenden *Schwägermann* Der Veranstaltungsmarkt.
133 Vgl. oben, S. 2.

1.7 Messedienstleister

Am Erfolg einer Messe sind nicht allein die Messegesellschaften, die Veranstalter, Aussteller und Besucher beteiligt, sondern eine Reihe von Service-Anbietern. Dazu zählen z.B. Standbauunternehmen, Architekten, Grafiker und Designer, Speditionen, Agenturen (Werbe-, Verkaufsförderungs- und PR-Agenturen, Messeconsulter, Hostessen- und Modelagenturen, Zimmervermittler, Dolmetscherdienste) oder Anbieter von Mietmobiliar und Mietbekleidung.[134]

1.7.1 Standbauunternehmen, Architekten, Grafiker, Designer

Aussteller prüfen in der Regel, ob es sich für sie lohnt, ihren Stand selbst auf- und abzubauen und ob sie dazu genügend geschultes Personal zur Verfügung haben oder ob sie einen Auftrag an einen Messebauer erteilen. Falls sie sich zu Leistungen in eigener Regie entscheiden, stellt sich für sie die Frage, ev. Standbaumaterial zu kaufen, zu leasen oder zu mieten. Dementsprechend kommt es ggf. zum Abschluss von Kaufverträgen (§§ 433 ff. BGB) oder Mietverträgen (§§ 535 ff. BGB). Falls sie sich für ein Messebauunternehmen entscheiden, können sie diesem einen Einzelauftrag für ein spezielles Gewerk erteilen. Zunehmende Verbreitung finden jedoch Full-Service-Unternehmen, die das komplette Handling aller Gewerke übernehmen: dazu zählen vor allem die Planung einschl. Standentwurf, die Erstellung des Messestandes, Auf- und Abbau, Instandsetzung und Einlagerung des Messestandes. Derartige Verträge sind als Werkverträge (§ 631 BGB) zu qualifizieren, da Werkleistungen – nämlich vor allem Erstellung und Aufbau des Messestandes sowie dessen Abbau – im Mittelpunkt des Vertrages stehen.[135]

Als Werkverträge sind ebenfalls Aufträge an freiberufliche Architekten, Grafiker und Designer zu werten, die Standentwürfe oder Corporate-Identity-Konzepte erarbeiten.

Mittlerweile gehen Messegesellschaften auch dazu über, neben der Vermietung von Hallenfläche, Kompaktangebote zusammenzustellen, in denen sie ihren Ausstellern zu Messebeginn einen »schlüsselfertigen« Stand übergeben. Der fertige Stand umfasst die eigentlichen Standaufbauten, dessen Versorgung mit Strom, Wasser, Telekommunikation usw., Mobiliar und sogar Versicherungsschutz. Das Angebot richtet sich insbesondere an kleine Unternehmen und Messeneulinge, die das Risiko und den Aufwand eigener Standplanung vermeiden wollen. Sie sind so in der komfortablen Situation, zu Messebeginn nur ihre Exponate im Stand aufbauen und Personal, das die Produkte präsentiert, einsetzen zu müssen. Nach dem Ende der Veranstaltung verlassen sie das Gelände, der Abbau ist wieder Sache des Veranstalters.

1.7.2 Mietmobiliar und Mietbekleidung

Aussteller können nicht nur das Standbaumaterial, sondern auch das Mobiliar (Stühle, Tische, Theken usw.) oder Messebekleidung für die Mitarbeiter kaufen, mieten oder leasen. Entsprechende Anbieter halten passende Kollektionen vor und sind gern zum Abschluss entsprechender Kauf- oder Mietverträge bereit.

---

134 Hierzu und zum folgenden vgl. *Selinski/Sperling* S. 50-51.

135 Hinzukommen mögen noch etwaige weitere Serviceleistungen wie die Betreuung während der Messe: Dienstvertrag mit Geschäftsbesorgungscharakter, §§ 675, 611 BGB oder spätere Einlagerung: entgeltliche Verwahrung, § 688 BGB.

1.7.3 Vermittlung von Hostessen, Dolmetschern oder Künstlern

Eine Reihe von Agenturen hat sich darauf spezialisiert, Zeitpersonal an die Aussteller zu vermitteln. Sie verfügen über entsprechende Kontakte zu qualifizierten Freiberuflern wie Hostessen, Dolmetschern, Künstlern. Eine solche Vermittlung lässt sich als Maklertätigkeit einstufen (§ 652 BGB), wenn die Aussteller mit diesem Personenkreis dann entsprechende selbständige Dienst- oder ggf. auch Werkverträge abschließen. In diesem Fall fällt für die Vermittlung ein entspr. Maklerhonorar für die Agentur an, § 652 BGB sowie nach Erbringung der Dienst- oder ggf. Werkleistung eine entspr. Vergütung an die jeweiligen Freiberufler, §§ 611, 614 BGB bzw. §§ 613, 641, 646 BGB.

Denkbar sind in diesen Fällen auch Zeitarbeitsverhältnisse, falls weisungsabhängige Beschäftigungsverhältnisse dieser Personen mit den Agenturen eingegangen werden. Hier ist dann das Zeitarbeitsgesetz zu beachten.

1.7.4 Beauftragung von Marktforschungsinstituten

Aussteller und Messegesellschaften beauftragen vielfach Marktforschungsinstitute damit, den Einzel- bzw. Gesamterfolg der Messe empirisch nachzuweisen. Die zugrunde liegenden Verträge sind – da ergebnisorientiert – am ehesten als Werkverträge (§ 631 BGB) einzustufen.

1.7.5 Beauftragung von Messeconsultern

Messeconsulter sind Dienstleister, die sich auf die Beratung von Ausstellern im Hinblick auf Messebeteiligungen spezialisiert haben. Sie erarbeiten auf entspr. Auftrag Messebeteiligungskonzeptionen, geben Strategie- und Handlungsempfehlungen und übernehmen auch das Messetraining für das Standpersonal des Ausstellers. Derartige Beratungs- und Trainingsverträge lassen sich als Geschäftsbesorgungsverträge mit Dienstleistungscharakter (§§ 675, 611 BGB) einstufen, da die Consulter Geschäfte wahrnehmen, die eigentlich dem Aussteller obliegen. Sie sind wohl – anders als im Falle der Marktforschung – vorwiegend tätigkeitsorientiert und daher im Kern selbständige Dienstverträge.

1.7.6 Messespediteure

Um Probleme mit Zollterminen, Zeitplänen und einer Zwischenlagerung des Standes und des Verpackungsmaterials zu vermeiden, bietet sich der Einsatz erfahrener Spediteure an. Mit diesen werden entsprechend Speditions- und ggf. auch Frachtverträge geschlossen, §§ 453 ff., 407 ff. HGB.

1.8 Besucher

Je nach Art der Veranstaltung – Fach- oder Publikumsveranstaltung – sind die Besucher in zwei Hauptkategorien zu unterteilen. Bei Fachmessen handelt es sich um gewerbliche Wiederverkäufer und gewerbliche Käufer. Soweit sie in Ausübung ihrer gewerblichen Tätigkeit oder einer selbständigen beruflichen Tätigkeit handeln, sind sie Unternehmer nach § 14 BGB.

Dagegen sind bei Publikumsmessen (im Rechtssinne Ausstellungen) die Besucher Privatleute oder Verbraucher im Sinne von § 13 BGB.

Das kann bei der Beurteilung von AGB zu unterschiedlichen rechtlichen Konsequenzen führen. Bei Publikumsveranstaltungen, also B2C-Veranstaltungen, kommt dem Besucher der volle Schutz des AGB-Rechts (§§ 305 ff. BGB) zugute. Gegenüber gewerblichen Fachbesuchern gilt nur ein eingeschränkter Schutz (§ 310 I BGB), da es sich um eine C2C-Veranstaltung handelt. Dies gilt vor allem auch in der Rechtsbeziehung zwischen Veranstalter und Aussteller.

2. Einige rechtliche Besonderheiten der deutschen Messewirtschaft

2.1 Staatliche/kommunale Eigentümerstellung

Die privatrechtliche Organisationsform der deutschen Messegesellschaften als GmbH oder Aktiengesellschaft darf nicht darüber hinwegtäuschen, dass sie zumeist im Eigentum der öffentlichen Hand stehen. In aller Regel sind die Kommune und das Bundesland, in denen sich das Messegelände befindet, gemeinsam Gesellschafter. Die großen Sieben der Branche (Frankfurt, Hannover, München, Köln, Düsseldorf, Stuttgart und Nürnberg) sind allesamt kommunale und staatliche Gesellschaften.

Auf die Rechtsbeziehungen, welche die Messegesellschaften insbesondere mit Ausstellern und Besuchern eingehen, hat diese Konstellation kaum Auswirkungen. Die unmittelbaren Rechtsverhältnisse zwischen den Messeveranstaltern und ihren Kunden gestalten sich überwiegend nach privatrechtlichen Grundsätzen. Die staatlich- kommunale Eigentümerschaft schlägt nicht auf die von den Gesellschaften geschlossenen Außenverträge durch. Eine Messe kann nicht der allgemeinen Daseinsvorsorge zugerechnet werden, wie etwa die städtische Müllabfuhr oder ein Wasserwerk, deren privatrechtliche Organisationsform die Pflichten ihres öffentlichen Eigentümers nicht zu verdrängen vermag. Die privaten Veranstalter sind heute eben keine »Messeämter« mehr.

Nicht einmal bei der Vergabe von Großaufträgen, wie etwa dem Bau von Messehallen, unterliegen die Messegesellschaften immer dem Ausschreibungsgebot der öffentlichen Hand. Viele Messeveranstalter vergeben ihre Aufträge wie ein privates Wirtschaftsunternehmen. Demgegenüber hat das Kammergerichts Berlins in einer vielbeachteten Entscheidung (Beschluss vom 27.07.2006, 2Verg 5/06) festgestellt, die Messe Berlin sei öffentlicher Auftraggeber im Sinne der §§ 97 ff. GWB. Maßgeblich für diese Einschätzung sei das fehlende wirtschaftliche Eigenrisiko, ohne das die Messe Berlin ihre Geschäftstätigkeit betreiben könne. Das Land Berlin ist mit 99,7% an der Messegesellschaft beteiligt und finanziert sie fortlaufend mit hohen Zuwendungen (a.a.O.).

Angesichts nur noch sehr weniger Messeveranstalter, die gänzlich ohne finanzielle Beiträge ihrer öffentlichen Anteilseigner auskommen (z.B. Frankfurt und Hannover), erscheint absehbar, dass künftig immer mehr Messegesellschaften von einer freien Vergabe absehen und sich den Anforderungen öffentlicher Vergabekriterien werden unterwerfen müssen.

Schon heute kommt den öffentlichen Eigentümern im Innenverhältnis weitaus größere Bedeutung zu. Die Organe der Messegesellschaften und ihre sonstigen Gremien (Aufsichtsrat, Beirat usw.) sind grundsätzlich auch mit Vertretern ihrer Anteilseigner besetzt. Zuweilen lassen es sich das Land oder die Kommune auch nicht nehmen, einen ihrer Vertreter, etwa einen hohen Beamten oder Staatsekretär in die Geschäftsführung oder den Vorstand ihrer Messegesellschaften zu entsenden.

2.2 Subventionierung

Der besonderen Bedeutung entsprechend, welche die öffentlichen Anteilseigner ihren jeweiligen Messegesellschaften beimessen, erhalten die meisten von ihnen erhebliche Geldmittel der öffentlichen Hand, mit der ihre Geschäftstätigkeit subventioniert wird.

So hat etwa die Messe München für den Bau ihres Geländes auf dem ehemaligen Flughafen München Riem eine Eigenkapitalspritze der Stadt München und des Freistaats Bayern von 1 Milliarde € erhalten. Die restlichen 1,3 Milliarden € des im ersten Bauabschnitt 2,3 Milliarden € teuren Bauvorhabens wurden mit Fremdmitteln finanziert. Für den Kapitaldienst treten der Freistaat und die Stadt ebenfalls ein, soweit die Messegesellschaft dazu aus eigenem Cash Flow nicht in der Lage ist.[136]

Auch Stuttgart hat nachgerüstet. Im Juli 2004 haben in der Nähe des Flughafens Leinfelden-Echterdingen die Bauarbeiten für ein neues Messegelände mit ca. 80.000 m² Hallenkapazität begonnen. Man rechnet mit Baukosten in Höhe von 806 Mio. €. Die Finanzierung wird hier im Wesentlichen von der Stadt Stuttgart und dem Land Baden-Württemberg getragen.[137] Angesichts des guten wirtschaftlichen Umfeldes in der Region Stuttgart erreichte die Dauermieterin und Betreiberin des Geländes, die aus der Stuttgarter Messe- und Kongressgesellschaft mbH hervorgegangene Landesmesse Stuttgart GmbH, aus dem Stand heraus eine zufriedenstellenden Auslastung. Die Branche erwartet nach dem Wechsel diverser Ausstellungen von der benachbarten Messe Sinsheim nach Stuttgart weitere Abwanderungen, die zu Lasten anderer deutscher Messestandorte gehen – eine Entwicklung, die gerade an anderen süddeutschen Messeplätzen, wie z.B. München, Nürnberg und Sinsheim mit Sorge betrachtet wird.

Für die Städte und Länder sind diese Fördermittel in aller Regel gut investiertes Geld. Selbst wenn viele Messegesellschaften seit Jahren defizitär arbeiten und ihre öffentlichen Anteilseigner kaum hoffen können, das Geld zurückgezahlt zu bekommen, rechnet sich die Förderung. Die durch die Veranstaltung großer Messen in die jeweilige Region geholte Wirtschaftkraft kommt mittel- und unmittelbar den Städten und Ländern zugute.

Die im Auftrag des Niedersächsischen Ministerium für Wirtschaft, Technologie und Verkehr erstellte Studie »Regionalwirtschaftliche Effekte der EXPO 2000 – Eine Schlussbilanz« kommt zu dem Ergebnis, dass die Weltausstellung mit einem gesamtwirtschaftlichen Impuls von 11,2 Milliarden DM (~ 5,6 Milliarden €) verbunden war, zu einer Wertschöpfung infolge des dadurch ausgelösten Nachfrageanstoßes von 13,4 Milliarden DM (~ 6,7 Milliarden €) geführt und eine Beschäftigungswirkung von reichlich 100.000 Personenjahren nach sich gezogen habe.[138]

Diese wirtschaftlichen Auswirkungen lassen sich von dem singulären Großereignis EXPO 2000 sicherlich nicht uneingeschränkt auf die wirtschaftsfördernde Funktion von Messen übertragen. Der wirtschaftliche Effekt turnusgemäß immer wieder an einem Standort durchgeführter Veranstaltungen stellt sich für die betreffende Region aber ganz ähnlich dar.

Diesen Effekt streben letztlich alle Kommunen und Länder an, wenn sie die bei ihnen ansässigen Messegesellschaften selbst dann finanziell fördern, wenn der vordergründi-

---

136 Süddeutsche Zeitung v. 23.06.2004.
137 Stuttgarter Zeitung v. 03.04.2004
138 *Brandt u.a.* S. 133.

ge wirtschaftliche Nutzen angesichts der Wettbewerbssituation auf dem Messemarkt zunächst zweifelhaft erscheinen mag.

Die massive Subventionierung zieht jedoch negative Folgen nach sich, deren Ergebnis heute noch nicht absehbar ist.

Immerhin scheint die in den vergangenen Jahren feststellbare Entwicklung des subventionierten Aus- und Neubaus von Ausstellungskapazitäten mittlerweile zum Stillstand zu kommen. Während die Hallenkapazität in Deutschland von 2,3 Mio. m² im Jahr 1998 auf 2.675.600 m² zum Stichtag 01.01.2006 (ca. 16% in acht Jahren) angestiegen ist, rechnet der AUMA für den Fünfjahreszeitraum 2008 bis 2013 nur noch mit einem Anwachsen der Kapazität um insgesamt 30.000 m² (ca. 1%). Die von den Betreibern in dem genannten Zeitraum geplanten Investitionen von EUR 360 Mio. fließen vorrangig in den Ersatz alter Hallen und Renovierungsmaßnahmen.[139].

Andererseits war in den Jahren 1998 bis 2003 die Summe der pro Jahr vermieteten Ausstellungsfläche der in die Betrachtung einbezogenen Messegesellschaft in derselben Zeit von 6,5 Mio. m² auf 6,2 Mio. m² (2005) zurückgegangen, ein Verlust von knapp 5%. Die in 2005 festgestellte Trendwende bei der vermieteten Standfläche hat sich in den Folgejahren fortgesetzt, wenngleich das Wachstum recht bescheiden ausfiel.[140]. Die Schere zwischen Angebot und Nachfrage an Ausstellungsfläche klafft also weiter auseinander.

Diese wirtschaftliche Fehlentwicklung ist nur vor dem Hintergrund der Subventionspolitik der Städte und Länder und des Fehlens effektiver Marktregulierungskräfte erklärbar. Nur vor dem Hintergrund der Subventionsmittel sind die Messegesellschaften in der Lage, Millionen in neue Messehallen zu investieren, für die der Markt derzeit offenbar keinen Bedarf hat.

2.3 Einheit von Besitz und Betrieb

Für den deutschen Messemarkt ist kennzeichnend, dass die meisten Messeveranstalter zugleich auch Geländeeigentümer sind. Diese Aussage trifft insbesondere für die großen Messegesellschaften der öffentlichen Hand zu. Die Ursache ist historisch bedingt und resultiert aus der deutschen Messetradition, dass Städte wie z.B. Leipzig und Frankfurt schon seit Jahrhunderten innerhalb ihrer Gemeindegrenzen eigene Veranstaltungen auf eigenen Messeplätzen durchführen.

Mit dem Entstehen der großen Messen, auch an anderen Orten, stellte sich auch dort die wirtschaftliche Tragfähigkeit des Konzeptes der Einheit von Besitz und Betrieb ein. Es wird heute von allen großen deutschen Messegesellschaften praktiziert und ist auch Ausdruck für die regionale Bedeutung und Verhaftung der Messegesellschaften mit ihren jeweiligen Standorten. Eine »Produktionsverlagerung«, wie sie in anderen Branchen heute gang und gäbe ist, kennt die deutsche Messewirtschaft in dieser Form nicht. Die von ihr im Ausland durchgeführten Veranstaltungen sind zumeist Ableger der großen heimischen Messen. Sie bilden keine Alternative zu den hiesigen Veranstaltungen, sondern eine Ergänzung. Eine Verlagerung in ein Billiglohnland findet erst recht nicht statt.

---

139 AUMA-Presse-Information v. 29.05.2008.
140 AUMA (Hrsg.) S. 14.

Zwingend ist die Einheit von Besitz und Betrieb keineswegs. Die ausländische Messewirtschaft, hier sind insbesondere die angelsächsischen Gesellschaften Reeds, Montgomery und MackBrooks zu nennen, verfügen über keine eigenen Messegelände und veranstalten ihre Messen weltweit auf fremden Geländen. Sie arbeiten mit diesem Konzept hochprofitabel, da sie auf diese Weise die hohen Kosten der Geländeinfrastruktur vermeiden. Zudem sind sie mit ihren Veranstaltungen standortungebunden und damit ungleich flexibler als ein deutscher Veranstalter, der gezwungen ist, sein Gelände auszulasten.

Natürlich erwarten die öffentlichen Eigentümer der Messegesellschaften diese Standorttreue. Die deutschen Messeveranstalter sind in ihrer Entscheidung zur Durchführung ihrer Messen auf eigenem Gelände also nicht immer frei. Die vorab geschilderte Subventionspolitik und die in ihr zum Ausdruck kommende Form der regionalen Wirtschaftförderung führt eben auch dazu, dass vorhandene Kapazitäten gesichert und ausgelastet werden sollen. Der Veranstalter hat seine Messen vor allem erst einmal auf eigenem Grund und Boden durchzuführen.

Derzeit zeigen sich Tendenzen, dass einige der in öffentlicher Hand stehenden Messegesellschaften eine Aufteilung von Besitz und Betrieb anstreben. Die Messe Frankfurt hat eine Ausgliederung beider Geschäftsanteile in eine Betriebs- und eine Besitzgesellschaft vollzogen. Beide Gesellschaften werden nach diesem Modell zwar noch unter dem Dach einer gemeinsamen Holdinggesellschaft zusammengehalten. Inwieweit sich aus diesem Ansatz eine eigene Dynamik, etwa hin auf eine Verschmelzung mit zukünftigen Betriebsgesellschaften anderer Messeveranstalter, entwickelt, kann derzeit noch nicht abgesehen werden.

2.4 Kooperationen im Messewesen

In zunehmendem Maße, sicherlich auch als Folge des steigenden Wettbewerbsdrucks, kommt es in der Messewirtschaft zu Vereinbarungen von Messegesellschaften und -veranstaltern untereinander, mit denen die Kooperationspartner bestehende Veranstaltungen zusammenführen, um deren Potentiale gemeinsam zu nutzen. Üblicherweise bringt einer der Partner ein eigenes Veranstaltungsthema ein, das um Ausstellungsbereiche des anderen erweitert wird. Die Veranstaltung erfährt auf diese Weise eine Abrundung ihrer Inhalte und erreicht breitere Zielgruppen als die Messen, aus denen sie hervorgegangen ist. Derartige Kooperationen im Messewesen sind häufig auf Initiative von Ausstellergruppen oder ihrer Verbände zurückzuführen. Diese versprechen sich, durch die Zusammenführung miteinander verknüpfter Ausstellungsthemen Kosten zu sparen (es muss nur noch eine Veranstaltung besucht werden) und eine höhere Effizienz ihrer Messeteilnahme oder der ihrer Verbandsunternehmen zu erreichen (es werden größere Besuchergruppen erreicht).

Die Gestaltung derartiger Kooperationsvereinbarungen lässt sich im in drei Fallgruppen unterteilen:

2.4.1 GbR-Modell

In der Struktur einer Gesellschaft bürgerlichen Rechts (GbR) nach §§ 705 ff BGB vereinbaren die Partner zur Erreichung ihres Ziels, der gemeinsamen Durchführung von Messen, zusammenzuarbeiten. Jeder der Kooperationspartner leistet die ihm zugewiesenen Beiträge (wie z.B. Bereitstellung des Messegeländes, markenrechtlich geschützte Messenamen, Adresslisten potentieller Aussteller, Akquisitionsleistungen, technischer Service usw.), um den Veranstaltungserfolg sicherzustellen. Jeder trägt zur Realisierung der Messe bei. Eine Vergütung im Sinne der Bezahlung der Leistung aus einem Auftragsverhältnisses erfolgt nicht. Jeder der Kooperationspartner ist als Mitunternehmer am Gewinn oder Verlust der gemeinsamen Messe beteiligt. Er handelt in unternehmerischer Initiative und auf unternehmerisches Risiko. Seine Vergütung besteht in seiner Gewinnbeteiligung.

2.4.2 Auftragsmodell

Die Kooperation kann auch darin bestehen, dass einer der Partner die gemeinsame Veranstaltung federführend durchführt und verantwortet. Die von dem anderen, dem nicht federführenden Partner erbrachten Leistungen werden diesem vergütet (Geschäftsbesorgungsvertrag, § 675 BGB). Das unternehmerische Risiko, eine defizitäre Veranstaltung durchzuführen und die unternehmerische Chance, Nutznießer einer erfolgreichen Messe zu sein, liegt im idealtypischen Fall dieser Konstellation allein bei dem federführenden Partner. Mischformen sind gegeben, wenn der nicht federführende Partner für die von ihm entgeltlich erbrachten Leistungen eine variable Vergütung erhält, deren Höhe sich am Veranstaltungsergebnis orientiert.

2.4.3 GmbH-Modell

Als dritte Variante kommt die Gründung einer gemeinsamen Kapitalgesellschaft, z.B. einer GmbH, in Betracht, an der die Kooperationspartner als Gesellschafter beteiligt sind. Diese gemeinsame Beteiligungsgesellschaft (Joint Venture Gesellschaft) ist eine eigene juristische Person, die als Veranstalter auftritt. Sie mietet ggf. das Veranstaltungsgelände bei einem der Partner oder bei Dritten an, schließt die Verträge mit den Ausstellern, beauftragt Marketingdienstleistungen und berechnet die Standmieten an die Aussteller in eigenem Namen. Die Kooperationspartner, die ja zugleich Gesellschafter der Veranstaltungsgesellschaft sind, partizipieren am Erfolg des Unternehmens erst im Zuge der Ergebnis- oder Dividendenausschüttung. Um die Veranstaltungsgesellschaft nicht mit Personal zu überfrachten, erteilt diese oftmals auch Dienstleistungsaufträge an ihre eigenen Gesellschafter, die dann veranstaltungsbezogene Leistungen zur Durchführung der Messe erbringen. Diese können in Akquisition, Werbung, Fakturierung, aber auch der Erteilung von Lizenzen, z.B. an Veranstaltungs- und Durchführungsrechten bestimmter Messen, bestehen.

2.4.4 Kartellrechtliche Aspekte

Wie bei allen Kooperationsvereinbarungen zwischen Wettbewerbern sind auch im Messewesen die Bestimmungen des GWB (»Kartellgesetz«) zu berücksichtigen. Mit bestechender Klarheit heißt es in § 1 GWB, dass Vereinbarungen zwischen miteinander im Wettbewerb stehenden Unternehmen verboten sind. Freilich ergeben sich aus § 1 GWB und den nachfolgenden Bestimmungen der § 2 ff. GWB Ausnahmen von diesem Verbot, die Kooperationsvereinbarungen in bestimmten Konstellationen zulässig werden lassen.

Auch die Fusion oder Gründung einer gemeinsamen GmbH kann kartellrechtliche Implikationen auslösen. Zwar werden kooperierende Messegesellschaften in den seltensten Fällen den kumulierten Schwellenwert von 500 Mio. € Jahresumsatz erreichen, der zur Beachtung der Fusionskontrolle des GWB (vgl. §§ 35 ff GWB) entscheidend ist. Steht das Bundeskartellamt aber auf dem Standpunkt, dass die Anteilseigner einen beherrschenden Einfluss auf eine oder mehrere beteiligte Messegesellschaften ausüben, so sind auch deren Umsätze und die der von ihnen beherrschten Beteiligungen in die Summenbildung einzubeziehen. Spätestens wenn öffentliche Energieversorgungsunternehmen, wie z.B. die Stadtwerke einer Kommune, die zugleich Inhaber des betreffenden Messeunternehmens ist, zu berücksichtigen sind, werden die Schwellenwerte in der Regel «gerissen».

Um Rechtssicherheit zu erlangen, empfiehlt sich für die Partner immer, die zuständigen Kartellbehörden zu Beginn ihrer Zusammenarbeit einzubinden. Auf diese Weise können die im Kartellrecht sehr empfindlichen Bußgelder und eine etwaige Nichtigkeit der Kooperationsvereinbarung vermieden werden – nicht nur im Messewesen hat es schon Fälle gegeben, in denen ein unwillig gewordener Kooperationspartner seinen vorzeitigen Ausstieg aus einer langfristig vereinbarten Zusammenarbeit unter Hinweis auf eine kartellrechtliche begründete Unwirksamkeit des Vertrages gestützt hat.

Hervorzuheben ist aber auch, dass Kooperationen im Messewesen gegenüber denen in anderen Branchen eine Besonderheit zukommen dürfte. Beide, Messewesen und Kartellrecht, sind Garanten des Wettbewerbs. Auf Messen werden die Anbieter eines Wirtschaftszweigs nebeneinander und damit unmittelbar vergleichbar präsentiert. Sie schaffen damit eine Grundvoraussetzung funktionierender Marktmechanismen: die Vergleichbarkeit von Leistung und Preis verschiedener Wettbewerber. Der ordnungspolitische Ansatz der Kartellgesetzgebung erfährt auf Messen somit seine Unterstützung durch Schaffung optimaler Marktbedingungen. Angesichts der tendenziell wettbewerbsfördernden Funktion von Messen sind die einschlägigen, kartellrechtlichen Grundsätze bei Kooperationen in diesem Bereich eher zurückhaltend anzuwenden, denn eine Verbindung mehrer Messen zu einer einzelnen, umfassenden Industrieschau garantiert den Abnehmern natürlich einen besseren Marktüberblick, als die zersplitterte Präsentation verwandter Industriezweige auf mehreren Veranstaltungen.

3. Öffentlich-rechtliche Aspekte bei Messen und Ausstellungen

Ein inländisches oder ausländisches Unternehmen, das in Deutschland Messen oder Ausstellungen durchführen möchte, kann hier relativ einfach eine Messegesellschaft gründen oder sich als Messeveranstalter betätigen. Hierbei muss man zwischen der Gründung eines entsprechenden Messeunternehmens als solcher und der späteren Betätigung als Messeveranstalter unterscheiden.

Bild 16: Durchführung von Messen und Ausstellungen

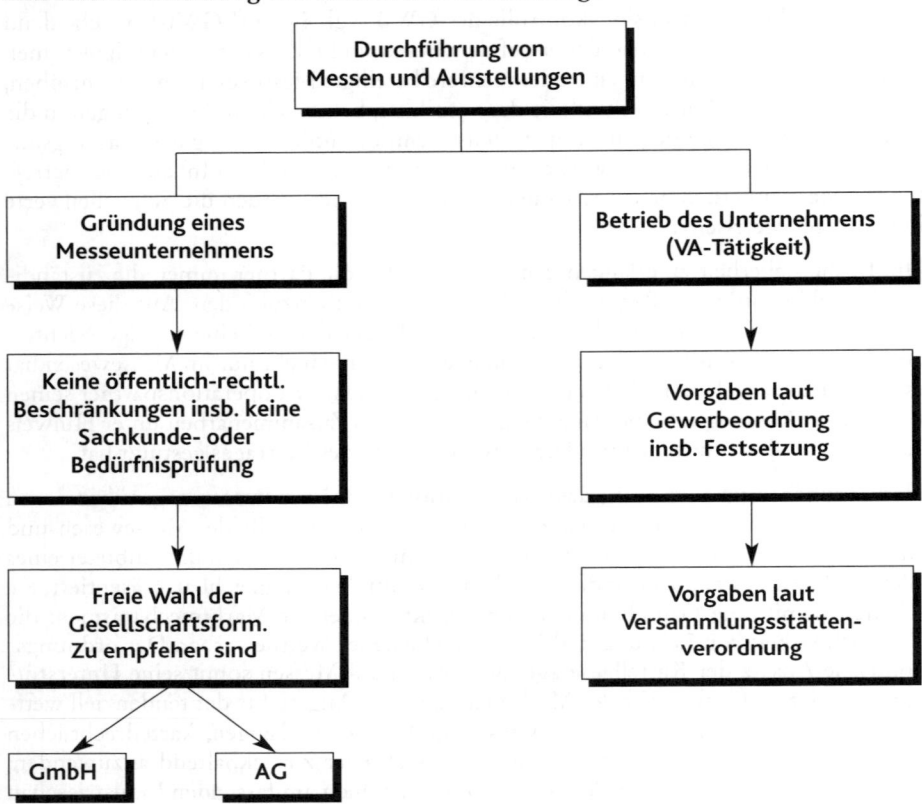

3.1 Gründung eines Messeunternehmens

Im Unterschied zu manchen ausländischen Rechtsordnungen ist die Gründung eines Messeunternehmens in Deutschland frei und unterliegt keiner besonderen staatlichen Kontrolle. Auch ausländische Unternehmen oder Verbände dürfen eine Messegesellschaft in Deutschland gründen. Ausländische Einzelpersonen müssten allerdings die Vorgaben des Ausländergesetzes beachten, soweit nicht auf Grund von EU-Recht oder zwischenstaatlicher Vereinbarungen Privilegierungen bestehen. So genießen EU-Bürger, die sich als Messeveranstalter betätigen möchten, die EU-weite Niederlassungs- und Dienstleistungsfreiheit (Art.43 und 48 EGV). Deutsche können sich zudem auf das Grundrecht der Berufsfreiheit nach Art. 12 GG berufen.

Bei der Wahl einer Gesellschaftsform werden gleichfalls keine besonderen rechtlichen Vorschriften gemacht. Es sind demnach alle Gesellschaftsformen des Handelsrechts möglich, seien es Personengesellschaften (wie oHG oder KG) oder Kapitalgesellschaften (wie GmbH oder AG). Aus haftungsrechtlichen Gründen, Gründen der Kapitalbeschaffung und –ausstattung und Kontinuitätsgründen empfehlen sich für eine Messegesellschaft oder einen Messeveranstalter in erster Linie die GmbH und die AG.

Für das Gründungsprozedere[141] sind dann die Vorgaben des GmbH-Gesetzes und des AktG zu beachten. Das bedeutet vor allem:

Bild 17: Wichtige Gründungsvoraussetzungen bei AG und GmbH

AG

- Feststellung der Satzung
- Mindestnennbetrag des Grundkapitals: 50.000 €
- Ein oder mehrere Gründer
- Aktienübernahme durch die Gründer
- Bestellung des ersten Aufsichtsrats, der Abschlussprüfer und des Vorstandes
- Einzahlung auf das Aktienkapital (mindestens ¼ des Aktiennennbetrages)
- Gründungsbericht
- Gründungsprüfung
- Anmeldung zum Handelsregister

GmbH

- Abschluss des notariellen Gesellschaftsvertrages
- Mindeststammkapital: 25.000 €, bei der neuen Unternehmergesellschaft: 1 €
- Angabe der Höhe der Stammeinlagen
- Ein oder mehrere Gesellschafter
- Bestellung der/des Geschäftsführer/s
- Erbringung der Stammeinlagen (mindestens ¼ bei Bareinlage im Zeitpunkt der Anmeldung)
- Anmeldung zum Handelsregister

Nach Eintragung als GmbH oder Aktiengesellschaft im Handelsregister sind diese als juristische Personen existent, vgl. § 11 GmbHG; § 41 AktG. Das bedeutet vor allem, dass die Unternehmen rechtsfähig sind. Sie sind also Träger von Rechten und Pflichten. Als solche können sie z.B. Eigentümer (z.B. von Immobilien oder beweglichen Sachen) oder Forderungsinhaber sein, Prozesse führen oder verklagt werden und Verbindlichkeiten haben. Ihr Vermögen ist juristisch von dem der jeweiligen Gesellschafter getrennt, vgl. § 13 GmbHG; § 1 AktG.

3.2 Durchführung von Messen

Während die soeben beschriebene juristische Geburt wie bei natürlichen Personen im Ganzen keine nennenswerten Probleme aufwirft, reglementiert der Staat die Betätigung von Messegesellschaften und Messeveranstaltern durch spezielle öffentlich-rechtliche Vorschriften.

Hervorzuheben sind hier besonders die Gewerbeordnung und die Muster-Versammlungsstätten-Verordnung.[142]

3.2.1 Die Gewerbeordnung

Wie jede Art gewerblicher Tätigkeit unterliegt auch die gewerbliche Durchführung von Messen, Ausstellungen und Märkten öffentlich-rechtlichen Vorgaben, d.h. ge-

---

141 Genauer dazu *Klunzinger* § 8 zur AG und § 11 zur GmbH.
142 Abgehandelt unten im Teil 2 des Buches

wissen staatlichen Restriktionen und Kontrollen. Rechtliche Grundlage dafür ist die Gewerbeordnung, die auch als »Grundgesetz des Gewerberechts«[143] bezeichnet wird. Sie verfolgt in erster Linie ordnungs- und polizeirechtliche Ziele und wird von dem grundlegenden Prinzip der Gewerbefreiheit dominiert. Dieses in § 1 GewO verankerte Prinzip besagt, dass der Betrieb eines Gewerbes jedermann gestattet ist, soweit nicht durch dieses Gesetz Ausnahmen und Beschränkungen vorgeschrieben oder zugelassen sind. Diese ist je nach Gewerbeart unterschiedlich stark verwirklicht, weshalb ein Blick auf die drei verschiedenen Arten gewerblicher Tätigkeit geworfen werden soll.

Dass die Beteiligten am Messegeschehen, insbesondere Messegesellschaften, Messeveranstalter, Dienstleister, Aussteller mit Ausnahme von Hobby-Ausstellern als Gewerbetreibende anzusehen sind und damit der GewO unterliegen, ist eindeutig. Denn sie üben eine selbständige nachhaltige Tätigkeit mit der Absicht der Gewinnerzielung aus und beteiligen sich am allgemeinen wirtschaftlichen Verkehr, ohne zu den Berufsgruppen der Angehörigen eines freien Berufs, der Land- und Forstwirtschaft, Künstler oder Wissenschaftler zu zählen.[144] Die GewO ist daher einschlägig.

Wie bereits erwähnt, unterscheidet die GewO drei Arten gewerblicher Betätigung:

Bild 18: Die verschiedenen Gewerbearten nach der GewO

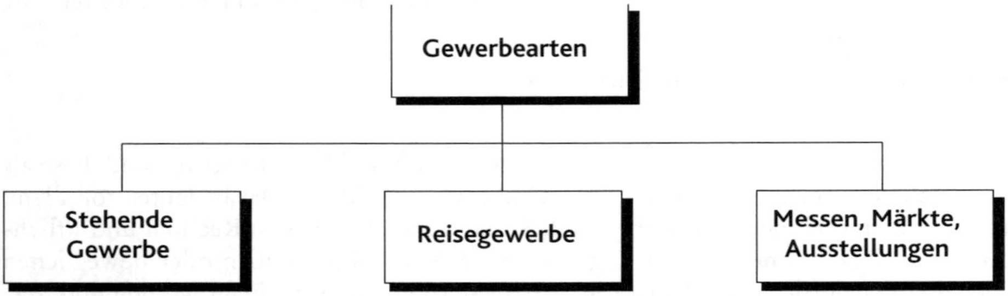

3.2.1.1 Das stehende Gewerbe (Titel II, §§ 14 ff. GewO)

Unter einem stehenden Gewerbe ist ein Gewerbe mit fester Niederlassung zu verstehen, das innerhalb oder außerhalb der Räume seiner gewerblichen Niederlassung zumeist auf Bestellung ausgeübt wird. Diese Grundform der Gewerbeausübung ist in §§ 14 ff. GewO geregelt. Sie unterliegt dem grundlegenden Prinzip der Gewerbefreiheit und damit wenig rechtlichen Beschränkungen. Das bedeutet genauer gesagt, dass das Gewerbe ohne besondere Genehmigung nach einer bloßen formalen Anzeige gegenüber der Behörde ohne inhaltliche Prüfung von Sachkunde, wirtschaftlicher Leistungsfähigkeit, Nachfragesituation etc. ausgeübt werden darf.

Beispiel

Eröffnung eines Getränkemarktes

---

143 *Stober* Einführung zur NWB-Textausgabe, Wichtige Wirtschaftsverwaltungs- und Gewerbegesetze, S. XIV. Nach der Föderalismusreform können die Länder im Bereich der Messen und Ausstellungen eigene, landesrechtliche Regelungen einführen, Art. 74 II Nr.11 GG; sie haben davon bisher jedoch keinen Gebrauch gemacht.
144 Vgl. § 15 II EStG; *Stober* § 46 I.

Es besteht nur eine Anzeigepflicht. Der zuständigen Behörde ist die Aufnahme der gewerblichen Tätigkeit bloß auf einem entspr. Formblatt und gegen Zahlung einer geringen Gebühr anzuzeigen. Sie bestätigt dem Antragsteller binnen 3 Tagen den Eingang dieser Anzeige. Diese Bestätigung heißt Gewerbeschein (vgl. § 15 GewO). Eine inhaltliche Überprüfung im Hinblick auf fachliche Qualifikation oder finanzielle Leistungsfähigkeit erfolgt ebenso wenig wie z.B. eine Bedürfnisprüfung. Hat der Unternehmer im Beispielfall die betr. behördliche Bestätigung erhalten, kann er den Getränkemarkt eröffnen. Ein Scheitern infolge Fehlkalkulation, fachlicher Unkenntnis, ausreichender finanzieller Mittel, falscher Standortwahl etc. regelt der Markt, nicht der Staat.

Das hier zur Anwendung kommende Prinzip lautet: Erlaubnis mit Verbotsvorbehalt.

Das bedeutet für jedermann die genehmigungsfreie Möglichkeit der Aufnahme einer gewerblichen Betätigung und einer nachträglichen Gewerbeuntersagung bei Unzuverlässigkeit, bei Gefahren für die Allgemeinheit, Mitarbeiter u.ä. nach § 35 GewO.

Im Messemarkt sind als Beispiele für genehmigungsfreie, nur anzeigepflichtige gewerbliche Tätigkeiten zu nennen:

- die Dienstleistungen von Messe- und Kongressgesellschaften, soweit sie in der Vermietung von Hallen und anderen Leistungen an andere Veranstalter bestehen (Fremdveranstaltungen)
- die Dienstleistungen von Standbauunternehmen vorbehaltlich handwerksrechtlicher Einschränkungen[145]
- die Dienstleistungen von Catering-Firmen, Agenturen, die Hostessen, Dolmetscher oder Künstler vermitteln oder zur Verfügung stellen
- die Dienstleistungen von Schaufensterdekorateuren oder Floristen, die für die passende Standdekoration sorgen
- die Dienstleistungen von Beratungsfirmen, die Aussteller und Messegesellschaften bei der Konzeption von Messen oder Messebeteiligungen beraten

Ausnahmsweise besteht bei einigen gefährlichen Gewerben eine Genehmigungspflicht. Diese ist in den §§ 30 ff. GewO bzw. in weiteren gewerberechtlichen Gesetzen wie dem Gaststättengesetz, der Handwerksordnung oder sonstigen Rechtsnormen wie im BundesimmissionsschutzG geregelt. Hier müssen bestimmte fachliche und sachliche Voraussetzungen erfüllt werden.

Beispiel

Wer eine Event-Gastronomie betreiben möchte, muss nach § 4 GastG seine Zuverlässigkeit, einen Unterrichtungsnachweis, die Geeignetheit der Räumlichkeiten und fehlende Beeinträchtigung der Nachbarschaft u.ä. nachweisen und erhält nur nach entspr. positiver Überprüfung eine Erlaubnis.

Es gilt hier das Prinzip des Verbots mit Erlaubnisvorbehalt, das die Gewerbefreiheit aus Gründen der Gefahrenabwehr einschränkt.

Umgekehrt fallen einige Betätigungen im Messe- und Ausstellungsbereich von vornherein aus der Gewerbeordnung heraus, weil es sich nicht um die Ausübung eines Gewerbes handelt. Sie können also ohne Berücksichtigung der GewO ausgeübt werden.

---

145 Soweit z.B. die Dienstleistung in wesentlichen Teilen in einer Tischler- oder evtl. Zimmerertätigkeit besteht, müsste die Handwerksordnung bedacht werden, die insoweit noch immer grundsätzlich einen Meistertitel fordert. Zu den inzwischen stark reduzierten meistergebundenen Tätigkeiten vgl. die Anlage A zur HandwO.

Dazu einige Beispiele:

- Freiberufliche Tätigkeit von Architekten, die Standentwürfe planen und realisieren
- Freiberufliche Tätigkeit von Hostessen, Dolmetschern, Künstlern
- Wissenschaftliche Tätigkeit von Marktforschungsinstituten
- Freiberufliche Tätigkeit von Patentanwälten

3.2.1.2 Das Reisegewerbe (Titel III, §§ 55 ff. GewO)

Dies sind Tätigkeiten, die ohne vorhergehende Bestellung und außerhalb einer Niederlassung oder ohne eine entspr. Niederlassung selbständig ausgeübt werden.

Wer Waren feilbietet oder Leistungen anbietet, bedarf bei ambulanter Tätigkeit einer Reisegewerbekarte, § 55a GewO. Die Behörde muss hier vor allem die Zuverlässigkeit des Betreffenden überprüfen, da dieser bei schlechter Qualität schnell auf und davon ist und der Kunde das Nachsehen hat. Wegen dieses up-and-away-Effekts soll eine vorbeugende Gefahrenkontrolle stattfinden.

> **Beispiel**
>
> Verkauf teurer Fanartikel, CD, Video etc. anlässlich von Sport-, Unterhaltungs- oder Kulturveranstaltungen außerhalb der Geschäftsniederlassung. Hier bedarf es regelmäßig im Interesse der Gefahrenabwehr der Beantragung einer Reisegewerbekarte, bei der besonders die Zuverlässigkeit des Betreffenden überprüft wird.

3.2.1.3 Messe-, Ausstellungs- und Marktgewerbe (Titel IV, §§ 64 ff. GewO)

Messen, Ausstellungen und Märkte im Sinne der GewO sind mit staatlicher Erlaubnis durchgeführte und mit bestimmten Vergünstigungen (»Marktprivilegien«) versehene Verkaufs-, Vertriebs- oder Informationsveranstaltungen an einem bestimmten Ort. Die Definitionen finden sich im Einzelnen in den §§ 64-68 GewO[146].

Sie unterliegen präventiver staatlicher Kontrolle. Der Veranstalter von Messen, Ausstellungen und Märkten benötigt eine entsprechende Festsetzung nach § 69 GewO. Allerdings ist die Festsetzung nur Voraussetzung für die Erlangung der Marktprivilegien. Das bedeutet, dass Messen, Ausstellungen und Märkte auch ohne Festsetzung »gewissermaßen als Privateinrichtung durchgeführt werden«[147] können. Wer eine solche Veranstaltung durchführt, muss dann punktuell alle gewerberechtlichen und sonstigen Vorschriften (z.B. baurechtliche, arbeitsrechtliche, straßenrechtliche, gaststättenrechtliche, ladenschlussrechtliche, ausländerrechtliche Normen) beachten und genießt nicht die mit einer Festsetzung verbundenen Marktprivilegien. Im Klartext: Jeder kann ohne Festsetzung Messen, Ausstellungen und Märkte abhalten, muss dann aber zahlreiche baurechtliche, arbeits(zeit-)rechtliche, straßenrechtliche, gaststättenrechtliche, ladenschlussrechtliche oder ausländerrechtliche Vorschriften beachten und ev. Erlaubnisse einholen, von denen er bei einer Festsetzung (weitgehend) befreit wäre.

Die Teilnehmer einer einmal festgesetzten Veranstaltung genießen ihrerseits die Messe-, Ausstellungs- und Marktfreiheit nach § 70 GewO und bedürfen insoweit regelmäßig keiner besonderen Genehmigung.

---

146 S. dazu oben S. 106 f., vgl. ferner *Stober* § 46 VI.
147 *Tettinger* in: Tettinger/Wank § 69 Rn. 21.

Beispiel

Wer als Aussteller einer behördlich festgesetzten Esoterik-Messe Pendel, Quarzsteine, CD u.ä. verkauft, bedarf keiner Reisegewerbekarte.

3.2.1.4 Die Festsetzung nach § 69 GewO

Um Marktprivilegien[148] umfassend für den Veranstalter, teilnehmende Aussteller sowie interne und externe Lieferanten in Anspruch nehmen zu können, bedürfen Messen, Ausstellungen und Märkte also einer behördlichen Genehmigung. Diese Genehmigung bezeichnet § 69 GewO als Festsetzung. Sie stellt die Erlaubnis zur Abhaltung der beantragten Veranstaltung unter den Freiheiten dar, die durch die Marktprivilegien gewährt werden.

Voraussetzung für die Erteilung der Festsetzung ist, dass eine als Messe beantragte Veranstaltung den Anforderungen des § 64 GewO und eine Ausstellung denen des § 65 GewO genügen. Insbesondere muss eine Messe oder Ausstellung somit einen repräsentativen Überblick über das Angebot der auf ihr präsentierten Wirtschaftszweige bieten und sich insbesondere an gewerbliche Wiederverkäufer richten. Aus dieser Charakterisierung folgt z.B. das häufig in Teilnahmebedingungen der Veranstalter anzutreffende Verbot des Kleinverkaufs, das nicht zuletzt den örtlichen Einzelhandel schützen soll, der seinerseits ja keine Marktprivilegien bei den Öffnungs- und Arbeitszeiten genießt.

Die Festsetzung umfasst Gegenstand, Öffnungszeit, Dauer und Platz der Veranstaltung. Die Genehmigung hat der Veranstalter bei der für ihn zuständigen Behörde einzuholen. Das wäre im Falle der CeBIT das Ordnungsamt (Gewerbemeldeangelegenheiten) der Landeshauptstadt Hannover, nachdem die Landesregierung bereits vor einigen Jahren die Zuständigkeit für die Festsetzung von Messen von den Bezirksregierungen abgezogen hat.

Bei der Festsetzung besteht Typenzwang. Die Veranstaltung muss also in vollem Umfang dem betreffenden gesetzlichen Veranstaltungstyp entsprechen (Messe, Ausstellung, Markt etc.), so wie er in den §§ 64-68 GewO definiert ist.[149] Eine Kombination verschiedener Vertragstypen ist nicht statthaft.

Eine gesetzliche Durchführungspflicht wie bei Wochen-, Spezial- und Jahrmärkten besteht bei Messen und Ausstellungen nicht.[150] Wegen der hohen Investitionskosten für Veranstalter von Messen und Ausstellungen besteht ohnehin von vornherein ein hinreichendes Interesse daran, die festgesetzten Veranstaltungen durchzuführen. Für eine gesetzliche Durchführungspflicht besteht somit kein Bedürfnis. Allerdings muss der Veranstalter der Behörde die Nichtdurchführung der Messe oder Ausstellung anzeigen.

Die Festsetzung hat seitens der zuständigen Behörde zu erfolgen, wenn keine Ablehnungsgründe vorliegen. Diese sind gemäß § 69a GewO:

1. **Nichterfüllung der Begriffsmerkmale**, d.h. wenn die für Messen und Ausstellungen in den §§ 64 und 65 GewO bezeichneten Voraussetzungen nicht erfüllt sind.

---

148 Vgl. unten 3.2.1.5.
149 *Tettinger* in: Tettinger/Wank § 69 Rn.16
150 *Tettinger* in: Tettinger/Wank § 69 Rn. 46

2. **Unzuverlässigkeit des Antragstellers**, d.h. wenn der Veranstalter nach dem Gesamteindruck seines Verhaltens nicht die Gewähr dafür bietet, die Veranstaltung ordnungsgemäß und den Vorschriften entsprechend durchzuführen. Beispiele: vorsätzliche Nichtabführung von Sozialversicherungsbeiträgen an die Sozialversicherungsträger; Beschäftigung von Schwarzarbeitern.

3. **Verstöße gegen das öffentliche Interesse**, z.B. bei Gefahr für Leben und Gesundheit der Veranstaltungsteilnehmer oder bei erheblichen Störungen der öffentlichen Sicherheit und Ordnung.

Wenn keiner dieser Ablehnungsgründe vorliegt und die Veranstaltung die gesetzlichen Voraussetzungen einer Messe, Ausstellung oder eines Marktes erfüllt, muss die Festsetzung durch die Behörde erfolgen (»gebundene Entscheidung«).[151] Der Veranstalter hat in diesem Fall einen Rechtsanspruch gegen die Behörde, den er mit der Verpflichtungsklage vor dem Verwaltungsgericht durchsetzen kann.[152]

3.2.1.5 Marktprivilegien

Die Festsetzung einer Messe oder Ausstellung gewährt dem Aussteller – abgesehen von dem Vorteil, nur eine einzige, allgemeine Genehmigung statt vieler einzelner Genehmigungen einholen zu müssen – weitere Vergünstigungen, die als Marktprivilegien bezeichnet werden.[153]

Zu diesen Privilegien zählen:

1. Die Aussteller unterliegen weder einer Anzeige- oder Genehmigungspflicht, noch bedürfen sie einer Reisegewerbekarte. Die Teilnahme an der festgesetzten Veranstaltung steht vielmehr jedem ohne weitere gewerberechtliche Reglementierung frei, der zum Teilnehmerkreis der festgesetzten Veranstaltung gehört, § 70 GewO. Dabei finden die Vorschriften über das stehende Gewerbe (z.B. Gewerbeanzeige, Gewerbeuntersagung) ebenso wenig Anwendung wie die Bestimmungen über das Reisegewerbe. Die Behörde kann allerdings einem Aussteller oder Anbieter die Teilnahme an einer bestimmten Veranstaltung oder mehreren Arten von Veranstaltungen untersagen, wenn Tatsachen die Annahme rechtfertigen, dass er die hierfür erforderliche Zuverlässigkeit nicht besitzt, § 70a I GewO.

2. Bei Messen und Ausstellungen gelten nicht die allgemeinen Ladenschlusszeiten, sondern die im Festsetzungsbescheid genannten Öffnungszeiten.

3. Bestimmte arbeits- und jugendschutzrechtliche Bestimmungen gelten nicht. Weder gilt das Verbot der Beschäftigung an Sonn- und Feiertagen, noch die Regeln des Arbeitszeitgesetzes. Ebenso wenig findet das Jugendarbeitsschutzgesetz Anwendung. Diese Privilegien gelten nicht nur für die Ausstellertätigkeit als solche, sondern auch für die mit dem Auf- und Abbau der Stände verbundenen Tätigkeiten.

4. Das generelle Verbot für Ausländer, ohne behördliche Genehmigung in Deutschland keiner gewerblichen Tätigkeit nachgehen zu dürfen, gilt für die Teilnahme an Messen mit internationaler Beteiligung nur eingeschränkt. Auch ohne ausdrückliche Genehmigung der Bundesagentur für Arbeit und einen entsprechenden Ver-

---

151 *Tettinger* in: Tettinger/Wank § 69 Rn. 26
152 *Tettinger* wie in vorstehender Fn.
153 Dazu näher *Stober* § 46 VI 4

merk im Einreisevisum ist es den Mitarbeitern ausländischer Unternehmen, die als Aussteller einer als Messe festgesetzten Veranstaltung registriert sind, gestattet, den Stand ihres Unternehmens auf dem Messegelände auf- und abzubauen. Gleiches gilt selbstverständlich auch für die Mitarbeiter des Ausstellers, die ihr Unternehmen während der Messe auf dem Messestand präsentieren. Die Privilegierung gilt indes nicht für Mitarbeiter eines vom Aussteller beauftragten, ausländischen Standbauunternehmens. Diese unterliegen, sofern es sich nicht um Deutsche oder EU-Ausländer handelt, auch auf Messen, auf denen sie Stände ihrer aus dem gleichen Land stammenden Auftraggeber aufbauen, wiederum uneingeschränkt dem Arbeitsverbot, sofern nicht vor Einreise eine Einzelarbeitsgenehmigung und ein zur Arbeitsaufnahme in Deutschland berechtigendes Visum erteilt worden ist.

5. Die Sonderregel des § 68a GewO verdrängt die strengeren Vorschriften des Gaststättenrechts. Das bedeutet: es dürfen auf Märkten und Volksfesten alkoholfreie Getränke und Speisen zum Verzehr an Ort und Stelle verabreicht werden. Bei Messen und Ausstellungen gilt dies aber nur für entgeltliche und unentgeltliche Kostproben. Sonst stellt hier das Verabreichen von Speisen und Getränken die Ausübung eines Gaststättengewerbes nach § 1 GastG dar und bedarf einer Erlaubnis nach § 2 GastG oder zumindest einer Gestattung nach § 12 GastG. Ggf. kann auch ein Reisegewerbe vorliegen, für das eine Reisegewerbekarte (§ 55 GewO) oder eine Ausnahmeerlaubnis nach § 55a I Nr.1 GewO nötig ist. Die Festsetzung nach § 69 GewO ersetzt diese notwendigen Genehmigungen dann nicht.[154]

3.2.1.6 Der Teilnahmeanspruch nach §§ 70, 70a GewO

Vorbehaltlich § 70a GewO steht jedem, der dem Teilnehmerkreis der festgesetzten Veranstaltung angehört, das Recht zur Teilnahme an der Veranstaltung zu, § 70 I GewO. Dieses Recht wird als Teilnehmer – oder Marktfreiheit bezeichnet.

Der Veranstalter hat allerdings unter den Voraussetzungen des § 70 III GewO das Recht, einzelne Aussteller aus bestimmten Gründen auszuschließen:

3.2.1.7 Einzelne Ausschließungsgründe

Sachlich gerechtfertigt ist der Ausschluss aus folgenden Gründen:[155]

• Die Angebote der Aussteller entsprechen nicht dem vom Veranstalter gewählten Veranstaltungstyp.

Beispiel

Bei der CeBit entsprechen Handyhersteller dem Veranstaltungstyp, bis zur CeBIT 2003 nicht jedoch Hersteller von Handyzubehör, die z.B. Handytaschen produzieren

• Die Attraktivität des Angebots entspricht nicht den Vorstellungen des Veranstalters, wobei dem Veranstalter hier ein Gestaltungsspielraum einzuräumen ist.
• Aussteller, die bei früheren Veranstaltungen gegen die allgemeinen Teilnahmebedingungen verstoßen haben (z.B. Sauberkeit, Standgestaltung), können vom Veranstalter im Interesse der geordneten Durchführung der Veranstaltung zeitweilig oder

---

154 Vgl. ausführlich *Friauf* Kommentar GewerbeO, I.19 zu 3.4.3.
155 Vgl. *Friauf* Kommentar GewerbeO, I.19, Ziff. 3.4.2.2.5.

dauernd ausgeschlossen werden. Ein wichtiger Fall sind auch Aussteller, die dem Veranstalter aus einer früher durchgeführten Veranstaltung noch Geld schulden. Von ihnen kann eine Begleichung der früheren Verbindlichkeiten verlangt werden, bevor sie zu einer neuen Veranstaltung zugelassen werden. Geschieht dies nicht, dürfen sie ausgeschlossen werden.

3.2.1.8 Platzmangel

Ein eventueller Platzmangel wird vom Gesetz ausdrücklich als sachlicher Grund für einen Ausschluss von Bewerbern anerkannt. Reicht der zur Verfügung stehende Veranstaltungsplatz nicht aus, um allen Bewerbungen zu entsprechen, so dürfen einzelne Bewerber ausgeschieden werden. Dem Veranstalter steht dabei ein Entscheidungsspielraum zu, der aber nicht willkürlich ausgeübt werden darf.

Über die Art der sachlichen Auswahlkriterien als solche besteht heute wenig Streit, wohl aber über deren Gewichtung.

Als Auswahlkriterien sind vor allem zu nennen:[156]

- Bewährt und bekannt. Das bedeutet, dass sich der Bewerber in der Vergangenheit durch Qualität einen guten Namen gemacht hat.
- Zeitliche Priorität. Die Auswahl wird nach der Reihenfolge des Eingangs der Bewerbungen vorgenommen. Wer sich früh anmeldet, hat also einen Vorsprung.
- Rollierendes System. Der Bewerber wird nur in bestimmten zeitlichen Abständen zugelassen und nach erfolgreicher Zulassung für eine bestimmte Zeit ausgeschlossen.
- Attraktivität des Angebots.
- Ortsansässigkeit.
- Losverfahren. Der Zufall entscheidet.

Hervorzuheben ist, dass es eine perfekte Auswahl nicht geben kann. Wichtig ist aber, dass nicht nur die »alten Hasen« zum Zuge kommen, sondern auch »Newcomern« die Chance einer Teilnahme gegeben wird.

Die im deutschen Rechtssystem grundsätzlich garantierte Vertrags- und Dispositionsfreiheit privater Marktteilnehmer kann im Bereich des Messewesens neben der genannten Kontrahierungspflicht nach § 70 I GewO eine weitere Beschneidung durch die Regelungen des Gesetzes gegen Wettbewerbsbeschränkungen (GWB) erfahren. Marktbeherrschende Unternehmen, wie es z.B. die Deutsche Messe AG im Falle der CeBIT ist, die derzeit über keine adäquate Wettbewerbsveranstaltung mehr verfügt, sind nach dem Diskriminierungsverbot des § 20 GWB, der eine willkürliche Ungleichbehandlung von Kunden untersagt, verpflichtet, mit Unternehmen, die an einer marktbeherrschenden Messe teilnehmen wollen, Standmietverträge abzuschließen, den Ausstellern also den Zugang zu der Veranstaltung zu ermöglichen.

Das daraus resultierende Zulassungs- oder Kontrahierungsgebot erfährt gleichwohl seine Beschränkung im Faktischen. Bei einer Veranstaltung wie der CeBIT, die im Jahr 2001 mit 60.000 m² überbucht war, ergibt sich für den Messeveranstalter bereits aus Platzmangel der Zwang, einzelne Anmeldungen zurückzuweisen oder zumindest Standwünsche in ihrer Größe zu beschneiden. Auch hier darf er aber nicht willkürlich vorgehen und kann die Zulassung nur sachlich begründet verweigern. Das Argument

---

156 Vgl. *Frotscher* Rn. 355 ff.

des Platzmangels allein reicht nicht aus, denn es wäre bei der nach dem GWB gebotenen Gleichbehandlung aller angemeldeten Unternehmen gleichermaßen jedem Nachfrager entgegenzuhalten. So darf der Veranstalter zunächst grundsätzlich weder Großunternehmen unangemessen kleinen Nachwuchsfirmen vorziehen, noch die Flächenwünsche seiner Altaussteller vorrangig vor denen seiner Neukunden befriedigen. Vielmehr ist er gehalten, einen branchentypischen Spiegel des Marktes abzubilden und muss Alt- und Neuaussteller, z.B. im Rahmen des o.g. rollierenden Systems, in angemessenem Verhältnis zulassen. Erst wenn nach Ausschöpfung aller sachlich gerechtfertigten Gründe immer noch ein Anmeldeüberhang gegenüber dem verfügbaren Flächenangebot gegeben ist, kann der Veranstalter Aussteller zurückweisen. Selbst in dieser Situation ist er aber gehalten, willkürliches Verhalten zu vermeiden. Die restliche freie Ausstellungsfläche ist im Kreis der verbliebenen, gleichermaßen zur Messeteilnahme geeigneten Anmelder zu verlosen, um ein möglichst gerechtes Verteilungsverfahren sicherzustellen.

Auch führt das Diskriminierungsverbot des § 20 GWB nicht zu einer Verpflichtung, blindlings jedem in die Angebotspalette der Messe passenden Aussteller gleiche Flächen anbieten zu müssen. Die Präsenz der Marktführer ist ein wirtschaftliches und inhaltliches Muss für jeden Veranstalter. Diese sind auch mit großen Flächenwünschen eher zu berücksichtigen, als die sprichwörtliche Garagen-Softwareschmiede der ersten IT-Generation, die nie über dieses Stadium hinausgewachsen ist. Der Anspruch und Charakter einer Messe, das relevante Angebot einer Branche widerzuspiegeln (§ 64 GewO), führt dazu, dass es für den Veranstalter nicht nur aus wirtschaftlichen Gründen notwendig ist, deren Marktführer für seine Veranstaltung zu gewinnen. Die Bedeutung eines Unternehmens für den auf der Messe präsentierten Markt ist daher geeignet, einen sachlichen Grund im Sinne des GWB zu bieten und diese Aussteller gegenüber anderen, die in ihrer Branche nur das Mittelmass bilden (z.B. auch Hersteller gegenüber Händlern), bevorzugt zu behandeln. Die Marktführerschaft kann sich dabei sowohl auf die wirtschaftliche Bedeutung eines Unternehmens, als auch auf seine Innovationskraft beziehen, denn eine Messe spiegelt sowohl den aktuellen Stand ihrer Branche als auch deren Potential für die Zukunft wider.

Die Ablehnung eines Teilnahmeantrags folgt den allgemeinen Regelungen nach § 146 BGB. Die privatrechtlich organisierte Messegesellschaft lehnt die Anmeldung des Ausstellers entweder ausdrücklich ab (§ 146 BGB 1. Alt.) oder nimmt diesen nach den §§ 147 bis 149 BGB nicht rechtzeitig an. Der Teilnahmevertrag kommt nicht zustande. Aus dem privatrechtlichen Charakter der Messeteilnahme (Vertrag zwischen Aussteller und Veranstalter) folgt, dass es keiner Begründung bedarf, wenn der Veranstalter einen Teilnehmer ablehnt oder nicht zulässt. Eine Klage auf Teilnahme könnte allenfalls dann erfolgreich sein, wenn der Veranstalter den Anforderungen der Marktfreiheit nicht genügt oder im Falle einer marktbeherrschenden Veranstaltung gegen das Diskriminierungsverbot verstoßen und z.B. die Auswahl seiner Teilnehmer nicht sachgerecht getroffen hat.

Die Ablehnung der Teilnahme wäre allenfalls bei kommunal, d.h. in der Regel vom Marktamt einer Gemeinde durchgeführten Messen als Verwaltungsakt zu qualifizieren. In diesen Fällen[157] muss für den abgewiesenen Bewerber erkennbar sein, nach welchen Maßstäben die Auswahl erfolgt ist. Der Bescheid muss die wesentlichen tatsäch-

---

157 Vgl. *Frotscher* Rn. 343 ff. mit dem Beispiel des Cannstatter Volksfestes, das von der Stadt Stuttgart veranstaltet und festgesetzt wird.

lichen und rechtlichen Überlegungen und insbesondere die tragenden Gesichtspunkte für die Ausübung des Ermessens offen legen.

Geschieht dies nicht oder ist keine ausreichende Begründung vorhanden, ist die Ablehnung rechtswidrig. Sie kann dann mit Widerspruch und Verwaltungsklage angegriffen werden.

4. Privatrechtliche Aspekte bei Messen und Ausstellungen

4.1 Typisierung des Teilnahmevertrages zwischen Veranstalter und Aussteller

Als Konsequenz der heute überwiegend nicht mehr öffentlich-rechtlichen Strukturen des deutschen Messewesens stellt sich das Rechtsverhältnis zwischen Messeveranstalter und Aussteller gemeinhin als privatrechtliches Schuldverhältnis dar.

Der Vertrag über die Messeteilnahme folgt dabei in weiten Teilen den Bestimmungen des Mietrechts (§§ 535 ff. BGB), denn ein nicht unwesentlicher Teil der vertraglich geschuldeten Leistungen liegt in der temporären Überlassung von Ausstellungsfläche in der Ausstellungshalle oder dem Freigelände einer Messegesellschaft gegen Entgelt. Als Mietvertrag zur Ausübung von Tätigkeiten im Rahmen der geschäftlichen Tätigkeit des Ausstellers kann man ihn zugleich, trotz deutlicher atypischer Charakteristika, in Teilen der Spezialform des Gewerbemietvertrags zuordnen, § 578 II BGB.

Auf Seiten des Messeveranstalters steht die typische mietvertragliche Pflicht, ein abgegrenztes oder zumindest abgrenzbares Areal dem Mieter zur Nutzung während eines bestimmten Zeitraums zur Verfügung stellen zu müssen, § 535 I BGB. Der Mieter ist zur Einbringung seiner Sachen (Standbaumaterialien und Exponate), zum Aufenthalt und zur Ausübung der zugelassenen Geschäftstätigkeit (Vertrieb seiner Produkte) berechtigt.

Umgekehrt ist der Aussteller schuldrechtlich verpflichtet, seine Standmiete zu zahlen (§ 535 II BGB) und den Stand spätestens bei Beendigung des Mietverhältnisses (Ablauf der vertraglich vereinbarten Abbauzeit) geräumt an den Vermieter, die Messegesellschaft, zu übergeben, § 546 I BGB.

Ebenfalls typisch für den Charakter eines Vertrages über die Vermietung von Gewerbeflächen ist die entgeltliche Erbringung von Nebenleistungen durch den Vermieter. Auf besonderen Auftrag des Ausstellers, in der Regel also durch jeweils gesonderte Lieferverträge, stellt die Messegesellschaft eine Reihe zusätzlicher Leistungen zur Verfügung, die der Messeteilnehmer zur Durchführung seiner Produktpräsentation benötigt oder die ihm diese erleichtern. Das Spektrum dieser Serviceleistungen reicht von der Installation eines Stromanschlusses und die Versorgung mit elektrischer Energie (i.d.R. wird der Stromliefervertrag nicht mit dem örtlichen EVU, sondern ebenfalls mit der Messegesellschaft geschlossen), über Druckluftanschlüsse zum Betrieb von Werkzeugmaschinen und Kompressoren, über Wasser (für die Teeküche oder zur Kühlung von Maschinen) bis hin zu Telekommunikationsdienstleistungen, Stand-Catering, Versicherungsleistungen und persönlicher Standbewachung. Das sog. Servicehandbuch der Deutschen Messe umfasst ca. 1.000 Spezialleistungen, die gesondert beauftragt werden können und gesondert abgerechnet werden.

Trotz dieser grundsätzlichen Übereinstimmungen mit einem Mietvertrag über gewerbliche Flächen weist der Vertrag über eine Messeteilnahme aber auch zahlreiche und wesentliche Besonderheiten auf, die es verbieten, ihn ausschließlich nach den typisierten Regeln der §§ 535 ff. BGB zu behandeln. Der wirtschaftliche Gehalt des zwischen Messeteilnehmer und -veranstalter geschlossenen Vertrages richtet sich insbesondere auf die Durchführung (Pflicht des Veranstalters) und Teilnahme (zumeist ebenfalls vertraglich geschuldete Pflicht des Ausstellers) an einer Messe, also einer Veranstaltung, auf der ein repräsentativer Überblick des relevanten Marktgeschehens präsentiert wird. Die Überlassung der Fläche bildet in diesem Umfeld nur das Mittel zur Erreichung des eigentlichen vertraglichen Inhalts, der Teilnahme an einer Messe.

Der besondere, weit über die Überlassung von Gewerbefläche hinausgehende Charakter des vertraglichen Inhaltes wird deutlich, wenn man sich vergegenwärtigt, dass der Messeveranstalter dasselbe Messegelände innerhalb kurzer Zeitspannen Vertretern völlig unterschiedlicher Branchen vermietet. Das Entscheidende für die störungsfreie Erfüllung der schuldrechtlichen Verpflichtungen des Veranstalters ist die Zuweisung einer Standfläche auf der für seinen Kunden passenden Messe. Es nützt dem Süßwarenhersteller wenig, die Produktionsvorgänge seiner Gummibärchen dem interessierten Publikum einer Automobilausstellung vorführen zu dürfen, selbst wenn dies auf derselben Standfläche passierte, die er im Vorjahr zur dort stattfindenden Süßwarenmesse innehatte. Umgekehrt wird der wirtschaftliche Erfolg des Sportwagenherstellers, der seine Karossen stolz auf einer Messe für Holzbearbeitungsmaschinen präsentiert, eher bescheiden bleiben, auch wenn er dieselbe Halle belegt wie auf der zuvor dort durchgeführten Automobilausstellung. Ebenso wenig würde die Bereitstellung der vermieteten Ausstellungsflächen in einer ansonsten leeren Halle den Interessen des Süßwaren- oder Sportwagenherstellers auch dann nicht gerecht, wenn der mietvertragliche Anteil des Vertrages von der Messegesellschaft penibel erfüllt würde. Vielmehr erwarten beide zu Recht, während der Dauer der Anmietung (Messedauer) umfassend auf Nachfrager ihrer Produkte zu treffen.

> *Wesentlicher Inhalt des schuldrechtlichen Leistungsverhältnisses beim Messeteilnahmevertrag ist also die zeit- und raumgleiche Zusammenführung von Marktteilnehmern einer oder mehrerer Branchen zum Zwecke wirtschaftlichen Handelns. Der Aussteller tritt in dieser Konstellation zumeist als Anbieter, der Messebesucher als Nachfrager auf.*

Die Messegesellschaften tragen dieser Konstellation Rechnung, indem sie klar definierte, in den Teilnahmevertrag einfließende Vorgaben machen, welche Produkte auf einer Messe ausgestellt werden dürfen. Diese so genannten Waren- und Dienstleistungsverzeichnisse (bis vor einigen Jahren wurde oft auch der weniger präzise Begriff »Nomenklatur« verwendet) bilden als *Positivliste* der Leistungen, die ausschließlich auf der Messe präsentiert werden dürfen, einen wesentlichen Bestandteil des Teilnahmevertrages. Nicht ausdrücklich aufgeführte Produkte sind ausnahmsweise nur dann zur Ausstellung zugelassen, wenn sie benötigt werden, um die Arbeitsweise eines anderen, dem Waren- und Dienstleistungsverzeichnis entsprechenden Produktes zu demonstrieren. Als Beispiel wäre eine auf der IT-Messe CeBIT nicht zugelassene Werkzeugmaschine zu nennen, mit der die Funktionalität der gesondert verkäuflichen (zugelassenen) Betriebssoftware der Werkzeugmaschine vorgeführt wird.

Der Aussteller ist also vertraglich gehalten, sein Messeprogramm an den Vorgaben des Veranstalters auszurichten und nur die Produkte auszustellen, die der Produktpalette der mit der Messe abgebildeten Branche entsprechen. Umgekehrt weiß der Besucher somit, von welchen Produkten er erwarten kann, sie auf der Messe vorzufinden, um seine Nachfrage zu befriedigen. In dieser Konstellation wechselseitiger Pflichten und Leistungen entwickelt sich aus den vorbereitenden Tätigkeiten des Veranstalters, wie Konzeption, Vermarktung und Vermietung die *Kommunikationsplattform »Messe«*. Sie bildet typischerweise den eigentlich Schwerpunkt des im Messeteilnahmevertrag vereinbarten Austauschverhältnisses. Zur Schaffung dieses Marktes wird selbstverständlich auch »Raum«, nämlich das betreffende Messegelände benötigt, deren Vermietung damit zweifellos einen erheblichen Anteil des schuldrechtlichen Vertragsinhalts bildet. Mindestens ebenso bedeutsam ist daneben aber auch die Organisationsleistung des Veranstalters, sein Gelingen, den Markt »Messe« zu schaffen. Gleichwohl schuldet er aber nicht den wirtschaftlichen Erfolg der Messe und gibt insbesondere auch keine Garantie dafür ab, dass der Aussteller seine Kunden auf der Veranstaltung auch tatsächlich trifft.

Im Ergebnis wird man damit feststellen können, dass der zwischen Veranstalter und Aussteller geschlossene Messeteilnahmevertrag ein gesetzlich nicht normierter und benannter, aber verkehrstypischer Vertrag sui generis ist, der wesentliche Elemente eines Mietvertrages mit untergeordneten Aspekten eines Dienst- sowie Werkvertrages verbindet.

4.2 Der Vertragsschluss

4.2.1 Das Angebot

Der Messeteilnahmevertrag kommt nach den generellen Regeln der §§ 145 ff. BGB durch Angebot und Annahme zustande. Ungefähr ein Jahr vor dem eigentlichen Veranstaltungstermin versendet die Messegesellschaft ihre Akquisitionsunterlagen, denen in der Regel auch bereits die Anmeldeunterlagen beigefügt sind. Diese bestehen aus einem Satz Formulare, mit denen die für die Messeteilnahme wichtigen Daten (Name, Rechtsform, Ansprechpartner, Produkte usw.) des potentiellen Ausstellers abgefragt werden. Die Formulare sind unterschrieben zurückzusenden. Mit seiner Unterschrift erkennt der Antragsteller die den Anmeldeunterlagen beigefügten Allgemeinen Geschäftsbedingungen der Messegesellschaft an.[158]

Während die Versendung der Akquisitionsunterlagen und Anmeldeunterlagen noch als eine für die Messegesellschaft unverbindliche invitatio ad offerendum (Aufforderung zur Abgabe eines Angebots) anzusehen ist, gibt der potentielle Aussteller bei Einsendung seiner ordnungsgemäß ausgefüllten Anmeldung ein nach § 145 BGB verbindliches Angebot zum Abschluss des Messeteilnahmevertrages ab.

4.2.2 Die Annahme

Zum Abschluss des Vertrages bedarf es der Annahme des Antrags durch die Messegesellschaft. Dies geschieht im standardisierten Verfahren einer Großveranstaltung wie der CeBIT oder der HANNOVER MESSE durch Versendung der so genannten »Standbestätigung«. Mit dieser wird dem Aussteller ein bestimmter Messestand auf der Veranstaltung zugewiesen. Ähnlich wie bei Konkretisierung einer Gattungsschuld

---

158 Vgl. Teilnahmebedingungen zur Hannover-Messe 2009, Teil 0, abgedruckt unten. 4. Teil V.

durch Aussonderung der schließlich gelieferten Sache (§ 243 II BGB) konkretisiert die Standbestätigung den für die Messegesellschaft nicht verbindlichen Standwunsch des Ausstellers und weist diesem seinen Standort innerhalb des künftigen Messegeschehens zu.

Mit der Standbestätigung wird die Standfläche exakt definiert durch

- Benennung der Messehalle, in der sich der Aussteller befinden wird (z.B. Halle 5),
- Angabe von Gang und Standnummer (z.B. Gang B, Stand-Nr. 23) zur Positionierung innerhalb der Halle und schließlich
- die konkreten Standabmessungen (z.B. Länge 4 m, Breite 5 m),

kurz auch: H 5, B/23, 4 m x 5 m.

Der Versand der Standbestätigung erfolgt zumeist durch einen Kurierdienst, der deren Zustellung beim Aussteller dokumentiert. Das Zustandekommen des Standmietvertrages kann damit in einem möglichen späteren Gerichtsverfahren nachgewiesen werden.

Mit Zugang der Standbestätigung beim Aussteller stehen die wechselseitigen Hauptpflichten des Messeteilnahmevertrages fest: Name, Inhalt und Zeit der Veranstaltung, konkreter Ort der Messeteilnahme des Ausstellers und der von ihm dafür zu entrichtende Beteiligungspreis. Spätestens jetzt ist das Vertragsverhältnis zwischen Veranstalter und Aussteller entstanden.

4.3 Besonderheiten beim Zustandekommen des Messevertrages

Die Besonderheiten des Messegeschäfts führen zu einer Reihe von Abweichungen des Messeteilnahmevertrages im Vergleich mit herkömmlichen Mietverträgen. Besondere Schwierigkeiten ergeben sich aus der Notwendigkeit, eine Vielzahl von Unternehmen innerhalb vergleichsweise geringer Fläche bei optimaler Besucherführung unterbringen zu müssen und branchenspezifische Besonderheiten, wie technische oder wirtschaftliche Synergien einzelner Produkte und Firmen, sensible Wettbewerbsverhältnisse zwischen Unternehmen, konkrete Flächenwünsche (»... dort haben wir aber schon immer gestanden...«, »...ich möchte nicht wieder am Westtor stehen, dort zieht es immer ...«) usw. zu berücksichtigen.

Das Ergebnis ist im Idealfall ein fein austariertes System von Standflächen mit Ausstellern, die einander ergänzen, und dazwischen liegenden Gangflächen, die alle Stände gut auffindbar und erreichbar werden lassen. Erst aus diesem mit sehr viel Fingerspitzengefühl gebildeten Gesamtsystem aus einer Vielzahl nach außen sichtbarer Unternehmen, Produkte und Zuwegungen sowie der sie verbindenden, unsichtbaren Netzwerke technischer, wirtschaftlicher und soziologischer Zusammenhänge erhebt sich das »Gesamtkunstwerk Messe« über die Summe seiner (profanen) Mietverträge.

4.3.1 Die Verplanungsphase

Der Veranstalter sammelt zunächst die bis zum Datum des Anmeldeschlusses eingehenden Anmeldungen seiner späteren Aussteller. Um aus den vorhandenen Anmeldungen auch tatsächlich ein in sich stimmiges Platzierungssystem zusammenzustellen, benötigt der Veranstalter bei einer Großveranstaltung wie der CeBIT oder der HANNOVER MESSE im Durchschnitt dann weitere 4 bis 5 Monate. In dieser Zeit sortiert

er die ihm vorliegenden Anmeldungen, um ihnen je einen Messestand auf seinem Gelände und in seinen Messehallen zukommen zu lassen. Er schiebt auf dem Reißbrett
(heute zumeist CAD gestützt) Stände hin und her, verlegt Gang- und Standflächen,
vergrößert und verkleinert sie, bis die ihm vorliegenden Anmeldungen auf Grundlage
seines Veranstaltungskonzeptes systematisiert und bestimmten Hallen, Hallenberei-
chen und schließlich Ständen zugewiesen sind.

Das Ergebnis ist das vermietete Messegelände, auf dem jeder der Aussteller einen bestimmten Platz innehat.

Dieser Verplanungsprozess bedarf sowohl planerischen, als auch vertrieblichen Auf-
wands. Er erfolgt in enger Abstimmung mit den angemeldeten Ausstellern, um diese
nach vollendeter Planungsphase nicht durch eine unvorhergesehene Platzierung und
Standbestätigung zu überraschen. Grundsätzlich obliegt dem Veranstalter aber die Pla-
nungshoheit über das Messegelände und es ist seine Sache, abschließend zu entscheiden, wo welcher Aussteller schließlich seinen Platz findet.

4.3.1.1 Rücktritt bei Abweichung von Wunschfläche und Standbestätigung

Trotz dieses interaktiven, den Aussteller einbeziehenden Planungsprozesses, kann
nicht allen Vorstellungen entsprochen werden. Der Aussteller hat daher das Recht,
von seiner Anmeldung zurückzutreten bzw. diese zu widerrufen, wenn dem in der
Anmeldung genannten Standwunsch nicht entsprochen wird.

Der Teilnahmevertrag bleibt bis zum Ablauf des Widerrufs- oder Rücktrittsrechts in
einem rechtlichen Schwebezustand. Die Frist beträgt üblicherweise zwei Wochen.

Der Messeveranstalter trägt mit dieser Regelung der juristischen Überlegung Rechnung,
dass bei einer Abweichung von Anmeldung und Standbestätigung übereinstimmende
Willenserklärungen nicht gegeben sind und ein Vertrag nicht zustande kommt.[159]

Dieses Ergebnis wäre unpraktikabel und nicht gewollt. Zum einen wäre das Ergebnis
der monatelangen Hallenverplanung in einer Vielzahl von Fällen hinfällig, zum anderen ist den meisten Ausstellern – durchaus aber auch nicht allen – die Messeteilnahme
als solche wichtiger als ein bestimmter Standort.

Die Teilnahmebedingungen sehen daher vor, dass der Teilnahmevertrag in einem Fall
fehlender Übereinstimmung zwischen Anmeldung und Standbestätigung auf Grundlage des Inhalts der Standbestätigung zustande kommt, es sei denn, dass der Aussteller fristgerecht widerspricht[160]. Faktisch bedeutet diese Regelung eine im Falle nicht
übereinstimmender Willenerklärungen automatisch erfolgende Fortgeltung des Teilnahmeantrags unter gleichzeitiger Ersetzung des konkreten Flächenwunsches durch
eine Leistungsbestimmung (§ 315 BGB) des Veranstalters, die ihrerseits unter die Bedingung gestellt ist, dass der Aussteller nicht fristgerecht widerspricht.

---

159 Es läge bloß ein neues Angebot des Veranstalters vor, § 150 II BGB, das ebenso angenommen wie
    abgelehnt werden kann.
160 Vgl. Teilnahmebedingungen Hannover Messe 2009, Teil II, Ziff.1, S. 2 abgedruckt unten im 4.
    Teil V.

4.3.1.2 Bindung des Ausstellers an den Teilnahmeantrag nach § 147 II BGB

Zwischen dem offiziellen Anmeldeschluss einer Veranstaltung und dem Versand der Standbestätigung liegen bei Großveranstaltungen wie der CeBIT oder der HANNOVER MESSE mehrere Monate. Ein umsichtig planendes Unternehmen, das seine Teilnahmeunterlagen bereits lange vor Anmeldeschluss eingereicht hat, wartet unter Umständen ein halbes Jahr auf seine Standbestätigung, mit der sein Teilnahmevertrag zustande kommt. Es ist nicht ohne weiteres einsichtig, dass der Antragende nach dieser langen Zeitspanne noch immer an seine Anmeldung zur Messe gebunden sein soll und sein Antrag mangels Annahme durch den Veranstalter nicht nach § 146 BGB erloschen ist.

In aller Regel meldet sich der Aussteller schriftlich durch Übersendung der ausgefüllten Anmeldeformulare oder in Textform mit einer Internetanmeldung bei dem Messeveranstalter als Teilnehmer der Messe an und trägt ihm den Abschluss des Messeteilnahmevertrages an. Der Abschluss des Vertrages wird daher nicht unter Anwesenden im Sinne des § 147 I BGB angetragen. Ein Erlöschen des Antrags mangels sofortiger Annahme durch den Messeveranstalter kommt damit so gut wie nie vor.

Vielmehr liegt ein Antrag unter Abwesenden im Sinne des § 147 II BGB vor, den der Messeveranstalter solange annehmen kann, wie der antragende Aussteller »den Eingang der Antwort unter regelmäßigen Umständen erwarten darf.« Im üblichen Zeitrahmen einer Rückantwort des Messeveranstalters bleibt der Aussteller an seinen Antrag gebunden. Innerhalb welchen Zeitraums kann ein Unternehmen, das sich zur Teilnahme an einer Messe anmeldet, aber nun erwarten, dass der Veranstalter seinen Antrag annimmt?

Zunächst einmal, so mag man einwenden, sind lange Lieferzeiten bei aufwendig herzustellenden oder individuell anzufertigenden Produkten keine Seltenheit. Man denke nur an Automobile oder Einbauküchen. Der entscheidende Unterschied ist aber, dass der Käufer eines Neuwagens oder der ungeduldig auf Kochmulde und Arbeitsplatte wartende Hobbykoch bereits bei Auftragserteilung Vertragspartner ihrer Lieferanten werden. Beide Seiten binden sich.

Anders stellt es sich bei Anmeldung zu einer Messe dar. Die Messegesellschaft behält sich bis zum Abschluss der Verplanungsphase vor, ob und wie sie das Angebot ihres Kunden auf Abschluss eines Messeteilnahmevertrages annimmt. Sie schickt dem Aussteller erst dann seine Standbestätigung, wenn sie genau weiß, wo auf der Messe sein Ausstellungsstand sein soll.

Die Motivation des Veranstalters für dieses Verfahren ist offenkundig. Bis zum Abschluss der komplizierten Verplanungsphase (s.o. Ziffer 4.3.1) ist er schlichtweg nicht in der Lage, eine eindeutige Aussage darüber zu treffen, welche konkrete Standfläche er seinem Aussteller zur Verfügung stellen kann. Es nützt dem Aussteller ja nur wenig, wenn er kurz nach Einreichung seiner Anmeldeunterlagen erfährt, dass er herzlich willkommen sei, an der Messe teilzunehmen und auch einen Standplatz bekomme, man wisse leider nur noch nicht wo und in welcher Größe, bemühe sich aber aufrichtig, etwas Passendes für ihn zu finden.

Der Messeveranstalter baut eben kein Auto und keine Küche, für deren Herstellung der Fabrikant passende Bauteile und Komponenten entweder bereits auf Lager oder zumindest durch belastbare Lieferverträge gesichert hat. Kennzeichnend für das Produkt Messe ist, dass es sich erst durch die Summe aller teilnehmenden Aussteller und die mit ihnen geschlossenen Teilnahmeverträge gestaltet. Jeder Aussteller und Teilnehmer trägt also selbst dazu bei, dass die Messe überhaupt eine Messe wird. Er ist Bestandteil des eigentlichen Produkts – so als würde der Autokäufer zum Lenkrad mutieren und vom Hersteller vor dem Fahrersitz (einem anderen mutierten Autokäufer) eingebaut.

Dieser Gedanke wird vom Amtsgericht Montabaur (Urteil vom 28.12.2007)[161] sogar soweit geführt, dass es den Messeveranstalter letztlich dafür verantwortlich macht, wenn Aussteller eine Veranstaltung vorzeitig verlassen und damit den Charakter der Messe als umfassende Plattform für die Darstellung einer Branche unterlaufen. Das Gericht spricht in der zitierten Entscheidung einem Aussteller das Recht zu, die für die Ausstellungsfläche geschuldete Miete wegen «Minderqualität der Messe» zu kürzen, nachdem Mitaussteller ihre Stände vor offiziellem Messeende geräumt hatten.

Für den Veranstalter folgt daraus, dass er einerseits zwar auf die verbindliche, aber bewusst noch einseitige Teilnahmezusage seiner Aussteller (in Form des Vertragsangebots) angewiesen ist, um sein Produkt, die Messe, fertigen zu können. Andererseits kann er selbst sich aber erst dann bei seinen Anmeldern ins Obligo begeben und vertraglich binden, wenn aufgrund ausreichend vorhandener Teilnahmezusagen absehbar ist, dass er sein Produkt auch fertigen, d.h. den Branchenüberblick seines Messethemas zusammenstellen und die Vielzahl der Firmen sachgerecht auf seinem Veranstaltungsgelände platzieren kann.

Nun erst, nach Sicherung der hinreichenden Branchenpräsenz im Sinne des § 64 GewO, werden die Standbestätigungen versandt. Das Angebot des Ausstellers wird angenommen und der Messeteilnahmevertrag kommt zustande.

Dieses messetypische Verfahren ist sowohl in der Messewirtschaft selbst, als auch in der ausstellenden Wirtschaft bekannt und üblich. Man wird daher davon ausgehen können, dass die lange Bearbeitungsdauer des Messeveranstalters notwendig und für den Antragenden absehbar ist. Sofern nicht außergewöhnliche, für den Aussteller nicht erkennbare Erschwernisse die Bearbeitung des Teilnahmeantrags zusätzlich verzögern, wird eine Bindung des Ausstellers an seinen Antrag auf Abschluss des Messeteilnahmevertrages auch über einen Zeitraum von mehreren Monaten anzunehmen sein. Die bei größeren Veranstaltungen üblicherweise langen Verplanungszeiten, die auch erst nach Ablauf des Anmeldeschlusses beginnen, führen im Ergebnis also dazu, dass der Aussteller unter regelmäßigen Umständen nicht mit einer Annahme seines Antrags vor Ablauf der üblichen Verplanungsphase rechnen kann und sich auf die genannte lange Bearbeitungs- und Annahmedauer seines Antrags einstellen muss.[162]

Die Annahmeerklärung des Veranstalters darf unter regelmäßigen Umständen daher nicht früher erwartet werden. Der Aussteller bleibt an seine Anmeldung gebunden. Die dem Aussteller kurz nach Ablauf der üblichen Verplanungsfrist zugegangene

---

161 Az.: 5 C 196/07

162 Vgl. auch MüKo/*Kramer* § 147 Rn. 7, der zu Recht darauf hinweist, dass es bei der Berechnung der Überlegungsfrist ganz auf das jeweilige Angebot ankomme, auf dessen Tragweite, Komplexität, auf branchenspezifische Gebräuche sowie auf den Umstand, welche Frist die Geschäftspartner bei ständiger Geschäftsbeziehung bisher geübt haben. Dementsprechend wurde z.B. entschieden, dass auf Maklerangebote eine Antwort im Sinne von § 147 II BGB u.U. auch noch nach einigen Monaten erwartet werden könne, OLG München NJW 1978, 2100 sowie OLGZ 78, 444 ff.

Standbestätigung ist daher als rechtzeitig erfolgte Annahmeerklärung zur Konstituierung des Vertragsschlusses im Sinne des § 147 II BGB anzusehen.

Dieser Auffassung hat sich auch der BGH in seiner Entscheidung vom 19.07.2007[163] angeschlossen und darauf erkannt, dass die Annahmefrist gemäß § 147 II BGB jedenfalls dann gewahrt ist, wenn der Messeveranstalter dem potentiellen Aussteller, etwa durch Übermittlung eines Terminplans, deutlich macht, dass die Standbestätigung bzw. Zulassungserklärung erst nach Abschluss der Verplanungsphase, die mehrere Monate in Anspruch nehmen könne, erteilt werde. Dies gelte insbesondere dann, wenn der Aussteller bereits mehrfach an einer Messe teilgenommen habe, deren Abläufe kenne und ihm eine ausreichende Zeit der Messevorbereitung (im entschiedenen Fall ca. 3 Monate) verbliebe[164].

4.4 Die Zahlungspflicht des Ausstellers

Mit dem Zustandekommen des Messeteilnahmevertrages durch Zugang der Standbestätigung entsteht das wechselseitige Schuldverhältnis zwischen Aussteller und Messeveranstalter. Für den Messeveranstalter entsteht damit sein Anspruch auf Zahlung des Beteiligungspreises durch den Aussteller.

Auf Grundlage der aus der Standfläche ersichtlichen Standfläche und der vertraglich vereinbarten Standmiete pro Quadratmeter erfolgt nun die Fakturierung des Beteiligungspreises. Dieser kann neben der unmittelbar flächenbezogen Standmiete weitere Zuschläge für besondere Ausrichtungen oder Lagen des Messestandes (Reihen-, Block- oder Kopfstand) sowie Werbe- oder Medienbeiträge, Beiträge für den AUMA usw. sowie eine Kostenvorauszahlung für Nebenleistungen beinhalten.

Der Versand der Rechnungen über den Beteiligungspreis erfolgt zumeist einige Wochen[165] nachdem der Veranstalter den Ausstellern die Standbestätigungen hat zustellen lassen. Er überprüft in dieser Zeit, inwieweit Rückläufer eintreffen und ob Aussteller ihr Widerrufsrecht ausüben, denn selbstverständlich sollen nur die Aussteller eine Rechnung erhalten, mit denen ein wirksamer Teilnahmevertrag zustande gekommen ist.

Die Fälligkeit der Rechnungen über den Beteiligungspreis tritt je nach Veranstalter vertragsgemäß teilweise mehrere Monate vor dem eigentlichen Messetermin ein. Diese Regelung trägt der Erfahrung vieler Messegesellschaften Rechnung, dass Forderungen nach Abschluss einer Veranstaltung schwierig durchzusetzen sind und insbesondere Zahlungsverzögerungen eintreten, wenn diese im Ausland vollstreckt werden müssten. Die frühe Fälligkeit eröffnet dem Messeveranstalter die Möglichkeit, säumigen Aussteller den Zutritt zum Messegelände zu verweigern und sie von der Teilnahme auszuschließen, die Stromzufuhr auf ihren Messestand zu unterbrechen (Ausübung eines Zurückbehaltungsrechts gem. § 369 HGB bzw. § 273 BGB) oder gar die von ihnen auf das Messegelände eingebrachten Sachen dem Vermieterpfandrecht (§ 562 BGB) zu unterwerfen.

Dieser faktische Druck ist oftmals hilfreicher als ein vollstreckbarer Titel.

---

163 Az.: 12 ZR 13/06
164 Wie vorherige Fn., S.8 und 9
165 Bei der DMAG circa drei bis vier Wochen.

Auch ist zu beachten, dass die Messegesellschaft schon lange vor der Eröffnung der Veranstaltung einen großen Anteil ihrer organisatorischen Leistungen erbringt. Insbesondere im Marketingbereich zur Bewerbung der Veranstaltung auf der Besucherseite werden erhebliche Vorlaufkosten investiert, um die oftmals langfristig planenden potentiellen Kunden der Aussteller rechtzeitig zu der Veranstaltung auf das Messegelände eingeladen zu haben.

AGB-rechtliche Bedenken bestehen auch im Hinblick auf § 307 BGB nicht. Denn nach höchstrichterlicher Rechtsprechung sind Vorleistungsklauseln dann zulässig, wenn für sie ein sachlicher Grund gegeben ist und keine überwiegenden Belange des Kunden entgegenstehen[166]. Die sachlichen Gründe für eine Vorabzahlung sind nach dem Gesagten evident. Überragende Belange des Kunden werden nicht verletzt: Fällt die Messe aus, braucht er angesichts der Liquidität der zumeist in öffentlicher Hand befindlichen Messegesellschaften keine Befürchtungen bzgl. Rückerstattung der Miete zu haben. Findet die Messe statt, tritt zwar ein vorzeitiger Liquiditätsabfluss statt, den er aber wegen der berechtigten Belange des Veranstalters hinnehmen muss.

Für die zu erwartenden Forderungen aus der Bestellung von Neben- oder Serviceleistungen durch den Aussteller wird eine Vorauszahlungspauschale erhoben. Diese betrug z.B. bei der CeBIT 2007 46,– € pro vermieteten Quadratmeter. Ungefähr 2 Monate nach Abschluss der Messe, wenn alle Verbrauchsdaten erfasst und an die Buchhaltung übermittelt sind, erteilt der Veranstalter dem Aussteller eine Schlussabrechnung über die Nebenkosten. Differenzbeträge zur Nebenkostenvorauszahlung werden nachgefordert oder ausgezahlt.

4.5 Die Absage von Veranstaltungen durch den Veranstalter oder den Aussteller

Gerade in wirtschaftlich schwierigen Zeiten und auf Messemärkten mit hohem Wettbewerbsdruck, wie er in der deutschen Messelandschaft gegenwärtig besteht, kommt es immer wieder vor, dass der Veranstalter eine geplante Messe absagen muss oder Aussteller, die sich verbindlich angemeldet hatten oder mit denen sogar schon ein wirksamer Teilnahmevertrag besteht, ihre Entscheidung revidieren und ihre Teilnahmezusage stornieren wollen. Diese Situation wirft eine Reihe rechtlicher Fragen auf, wie das durch Vertrag oder vertragsähnliche Bindungen entstandene Schuldverhältnis für beide Seiten sachgerecht wieder gelöst werden kann.

4.5.1 Absage durch den Veranstalter

Die Absage einer Messe, die bereits das Stadium erster Vorausplanung durchlaufen hat, stellt für einen Messeveranstalter – je nach Stand der Vorbereitung mehr oder weniger – eine finanzielle und ideelle Belastung dar, die es tunlichst zu vermeiden gilt. Die Situation ist durchaus mit dem Produktionsstop eines Automobilherstellers zu vergleichen. Hier wie dort hat das Unternehmen viel Geld und Ideen in sein Produkt gesteckt, ohne dass dessen Vermarktung folgt.

Die Gründe für eine Messeabsage können vielfältig sein. Sie reichen von Fällen höherer Gewalt bis hin zur Absage mangels Ausstellerinteresse. In allen Fällen ist der Schaden für den Veranstalter immens. Selbst eine Absage aus Gründen höherer Gewalt, die in der Regel auch dann nicht zu weitergehenden Schadensersatzansprüchen von Ausstel-

---

166 Vgl. BGHZ 100, 157, (161).

lern führt, wenn mit diesen schon vertraglichen Bindungen bestehen, kostet wegen der nutzlos gewordenen Vorlaufkosten sehr viel Geld. Letztendlich sind Fälle einer Absage aus übergeordneten, vom Veranstalter nicht zu vertretenden Gründen glücklicherweise aber auch sehr selten. Zuletzt wurde die Frage anlässlich der Anschläge vom 11.9.2001 erwogen, als der Verband der deutschen Automobilindustrie die Absage der unmittelbar vor ihrer Eröffnung stehenden Internationalen Automobilausstellung Frankfurt zu prüfen hatte. Bekanntlich wurde die Veranstaltung nicht abgesagt, sicherlich waren auch hier nicht zuletzt wirtschaftliche Gründe und die bereits investierten Vorlaufkosten ein wichtiges Argument.

Auch die CeBIT '86, die wegen eines im März eingetretenen heftigen Wintereinbruchs im Schneechaos unterzugehen drohte, wurde nicht abgesagt. Stattdessen organisierte die Deutsche Messe AG einen Räumdienst unter Anmietung sämtlichen in der Region Hannover verfügbaren Geräts. Die Kosten dafür waren noch immer deutlich niedriger als die Absage der Messe. Die Veranstaltung wurde ein Erfolg und ging unter dem Titel SchneeBIT in die Annalen der Deutschen Messe AG ein.

Relativ häufig kommt es hingegen zu Absagen von Messen, weil der Veranstalter erkennen muss, dass sein Veranstaltungskonzept vom Markt nicht angenommen wird und es ihm nicht gelingt, genügend Aussteller zu gewinnen. Der hohe Wettbewerbsdruck führt zu einem Kampf um Marktanteile, der von den gleich bleibenden Messebudgets der ausstellenden Wirtschaft nicht aufgefangen wird. Bestehende und auch lang etablierte Messen gehen unter. Neu geschaffene Messekonzepte werden nicht angenommen. Man schätzt, dass rund die Hälfte aller neuen Messen, die jährlich geplant und bereits beworben wurden, zurückgenommen werden, ohne dass die Veranstaltung ein einziges Mal stattfindet.[167]

Die Dunkelziffer der Veranstaltungen, die über das Planungsstadium nicht hinauskommen, dürfte um ein Vielfaches höher liegen.

Bei Absage einer Messe aus wirtschaftlichen Gründen stellt sich für den Veranstalter grundsätzlich die Frage, inwieweit mit Schadensersatzansprüchen von Ausstellern gerechnet werden muss und ob diese durchgreifen können, weil die vertraglichen Verpflichtungen nicht eingehalten worden sind. Zu unterscheiden ist danach, wieweit sich die vertraglichen Bindungen zwischen Aussteller und Veranstalter bereits verdichtet haben, ob es gerade erst zu Anbahnungsgesprächen in der Akquisitionsphase gekommen ist oder ob bereits ein rechtswirksamer Messeteilnahmevertrag besteht. Im letzten Fall wird der Veranstalter kaum aus seiner Verantwortung entlassen werden können. Er unterliegt als Messeveranstalter der Verantwortung, seine Verträge einzuhalten, wie jeder andere Teilnehmer des Marktgeschehens auch. Die Absage einer Messe aus wirtschaftlichen Gründen trifft seine Risikosphäre und drohender wirtschaftlicher Misserfolg des eigenen Konzeptes stellt keinen anerkannten Kündigungsgrund dar.

Schwieriger ist die Situation zu beurteilen, wenn der Veranstalter bereits in der Verplanungsphase feststellt, dass es ihm nicht gelingt, ein repräsentatives Spektrum der Branche zusammenzustellen und die geplante Ausstellungsfläche nicht annähernd gefüllt wird. Zu diesem Zeitpunkt sind die Messeteilnahmeverträge noch nicht abgeschlossen und der Veranstalter wird sich hüten, auch nur eine Standbestätigung zu versenden, solange er befürchten muss, die Messe nicht durchführen zu können.

---

167 Vgl. *Kresse* Hauptgeschäftsführer des AUMA in einer Sendung der Deutschen Welle v. 6.9.2004, in www.dw-world.de/german.

Die zahlreichen Abstimmungsgespräche und häufige Korrespondenz zwischen Veranstalter und bereits angemeldeten Ausstellern bergen aber das Risiko, dass im Zuge dieser Kontakte bereits ein Schuldverhältnis mit Pflichten nach § 241 II BGB entsteht. Die Aufnahme von Vertragsverhandlungen, die Anbahnung eines Vertrages oder ähnliche geschäftliche Kontakte begründen nach § 311 II BGB eine schuldrechtliche Bindung. Bei einer schlecht anlaufenden Messe befindet sich der Veranstalter auf einer Gratwanderung. Ihm droht einerseits die Gefahr, gewonnene Unternehmen, die sich bereits angemeldet haben, durch mangelnde Kundennähe zu verlieren. Andererseits läuft er Gefahr, ein vertragsähnliches Vertrauensverhältnis aufzubauen, das ihn dem Risiko von Schadensersatzansprüchen aussetzt, wenn er die Veranstaltung absagen muss. Diesem Dilemma kann er sich nicht entziehen.

So hat das Landgericht Hannover[168] einen Messeveranstalter zur Zahlung erheblicher Vorlaufkosten eines Ausstellers verurteilt, weil eine Messe nach Weggang eines bedeutenden Industriezweigs abgesagt werden musste. Der Veranstalter hatte, ohne freilich den Messestand formell bestätigt zu haben, dem Unternehmen bei Eingang seiner Anmeldung mitgeteilt, dass man sich freue, ihn als Aussteller begrüßen zu dürfen. Formal mag diese Entscheidung auch schon unter den Regeln des BGB a.F. aus dem Gesichtspunkt der culpa in contrahendo richtig gewesen sein. Fraglich ist jedoch, ob das Gericht vom Veranstalter wirklich erwarten durfte, sich formal vertragsgemäß zu verhalten und eine Messe durchzuführen, die diese Bezeichnung mangels Ausstellerinteresses nicht verdient hätte. Der Schaden wäre dann für alle Seiten erheblich größerer gewesen. Im Grunde hat der Veranstalter mit seiner Absage lediglich seiner Schadensminderungspflicht gemäß § 254 BGB genüge getan.

4.5.2 Absage durch den Aussteller

Weitaus häufiger als die Absage einer gesamten Messe durch deren Veranstalter kommt es vor, dass Aussteller entgegen erklärter Absicht an einer Veranstaltung doch nicht mehr teilnehmen möchten. Sie ziehen die eingereichte Anmeldung zurück oder wollen den bereits bestehenden Messeteilnahmevertrag kündigen.

Wie auch sonst bei Mietverträgen, die auf eine bestimmte Zeit fest, d.h. ohne Kündigungsmöglichkeit, abgeschlossen sind, entfaltet eine solche einseitige Erklärung i.d.R. jedoch keine Rechtswirkung. Aber auch bereits mit rechtsverbindlicher Anmeldung zur Veranstaltung und noch vor erfolgter Standbestätigung kann der Aussteller seinen Antrag auf Messeteilnahme rechtlich einwandfrei nicht mehr ohne weiteres zurückziehen. Aus der zumeist sehr langen Bindung des Ausstellers an seinen Teilnahmeantrag während der Verplanungsphase (vgl. oben 4.3.1.) folgt, dass er zu seiner Anmeldung stehen muss. Auch sachlich wäre eine Unverbindlichkeit seiner Anmeldung nicht vertretbar. Der Messeveranstalter ist in der Verplanungsphase zwingend darauf angewiesen, sich auf die ihm vorliegenden Anmeldungen verlassen, sie sinnvoll zuordnen und verplanen zu können.

Die Deutsche Messe AG spricht in ihrem Teilnahmebedingungen daher auch nur von einem möglichen, von ihr gesondert zu erklärenden Zugeständnis, dem Aussteller nach erfolgter Anmeldung oder nach Abschluss des Teilnahmevertrages einen Rücktritt zu

---

168 Urteil vom 12.09.2001 AZ 23 O 1300/01-41. Die Urteilssumme belief sich auf mehr als 181.000 DM, also ca. 92.000,– €.

gewähren (vgl. Ziffer 9 Teil B der Allgemeinen Bedingungen zur Teilnahme an Messen und Ausstellungen auf dem Messegelände in Hannover).

Mit diesen standardisierten Regelungen wird deutlich, dass ein Rechtsanspruch auf Rücktritt nicht besteht, der Vertrag also wie ein befristeter Mietvertrag ohne Sonderkündigungsrecht zu Ende zu führen ist und sogar ein Aussteller, der seine Entscheidung zur Teilnahme noch vor Zugang der Standbestätigung revidiert und seine Anmeldung zurückziehen möchte, auf Schadensersatz in Anspruch genommen werden kann. Die Schärfe dieser Regelung wird insoweit relativiert, als dass die Höhe des zu diesem frühen Absagezeitpunkts fällig werdenden pauschalierten Schadensersatzanspruchs noch gering ist. Bei Absage eines Ausstellers vor Erhalt seiner Standbestätigung beträgt der Schadensersatz bei einer CeBIT oder HANNOVER MESSE zeitlich bedingt z.B. nur 10 % des auf Basis der Anmeldung absehbaren Standmietpreises, oftmals verzichtet der Veranstalter sogar auf ihre Geltendmachung.

Je näher der Zeitpunkt der Veranstaltung rückt, desto höher wird jedoch der Anteil der vom Aussteller im Falle eines zugestandenen Rücktritts zu zahlenden pauschalen Schadensersatzes und die Bereitschaft des Veranstalters, diese auch einzufordern.

Bild 19: Stornoregelung bei Messeabsagen

Zeitpunkt des Zugangs der Absage bei der Deutschen Messe AG	Entschädigung in % vom regulären Beteiligungspreis auf Grundlage der angemeldeten oder bestätigten Standfläche
später als zwei Monate vor dem ersten Messetag	100 %
später als drei, aber nicht später als zwei Monate vor dem ersten Messetag	50 %
später als vier, aber nicht später als drei Monate vor dem ersten Messetag	25 %
vier Monate vor dem ersten Messetag oder früher	10 %

Das Prinzip der steigenden Rücktrittskosten bei zeitlicher Nähe des vereinbarten Ereignisses entspricht dem bei Absage frühzeitig gebuchter Pauschalreisen. Der Messeveranstalter trägt mit der Staffelung des pauschalierten Schadensersatzes dem Umstand Rechnung, dass die Neuverplanung und -vermietung der durch die Absage frei werdenden Fläche kurz vor der Veranstaltung immer aufwendiger und schwieriger – wenn überhaupt – zu realisieren ist. Sein Akquisitions- und Verwaltungsaufwand zur Gewinnung eines Nachmieters ist ungleich höher, wenn ihn die Absage einige Tage vor der Messe und nicht schon in der Verplanungsphase erreicht. Zudem hat er zu einem späteren Zeitpunkt bereits zahlreiche Nebenleistungen (Katalogeintrag, Versand der Serviceunterlagen, Einkauf von Nebenleistungen bei Subunternehmern usw.) erbracht, die rückabzuwickeln sind. Notfalls muss sogar die frei bleibende Standfläche des abgesprungenen Ausstellers kaschiert, d.h. so hergerichtet werden, dass sie für den Messebesucher nicht als Vakanz erkennbar ist (zumeist handelt es sich dann um Ruheflächen im Messetrubel mit Pflanzen und Bänken). Das alles kostet Geld und Zeit. Der Nachweis im konkreten Einzelfall ist aber oftmals nur sehr schwierig zu führen.

Mit Pauschalierung des Schadensersatzes entgeht der Veranstalter der Mühe, den ihm entstandenen Schaden konkret nachweisen zu müssen. Die zeitliche Staffelung der Höhe dieser Schadenspauschale entspricht der gesetzlichen Forderung (vgl. § 309 Nr. 5 a BGB), dass ein pauschalierter Schadensersatz den in den geregelten Fällen nach dem gewöhnlichen Lauf der Dinge zu erwartenden Schaden nicht übersteigen darf, um wirksam vereinbart werden zu können (branchenüblicher Durchschnittsschaden).[169]

4.6 Gewährleistung

Gesonderte Vereinbarungen in den Messeteilnahmeverträgen, mit denen ausdrücklich eine Gewähr für bestimmte Leistungen des Veranstalters übernommen wird, sind im deutschen Messewesen unüblich. Das eigentliche Ziel des Ausstellers, das er mit seiner Messeteilnahme erreichen will, liegt in der Regel in der Präsentation seiner Produkte und seines Unternehmens im Kreise potentieller Kunden. Sein Motiv dafür liegt natürlich in Generierung neuer Absatzbereiche und der Sicherung des bestehenden Kundenstammes.

Zur Umsetzung dieser Ziele liefert der Messeveranstalter lediglich die Basis. Er kann sie fördern, in dem er mit seiner Messe das passende Umfeld für einen erfolgreichen Produktabsatz schafft. Den wirtschaftlichen Erfolg der Messeteilnahme des Ausstellers gewährleisten kann er nicht. Die Herbeischaffung bestimmter Kunden, die dann auch noch Verträge mit einem bestimmten Aussteller abzuschließen bereit sind, kann von dem Veranstalter daher seriöserweise nicht vertraglich zugesagt, geschweige denn zugesichert werden. Er liefert im Rahmen der allgemeinen vertraglichen Vereinbarungen dem Aussteller lediglich die Plattform, auf der die Anbahnung der gewünschten Kundenkontakte wahrscheinlich wird und eine bessere Vertriebsprognose gegeben werden kann als ohne die Messeteilnahme. Ob und inwieweit sich diese Prognose realisiert, ist offen und von diversen, durch den Messeveranstalter teilweise nicht beeinflussbarer Faktoren abhängig. Nicht zuletzt ist auch der Aussteller seines eigenen Glückes Schmied. Er bestimmt auch auf der Messe die wesentlichen Kriterien seines Absatzerfolges selbst, wie z.B. die Art seiner Präsentation, die Qualität seiner Produkte und nicht zuletzt auch deren Preis.

Für die Übernahme besonderer Gewährleistungspflichten des Messeveranstalters für den Erfolg der Messebeteiligung bleibt in dieser Konstellation kein Raum.

Davon strikt zu trennen ist allerdings die Frage einer evtl. Mängelhaftung wegen Mängel des Messestandes und etwaigen Zubehörs. Sind diese nicht zum vertragsgemäßen Gebrauch geeignet, so können mietrechtliche Mängelansprüche gegen den Messeveranstalter nach §§ 536 ff. BGB gerichtet werden. Fehlen etwa Telefon-, Wasser-, Stromanschlüsse oder sonstige vereinbarte Installationen am Stand, besteht die Möglichkeit der Mietminderung, § 536 BGB. Bei zu vertretenden Mängeln sind sogar Schadensersatzansprüche denkbar, § 536 a BGB. Zu bedenken ist allerdings auch hier, dass der

---

169 Näher dazu MüKo/*Basedow* § 309 Rn. 10 ff. Im Vergleich: In der Reisebranche wurden bei kurzfristigem Rücktritt Pauschalen von 35 bis 75 % für zulässig erklärt, MüKo/*Basedow* § 309 BGB Rn. 19.

Veranstalter oftmals versucht, diese gesetzlichen Gewährleistungsansprüche mit seinen AGB vertraglich abzubedingen.

4.7 Haftung

Immer wieder kommt es auf Messeveranstaltungen zu Schäden, in deren Folge sich dann die Frage nach der Haftung stellt.

Zum einen bildet die Häufigkeit von Diebstählen auf Messen und in deren Auf- und Abbauzeit ein bis heute für alle Messegesellschaften ungelöstes Problem. Zum anderen kommt es in der Hektik des Auf- und Abbaus, angesichts der zahlreichen, gleichzeitig in einer Halle tätigen Personen, die mit Anlieferung und Abholung von Exponaten und dem Standbau beschäftigt sind, immer wieder zu großen oder kleinen Schadensfällen. Die Messegesellschaften versuchen zwar, diese mit ordnenden Maßnahmen zu verhindern und genehmigen das Befahren des Geländes mit Pkw und Lkw oder den Betrieb von Gabelstaplern nur in relativ engem Rahmen. Dennoch können nicht alle Unfälle vermieden werden. Regelmäßig stellt sich dann die Frage, wer für die entstandenen finanziellen Nachteile einzustehen hat.

Für die verschiedenen Kreise derer, die an der Organisation und Abwicklung der Veranstaltung beteiligt sind, gelten untereinander in aller Regel zunächst die allgemeinen deliktischen Haftungsregeln, die im Wesentlichen in den §§ 823 ff. BGB zu finden sind. Der gemeinsame Zweck der Anwesenheit der Messeteilnehmer auf dem Messegelände, die Vorbereitung der Veranstaltung, führt nicht zu einer übergeordneten, rechtlich relevanten Vertrags- oder Gemeinschaftsbeziehung. Insbesondere lässt sich kein Entstehen einer Gesellschaft bürgerlichen Rechts oder einer Gefahrengemeinschaft generell konstituieren. Sofern nicht konkrete Auftragsverhältnisse, wie etwa zwischen dem Aussteller und seinem Standbauer oder zwischen Standbauer und Hallenelektriker oder Spediteur bestehen, dürften vielfach keine vertragliche Ansprüche auf Schadensersatz nach § 280 BGB herzuleiten sein. Wird beim Befahren einer Halle mit einem Lkw der gerade fertig gestellte Standbau eines anderen Ausstellers zusammengefahren, haften Fahrer, Halter und Kfz-Haftpflichtversicherer für den entstandenen Schaden nach §§ 7, 18 StVG, § 115 VVG, soweit das Gelände als öffentlicher Verkehrsraum anzusehen ist. Anspruchsteller wäre, je nachdem ob die Abnahme des Standes durch den Aussteller bereits erfolgt wäre oder nicht, das Standbauunternehmen oder der Aussteller selbst.

Gleiches gilt auch im Rechtsverhältnis zwischen der Messegesellschaft einerseits und Standbauunternehmen, Speditionen und sonstigen Lieferanten andererseits. Hier bestehen in aller Regel keine direkten vertraglichen Beziehungen. Sie werden auch nicht angebahnt oder vorbereitet, so dass auch nicht von einem vorvertraglichen Schuldverhältnis ausgegangen werden kann. Auch in diesen Rechtsverhältnissen beschränkt sich die Haftungsgrundlage somit nach bisheriger Praxis auf deliktische Schadensersatzansprüche. Inwieweit die Rechtsprechung bereit ist, Standbauer und sonstige Auftragnehmer des Ausstellers in den Schutzbereich des Mietvertrages einzubeziehen, bleibt abzuwarten. Soweit ersichtlich wurde bislang keine Entscheidung veröffentlicht, die einen nach § 328 BGB erweiterten Schutz auch im Zusammenhang mit Messeteilnahmeverträgen, ähnlich wie bei allgemeinen Mietverträgen, angenommen hat. Konsequent wäre eine derartige Ausweitung des Schutzzwecks indes schon.

Die »nur« deliktische Haftung geht dann aber auch in beide Richtungen:

Die Messegesellschaft nimmt den unachtsamen Stapler- oder Lkw-Fahrer, der bei der Einfahrt in die Halle ein Schiebetor rammt und beschädigt aus § 823 I BGB in Anspruch und nicht etwa wegen Pflichtverletzung nach § 280 BGB, da kein Vertragsverhältnis zu diesem besteht. Eine Herleitung von Schadensersatzansprüchen aus straßenverkehrrechtlichen Gesichtspunkten, wie z.B. §§ 7 I, 18 I StVG, ist hingegen oftmals nicht möglich, da die Messegelände in vielen Fällen nicht dem öffentlichen Verkehrsraum zugerechnet werden.

Umgekehrt haften die Messegesellschaften für Unfälle von Standbauern, Spediteuren usw., die aus der Verletzung einer Verkehrssicherungspflicht des Geländebetreiber herzuleiten sind, ebenfalls nach §§ 823 ff. BGB. Bei Unfällen von Besuchern, die mit dem Erwerb einer Eintrittskarte ein Vertragsverhältnis mit der Messegesellschaft eingegangen sind, ist demgegenüber eine Haftung nach § 280 BGB gegeben.

Auch im Verhältnis der Messegesellschaft zu ihren Ausstellern bestehen aufgrund des Messeteilnahmevertrages grundsätzlich zunächst auch vertragliche Haftungsansprüche.

Die Inanspruchnahme der Messegesellschaften für Schäden oder Verlust des Ausstellungsgutes oder des Standbaus wird aber durch die vereinbarten Teilnahmebedingungen zugleich wieder weitgehend ausgeschlossen. Der Haftungsrahmen des Veranstalters wird damit erheblich eingeschränkt und im praktischen Ergebnis wohl noch geringer, als könnte sich der Geschädigte allein auf deliktische Anspruchsgrundlagen – die aber vertraglich ebenfalls mit ausgeschlossen werden – verlassen.

Die Haftungseinschränkungen der Allgemeinen Geschäftsbedingungen der Veranstalter werden lediglich durch die gesetzlichen Mindestanforderungen limitiert, die den Ausschluss der Haftung für vorsätzliches Handeln und in AGB auch für eine grob fahrlässige Schadensverursachung für unwirksam erklären.[170]

Praktisch bedeutet ein solcher Haftungsausschluss aber gleichwohl, dass Schadensersatzansprüche von Ausstellern, die diese gegen die Messegesellschaft wegen Verlust oder Beschädigung ihrer Exponate erheben, so gut wie nie durchdringen. Ein vorsätzliches oder grob fahrlässiges Handeln des Veranstalters ist in aller Regel nicht gegeben. Selbst bei einer Beschädigung von Exponaten durch Ereignisse, die zweifelsfrei der Verantwortung des Veranstalters unterliegen, wenn etwa ein PC durch Tropfwasser eines undichten Hallendaches in Mitleidenschaft gezogen wird, kann sich der Veranstalter zumeist durch entsprechende AGB von der Haftung freimachen. Eine entsprechende Haftungsfreizeichnung bei leichter Fahrlässigkeit ist nach § 309 Nr. 7 b BGB erlaubt.

Es ist daher Sache des Ausstellers – und die Veranstalter heben diesen Aspekt auch immer wieder deutlich hervor – selbst auf seine Sachen zu achten. Der Veranstalter übernimmt keinerlei Obhutpflicht.

Diese zunächst harschen Regularien mögen auf den ersten Blick zu der Beurteilung führen, der Aussteller werde unangemessen benachteiligt. Bei näherer Betrachtung stellt sich die geschilderte Verfahrensweise jedoch als sachgerecht und geboten dar.

Zum einen weiß der Veranstalter nur in einem sehr geringen Maße, welche Sachen konkret bei ihm eingebracht sind. Ob ein Aussteller nur ein oder zwei oder noch mehr Notebooks, eine funktionsfähige Werkzeugmaschine oder nur eine Attrappe mit-

---

170 § 309 Nr. 7 b BGB.

bringt, ist allein Sache des Ausstellers und wird vom Veranstalter weder reglementiert noch überprüft. Auch der Wert der Exponate ist dem Veranstalter nicht bekannt. Es wird geschätzt, dass auf der Werkzeugmaschinenausstellung EMO 2001, die in Hannover stattgefunden hat, Maschinen im Wert von fast 1 Milliarde € ausgestellt wurden. Wollte er für diese Werte in die Haftung eintreten oder den Aussteller gar von allen eintretenden Schäden im Sinne der Übernahme einer Obhutspflicht freistellen, wären organisatorische Maßnahmen zur Erfassung der Exponate und Überwachung des Geländes notwendig, die den Veranstaltungsablauf massiv behindern würden. Die Kosten einer Risikoübernahme durch die Messegesellschaften wären nur durch erhebliche Erhöhungen der Beteiligungspreise zu decken.

Die zunächst rigoros anmutende Verfahrensweise, die Verantwortung für die auf das Veranstaltungsgelände eingebrachten Sachen beim Aussteller zu belassen, erscheint daher sachlich geboten.

4.8 Versicherungen

Dafür können die infolge der vertraglichen Haftungsbeschränkungen des Messeteilnahmevertrages beim Aussteller entstehenden Risiken weitgehend über eine so genannte Transport- und Ausstellungsversicherung in Deckung gegeben werden, deren Abschluss der Veranstalter erleichtert und fördert.

Es handelt sich um eine Sachversicherung, mit der Verluste (Diebstahl, Abhandenkommen) und Beschädigungen von Exponaten, Standbaumaterialen, Eigentum der Standbeauftragten usw. versichert werden können. Der Versicherungsschutz umfasst aber nur den reinen Sachschaden. Vermögensschäden, wie etwa die infolge Diebstahls des Hauptexponats sinnlos gewordene Messebeteiligung, werden von der Transport- und Ausstellungsversicherung nicht ersetzt.

Die Transport- und Ausstellungsversicherung deckt nicht nur die Risiken des Aufenthaltes auf dem Messegelände oder gar nur während der Veranstaltung selbst ab. Bei rechtzeitigem Abschluss des Versicherungsvertrages beginnt der Versicherungsschutz bereits beim Ladevorgang der versicherten Sachen am Ausgangsort des Transports zum Messegelände und endet erst nach Abschluss des Entladevorgangs am Zielort des Transports vom Messegelände.

Zur Vermeidung von Verlusten ist diese Versicherungssparte für das an einer Messe teilnehmende Unternehmen überaus wichtig. Nicht zuletzt, um die harten Konsequenzen des Haftungsausschlusses in den Teilnahmebedingungen abzumildern, erleichtern die Messegesellschaften den Abschluss entsprechenden Versicherungsschutzes für ihre Aussteller durch Bereitstellung standardisierter Bestellformulare in ihrem Serviceangebot. Zu diesem Zweck haben die Veranstalter bereits lange vor der Veranstaltung Rahmenvereinbarungen mit Versicherungsunternehmen geschlossen, in denen die Konditionen festgelegt sind, zu denen Exponate und sonstige Gegenstände anlässlich der Messe versichert werden können. Der Aussteller muss nur noch eintragen, welche seiner Sachen er über den Rahmenvertrag der Transport- und Ausstellungsversicherung versichern will und wie hoch deren Wert ist. Bereits mit Zugang des ausgefüllten und unterzeichneten Formulars beim Versicherer oder bei der Messegesellschaft besteht Versicherungsschutz. Je nach Art der versicherten Ware beträgt die Prämie zwischen 1,5 und 5,5 Promille der Versicherungssumme. Für ein Notebook im Wert von 10.000,– € wären circa 55,– € an Prämie zu zahlen. Angesichts des hohen

Diebstahlrisikos, dem diese Geräte gerade auch auf Messen unterliegen, eine durchaus überlegenswerte Investition.

Einige Messeveranstalter, insbesondere im Ausland, verpflichten ihre Aussteller sogar zum Abschluss einer solchen Transport- und Ausstellungsversicherung. Der Versicherungsschutz ist in den Beteiligungspreis der Messe einkalkuliert und jeder Messeteilnehmer genießt Versicherungsschutz.

Die oftmals gestellte Frage, ob auch eine Betriebshaftpflichtversicherung den Ausstellern zu empfehlen sei, muss eindeutig bejaht werden. Auf seinem Messestand genießt der Aussteller einerseits das Hausrecht, kann also bestimmen, wer ihn auf seinem Stand aufsuchen darf und wer nicht. Anderseits ist er dort aber auch Träger der Verkehrssicherungspflicht. Kommt es zu einem Unfall, der z.B. auf fehlerhaften Standbau zurückzuführen ist, haftet der Aussteller gegenüber dem Verletzten. Gesonderter Haftpflichtversicherungsschutz wird von den Messegesellschaften dennoch üblicherweise nicht angeboten. Man geht davon aus, dass Unternehmen, die an Messen teilnehmen, bereits über eine eigene Betriebshaftpflichtversicherung verfügen. Diese deckt zumeist auch das Risiko einer Messebeteiligung als Element der allgemein versicherten geschäftlichen Tätigkeit des Unternehmens ab. Zu empfehlen ist jedoch eine Unterrichtung des Versicherers vor Beginn der Veranstaltung, um sich im Schadensfall nicht dennoch mit dem Argument einer nicht gemeldeten Risikoerhöhung auseinandersetzen zu müssen.

Auf Seiten des Messeveranstalters ist der Bestand an betrieblichen Versicherungen relativ umfangreich. Auch er verfügt über eine Betriebshaftpflichtversicherung, mit der die speziellen Risiken seiner Geschäftätigkeit abgedeckt sind. Außerhalb der Messestände trägt der Veranstalter die Verkehrssicherungspflicht und haftet bei deren Verletzung beispielsweise gegenüber Besuchern, die sich auf dem Gelände verletzen oder sonstigen Schaden erleiden.

Darüber hinaus sind natürlich auch seine Messehallen und sonstigen Gebäude sowie seine Betriebs- und Geschäftsausstattung umfassend versichert. Für den Fall, dass ein Schadenfall zur Einschränkung oder sogar zur Absage einer Veranstaltung führt, besteht Versicherungsschutz im Rahmen einer Betriebsunterbrechungsversicherung. Sie ersetzt die infolge des Schadens entstehenden Umsatzausfälle abzüglich der wegen des Ausfalls der Messe vermeidbaren variablen Kosten. Schließlich verfügen Messeveranstalter, die Kapital im Ausland, z.B. in den Bau von Messegeländen, investiert haben, über Investitionsschutzversicherungen oder haben ihr Investment über sog. Hermesbürgschaften versichert.

5. Fallbeispiele

Nachfolgend sollen einige typische Fallkonstellationen aus der Praxis behandelt werden, die vor allem Messegesellschaften, Aussteller und Besucher in Vertrags- und Haftungssituationen betreffen.

Fall 29: Die lange Standbestätigung

Ein Aussteller gibt am 15.7.2005 eine schriftliche Bestellung für eine 50qm große Standfläche bei der H-Messe ab, die vom 19.-24.4.2006 stattfindet. Er erhält erst am 30.10.2005 eine schriftliche Standbestätigung seitens der Messegesellschaft. Ist ein gültiger Vertrag zustande gekommen?

Ein Vertrag kommt durch das Angebot zum Abschluss eines Vertrages mit einem bestimmten Inhalt und durch die Annahme dieses Angebots zustande (vgl. § 151 BGB). Hier geht es um einen Messeteilnahmevertrag, der einen Vertrag sui generis mit wesentlichen Elementen eines Mietvertrages darstellt.[171]

Die Bestellung der Standfläche enthält eine konkrete Beschreibung, welche Fläche zu welchem Zeitpunkt und zu welchem Preis angemietet werden soll und welche weiteren Leistungen wie Standaufbau, Licht, Wasser, Kommunikation, Bewachung u.ä. ggf. gleichzeitig mit geordert werden sollen. Sie stellt ein rechtsverbindliches Angebot dar, weil der Besteller den ernsthaften Willen hatte und diesen auch zum Ausdruck gebracht hat, sich vertraglich zu binden. Er wollte für eine Zeit – den Messezeitraum – eine Standfläche einer bestimmten Größenordnung zu einem bestimmten Preis fest ordern.[172] An dieses Angebot ist der Besteller mangels anders lautender Erklärung gemäß § 145 BGB gebunden. Die Bindung trat mit Zugang der Bestellung bei der Messegesellschaft am 15.7.2005 ein, § 130 BGB.

Dieses Angebot wurde von der Messegesellschaft auch angenommen. Die maßgebliche Frage ist jedoch, ob dies auch rechtzeitig geschah und damit zu einem wirksamen Vertragsschluss führte. Das Angebot erfolgte hier schriftlich, d.h. unter Abwesenden. Nach § 147 II BGB kann der einem Abwesenden gemachte Antrag nur bis zu dem Zeitpunkt angenommen werden, in welchem der Antragende den Eingang der Antwort unter regelmäßigen Umständen erwarten darf. Diese Frist setzt sich zusammen aus der Zeit für die Übermittlung des Angebots an den Empfänger, dessen Bearbeitungs- und Überlegungszeit sowie aus der Zeit für die Übermittlung der Antwort.[173] Die Bearbeitungs- und Überlegungszeit hängt sehr von den Umständen des Einzelfalls ab. In der Kommentarliteratur werden hier Fristen von 27 Tagen bei Änderung eines Versicherungsvertrages als rechtzeitig bezeichnet, Fristen von 2 Monaten teilweise als zu lang.[174] Bei der Ausschreibung von Bauleistungen durch eine Gemeinschaft wurden vom BGH Fristen von 2 Monaten 6 Tagen als zulässig beurteilt.[175]

Welche Frist angemessen ist, ist richtigerweise nach dem Inhalt und der wirtschaftlichen Bedeutung des Vertrages unter Berücksichtigung der beiderseitigen Interessen und der Verkehrsanschauung zu entscheiden.[176] Der besondere Charakter des Messeteilnahmevertrages liegt in der raum- und zeitgleichen Zusammenführung von Marktteilnehmern einer oder mehrerer Branchen.[177] Diese Zusammenführung stellt sich als ein zeit- und arbeitsintensiver Prozess dar, bei dem sich die Teilnehmer nach und nach anmelden und entsprechend ihren Spezifika zusammengeführt oder disloziert werden müssen. Dieser Prozesscharakter ist den Beteiligten geläufig. Es liegt im Eigeninteresse der Aussteller, nicht stumpf im Zeitraster ihrer Anmeldung einen Platz zugewiesen zu erhalten, so wie er gerade kommt, sondern in einer stimmigen, ihren Bedürfnissen entsprechenden Weise. Eine optimale Platzzuweisung liegt ebenfalls im Interesse der Messegesellschaft. Es lässt sich somit festhalten, dass es im beiderseitigen Interesse von Messegesellschaft und Ausstellern liegt, dass eine gute, aber naturgemäß zeitaufwen-

---

171 S.o. 4.1.
172 Dies geschieht nicht zuletzt aus Gründen der eigenen Planungssicherheit.
173 BGH NJW 1996, 921.
174 Vgl. Palandt/*Heinrichs* § 147 Rn. 7.
175 BGHZ 116, 149.
176 Palandt/*Grüneberg* § 308 Rn. 4 im vergleichbaren Kontext von § 308 Nr. 1 BGB.
177 S.o. 4.1.

dige Planung und Koordination der Standflächen stattfindet, um den Messeerfolg zu sichern. Bei dieser Einschätzung der Interessen und der Verkehrsanschauung erscheint eine Frist von 3 Monaten für die zu leistende Koordinationsarbeit im Ergebnis durchaus akzeptabel.[178]

Ergebnis:
Die Annahmefrist nach § 147 II BGB ist gewahrt. Der Vertrag ist demzufolge wirksam zustande gekommen.

Noch zwei Empfehlungen:

- Falls der Aussteller schneller Klarheit haben möchte, könnte er seinen Antrag von vornherein nach § 148 BGB befristen.
- Hat er dies versäumt, könnte er auch den Ausweg wählen, den Rücktritt vom Vertrag zu erklären. Dies würde ihn hier bei einer Absage gut 5 Monate vor der Messe allerdings ggf. mit Stornierungskosten in der Größenordnung von etwa 1/10 des Beteiligungspreises belasten.[179]

Fall 30: Der Standplatz widerspricht den Erwartungen

Ein Aussteller kreuzt in der Bestellung einer Individual-Standfläche an:

»Wir wünschen den alten Standort beizubehalten: Halle 3, Standnummer 5«. Dabei handelte es sich um einen Eckstand. Mit der Standbestätigung wird ihm in der gleichen Halle ein Reihenstand mit der Standnummer 4 zugewiesen. Rechtslage?

Hier weicht die Standbestätigung vom Antrag des Ausstellers ab. Nach § 150 II BGB gilt eine Annahme unter Änderungen als Ablehnung verbunden mit einem neuen Antrag. Gleichgültig ist, ob es sich um wesentliche oder unwesentliche Änderungen handelt.[180] Es bedarf daher keiner Bewertung der Frage, ob ein Eck- oder ein Reihenstand vorteilhafter ist. Allein die Tatsache der Abweichung von dem Antrag des Ausstellers führt zu dem Ergebnis, dass ein Vertrag mit der Standbestätigung nicht zustande gekommen ist. Es hängt nun von der Zustimmung des Ausstellers ab, um einen Vertragsschluss zu bewirken.

Vielfach sehen die AGB von Messeveranstaltern aber eine andere Lösung vor. So heißt es z.B. in den Teilnahmebedingungen II für die Hannover Messe 2009:

»1. Vertragsabschluss

Die Bestellung einer Standfläche und/oder eines fair-package erfolgt durch Einsendung der ausgefüllten Anmeldeformulare. Mit der Standbestätigung durch die Deutsche Messe AG kommt der Mietvertrag zwischen Aussteller und Deutscher Messe AG zustande. Weicht der Inhalt der Standbestätigung vom Inhalt der Anmeldung des Ausstellers ab, so kommt der Vertrag nach Maßgabe der Standbestätigung zustande, es sei denn, dass der Aussteller binnen 2 Wochen schriftlich widerspricht. Nichtberücksichtigung von Sonderwünschen/Besonderheiten begründen jedoch kein Widerspruchsrecht.«

---

178 So auch der BGH im Urteil v. 19.07.2007 Az.: XII ZR 13/06
179 So die gestaffelte Stornoregelung bei der DMAG im Falle einer Absage 4 Monate vor dem ersten Messetag oder früher, vgl. Teilnahmebedingungen oben Bild 19.
180 BGH NJW 2001, 222.

Gegen eine solche Klausel ist rechtlich nichts einzuwenden. Insbesondere wird die AGB-rechtliche Bestimmung des § 307 BGB nicht verletzt. Es stellt keine unangemessene Benachteiligung dar, dass der Aussteller bei Abweichungen widersprechen statt zustimmen muss. Denn wie bereits oben herausgestellt, ist die Standortzuweisung Teil des Messeteilnahmevertrages, der eine möglichst optimale Zusammenführung von Marktteilnehmern einer oder mehrerer Branchen erfordert. Damit wird allen Beteiligten von vornherein eine große Flexibilität abverlangt. Abweichungen von Standwünschen müssen insoweit einkalkuliert werden. Dementsprechend ist in der Bestellung auch nur von einem Standortwunsch die Rede. Unter Berücksichtigung des komplizierten Planungsprozesses erscheint es daher nicht unangemessen, sondern als plausible Vereinfachung, wenn der Aussteller nur bei einem Missfallen mit einem anderen Stand seinerseits aktiv werden muss.

Ergebnis:
Bei Geltung der AGB ist trotz der vorgenommenen Abweichung in der Standbestätigung der Vertrag wirksam. Er steht aber unter der auflösenden Bedingung des Widerspruchs des Ausstellers[181]. Falls dieser innerhalb 2 Wochen schriftlich widerspricht, ist der Vertrag unwirksam.

Fall 31: Der Standplatz wird nach Bestätigung geändert

Nachdem dem Aussteller der gewünschte Eckplatz in Halle 3, Standnummer 5 schriftlich bestätigt worden ist, teilt ihm die Messegesellschaft später mit, dass ihm wegen nachträglicher Zulassung weiterer Aussteller nunmehr der Reihenstand Nr.4 in der gleichen Halle zugewiesen werden müsse. Rechtslage?

Eine solche Erklärung stellt sich als nachträgliches Angebot zur Änderung eines bereits geschlossenen Vertrages dar, dessen Annahme von der Zustimmung des Ausstellers abhängig ist. Verweigert er diese, bleibt es bei dem ursprünglichen Vertrag. Stimmt er zu, gilt die neue Vereinbarung. Einseitige Veränderungen sind somit nicht möglich.

Auch hier sehen AGB von Messeveranstaltern ggf. eine andere Lösung vor. So heißt es in den Teilnahmebedingungen II für die Hannover Messe 2009:

»3. Platzierung des Ausstellers auf der Veranstaltung

(1) Die Zuweisung einer Ausstellungsfläche erfolgt durch die Deutsche Messe aufgrund der Zugehörigkeit der angemeldeten Ausstellungsgegenstände zu einem Ausstellungsthema bzw. Ausstellungsschwerpunkt.

(2) Die Deutsche Messe behält sich das Recht vor, den Aussteller auch nachträglich umzuplatzieren und ihm abweichend von der Standbestätigung einen Stand in anderer Lage zuzuweisen, die Größe seiner Ausstellungsfläche zu ändern, Ein- und Ausgänge zum Messegelände und zu den Hallen zu verlegen oder zu schließen und sonstige bauliche Veränderungen vorzunehmen, soweit sie wegen besonderer Umstände ein erhebliches Interesse an solchen Maßnahmen hat.

(3) Der Aussteller ist in diesem Fall berechtigt, innerhalb von einer Woche nach Erhalt der Mitteilung über eine derartige Änderung vom Mietvertrag schriftlich zurückzutreten, wenn hierdurch seine Belange in unzumutbarer Weise beeinträchtigt werden.«

---

181 S.o. 4.3.1.1.

Derartige Klauseln müssen sich an dem Verbot einseitiger Änderungsvorbehalte in § 308 Nr.4 BGB messen lassen, der nach allgemeiner Meinung nicht nur bei B2C-Geschäften, sondern über §§ 307 II Nr.1, 310 I BGB auch bei B2B-Geschäften gilt.[182] Das bedeutet, dass die Klausel nur wirksam ist, wenn die Änderung unter Berücksichtigung der Interessen des Verwenders für den Kunden zumutbar ist und wenn für die Änderung ein triftiger Grund vorliegt.[183] Das letztgenannte Erfordernis ergibt sich aus Ziff. 1k des Anhangs der EG-Richtlinie 93/13[184] über missbräuchliche Klauseln in Verbraucherverträgen, die verbietet, dass »der Gewerbetreibende die Merkmale des zu liefernden Erzeugnisses oder der zu erbringenden Dienstleistung einseitig ohne triftigen Grund ändern kann«. Dementsprechend sind Änderungsklauseln ohne das Zumutbarkeitskriterium unzulässig. Ein Klauselvorbehalt, dem Mieter eines Messestandes einen anderen Platz zuzuweisen, ist dementsprechend für ungültig erklärt worden.[185]

Ziff. 3 III der Teilnahmebedingungen II für die Hannover Messe 2009 enthält dagegen ausdrücklich den Hinweis, dass der Kunde zum Rücktritt berechtigt ist, wenn seine Belange in unzumutbarer Weise beeinträchtigt werden. Im Umkehrschluss bedeutet dies, dass der Kunde zumutbare Änderungen tolerieren muss. Dem Zumutbarkeitskriterium ist somit Rechnung getragen. Die Klausel entspricht auch dem zentralen Anliegen der AGB-Vorgaben, keine einseitigen und willkürlichen Änderungen der versprochenen Leistung in AGB zuzulassen und dem Verwender nur bei einem triftigen Grund eine Änderung der versprochenen Leistung zu gestatten. Denn die Messegesellschaft darf nach Ziff. 3 II ihrer Bedingungen eine Leistungsabweichung eben nur vornehmen, soweit sie »wegen besonderer Umstände« ein »erhebliches Interesse« an solchen Maßnahmen hat. Damit können nur triftige Gründe eine Abweichung rechtfertigen. Im Ergebnis hält die besagte Klausel somit den §§ 308 Nr. 4, 307 II Nr.1, 310 I BGB bei richtliniengetreuer Auslegung stand.

Gesamtergebnis:
Ob die Zuweisung des Reihenstandes anstelle des vertraglich bestätigten Eckstandes gerechtfertigt ist, muss im Einzelfall überprüft werden und hängt davon ab, ob das Hinzutreten weiterer Aussteller »besondere Umstände« darstellen und ein erhebliches Interesse an der Standänderung rechtfertigen. Ist dies der Fall, so muss der betroffene Aussteller die Änderung tolerieren, soweit sie zumutbar ist. Bei Fehlen triftiger Gründe wäre die Standänderung dagegen ungültig. Sollten zwar triftige Gründe vorliegen, die Standänderung aber unzumutbar sein, könnte der Aussteller binnen 1 Woche den Rücktritt vom Vertrag erklären.

Fall 32: Ölspuren auf dem Teppich

Am Abend vor der Übergabe des Messestandes an den Aussteller fährt ein Gabelstapler über den Teppich seines Standes und hinterlässt Ölspuren. Rechtslage?

Falls der Aussteller mit der Messegesellschaft einen Mietvertrag mit der zusätzlichen Vereinbarung der Einrichtung des Messestandes geschlossen hatte, hat er einen Erfüllungsanspruch gegen die Messegesellschaft, bis zu Messebeginn einen einwandfreien

---

182 MüKo/*Basedow* § 308 BGB Rn. 12; Palandt/*Grüneberg* § 308 BGB Rn. 24.
183 Palandt/*Grüneberg* § 308 BGB Rn. 23.
184 Abgedruckt in Palandt/*Grüneberg* § 310 Rn. 27.
185 OLG Köln NJW-RR 1999, 1232.

sauberen Teppich zu erhalten. Geschieht dies nicht, kann er nach § 536 BGB eine Mietminderung vornehmen und außerdem bei Verzug der Messegesellschaft mit der Mängelbeseitigung den Mangel selbst beseitigen oder beseitigen lassen und Ersatz der erforderlichen Aufwendungen verlangen (§ 536 a II BGB).

Falls der Teppich nicht zum Lieferumfang des Messevertrages gehörte und im Eigentum des Ausstellers stand, könnte er nach §§ 280 I, 278 BGB Ansprüche auf Schadensersatz gegen die Messegesellschaft richten, wenn der Gabelstapler-Fahrer zu ihrem Personal zählte. Er wäre dann als Erfüllungsgehilfe der Messegesellschaft anzusehen, der schuldhaft Nebenpflichten aus dem Ausstellungsvertrag zur Rücksichtnahme auf die Rechtsgüter des Ausstellers (§ 241 II BGB) verletzt hätte. Für dieses Fehlverhalten muss die Messegesellschaft einstehen.

Eine Haftung der Messegesellschaft scheidet jedoch aus, wenn ein wirksamer Haftungsausschluss vertraglich vereinbart worden ist. Aus diesen, bei Messeveranstaltern üblichen Klauseln, ergibt sich, dass sie nur dann für Schäden am Standbau oder an Exponaten einstehen, wenn sie diese vorsätzlich oder grob fahrlässig verursacht haben. Eine solche Klausel entspricht den Wirksamkeitsvoraussetzungen nach § 309 Nr. 7b BGB. Die Messegesellschaft kann sich somit in Fällen leichter Fahrlässigkeit von der Haftung für ihren Fahrer lossagen, jedoch nicht, wenn dieser bewusst oder ohne die geringste Umsicht über den Teppich gefahren ist.

Sollte der Fahrer nicht zum Personal der Messegesellschaft zählen, könnte sie dagegen überhaupt nicht verantwortlich gemacht werden. Dann bliebe nur eine Inanspruchnahme des Fahrers selbst gemäß § 823 I BGB wegen Eigentumsverletzung und eine Inanspruchnahme seiner Firma gemäß § 831 I BGB, die aber ggf. erfolgreich den Entlastungsbeweis nach Satz 2 führen könnte.

Ergebnis:

1) Hatte die Messegesellschaft den Teppich zu stellen, bestehen Erfüllungsansprüche auf einwandfreie Gestellung eines sauberen Teppichs und widrigenfalls Mietminderungs- und Aufwendungsersatzansprüche.

2) Handelte es sich um den Teppich des Ausstellers, kann er bei haftungseinschränkenden Klauseln nur bei grobem Verschulden Schadensersatz von der Messegesellschaft verlangen, wenn es sich um deren Fahrer handelte. Sonst muss er sich an den Fahrer selbst oder/und deren Firma halten.

Fall 33: Verlust von Ausstellergut

Die Messe wird abends um 20.00 Uhr geschlossen. Am nächsten Morgen fehlt einem Aussteller wertvolles Ausstellungsgut im Umfang von 50.000 €. Er nimmt nunmehr die Messegesellschaft dafür in Anspruch. Zu Recht?

Als Anspruchsgrundlage kommt § 280 I BGB in Betracht. Dieser setzt voraus:

1) ein Schuldverhältnis, das hier aufgrund des Ausstellungsvertrages gegeben ist
2) eine Pflichtverletzung sowie
3) ein Vertretenmüssen, das vermutet wird.

Problematisch ist hier die Pflichtverletzung. Die Messegesellschaft hatte neben der vertraglichen Hauptpflicht zur Überlassung des Messestandes auch vertragliche Nebenpflichten zur Rücksichtnahme auf die Rechtsgüter des Ausstellers, § 241 II BGB. Dazu zählt die Schutzpflicht, sich bei Abwicklung des Schuldverhältnisses so zu verhalten, dass Körper, Leben, Eigentum und sonstige Rechtgüter des anderen Teils nicht verletzt werden.[186] Das bedeutet vor allem, geeignete Maßnahmen zu treffen, damit eine ausreichende Sicherheit in den Messehallen und auf dem Messegelände gewährleistet ist. Die Messegesellschaft muss also dafür sorgen, dass das Messeareal zu einer bestimmten Zeit am Abend geschlossen wird und Besucher und Unbefugte die Messehallen und das Messegelände verlassen. Die Ausstellungsräume müssen sodann verschlossen werden und der Sicherheitsdienst muss in Abständen Kontrollgänge durch die Hallen und über das Messegelände vornehmen. Zusätzlich bietet sich die Installation von Videokameras an. Wären hier gravierende Sicherheitsmängel feststellbar, begründete dies eine Pflichtverletzung. Der Aussteller müsste sodann nachweisen, dass der Verlust seines Ausstellungsgutes auf diesen Sicherheitsmängeln beruht, wobei ihm die Regeln des Anscheinsbeweises ggf. zur Hilfe kämen. Es wäre dann Sache der Messegesellschaft nachzuweisen, dass die Pflichtverletzung nicht von ihr zu vertreten ist, § 280 I 2 BGB. Gelingt ihr das nicht, müsste sie den nachgewiesenen Schaden des Ausstellers vorbehaltlich seines etwaigen Mitverschuldens (§ 254 BGB) ersetzen.

Der Spielraum für ein Mitverschulden des Ausstellers ist in der Regel allerdings recht groß. Dem Aussteller obliegt es selbst, auf seine Sachen zu achten. Die Messegesellschaften übernehmen ausdrücklich keine Obhutpflicht für die eingebrachten Sachen. Wer Sachen, die gestohlen werden können und für die er verantwortlich ist, ungesichert lässt, trägt das Risiko ihres Verlustes selbst.

Durch Haftungsfreizeichnungsklauseln könnte diese Haftung allenfalls für Fälle leichter Fahrlässigkeit ausgeschlossen werden, da die Verbote des § 309 Nr. 7 BGB gemäß §§ 307, 310 I BGB auch im Verkehr zwischen Unternehmern anzuwenden sind.[187] Selbst für leichte Fahrlässigkeit dürfte aber weder die Haftung für Körperschäden ausgeschlossen werden (vgl. § 309 Nr. 7a BGB), noch – was hier relevant sein könnte – die Haftung für Sach- und Vermögensschäden, soweit diese auf der Verletzung von Kardinalpflichten beruht.[188] Dabei dürfte die Einhaltung der oben bezeichneten Sicherheitsstandards zu den Kardinalpflichten eines Messeausstellungsvertrages gehören. Dementsprechend sind für Haftungsfreizeichnungen nur geringe Spielräume gegeben.[189]

Falls die Messegesellschaft für ausreichende Sicherheit gesorgt hat, entfällt eine Haftung für das Ausstellergut. Da die Sicherheitsstandards seitens der Messegesellschaften regelmäßig eingehalten und insbesondere für eine Räumung, ein Verschließen der Messehallen und des Messegeländes sowie für regelmäßige Kontrollgänge gesorgt wird, dürfte in der Praxis der Nachweis einer Pflichtverletzung seitens der Messegesellschaft schwer fallen und der Aussteller auf seinem Schaden sitzen bleiben. Anders ist es, wenn er eine entsprechende Ausstellerversicherung abgeschlossen hat, deren Abschluss ihm seitens der Messegesellschaften zumeist angeboten und empfohlen wird.

---

186 Vgl. Palandt/*Heinrichs* § 241 Rn. 7.
187 OLG Frankfurt NJW 1983, 1681; OLG Hamm NJW-RR 1996, 969, h.M., str. a.A. OLG Bremen VersR 1987, 773.
188 BGH NJW 1985, 915; Palandt/*Grüneberg* § 309 Rn. 48.
189 Vgl. daher die differenzierte Regelung in Ziff. 8 der Teilnahmebedingungen II für die Hannover Messe 2009, wiedergegeben unten im 4. Teil V.

Ergebnis:

Nur im (praktisch seltenen) Fall der Verletzung von Sicherheitsstandards, die für den eingetretenen Verlust ursächlich waren, kann der betroffene Aussteller von der Messegesellschaft Schadensersatz für gestohlenes Ausstellungsgut beanspruchen. Ihm ist angesichts dieser erheblichen rechtlichen Risiken dringend zu empfehlen, wertvolles Ausstellungsgut auf eigene Rechnung zu versichern oder/und durchgängig bewachen zu lassen.

Fall 34: Die Standparty mit Folgen

Am Messeabend findet eine genehmigte Standparty statt, in deren Verlauf es zu Ausschreitungen und Verwüstungen kommt. Am Morgen danach findet der Standnachbar seinen Stand in verwüstetem Zustand vor und fragt sich, ob er von der Messegesellschaft oder dem Veranstalter der Party Schadensersatz wegen der angerichteten Sachschäden verlangen kann.

I. Ansprüche gegen die Messegesellschaft könnten auf § 280 I BGB basieren, wenn nachfolgende Voraussetzungen erfüllt sind:

1) Schuldverhältnis
2) Pflichtverletzung
3) Vertretenmüssen

Zu 1:

Auf Grund des Messeteilnahmevertrages besteht ein Schuldverhältnis zwischen dem Geschädigten und der Messegesellschaft.

Zu 2:

Eine Pflichtverletzung könnte in dem Verstoß gegen vertragliche Nebenpflichten liegen, nämlich sich bei der Abwicklung des Schuldverhältnisses so zu verhalten, dass Körper, Leben, Eigentum und sonstige Rechtsgüter des anderen Teils nicht verletzt werden (§ 241 II BGB). Wenn die ausgelassene Stimmung zu Ausschreitungen führte, drängt sich die Frage auf, ob die Party von der Messegesellschaft überhaupt hätte genehmigt werden dürfen und ob nicht Sicherheitsmaßnahmen die Schäden verhindert hätten. Dazu ist zu sagen:

Sowohl die Messegesellschaft als auch die Aussteller haben ein Interesse daran, dass die Messe als Kommunikationsplattform genutzt wird. Dazu gehört auch eine Standparty nach der offiziellen Öffnungszeit. Die bloße Genehmigung kann deshalb nur dann als Pflichtverletzung gewertet werden, wenn die Verwüstungen vorhersehbar gewesen wären, z.B. infolge von negativen Erfahrungen mit dem Ausrichter der Standparty. Sie scheidet daher im Regelfall als Pflichtverstoß aus.

Allerdings könnte die Messegesellschaft zu verschärften Sicherheitskontrollen verpflichtet gewesen sein, um die umliegenden Stände besser zu schützen. Dazu ist zu sagen, dass ein Mindeststandard an Sicherheitskontrollen selbstverständlich zu erwarten ist. Andererseits müssen aber auch die Grenzen des Zumutbaren im Auge behalten werden. Die Verantwortung für den sicheren Ablauf der Standparty liegt eindeutig bei dem Ausrichter, von dem die Messegesellschaft erwarten darf, dass er den Ablauf des Abends unter Kontrolle behält. Mehr als die üblichen Kontrollgänge durch das Sicherheitspersonal kann bei zivilisierten Ausstellern nicht erwartet werden. Wenn die Party dennoch aus dem Ruder läuft, kann dafür jedenfalls nicht die

Messegesellschaft verantwortlich gemacht werden, sondern die Randalierer oder ggf. der Ausrichter der Party.

Ergebnis:
Im Regelfall scheitern Ansprüche an die Messegesellschaft mangels Pflichtverletzung.

II. Ansprüche gegen den Ausrichter der Standparty könnten sich ggf. aus § 823 I BGB ableiten lassen. Das setzt voraus:

1) Eine Rechtsgutverletzung, die kausal auf den Schädiger zurückzuführen ist
2) Rechtswidrigkeit
3) Verschulden

Zu 1:

Hier liegt zwar eine Verletzung des Eigentums des Nachbarn vor, es ist jedoch fraglich, ob diese auf ein Handeln oder Unterlassen des Ausrichters der Party zurückzuführen ist. Die Rechtsgutverletzung wurde nicht von ihm, sondern seinen Gästen begangen. Dafür kann er nur dann im Sinne eines eigenen Tatbeitrags (mit) verantwortlich gemacht werden, wenn er die Gäste dazu animiert oder nicht in ihrem erkennbaren Tatendrang gebremst hat. Dies dürfte im Regelfall kaum von dem Geschädigten nachgewiesen werden können, so dass Ansprüche gegen den Ausrichter zumeist scheitern.

Eine Verantwortung nach § 831 BGB für die Ausschreitungen seiner Gäste scheidet von vornherein aus, da die Partygäste selbstverständlich keine Verrichtungsgehilfen des Ausrichters der Party sind.

Ergebnis:
Schadensersatzansprüche gegen den Ausrichter der Party sind in der Regel nicht gegeben. Es bleibt dem Geschädigten daher nur die Suche nach den Tätern, die ihm nach § 823 I BGB zum Schadensersatz verpflichtet wären oder die Inanspruchnahme einer evtl. abgeschlossenen Ausstellerversicherung.

Fall 35: Die Show mit Sicherheitsmängeln

Als besondere Attraktion wollte ein Aussteller seinen Standbesuchern die Funktionsweise seiner Produkte praktisch demonstrieren. Bei einer Vorführung riss ein Aggregat aus der Verankerung und verletzte einen Besucher erheblich. Dieser verlangt von dem Aussteller Schadensersatz einschließlich Schmerzensgeld.

Schadensersatzansprüche können sich in erster Linie aus § 280 I BGB wegen Verletzung vorvertraglicher Schutzpflichten ergeben. Voraussetzung wäre im Einzelnen:

1) ein Schuldverhältnis

Hier ist zwischen Besucher und Aussteller kein Vertragsverhältnis gegeben, wohl aber haben bereits geschäftliche Kontakte stattgefunden, die durch das Interesse an den Produkten des Ausstellers geweckt wurden. Dies reicht gemäß § 311 II Nr. 3 BGB für das Entstehen eines Schuldverhältnisses aus.

2) eine Pflichtverletzung

Wer geschäftliche Kontakte anbahnt und Produktpräsentationen mit praktischen Vorführungen vornimmt, muss in besonderer Weise für den sicheren Ablauf Sorge tragen. Er muss auf die Rechtsgüter der Interessenten, die sich zu der Vorführung einfinden, Rücksicht nehmen (§ 241 II BGB) und dafür sorgen, dass es nicht zu Unfällen kommt. Diese Pflicht ist objektiv nicht eingehalten worden, so dass eine Pflichtverletzung vorliegt.

3) Vertretenmüssen

Gemäß § 280 I 2 BGB wird dies regelmäßig vermutet. Es ist Sache des Ausstellers, ein mangelndes Verschulden nachzuweisen. Er müsste also den Nachweis führen, dass ihm in puncto Vorbereitung und Durchführung der Produktdemonstration keine Nachlässigkeit anzulasten ist und der Unfall auf Umständen beruhte, die von ihm nicht zu verantworten sind. Gelingt ihm dies nicht, muss er für die Folgen des Unfalls einstehen und dem geschädigten Besucher den eingetretenen materiellen Schaden ersetzen und bei einer erheblichen Verletzung auch ein angemessenes Schmerzensgeld nach § 253 BGB zahlen.

Ergebnis:
Der Aussteller haftet dem geschädigten Besucher auf Schadensersatz einschließlich Schmerzensgeld, wenn ihm nicht der Nachweis gelingt, dass ihn bei Vorbereitung und Durchführung der Präsentation kein Verschulden trifft.

Fall 36: Verletzung durch herabfallende Teile

An einem Messestand wurden verschiedene Dekorationsgegenstände hängend an einer Oberkonstruktion angebracht. Der Besucheransturm am ersten Messetag führte zu einer starken Belastung der unteren Konstruktion. Die entstehenden Schwingungen übertrugen sich von der Unterkonstruktion auf den Überbau. Dadurch lösten sich plötzlich einige schwere Dekorationsteile und verletzten mehrere Besucher an Kopf und Brust. Sie verlangen von dem Aussteller Schadensersatz einschließlich Schmerzensgeld.

Schadensersatzansprüche der verletzten Besucher gegen den Aussteller könnten sich auf Grund einer Pflichtverletzung aus § 280 I BGB ergeben. Dazu sind folgende Voraussetzungen nötig:

1) ein Schuldverhältnis
2) eine Pflichtverletzung
3) Vertretenmüssen.

Zu 1:

Wie in Fall 35 sind durch die geschäftlichen Kontakte (vor-)vertragliche Schuldverhältnisse zwischen den Besuchern und dem Aussteller entstanden, § 311 II Nr. 3 BGB.

Zu 2:

Wer geschäftliche Kontakte herstellt, ist verpflichtet, auf die Rechte, Rechtsgüter und Interessen des anderen Teils Rücksicht zu nehmen, § 241 II BGB. Diese Pflicht ist objektiv von dem Aussteller nicht eingehalten worden, da die Deko-Teile seines Standes herabfielen und mehrere Besucher körperlich verletzten.

Zu 3:

Wie bereits in Fall 35 erörtert, wird ein Verschulden bei vorhandener Pflichtverletzung vermutet und der Aussteller müsste gemäß § 280 I 2 BGB nachweisen, dass er die

Pflichtverletzung nicht zu vertreten hat. Diese Entlastung wird kaum gelingen, da entweder er oder die von ihm beauftragte Messebaufirma die Deko-Teile mangelhaft an der Oberkonstruktion befestigt hatte. Diese müssen den Belastungen von Besuchern gewachsen sein und entsprechende Schwingungen aushalten. Falls er selbst den Messestand aufgebaut hat, würde er nach § 276 BGB für sein Fehlverhalten einzustehen haben. Hatte er Mitarbeiter oder eine Messebaufirma mit dem Standaufbau betraut, so würden Fehler dieser Personen oder Unternehmen gemäß § 278 BGB von ihm wie ein eigenes Verschulden zu vertreten sein, da diese für in seinem Auftrag tätig wurden und die (eigentlich von ihm selbst) den Besuchern gegenüber geschuldeten Sicherheitsmaßnahmen wahrgenommen, aber nicht ordentlich durchgeführt haben.

Ergebnis:
Der Aussteller ist den verletzten Besuchern gemäß § 280 I BGB zur Zahlung von Schadensersatz einschließlich Schmerzensgeld verpflichtet, weil diese körperlich verletzt wurden (§ 253 BGB).

Fall 37: Dröhnung ohne Ende

Um das Besucherinteresse stärker auf seinen Messestand zu lenken, hat ein Aussteller zwei Rockbands verpflichtet, die mit leistungsstarken Anlagen auftreten und sich im Wechsel insgesamt 9 Stunden lang beim Dauerrocken verausgaben. Ein Aussteller am Nachbarstand dreht entnervt durch und verlangt sofortige Unterlassung. Zu Recht?

Ob der Nachbaraussteller wegen der Lärmstörung einen Anspruch auf Unterlassung hat, beurteilt sich nach § 862 BGB. Die Voraussetzungen für diesen Anspruch wegen Besitzstörung sind:

1) Der betroffene Nachbar muss Besitzer sein
2) in seinem Besitz gestört werden, und zwar
3) durch verbotene Eigenmacht.
4) Es muss Wiederholungsgefahr bestehen.

Zu 1:

Als Aussteller und Messestandbetreiber übt der Nachbar die tatsächliche Gewalt über den Messestand aus und ist daher unmittelbarer Besitzer im Sinne des § 854 BGB.

Zu 2:

Durch die von ihm veranlasste, über Stunden reichende und lautstarke Rockdarbietung wird der Standnachbar in seinem Besitz gestört.

Zu 3:

Verbotene Eigenmacht liegt vor, wenn die Störung ohne den Willen des Betroffenen geschieht und das Gesetz die Störung nicht gestattet, § 858 I BGB.

Die musikalische Bedröhnung erfolgt ohne Einwilligung des betroffenen Nachbarn. Fraglich ist allein, ob er die akustische Offensive nicht evtl. zu dulden hat. Dabei ist vorweg zu sagen, dass Aussteller gern zu unkonventionellen Marketingmaßnahmen greifen, um sich von anderen Messeständen zu unterscheiden. Dies ist zunächst völlig legitim. Manchmal treibt der Konkurrenzkampf allerdings besondere Blüten; denn was dem einen eine besondere Aufmerksamkeit sichert, stört leicht den anderen bei seiner Präsentation. Der daraus entstehende Konflikt ist schwer beizulegen, insbesondere wenn die Marketingaktion Erfolg hat.

Die rechtlichen Maßstäbe bei Lärmeinwirkungen und anderen Immissionen finden sich vor allem in § 906 BGB. Danach sind unwesentliche Lärmbeeinträchtigungen hinzunehmen. Das wäre der Fall, wenn die gesetzlich oder in Verwaltungsvorschriften nach § 48 BImSchG normierten Grenz- oder Richtwerte nicht überschritten werden. Besonders relevant als Verwaltungsvorschrift ist die Technische Anleitung Lärm,[190] die bestimmte Dezibel-Werte festlegt, die nicht überschritten werden sollen. Ob eine solche Überschreitung hier stattgefunden hat, könnte exakt nur durch eine Lärmmessung vor Ort festgestellt werden. Es ist allerdings anzunehmen, dass unabhängig von einer solchen Messung die Tatsache einer über viele Stunden gehenden heftigen Einwirkung durch Rockmusik schon für sich genommen ausreicht, um von einer wesentlichen Beeinträchtigung auszugehen. Diese ist infolge ihrer Dauer und Intensität auch nicht mehr als ortsüblich anzusehen. Selbst wenn man einen hohen allgemeinen Lärmpegel bei Messen konzediert, stellt doch eine über Stunden laufende Rockveranstaltung mit zwei sich abwechselnden und sich völlig verausgabenden Gruppen eine nicht mehr messe-übliche Geräuschbeeinträchtigung dar. Schon deshalb ist die Darbietung nicht vom Messenachbarn zu dulden. Außerdem entfällt eine Duldungspflicht deshalb, weil die Musikdarbietung jederzeit abgebrochen werden kann, also die Beeinträchtigung durchaus zu verhindern ist.

Insgesamt stellt sich die Dauerbedröhnung daher als verbotene Eigenmacht dar.

Zu 4:

Da weitere Lärmbeeinträchtigung zu erwarten sind, kann der betroffene Nachbar die Einstellung der Störung beanspruchen.

Falls er im Klageweg vorgeht, wird er am besten eine einstweilige Verfügung bei dem zuständigen Zivilgericht beantragen und im Eilweg auch schnell erhalten. Er könnte sich der verbotenen Eigenmacht sogar gemäß § 859 I BGB mit Gewalt erwehren, also etwa durch Unterbrechung der Stromzufuhr oder Wegnahme der PA, wobei hier wohl eher List als Gewalt anzuempfehlen wäre.

Ergebnis:
Der betroffene Nachbaraussteller hat einen Anspruch auf Einstellung der lauten Dauermusik und kann sich dieser auch mit Gewalt erwehren.

Hinweis:
Die Teilnahmebedingungen untersagen vielfach »visuelle und akustische Belästigungen der benachbarten Stände«[191] und geben der Messeleitung das Recht, »belästigende oder behindernde Präsentationen zu untersagen und bei erneuter Zuwiderhandlung den Standmietvertrag fristlos zu kündigen«. Von da aus hätte der Aussteller auch die Möglichkeit, sich direkt an die Messeleitung mit der Bitte um Intervention zu wenden.

---

190 6. BImSchVwV (TA Lärm) v. 26.8.1998 (GMBl 503).
191 So z.B. Ziff. 4 Abs. 2 der Teilnahmebedingungen II für die Hannover Messe 2009.

Fall 38: Running gags

Ein Aussteller engagiert brasilianische Tänzerinnen, die in einem Hauch von Nichts auftreten, die massenhaft angelockten Besucher antörnen, einen Striptease veranstalten und die Besucher zum Skateboarden in Unterwäsche animieren. Kann die Messeleitung einschreiten?

Klauseln in den AGB der Messegesellschaften geben, wie soeben angeführt, der Messeleitung vielfach das Recht, bei belästigenden oder behindernden Präsentationen einzuschreiten, diese zu untersagen und notfalls den Mietvertrag aufzukündigen. Ist das der Fall, hätte die Messeleitung eine wirksame Möglichkeit, derartige Shows zu unterbinden.

Wo dies nicht der Fall sein sollte, ließe sich ein Unterlassungsanspruch aus der Verletzung unausgesprochener vertraglicher Nebenpflichten (vgl. § 241 II BGB) ableiten. Der Messeteilnehmer schuldet nämlich der Messegesellschaft Rücksicht auf deren Rechte, Rechtsgüter und Interessen, die hier eindeutig durch derartige Grenzüberschreitungen verletzt wären.

Ergebnis:
Die Messeleitung kann entweder auf Grund entsprechender AGB oder auf der Basis von § 241 II BGB gegen solche running gags einschreiten.

Fall 39: Pflichten zur Rücksichtnahme als Standnachbar

Während bei einer Esoterik-Messe auf dem einen Stand sensible Vorführungen mit tibetanischen Klangschalen stattfinden, dröhnt vom Nachbarstand laute Reggaemusik aus der PA. Die Performance-Künstlerin ist empört. Ihr Standnachbar entgegnet nur, jeder versuche eben auf seine Weise, das Publikum in Trance zu versetzen. Lebensfrohe karibische Klänge seien blutleerem tibetanischen Geklingel in jeder Weise überlegen. Eine gewisse Power müsse sein. Rechtslage?

I. Die Künstlerin könnte hier ggf. Ansprüche auf Unterlassung der lauten Musikbeschallung gegen den Standnachbarn nach § 862 BGB besitzen. Anders als in Fall 37 ist hier die Frage der Besitzstörung aber durchaus fraglich, weil Musikdarbietungen naturgemäß mit Geräuschen verbunden sind, die der eine als angenehm und der andere als lästig empfinden mag (»Musik wird als störend oft empfunden weil sie mit Geräusch verbunden«, Wilhelm Busch). Ein objektiver Maßstab für eine Besitzstörung ist hier schwer zu finden. Außerdem ist zweifelhaft, ob von einer wesentlichen Beeinträchtigung gesprochen werden kann. Andererseits müssen die Aussteller aber ein Mindestmaß an wechselseitiger Rücksichtnahme aufbringen. Die Maßstäbe zu der Beurteilung liefern in erster Linie die Bestimmungen der §§ 862, 858, 906 BGB. Ob hier tatsächlich eine Besitzstörung vorliegt, kann nicht abschließend beurteilt werden und hängt stark von den Umständen des Einzelfalls ab, wie Dauer und Intensität der Musikbeschallung, Entfernung zur Schallquelle, Abschirmung durch Schallschutzwände oder freie Ausbreitung des Schalls u.ä. Der Gedanke des nachbarlichen Gemeinschaftsverhältnisses vermag darüber hinaus vielleicht noch den Sinn dafür zu schärfen, dass nach § 242 BGB für den Bereich des notwendigen Zusammenlebens von Grundstücksnachbarn Pflichten zur gegenseitigen Rücksichtnahme entspringen.[192] Dieses Rechtsinstitut ist allerdings

---

192 Vgl. dazu Palandt/*Bassenge* § 903 Rn. 13.

primär für Grundstücksnachbarn entwickelt worden und passt nur bedingt für Nachbarn eines Messestandes, die bloß vorübergehende Nutzer sind und sich im Wettbewerb profilieren müssen.

Ergebnis: Die Aussichten eines Vorgehens gegen den Standnachbarn sind als sehr ungewiss einzuschätzen.

II. Bessere Chancen verspricht dagegen eine Kontaktaufnahme zur Messeleitung, die – wie bereits in Fall 37 dargestellt – auf Grund ihrer AGB zumeist eine Handhabe besitzen, gegen akustische Belästigungen der benachbarten Stände vorzugehen, belästigende oder behindernde Präsentationen zu untersagen und bei erneuter Zuwiderhandlung ggf. den Standmietvertrag fristlos zu kündigen. Allerdings setzt sie sich dann selbst der Gefahr aus, eine Kündigung ohne hinreichende Kündigungsgründe ausgesprochen zu haben, wenn die Reggae-Musik doch noch hinnehmbar gewesen wäre. Schadensersatzansprüche wären dann die Folge.

III. Schließlich ist darauf zu verweisen, dass bei eklatanten Planungsfehlern evtl. Ansprüche auf Mietminderung gegen die Messegesellschaft nach § 536 BGB gerichtet werden können. Das setzt voraus, dass wegen starker akustischer Beeinträchtigung ein Mietmangel feststellbar wäre und die Nutzung des Messestandes dadurch gemindert wäre.

Ergebnis:
Ansprüche gegen den Standnachbarn auf Einstellung der Musik sind wenig Erfolg versprechend. Bei eklatanter Fehlplanung und Vorliegen eines Mietmangels kann eine Mietminderung von der Messegesellschaft beansprucht werden. Eine Beschwerde bei der Messegesellschaft mit der Bitte um Eingreifen verspricht am meisten Erfolg.

Fall 40: Schwarzverkauf bei Messe

Entgegen ausdrücklicher Vereinbarung verkauft ein Aussteller Produkte an Messebesucher. Rechtslage?

Die Messegesellschaft kann in derartigen Fällen auf Grund vertraglicher Vereinbarung sofortige Unterlassung verlangen. Das Verbot des Handverkaufs ist zumeist in entsprechenden AGB vereinbart, wie z.B. in den Teilnahmebedingungen II zur Hannover Messe 2009. Dort heißt es in Ziff. 4 VI:

»Jeglicher Hand- oder Kleinverkauf- insbesondere von Ausstellungsware oder Messemustern an Privat- oder Geschäftspersonen ist untersagt. Hand- oder Kleinverkauf ist jede entgeltliche Abgabe von Ware und jede Erbringung von Dienstleistung seitens des Ausstellers auf dem Messegelände...«.

Eine derartige Klausel begegnet keinen durchgreifenden rechtlichen Bedenken, weil es sich bei Messen um Veranstaltungen handelt, bei denen das wesentliche Angebot eines Wirtschaftszweiges einem Fachpublikum präsentiert wird, das dort nach Muster ordern kann. Eine unangemessene Benachteiligung der Aussteller ist nicht ersichtlich (§ 307 BGB).

Ergebnis:
Auf Grund vertraglicher Vereinbarung kann die Messegesellschaft die Einstellung des Handverkaufs verlangen.

Fall 41: Der Streit um den Namen des Ausstellers

Ein deutsches Unternehmen der Telekommunikation nimmt an einer Messe teil und muss im Vorfeld der Veranstaltung erschrocken feststellen, dass ein taiwanesischer Wettbewerber, der einen klanglich identischen und nur in der Schreibweise etwas abweichenden Unternehmensnamen führt, im Internetkatalog des Veranstalters als Aussteller derselben Messe unter dem verwechselungsfähigen Namen aufgeführt wird. Der deutsche Telekommunikationskonzern fordert den Messeveranstalter auf, das taiwanesische Unternehmen aus dem Online-Aussteller- und Produktverzeichnis zu löschen und in den noch nicht veröffentlichten Veranstaltungskatalog gar nicht erst aufzunehmen. Als der Veranstalter sich unter Hinweis auf seine vertragliche Verpflichtung, auch das taiwanesische Unternehmen als Aussteller nennen zu müssen, weigert, beantragt der deutsche Telekommunikationskonzern den Erlass einer einstweiligen Verfügung gegen den Messeveranstalter als Herausgeber der Online-Publikationen und des Messekataloges.

Der Messeveranstalter beruft sich seinerseits darauf, selbst nicht beurteilen zu können und zu müssen, welcher der beiden Aussteller tatsächlich Inhaber der streitigen Namensrechte ist.

Zunächst stellt sich die Frage, ob die Messegesellschaft in dem einstweiligen Verfügungsverfahren überhaupt passiv legitimiert, also der richtige Adressat der Antragsschrift ist. Nutzer des zwischen deutschem und taiwanesischem Unternehmen streitigen Namens ist schließlich nicht die Messegesellschaft selbst, sondern der in Asien ansässige Wettbewerber des deutschen Konzerns. Und in der Tat spricht viel dafür, dass der Antragsteller nur deshalb gegen die deutsche Messegesellschaft vorgeht, weil er das aufwendige und zeitraubende Zustellungsverfahren in Taiwan scheut und nicht sicher sein kann, dort noch eine Entscheidung vor Beginn der Veranstaltung zu erlangen.

Letztendlich ist die Verwendung des Firmennamens durch den Messeveranstalter vergleichbar mit einem Eintrag in ein Namens- und Adressverzeichnis oder in ein Telefonbuch. Die streitigen Kennzeichnungen (Firmennamen) werden nicht markenmäßig, sondern beschreibend genutzt. Eine derartige beschreibende Darstellung in einem Firmen- oder Adressverzeichnis ist nach § 23 Nr. 2 MarkenG freigestellt und dürfte dem Messeveranstalter somit nicht untersagt werden.

In der Rechtssprechung ist indes anerkannt, dass ein Dritter als Herausgeber von Publikationen im Zusammenhang mit der Schaltung wettbewerbs- oder urheberrechtswidriger Anzeigen nach den Grundsätzen der »Störerhaftung« (§ 1004 BGB) in Anspruch genommen werden kann, wenn er willentlich und kausal an der Herbeiführung oder Aufrechterhaltung eines rechtswidrigen Zustandes mitwirkt und er bei dieser Mitwirkungshandlung zumutbare Prüfungspflichten verletzt[193]. Die Passivlegitimation des Messeveranstalters als zumindest möglichem Störer wird man somit im Ergebnis bejahen können.

Um einen Unterlassungsanspruch zu begründen, müsste ihm die Prüfung der Namensrechte aber auch möglich und zumutbar sein. Der alleinige Hinweis des deutschen Telekommunikationsunternehmens auf die Nutzung seines Firmennamens reicht als Beweis nicht aus, gegenüber dem taiwanesischen Namensvetter bevorrechtigt zu sein. Sollte das taiwanesische Unternehmen auf dem deutschen Markt bereits vor dem deutschen Unternehmen unter demselben Namen aktiv gewesen sein, ständen dem Asiaten die prioritätsälteren Rechte zu. Der Messeveranstalter würde vertragsbrüchig werden

---

193 Vgl. etwa BGH GRUR 2001, 1038, 1039.

und sich rechtswidrig verhalten, wenn er dem taiwanesischen Aussteller die Präsenz im Messekatalog verweigern würde.

Ohne weitere Informationen und Beweismittel des deutschen Ausstellers wäre es der Messegesellschaft nur unter erheblichem Aufwand möglich, die Berechtigung der Namensführung zu ermitteln. Ob ihm eine derartige Ermittlungtätigkeit zumutbar ist, muss bezweifelt werden. Für den BGH kommt bei Presseunternehmen in der Anzeigenaufnahme eine Störerhaftung erst bei groben, unschwer zu erkennenden Rechtsverletzungen in Betracht[194], um die tägliche Arbeit nicht zu erschweren und die Verantwortlichen nicht zu überfordern.

Dieser Gedanke ist auch auf die vergleichbare Tätigkeit von Messegesellschaften bei Erstellung ihrer Veranstaltungskataloge zu übertragen. Bei einer Großveranstaltung, wie z.B. der CeBIT mit über 6.200 Ausstellern ist es dem Veranstalter völlig unmöglich, auch nur ansatzweise zu überprüfen, ob durch die von Ausstellern verwendeten Marken oder Firmennamen Kennzeichenrechte Dritter verletzt werden.

Bei der Bestimmung des Umfangs der Prüfungspflichten des Messeveranstalters ist zwischen der Schutzbedürftigkeit des Kennzeichenrechtsinhabers und der Zumutbarkeit einer etwaigen Überprüfung für den Messeveranstalter eine Interessenabwägung vorzunehmen. Ein Unterlassungsanspruch des deutschen Ausstellers ließe sich in der oben geschilderten Konstellation begründen, wenn für den Veranstalter offenkundig wäre, dass die Verwendung des Firmennamens im Messekatalog eine Verletzung fremder Namensrechte bedeutete. Bei offenkundigen Zweifeln wird eine weitergehende Prüfungspflicht in zumutbarem Rahmen, wie z.B. der Anforderung von Eintragungsurkunden über Marken, angenommen werden können. Die Beibringungspflicht dafür sollte analog der zivilprozessualen Regularien bei dem liegen, der eine Verletzung seiner Rechte behauptet.

Ergebnis:
Grundsätzlich sollte der Rechtsstreit vorrangig auf der Ebene der eigentlichen Kontrahenten, der namensgleichen oder –ähnlichen Aussteller, geführt werden. Nur ausnahmsweise, bei Missachtung offenkundig gegebener Kennzeichenrechte, kann ein Anspruch auf Unterlassung der Katalogaufnahme gegen den Messeveranstalter durchdringen.

---

194 vgl. BGH GRUR 1999, 418; BGH GRUR 2002, 360, 366.

6. Checkliste für eine Messeteilnahme

Die möglichen und vielfältigen Leistungsinhalte ergeben sich aus nachfolgendem

Bild 20: Checkliste für eine Messeteilnahme

CeBIT
HANNOVER
9.–15. 3. 2006

Service-Übersicht   **Ihre Checkliste**

Themenblock im Service-Ordner / Bezeichnung	Formular-Nummern	Letzter Einsendetermin	Wird benötigt ✔ / Bestellt am:
VORSPANN			
Geländeplan	—		☐
Worldwide CeBIT-Events	—		☐
KATALOG UND ELEKTRONISCHE MEDIEN			
Broschüre Katalog und Elektronische Medien	—		☐
Firmenangaben	1.10	08.12.2005	☐
Firmenprofil	1.20	08.12.2005	☐
Produktgruppen	1.40	08.12.2005	☐
Markennamen	1.50	08.12.2005	☐
Katalog-Anzeigen	1.60	08.12.2005	☐
Firmenzeichen im Katalog	1.62	08.12.2005	☐
Online-Werbung (1)	1.65	05.01.2006	☐
Online-Werbung (2)	1.66	05.01.2006	☐
Firmenlogo / Hyperlink	1.70	08.12.2005	☐
Produkt-Hyperlinks	1.75	08.12.2005	☐
Produktbeschreibungen	1.76	08.12.2005	☐
Katalog-Vorverkauf	1.80	02.02.2006	☐
EITO Infoblatt	—		☐
Produktgruppenverzeichnis	—		☐
TECHNIK UND LOGISTIK			
Broschüre Technik und Logistik	—		☐
Elektroversorgung	2.10, 2.11	02.02.2006	☐
Wasserversorgung	2.20, 2.21	02.02.2006	☐
Standskizze	LA 200	02.02.2006	☐
Analoger Anschluss	3.10	08.12.2005	☐
EURO-ISDN Anschluss	3.20	08.12.2005	☐
Antennen-Anschluss	3.30	08.12.2005	☐
Verbindungen innerhalb des Messegeländes	3.80	08.12.2005	☐
Verbindungen / Zuführungen	3.81	08.12.2005	☐
Internet Services	3.82	08.12.2005	☐
Internet Services	3.83	08.12.2005	☐
Standskizze	LA 300	03.12.2005	☐
Mietmöbel	4.05	02.02.2006	☐
Küchenausstattung / Bodenbeläge	4.06	02.02.2006	☐
System-Stände A '04, B '04, D '04, Truss '04, Line '04	4.10, 4.20, 4.30, 4.31, 4.32	02.02.2006	☐
System-Stande Double '04	4.33	05.01.2006	☐
Standwände	4.35	02.02.2006	☐
Standskizze	LA 400	02.02.2006	☐
Ausstellerausweise	5.20	02.02.2006	☐
Parkscheine	5.30	05.01.2006	☐
Abendveranstaltung	5.41	05.01.2006	☐
Musiknutzung zur Messe (1) + (2)	5.45, 5.46	24h	☐
Transport-und Ausstellungsversicherung	5.50	02.02.2006	☐
Standreinigung	5.60	05.01.2006	☐
Abfallentsorgung	5.70	05.01.2006	☐
Standbewachung	5.80	02.02.2006	☐
Vermittlung von Arbeitskräften	5.88	24h	☐
Standpersonal	5.89	24h	☐
Getränkeservice	5.92	24h	☐
Technische Richtlinien	—		☐
Broschüre Mietmöbel / Bodenbeläge	—		☐
Miet-System-Stand Broschüre	—		☐
Parkplatzplan	—		☐
Broschüre Stand-Hostessen	—		☐
MARKETING-SERVICE			
Broschüre Marketing Service	—		☐
Tages-Gästeausweise	7.25	02.02.2006	☐
Werbemittel, kostenlos (1), (2)	7.30 / 7.31	05.01.2006	☐
Werbemittel, kostenpflichtig	7.40	05.01.2006	☐
Anmietung von Konferenzräumen	7.46		☐
Anfrage Privatzimmer	7.85	05.01.2006	☐
Anfrage Hotelzimmer	7.86	05.01.2006	☐
Repräsentanzen	—		☐
PRESSE-SERVICE			
Broschüre Presse Service	—		☐
Pressefächer	8.10	24h	☐
Presseführer; Eintragungen in den	8.20	02.02.2006	☐
Produkte und Innovationen	8.30	08.12.2005	☐
Internet-Pressefächer	8.60	24h	☐
Pressekonferenz Video-on-Demand im Internet	8.80	02.02.2006	☐
Pressekonferenz LIVE im Internet	8.85	02.02.2006	☐

Weitere Termine

AUFBAU – frühester Beginn:	24.02.2006
AUFBAU – frühester Beginn in den Hallen 14, 15, 16 und 17:	01.03.2006
Veranstaltungszeitraum:	09. 03. – 15. 03. 2006
ABBAU – spätestens beendet:	21.03.2006

??? - - 000026056 - 1

H 1 015 007 2006 D

Deutsche Messe AG
Hannover · Germany
Messegelände · D-30521 Hannover

CeBIT
HANNOVER
9.–15. 3. 2006

Overview of services

Checklist

Section in Services file / Description	Form number	Deadline	Required ✔ / Ordered on:
INTRODUCTION			
Map of Exhibition Grounds	—		
Worldwide CeBIT-Events	—		
CATALOGUE AND ELECTRONIC MEDIA			
Brochure Catalogue and Electronic Media	—		
Company details	1.10	08.12.2005	☐
Company profile	1.20	08.12.2005	☐
Product categories	1.40	08.12.2005	☐
Brand names	1.50	08.12.2005	☐
Catalogue advertising	1.60	08.12.2005	☐
Company logo in catalogue	1.62	08.12.2005	☐
Online advertising (1)	1.65	05.01.2006	☐
Online advertising (2)	1.66	05.01.2006	☐
Corporate logo / Hyperlink	1.70	08.12.2005	☐
Product hyperlinks	1.75	08.12.2005	☐
Product descriptions	1.76	08.12.2005	☐
Advance catalogue sales	1.80	02.02.2006	☐
EITO info	—		
Product category index	—		
TECHNICAL SERVICES AND LOGISTICS			
Brochure Technical services and logistics	—		
Electricity supply	2.10, 2.11	02.02.2006	☐
Water supply	2.20, 2.21	02.02.2006	☐
Sketch of stand	LA 200	02.02.2006	☐
Analog connection	3.10	08.12.2005	☐
Digital (S0) connection	3.20	08.12.2005	☐
Radio and TV antennas	3.30	08.12.2005	☐
Connections / Leads	3.80	08.12.2005	☐
Connections / Leads	3.81	08.12.2005	☐
Internet Services	3.82	08.12.2005	☐
Internet Services	3.83	08.12.2005	☐
Sketch of stand	LA 300	08.12.2005	☐
Rental furniture	4.05	02.02.2006	☐
Kitchen furniture / floor coverings	4.06	02.02.2006	☐
System stand types A '04, B '04, D '04,	4.10, 4.20, 4.30,	02.02.2006	☐
Truss '04, Line '04	4.31, 4.32		
System stand type Double '04	4.33	05.01.2006	☐
Stand partitions	4.35	02.02.2006	☐
Sketch of stand	LA 400	02.02.2006	☐
Exhibitor's passes	5.20	02.02.2006	☐
Parking permits	5.30	05.01.2006	☐
Evening events	5.41	05.01.2006	☐
Notification of music use (1) + (2)	5.45, 5.46	24h	☐
Transport and exhibition insurance	5.50	02.02.2006	☐
Stand cleaning	5.60	05.01.2006	☐
Waste disposal	5.70	05.01.2006	☐
Security for stands	5.80	02.02.2006	☐
Employment Agency	5.88	24h	☐
Temporary staff	5.89	24h	☐
Beverage service	5.92	24h	☐
Technical regulations	—		
Brochure Rental Furniture / Floor Coverings	—		
Brochure of Rental system stands	—		
Car park map	—		
Brochure Stand Hostesses	—		
MARKETING SERVICE			
Brochure Marketing Service	—		
Guest tickets	725	02.02.2006	☐
Advertising materials (free of charge) (1), (2)	730/731	05.01.2006	☐
Advertising materials (subject to charge)	740	05.01.2006	☐
Renting a conference room	746		☐
Request for private accommodation	785	05.01.2006	☐
Request for hotel accommodation	786	05.01.2006	☐
Representatives	—		
PRESS SERVICE			
Brochure Press Service	—		☐
Press info boxes	8.10		☐
Listing in Press Guide (free of charge)	8.20	24h	☐
Products and innovations	8.30	02.02.2006	☐
Internet press boxes	8.60	08.12.2005	☐
Press conference as a Video on Demand on the Internet	8.80	24h	☐
Press conference LIVE on the Internet	8.85	02.02.2006	☐
		02.02.2006	☐

Important dates

Stand construction period begins		24.02.2006
Stand construction period for halls 14, 15, 16 und 17 begins		01.03.2006
Duration of event		09. 03. – 15. 03. 2006
Stand dismantling period ends		21.03.2006

??? – 000026056 - 1

H1 015 007 2006 GB

Deutsche Messe AG
Hannover · Germany
Messegelände · D-30521 Hannover

2. Teil: Rechtliche Rahmenbedingungen für Veranstaltungen

Wer als Veranstalter eine Veranstaltung plant und durchführt oder als Darsteller daran beteiligt ist, wird gut daran tun, sich nicht nur mit den zivilrechtlichen Vertrags- und Haftungsfragen auseinander zu setzen, sondern auch einen Blick auf die sonstigen zivil- und vor allem öffentlich-rechtlichen Rahmenbedingungen zu werfen, die bei der erfolgreichen Durchführung einer Veranstaltung zu beachten sind. Ferner sollte er sich fragen, ob er durch Abschluss geeigneter Versicherungen ein sinnvolles risk management betreiben bzw. als Künstler eine soziale Absicherung durch die Künstlersozialkasse vornehmen sollte. Dazu sollen die nachfolgenden Ausführungen in geraffter Form Auskunft geben. Sie behandeln in knapper Form die Themen:

- öffentlich- rechtliche Rechtsvorschriften, insbesondere MVStättV
- Künstlersozialkasse
- Verwertungsgesellschaften, insbesondere GEMA
- Steuerfragen

I. Die Muster-Versammlungsstätten-Verordnung

1. Einführung

Die Versammlungsstätten-Verordnungen der Bundesländer[195] regeln den Bau und den Betrieb von Hallen, Opern- und Konzerthäusern, Stadien und anderen Versammlungsstätten unter dem Aspekt des sicheren Betriebs und insbesondere des Brandschutzes. Diese detaillierten Regelungen sind eine Antwort auf einschneidende Erfahrungen in der Vergangenheit, wo es immer wieder zu verheerenden Bränden von Opernhäusern und Konzertsälen gekommen war. Exemplarisch sei der Brand der Wiener Staatsoper im Jahre 1881 erwähnt, der das Opernhaus in Schutt und Asche legte und den Tod zahlreicher Menschen zur Folge hatte. Das rückte schlagartig die Frage nach der Sicherheit von Versammlungsstätten ins öffentliche Bewusstsein und führte in der Folge zur Ausbildung einer Reihe rechtlicher Regelungen. Meilenstein dieser Entwicklung ist die Reichs-Polizeiverordnung über die baulichen Anlagen, die innere Einrichtung und den Betrieb von Theatern, öffentlichen Veranstaltungsräumen und Zirkusanlagen, die sog. Theaterverordnung von 1909. Sie wurde 1944 zu einem Muster mit 131 Paragrafen für das Deutsche Reich weiter entwickelt. Nach Kriegsende galt die Verordnung in den einzelnen Ländern zunächst weiter und wurde später von dem Musterentwurf einer Versammlungsstättenverordnung im Jahre 1969 abgelöst, der in zahlreichen Bundesländern umgesetzt wurde. Eine neue Musterversammlungsstättenverordnung wurde dann 1978 beschlossen, die rund 25 Jahre Gültigkeit besaß, bis erneut eine Revision erfolgte und die grundlegend neu gestaltete MVStättV von 2002 verabschiedet wurde. Sie ist in der etwas veränderten Fassung von Juni 2005 Vorbild für die einzelnen Bundesländer geworden, die auf dieser Basis eigene landesrechtliche Versammlungsstättenverordnungen geschaffen haben. Verfassungsgemäß steht den Ländern nämlich

---

195 Texte des einschlägigen Landesrechts und der MVStättV 2002 und 2005 im Internet abrufbar unter www.vstättv.de

in Fragen des Bauordnungsrechts, des Feuerschutzes und allgemein der polizeilichen Fragen von Sicherheit und Ordnung, die in der MVStättV geregelt sind, die Regelungs- und Vollzugskompetenz zu.

2. Umsetzung der MVStättV in den Bundesländern

Die Vorgaben der MVStättV 2002/2005 sind bzw. werden in den einzelnen Bundes- ländern in entsprechende landesspezifische Verordnungen oder Verwaltungsrichtlinien umgesetzt. Bis Mitte 2006 ist das in den Ländern Baden-Württemberg, Brandenburg, Hamburg, Mecklenburg-Vorpommern, Niedersachsen, Nordrhein-Westfalen, Sach- sen und Schleswig-Holstein als allgemeinverbindliche Verordnung erfolgt. Berlin hat am 10.10.2007 lediglich die Betriebsvorschriften des Regelwerks in seiner Sonderbau- Betriebs-Verordnung (Stand 03.05.2005) umgesetzt. Bayern hat die MVStättV 2005 in abgewandelter Form nunmehr mit Wirkung ab 01.01.2008 in Kraft gesetzt. Hessen und Sachsen-Anhalt haben die Muster-Versammlungsstätten-Verordnung als Verwaltungs- richtlinie erlassen.[196] Sie stellt damit in diesen Ländern kein allgemeinverbindliches Re- gelwerk dar, sondern eine die Verwaltung bindende Richtlinie, die bei jeder einschlägigen Erteilung eines Bescheids von der zuständigen Behörde beachtet werden muss. Weder als Verordnung, noch als Verwaltungsrichtlinie wurde die Muster-Versammlungsstät- ten-Verordnung in Bremen,[197] Rheinland-Pfalz (es gilt der Stand vom 01.08.1990), Saar- land (es gilt der Stand vom 22.01.1979) und Thüringen[198] umgesetzt. Allerdings planen einige der genannten Länder die baldige Umsetzung und haben zudem ihre zuständigen Baubehörden angewiesen, die Bestimmungen der Muster-Versammlungsstätten-Ver- ordnung im Genehmigungsverfahren bei der Ermessensausübung zu beachten.

3. Regelungsgegenstand der MVStättV

Rechtstechnisch handelt es sich bei den Versammlungsstätten-Verordnungen der Län- der (VStättVO) um Spezialregelwerke, welche die allgemeinen Landes-Bauordnungen um bauliche und betriebliche Sonderbestimmungen für Baulichkeiten, in denen Ver- anstaltungen stattfinden, ergänzen (so genannte Sonderbauverordnungen). Aus dieser Systematik folgt, dass die jeweiligen Landes-Bauordnungen parallel zu den Bestim- mungen der VStättVO Anwendung finden und ggf. durch die Spezialvorschriften der VStättVO verdrängt werden, wie etwa die spezifischen Regelungen zu Rettungswe- gen, die bei Versammlungsstätten, in denen funktionsgemäß häufig eine Vielzahl von Menschen auf engem Raum anzutreffen ist, selbstverständlich großzügiger ausgestaltet sein müssen als in einem Einfamilienhaus.

Folge der rechtssystematischen Zuordnung der VStättVO zum öffentlichen Baurecht ist aber auch, dass sie sowohl bauliche als auch betriebliche Bestimmungen enthält. Diese Unterscheidung ist im öffentlichen Baurecht von großer Bedeutung, denn die für ein Bauwerk erteilte Baugenehmigung enthält immer sowohl eine Aussage über die bauliche Gestaltung, als auch über die zulässige Nutzung des Gebäudes. Logik und

---

196 Hessen auf der Basis der MVStättV 2005, Sachsen-Anhalt auf der Basis der MVStättV 2002

197 In Bremen sind die Bauordnungsämter aber verwaltungsintern angewiesen, die MVStättV 2005 bei Ausübung ihres Verwaltungsermessens anzuwenden

198 In Thüringen gilt, dass Baugenehmigungen für Versammlungsstätten nach § 52 Landesbauord- nung erteilt werden, aber den Bauordnungsämtern die Anwendung der MVStättV 2005 empfohlen wird

Notwendigkeit dieser doppelten Genehmigungsstruktur erschließen sich sofort, wenn man sich vergegenwärtigt, dass ein Wohnhaus im innerstädtischen Bereich natürlich weder als Endlager für Nuklearmaterial noch als industrielle Produktionsstätte benutzt werden darf. Die VStättVO regelt somit zum einen die bauliche Gestaltung von Versammlungsstätten (z.B. Stadien, Konzert- oder Messehallen), als auch betriebliche Erfordernisse, die bei deren bestimmungsgemäßer Nutzung zu beachten sind. Der Sinn dieser doppelten Regelungsstruktur liegt darin, dass die hohen baulichen Anforderungen (z.B. breite, eine schnelle Evakuierung ermöglichende Rettungswege) durch betriebliche Nachlässigkeiten (z.B. Versperren von Notausgängen) nicht wieder aufgehoben werden sollen.[199] Denn das gesetzgeberische Ziel der VStättVO ist es, einen möglichst optimalen Schutz von Personen während ihres Aufenthaltes und eine rasche Evakuierung bei Ausbruch von Feuer zu gewährleisten.[200]

Der Verordnungsgeber hat den Betriebsvorschriften der VStättVO demzufolge auch eine besonders hohe Bedeutung beigemessen, die nicht zuletzt darin zum Ausdruck kommt, dass § 47 MVStättV die Verletzung von Betriebsvorschriften als Ordnungswidrigkeit ausgestaltet, die mit Bußgeldern von bis zu EUR 500.000 geahndet werden können. Neben dem Freihalten von Rettungswegen, der Einhaltung zulässiger Bestuhlungs- und Rettungswegeplanung, der Nutzung von Requisiten, die bestimmte Normierungen bei ihrer Entflammbarkeit zu erfüllen haben, und äußerst restriktiver Bestimmungen bei der Verwendung von offenem Feuer und pyrotechnischen Gegenständen werden zudem Anforderungen an die Qualifikation des eingesetzten Personals gestellt.

4. Anwendungsbereich der MVStättV

In § 1 der MVStättV 2005 heißt es in vorbildlicher Klarheit:

Anwendungsbereich

(1) Die Vorschriften dieser Verordnung MVStättV gelten für den Bau und Betrieb von

1. Versammlungsstätten mit Versammlungsräumen, die einzeln mehr als 200 Besucher fassen und für Versammlungsstätten mit mehreren Versammlungsräumen, die insgesamt mehr als 200 Besucher fassen, wenn diese Versammlungsräume gemeinsame Rettungswege haben;

2. Versammlungsstätten im Freien mit Szenenflächen, deren Besucherbereich mehr als 1.000 Besucher fasst und ganz oder teilweise aus baulichen Anlagen besteht;

3. Sportstadien, die mehr als 5.000 Besucher fassen.

(2) Die Anzahl der Besucher ist wie folgt zu bemessen:

1. für Sitzplätze an Tischen:	1 Besucher je qm Grundfläche des Versammlungsraumes
2. für Sitzplätze in Reihen und für Stehplätze:	2 Besucher je qm Grundfläche des Versammlungsraumes
3. für Stehplätze auf Stufenreihen:	2 Besucher je lfd. Meter Stufenreihe
4. bei Ausstellungsräumen:	1 Besucher je qm Grundfläche des Versammlungsraumes

---

199 So *Löhr/Gröger* S. 178.
200 *Löhr/Gröger* S. 72 f.

Für Besucher nicht zugängliche Flächen werden in die Berechnung nicht einbezogen. Für Versammlungsstätten im Freien und für Sportstadien gelten Satz 1 Nr. 1 bis 3 und S.2 entsprechend.

(3) Die Vorschriften dieser Verordnung gelten nicht für

1. Räume, die dem Gottesdienst gewidmet sind,

2. Unterrichtsräume in allgemein- und berufsbildenden Schulen,

3. Ausstellungsräumen in Museen,

4. Fliegende Bauten.

§ 2 MVStättV enthält einen umfangreichen Katalog an Definitionen, in dem diese und weitere Begriffe beschrieben werden. Daraus sei der Begriff Versammlungsstätte in Abs.1 hervorgehoben:

»Versammlungsstätten sind bauliche Anlagen oder Teile baulicher Anlagen, die für die gleichzeitige Anwesenheit vieler Menschen bei Veranstaltungen, insbesondere erzieherischer, wirtschaftlicher, geselliger, kultureller, künstlerischer, politischer, sportlicher oder unterhaltender Art, bestimmt sind sowie Schank- und Speisewirtschaften.«

5. Übersicht über die wichtigsten Regelungen

Zunächst ein Blick auf den Aufbau der MVStättV 2005. Sie ist wie folgt gegliedert:

5.1 Überblick

Bild 21: Aufbau der Muster-Versammlungsstättenverordnung 2005

Teil 1	Allgemeine Vorschriften	§§ 1 und 2
Teil 2	Allgemeine Bauvorschriften	
Abschnitt 1	Bauteile und Baustoffe	§§ 3 bis 5
Abschnitt 2	Rettungswege	§§ 6 bis 9
Abschnitt 3	Besucherplätze und Einrichtungen für Besucher	§§ 10 bis 13
Abschnitt 4	Technische Anlagen und Einrichtungen, besondere Räume	§§ 14 bis 21
Teil 3	Besondere Bauvorschriften	
Abschnitt 1	Großbühnen	§§ 22 bis 25
Abschnitt 2	Versammlungsstätten mit mehr als 5.000 Besucherplätzen	§§ 26 bis 30

Teil 4	Betriebsvorschriften	
Abschnitt 1	Rettungswege, Besucherplätze	§§ 31 und 32
Abschnitt 2	Brandverhütung	§§ 33 bis 35
Abschnitt 3	Betrieb technischer Einrichtungen	§§ 36 und 37
Abschnitt 4	Verantwortliche Personen, besondere Betriebsvorschriften	§§ 38 bis 43
Teil 5	Zusätzliche Bauvorlagen	§§ 44 bis 45
Teil 6	Bestehende Versammlungsstätten	§ 46
Teil 7	Schlussvorschriften	§§ 47 und 48

Die MVStättV gliedert sich demnach in zwei Hauptbereiche:

- Die Bauvorschriften (Teil 2 und 3) einerseits und
- Die Betriebsvorschriften (Teil 4) andererseits.

5.2 Wesentliche Regelungsbereiche

5.2.1 Die Bauvorschriften

Die **Bauvorschriften** der §§ 3-30 MVStättV enthalten Regelungen für die Errichtung neuer Versammlungsstätten, bei denen vor allem der Brandschutz und die schnelle Evakuierung der Besucher durch entspr. bauliche Gestaltung im Vordergrund stehen. Ferner werden Vorgaben im Hinblick auf Toiletten, technische Anlagen und Einrichtungen sowie besondere Räume gemacht. So müssen etwa Messegesellschaften, die neue Messe- und Ausstellungshallen planen, neben anderen landesrechtlichen Bauvorschriften diese spezifischen Vorgaben berücksichtigen. Sie betreffen vor allem die Führung und Bemessung von Rettungswegen, Art und Material von Treppen, Beschaffenheit und Funktion von Türen und Toren, Bestuhlung, Gänge und Stufengänge, Abschrankungen und Schutzvorrichtungen, Toilettenräume sowie technische Einrichtungen wie Sicherheitsbeleuchtung, Rauchableitung, Lüftungsanlagen und Alarmierungsanlagen mit Brandmeldern, Lautsprecheranlagen und Brandfallsteuerung.[201]

Einige, besonders sicherheitsrelevante Vorschriften aus der MVStättV schränken sogar den ansonsten im öffentlichen Baurecht anerkannten **Bestandsschutz** von Altanlagen (Bauwerke, die schon vor Erlass oder Änderung einer Bauvorschrift errichtet worden waren) ein. In diesem Fall sind bestehende Versammlungsstätten mit einer Übergangsfrist von zwei Jahren an das neue Regelwerk anzupassen, § 46 MVStättV. Hierzu rechnen baulich-technische Nachrüstmaßnahmen in Bezug auf die Kennzeichnung der Ausgänge und der Rettungswege, die Sitzplätze, die Lautsprecheranlage, die Einsatzzentrale für die Polizei, Abschrankungen von Besucherbereichen und Stehplätzen vor Szenenflächen sowie Wellenbrecher.[202]

---

201 Vgl. dazu ausführlich *Güllemann/Schmidt/Erdmann* Bd.3, K 2.2 (Stand: November 2004).
202 Vgl. *Löhr/Fischer* S. 51.

5.2.2 Die Betriebsvorschriften

Neben diesen Bauvorschriften enthalten die §§ 31-38 MVStättV **Betriebsvorschriften,** die sich an die Betreiber, Veranstalter und Beauftragten von Versammlungsstätten wenden. Im Messebereich betrifft dies als Adressaten vor allem die Messegesellschaften und Gastveranstalter. Die Abgrenzung zwischen Bau- und Betriebsvorschriften ist in der Praxis nicht immer einfach, im Zweifel aber sehr bedeutsam, da Betriebsvorschriften keinen Bestandschutz genießen. Offen ist z.B. die Frage, ob eine seit Jahren von einer Messegesellschaft praktizierte Hallenaufplanung (Verlauf der Gänge und Lage der Stände in einer Messehalle) dem Bau oder dem Betrieb zuzuordnen ist. Diese Frage ist für die Aussteller, die vielfach ihre Standaufbauten für mehrere Jahre geplant und finanziert haben, außerordentlich bedeutsam. Wird aufgrund einer Betriebsvorschrift der MVStättV eine Verlegung von dem gewohnten Standort in der Halle notwendig und der bisherige Standbau ist nicht mehr verwendbar, griffe ein Bestandsschutz – als Folge der Charakterisierung der maßgeblichen Norm als Betriebsvorschrift – nicht zugunsten des Ausstellers ein und der Stand wäre aufgrund der MVStättV möglicherweise nicht mehr zu verwenden.

Die wichtigsten Rechtsvorschriften sind:

Teil 4: Betriebsvorschriften

Abschnitt 1: Rettungswege, Besucherplätze

§ 31 Rettungswege, Flächen für die Feuerwehr

(1) Rettungswege auf dem Grundstück sowie Zufahrten, Aufstell- und Bewegungsflächen für Einsatzfahrzeuge von Polizei, Feuerwehr und Rettungsdiensten müssen ständig frei gehalten werden. Darauf ist dauerhaft und gut sichtbar hinzuweisen.

(2) Rettungswege in der Versammlungsstätte müssen ständig frei gehalten werden.

(3) Während des Betriebes müssen alle Türen von Rettungswegen unverschlossen sein.

§ 32 Besucherplätze nach dem Bestuhlungs- und Rettungswegeplan

(1) Die Zahl der im Bestuhlungs- und Rettungswegeplan genehmigten Besucherplätze darf nicht überschritten und die genehmigte Anordnung der Besucherplätze darf nicht geändert werden.

(2) Eine Ausfertigung des für die jeweilige Nutzung genehmigten Planes ist in der Nähe des Haupteinganges eines jeden Versammlungsraumes gut sichtbar anzubringen.

(3) Ist nach der Art der Veranstaltung die Abschrankung der Stehflächen vor Szenenflächen erforderlich, sind Abschrankungen nach § 29 auch in Versammlungsstätten mit nicht mehr als 5 000 Stehplätzen einzurichten.[203]

Abschnitt 2: Brandverhütung

§ 33 Vorhänge, Sitze, Ausstattungen, Requisiten und Ausschmückungen

(1) Vorhänge von Bühnen und Szenenflächen müssen aus mindestens schwerentflammbarem Material bestehen.

(2) Sitze von Versammlungsstätten mit mehr als 5.000 Besucherplätzen müssen aus mindestens schwerentflammbarem Material bestehen. Die Unterkonstruktion muss aus nichtbrennbarem Material bestehen.

---

203 Abs. 3 ist in die MVStättV 2005 neu aufgenommen.

(3) Ausstattungen müssen aus mindestens schwerentflammbarem Material bestehen. Bei Bühnen oder Szenenflächen mit automatischen Feuerlöschanlagen genügen Ausstattungen aus normalentflammbarem Material.

(4) Requisiten müssen aus mindestens normalentflammbarem Material bestehen.

(5) Ausschmückungen müssen aus mindestens schwerentflammbarem Material bestehen. Ausschmückungen in notwendigen Fluren und notwendigen Treppenräumen müssen aus nichtbrennbarem Material bestehen.

(6) Ausschmückungen müssen unmittelbar an Wänden, Decken oder Ausstattungen angebracht werden. Frei im Raum hängende Ausschmückungen sind zulässig, wenn sie einen Abstand von mindestens 2,50 m zum Fußboden haben. Ausschmückungen aus natürlichem Pflanzenschmuck dürfen sich nur so lange sie frisch sind in den Räumen befinden.

(7) Der Raum unter dem Schutzvorhang ist von Ausstattungen, Requisiten oder Ausschmückungen so freizuhalten, dass die Funktion des Schutzvorhangs nicht beeinträchtigt wird.

(8) Brennbares Material muss von Zündquellen, wie Scheinwerfern oder Heizstrahlern, so weit entfernt sein, dass das Material durch diese nicht entzündet werden kann.

§ 34 Aufbewahrung von Ausstattungen, Requisiten, Ausschmückungen und brennbarem Material

(1) Ausstattungen, Requisiten und Ausschmückungen dürfen nur außerhalb der Bühnen und der Szenenflächen aufbewahrt werden; dies gilt nicht für den Tagesbedarf.

(2) Auf den Bühnenerweiterungen dürfen Szenenaufbauten der laufenden Spielzeit bereitgestellt werden, wenn die Bühnenerweiterungen durch dichtschließende Abschlüsse aus nicht brennbaren Baustoffen gegen die Hauptbühne abgetrennt sind.

(3) An den Zügen von Bühnen oder Szenenflächen dürfen nur Ausstattungsteile für einen Tagesbedarf hängen.

(4) Pyrotechnische Gegenstände, brennbare Flüssigkeiten und anderes brennbares Material, insbesondere Packmaterial, dürfen nur in den dafür vorgesehenen Magazinen aufbewahrt werden.

§ 35 Rauchen, Verwendung von offenem Feuer und pyrotechnischen Gegenständen

(1) Auf Bühnen und Szenenflächen, in Werkstätten und Magazinen ist das Rauchen verboten. Das Rauchverbot gilt nicht für Darsteller und Mitwirkende auf Bühnen- und Szenenflächen während der Proben und Veranstaltungen, soweit das Rauchen in der Art der Veranstaltungen begründet ist.

(2) In Versammlungsräumen, auf Bühnen- und Szenenflächen und in Sportstadien ist das Verwenden von offenem Feuer, brennbaren Flüssigkeiten und Gasen, pyrotechnischen Gegenständen und anderen explosionsgefährlichen Stoffen verboten. § 17 Abs. 1 bleibt unberührt. Das Verwendungsverbot gilt nicht, soweit das Verwenden von offenem Feuer, brennbaren Flüssigkeiten und Gasen sowie pyrotechnischen Gegenständen in der Art der Veranstaltung begründet ist und der Veranstalter die erforderlichen Brandschutzmaßnahmen im Einzelfall mit der Feuerwehr abgestimmt hat. Die Verwendung pyrotechnischer Gegenstände muss durch eine nach Sprengstoffrecht geeignete Person überwacht werden.

(3) Die Verwendung von Kerzen und ähnlichen Lichtquellen als Tischdekoration sowie die Verwendung von offenem Feuer in dafür vorgesehenen Kücheneinrichtungen zur Zubereitung von Speisen ist zulässig.

(4) Auf die Verbote der Absätze 1 und 2 ist dauerhaft und gut sichtbar hinzuweisen.

Abschnitt 3: Betrieb technischer Einrichtungen

§ 36 Bedienung und Wartung der technischen Einrichtung

(1) Der Schutzvorhang muss täglich vor der ersten Vorstellung oder Probe durch Aufziehen und Herablassen auf seine Betriebsbereitschaft geprüft werden. Der Schutzvorhang ist nach jeder Vorstellung herabzulassen und zu allen arbeitsfreien Zeiten geschlossen zu halten.

(2) Die Automatik der Sprühwasserlöschanlage kann während der Dauer der Anwesenheit der Verantwortlichen für Veranstaltungstechnik abgeschaltet werden.

(3) Die automatische Brandmeldeanlage kann abgeschaltet werden, soweit dies in der Art der Veranstaltung begründet ist und der Veranstalter die erforderlichen Brandschutzmaßnahmen im Einzelfall mit der Feuerwehr abgestimmt ist.

(4) Während des Aufenthaltes von Personen in Räumen, für die eine Sicherheitsbeleuchtung vorgeschrieben ist, muss diese in Betrieb sein, soweit die Räume nicht ausreichend durch Tageslicht erhellt sind.

§ 37 Laseranlagen

Auf den Betrieb von Laseranlagen in den für Besucher zugänglichen Bereichen sind die arbeitsschutzrechtlichen Vorschriften anzuwenden.

5.2.3 Die verantwortlichen Personen beim Betrieb

Die §§ 38 ff. MVStättV regeln die Verantwortungsbereiche beim Betrieb der Versammlungsstätte, benennen die maßgeblichen Personen und stellen besondere Betriebsvorschriften auf.

In § 38 MVStättV sind die zentralen Pflichten von Betreiber, Veranstalter und Beauftragten festgelegt. Hier werden dem Betreiber der Versammlungsstätte (also z.B. der Stadthalle oder der Messegesellschaft) folgende grundlegende Pflichten auferlegt:

Abschnitt 4: Verantwortliche Personen, besondere Betriebsvorschriften

§ 38 Pflichten der Betreiber, Veranstalter und Beauftragten

(1) Der Betreiber ist für die Sicherheit der Veranstaltung und die Einhaltung der Vorschriften verantwortlich.

(2) Während des Betriebes von Versammlungsstätten muss der Betreiber oder ein von ihm beauftragter Veranstaltungsleiter ständig anwesend sein.

(3) Der Betreiber muss die Zusammenarbeit von Ordnungsdienst, Brandsicherheitswache und Sanitätswache mit der Polizei, der Feuerwehr und dem Rettungsdienst gewährleisten.

(4) Der Betreiber ist zur Einstellung des Betriebes verpflichtet, wenn für die Sicherheit der Versammlungsstätte notwendige Anlagen, Einrichtungen oder Vorrichtungen nicht betriebsfähig sind oder wenn Betriebsvorschriften nicht eingehalten werden können.

(5) Der Betreiber kann die Verpflichtungen nach den Absätzen 1 bis 4 durch schriftliche Vereinbarung auf den Veranstalter übertragen, wenn dieser oder dessen beauftragter Veranstaltungsleiter mit der Versammlungsstätte und deren Einrichtungen vertraut ist. Die Verantwortung des Betreibers bleibt unberührt.

Kernaussage dieser Regelung ist:

Die zentrale Sicherheitsverantwortung liegt beim Betreiber der Versammlungsstätte. Er muss die Sicherheit gewährleisten und die maßgebenden Vorschriften einhalten. Betreiber ist, wer rechtlich befugt und tatsächlich in der Lage ist, bestimmenden Einfluss auf die Versammlungsstätte auszuüben.[204] Das kann der Eigentümer sein, aber auch der Dauermieter der Versammlungsstätte.

---

204 BVerwG 90, 255, 264.

Besondere Bedeutung kommt in diesem Zusammenhang dem gemäß § 38 Abs. 2 MV-StättV vom Betreiber einzusetzenden **Veranstaltungsleiter** zu. Der Veranstaltungsleiter hat in der Versammlungsstätte anwesend zu sein, wenn diese sich in Betrieb befindet. »Betrieb« im Sinne der VStättVO ist unzweifelhaft der Zeitraum, an dem die Veranstaltung, sei es ein Konzert, ein sportlicher Wettkampf oder eine Messe oder Ausstellung, dort stattfindet. Ob auch Auf- und Abbauzeiten als Betriebszeiten der Versammlungsstätte anzusehen sind und demnach auch dann ein Veranstaltungsleiter anwesend zu sein hat, wird hingegen nicht einheitlich beantwortet werden können. In der Auslegung des § 38 Abs. 2 MVStättV sollte man sich von dem o.g. Schutzziel der Norm leiten lassen und immer dann einen Veranstaltungsleiter bestimmen, der vor Ort zu sein hat, wenn bereits in der Aufbauphase eine Vielzahl von Personen einer unmittelbaren Gefährdung im Schadensfall ausgesetzt sein könnte.

Die Aufgabe des Veranstaltungsleiters liegt darin, die Einhaltung der betrieblichen Bestimmungen der MVStättV während der Betriebszeit der Versammlungsstätte sicherzustellen. Eine weitere wesentliche Aufgabe besteht darin, im akuten Gefährdungsfall die Zusammenarbeit mit Polizei, Feuerwehr und Rettungsdiensten sicherzustellen. Auf eine griffige Formel gebracht könnte man sagen, der Veranstaltungsleiter ist die »im Gefahrenfall zuständige Person auf der Versammlungsstätte«. Der Veranstaltungsleiter hat sich qua Amt in allen Fällen abstrakter Gefährdung (z.B. versperrte Notausgänge) und akuter Gefährdungslagen (Ausbruch eines Feuers, Auffinden eines herrenlosen Koffers in dicht gedrängten Besucherbereichen) als verantwortlich zu zeigen und muss reagieren.

Wichtig für die Praxis zahlreicher Versammlungsstätten ist § 38 Abs. 5 MVStättV. Diese Regelung bestimmt, dass der Betreiber der Versammlungsstätte berechtigt ist, die nach Absatz 1 originär bei ihm liegende Pflicht zur Stellung eines Veranstaltungsleiters auf den Veranstalter zu übertragen (Delegationsrecht). Der Eigentümer der Halle (z.B. eine Messegesellschaft, der ein Messegelände gehört) kann dem Fremdveranstalter (z.B. dem Konzertveranstalter oder dem Wirtschaftsverband als Ausrichter einer Investitionsgütermesse) mit dem Mietvertrag für das Veranstaltungsgelände die Pflicht übertragen, einen Veranstaltungsleiter stellen zu müssen. Diese Übertragung ist in der Regel auch sinnvoll, denn üblicherweise überlässt der Geländebetreiber dem Fremdveranstalter seinen Veranstaltungsort zur eigenen Disposition. Dieser kann die Ausstellungsstände in der Halle nach eigener Verantwortung und eigenem Bedarf vermieten und gestalten. Die Verplanung ist seine ureigenste Aufgabe als Veranstalter, auf die der Betreiber in der Regel keinen Einfluss hat. Zur Vermeidung von Kompetenzverwirrungen ist die nach § 38 Abs. 5 MVStättV mögliche Übertragung der Verpflichtung, einen Veranstaltungsleiter bestimmen zu müssen, daher unbedingt empfehlenswert.

6. Fallbeispiele

Zur Veranschaulichung und Vertiefung folgen einige Übungsfälle auf der Basis der MVStättV 2005:

Fall 42: Anwendbarkeit der MVStättV am Beispiel einer Kunst-Galerie

Ein Galerist verfügt über Räumlichkeiten von 25 x 10 m für wechselnde Ausstellungen; davon entfallen 20 qm auf abgetrennte, nur dem Galeristen zugängliche Büroflächen. Gilt die MVStättV?

Die MVStättV gilt, wenn die Versammlungsstätte nach § 1 I Nr. 1 einen Versammlungsraum aufweist, der mehr als 200 Besucher fasst. Die Besucher-Kapazität bemisst sich nach § 1 II S. 1 Nr. 4 für die hier einschlägige Nutzung als Ausstellungsraum mit 1 Besucher pro qm Grundfläche des Versammlungsraums. Diese beträgt 250 qm, von denen 20 qm Bürofläche abgehen, da diese für Besucher nicht zugänglich sind, § 1 II S. 2. Die verbleibenden 230 qm erlauben eine Besucherzahl von 230 Besuchern. Damit unterliegt die Galerie der MVStättV. Die für Museen geltende Ausnahme von § 1 III Nr. 3 gilt nicht für Galerien, so dass es bei dem gefundenen Ergebnis bleibt.

Fall 43: Breite von Rettungswegen

Eine unbestuhlte Mehrzweckhalle hat eine Grundfläche von 3.500 qm. Die Bühneninstallation hat eine Fläche von 300 qm, die Bereiche für Catering, Garderobe, Produktionsbüros und Sanitätsräume haben insgesamt 600 qm. Welche Breite müssen die Rettungswege haben?

Die Bemessung der Rettungswege erfolgt nach § 7 MVStättV. Nach Abs. 4 berechnet sich die Breite der Rettungswege nach der größtmöglichen Besucherzahl.

Die Besucherzahl ist nach § 1 II Nr. 2 MVStättV für unbestuhlte Versammlungsräume mit 2 Besuchern pro qm zu ermitteln. Unter Versammlungsräumen sind nach § 2 III MVStättV »Räume für Veranstaltungen oder für den Verzehr von Speisen und Getränken« zu verstehen.

Daher sind Bühne und Nebeneinrichtungen nicht zu berücksichtigen.

Mithin ergibt sich folgender Rechenvorgang:
Gesamtfläche abzüglich der Flächen für Bühne und Nebeneinrichtungen =
3.500 qm – (300 qm + 600 qm) = 2.600 qm.

Daraus ergibt sich die rechnerische (max.) Besucherzahl:
Nettofläche multipliziert mit 2 Besuchern pro qm =
2.600 qm x 2 Besucher = 5.200 Besucher

Nach § 7 IV S. 3 Nr. 2 MVStättV muss die lichte Breite eines jeden Teiles von Rettungswegen bei anderen Versammlungsstätten als Versammlungsstätten im Freien und Sportstadien betragen:
1,20 m je 200 Personen.[205]

Die gesamte Rettungswegbreite ergibt sich daher wie folgt:
Besucherzahl geteilt durch 200, Ergebnis x 1,20 m
(5.200 : 200) x 1,20m = 31,20m

So wären folgende Varianten denkbar unter Berücksichtigung einer Mindestbreite von 1,20 m (§ 7 IV S. 2 MVStättV):
Bei 1,20 m Breite: 26 Ausgänge
Bei 1,80 m Breite: 18 Ausgänge
Bei 2,40 m Breite: 13 Ausgänge

---

205 Auf Grund empirischer Untersuchungen hat sich herausgestellt, dass für eine Person eine Breite von 0,60m erforderlich ist und je 2 Personen ohne gegenseitige Behinderung einen Rettungsweg benutzen können. Darauf basiert das Ausgangsmodul von 1,20 m (ARGEBAU, Begründung u. Erläuterung zur MVStättV, S.14).

Fall 44: Open-air Stadion

Es handelt sich um ein Open-air-Stadion mit 2.000 Sitzplätzen, das für Sport- und Konzert-Veranstaltungen genutzt wird. Gilt dafür die MVStättV?

Ja, nach § 1 I Nr. 2 MVStättV, da hier kein reines Sportstadium vorliegt (dann gilt nach Nr. 3 erst ab 5.000 Besucher die MVStättV), sondern eine Versammlungsstätte im Freien über 1000 Besucher. Eine Versammlungsstätte liegt nach § 2 I MVStättV vor, da eine bauliche Anlage für die gleichzeitige Anwesenheit vieler Menschen bei Veranstaltungen, insbesondere künstlerischer, sportlicher oder unterhaltender Art gegeben ist.

Fall 45: Toiletten

Welche Ausstattung müssen in dem vorgenannten Stadion die Toilettenräume aufweisen?

Die Antwort ergibt sich aus § 12 MVStättV. Danach müssen Versammlungsstätten getrennte Toilettenräume für Damen und Herren haben und in jedem Geschoss angeordnet werden. Es werden folgende Mindestzahlen vorgeschrieben:

Für die **Damentoiletten** gilt, dass bis 1.000 Besucherplätze pro Hundert Besucher 1,2 Toilettenbecken vorhanden sind. Bei 1.000 Besuchern sind das:

12 D-Toilettenbecken

Für die nächsten 1000 Besucherplätze sind 0,8 Toilettenbecken pro Hundert weitere Damen vorgeschrieben. Das sind also weitere   8 D-Toilettenbecken

Für die **Herrentoiletten** gilt bis 1000 Besucherplätze die Größenordnung von 0,8 Toilettenbecken und 1,2 Stehklos (im Bürokratendeutsch:«Urinalbecken»). Dies ergibt in den Herrentoiletten eine Anzahl von   8 H-Toilettenbecken
sowie   12 H-Stehklos.

Für die nächsten 1000 Besucherplätze gelten folgende Zahlen:

Pro weitere Hundert Besucherplätze 0,4 Toilettenbecken + 0,6 Urinalbecken.
Das sind also   4 H-Toilettenbecken
sowie   6 H-Stehklos

Ergebnis:
Die Toilettenräume müssen mindestens aufweisen:

20 Toilettenbecken für die Damentoilette sowie 18 Urinalbecken und 12 Toilettenbecken für die Herrentoilette.

Fall 46: Zahl der Rettungswege

Wie viele Rettungswege müssen in dem Stadion vorhanden sein und wie lang dürfen sie maximal sein, wenn das Stadion zwei Tribünen für jeweils 1.000 Besucher aufweist? Wie müssen sie geführt werden?

Nach § 6 II MVStättV müssen auf jeder Tribüne 2 voneinander unabhängige Rettungswege vorhanden sein. Nach Abs. 4 dürfen die Rettungswege nur dem jeweiligen Geschoss zugeordnet sein.

Die Rettungswege müssen ins Freie zu öffentlichen Verkehrsflächen führen. Die betr. Gänge, Stufengänge, Ausgänge aus Räumen, notwendigen Flure und Treppen, die Ausgänge ins Freie, Balkons, Dachterrassen, Außentreppen und Rettungswege im Freien sind unbedingt frei zu halten, § 6 I MVStättV.

Die Entfernung von der Bühne bis zum nächsten Ausgang darf nach § 7 I MVStättV nicht länger als 30 m sein.

Fall 47: Lüftungsanlage im Stadion

Muss das Stadion eine Lüftungsanlage haben?

Nein, dies ist nur für Versammlungsräume nach § 17 II MVStättV vorgeschrieben ist. Hier liegt kein Versammlungsraum nach § 2 III MVStättV vor, wenn das Stadion offen und nicht nach allen Seiten baulich umschlossen ist. Sollte es sich um ein geschlossenes Stadion handeln, wäre es anders zu beurteilen.

Fall 48: Lüftungsanlage in einer Hochschul-Aula

Eine Fachhochschule richtet eine Aula mit Sitzplätzen mit einer Grundfläche von 2.500 qm ein. Müsste hier eine Lüftungsanlage vorgesehen werden?

Dies könnte nach § 17 II MVStättV der Fall sein. Zunächst wäre zu fragen, ob die MVStättV überhaupt Anwendung findet. Diese Frage beantwortet sich nach § 1 I Nr. 1 MVStättV und hängt davon ab, ob die Fachhochschule eine Versammlungsstätte ist. Das ist nach § 2 I MVStättV zu bejahen, weil sie eine bauliche Anlage für die gleichzeitige Anwesenheit vieler Menschen bei Veranstaltungen (Vorlesungen, Seminare) bestimmt ist. Die Aula ist auch ein Versammlungsraum nach der ausdrücklichen Erwähnung in § 2 III S. 2 MVStättV.

Die Ausnahmen nach § 1 III MVStättV treffen nicht zu. Insbesondere ist Nr. 2 nicht einschlägig, da hier nur Unterrichtsräume in allgemein- und berufsbildenden Schulen genannt sind[206], nicht jedoch Hochschulen.

Allerdings unterliegt die Fachhochschule nur dann der MVStättV, wenn sie über einen Versammlungsraum mit mehr als 200 Besucher Fassungsvermögen verfügt, § 1 I Nr. 1 MVStättV. Die Anzahl der Besucher ist nach § 1 II Nr. 2 MVStättV zu berechnen, da sie Sitzplätze in Reihen aufweist. Hier ist von 2 Besuchern je qm auszugehen. Bei 2.500 qm führt das zu 5.000 Besucherplätzen. Damit gilt die MVStättV für die Fachhochschule.

Die Notwendigkeit einer Lüftungsanlage wird an eine Grundfläche von 200 qm geknüpft, § 17 II MVStättV. Da auch diese Voraussetzung zutrifft, ergibt sich folgendes

Ergebnis:
Nach § 17 II MVStättV ist eine Lüftungsanlage für das Bauvorhaben vorgeschrieben.

---

206 Grund: für diese gelten spezielle Bauvorschriften.

II. Die Künstlersozialversicherung im Überblick

Auf Grund des Künstlersozialversicherungsgesetzes v. 27.07.1981 sind selbständige Künstler und Publizisten mit Wirkung ab 01.01.1983 in das gesetzliche Sozialversicherungssystem einbezogen worden.[207] Sie sind seither unter bestimmten Voraussetzungen in der gesetzlichen Renten-, Kranken- und Pflegeversicherung pflichtversichert. Das Besondere dieser sozialen Absicherung liegt darin, dass die selbständigen Künstler und Publizisten nur die Hälfte ihrer Beiträge tragen müssen. Im Unterschied zu anderen Selbständigen brauchen sie also nicht die vollen Beiträge selbst aufzubringen, sondern werden ähnlich wie Arbeitnehmer nur mit (ungefähr) der Hälfte der Beiträge belastet. Die andere Hälfte wird durch eine Abgabe der Kunst- und Publizistikverwerter (sog. »Künstlersozialabgabe«) sowie durch einen Bundeszuschuss von 20% finanziert. Zur Abführung der Künstlersozialabgabe sind die Kunst- und Publizistikverwerter verpflichtet, die insoweit »wie Arbeitgeber« belastet werden, da ihnen das Ergebnis künstlerischen und publizistischen Schaffens wirtschaftlich zufließt. Das sind z.B. Theater-, Konzert- und Gastspieldirektionen und andere Darbieter künstlerischer und publizistischer Werke, Buch-, Presseverlage, Presseagenturen, Rundfunk und Fernsehen, Galerien, Kunsthändler, Varieté und Zirkusunternehmen, Museen, Theater, Orchester, Chöre.

Die Zahl der bei der Künstlersozialkasse gemeldeten Verwerter belief sich am 31.12.2007 auf 62.834 im gesamten Bundesgebiet.[208]

Bild 22: Statistik über die Künstler- und Publizistikverwerter

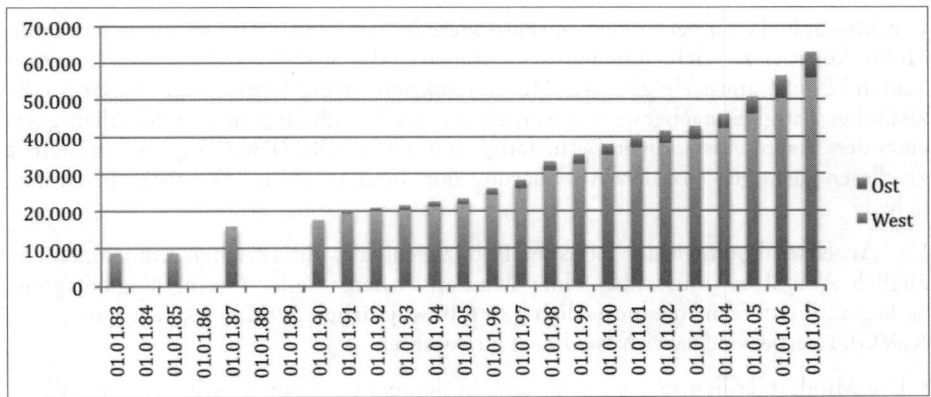

---

207 Gesetz über die Sozialversicherung der selbständigen Künstler und Publizisten v. 27.7.1981 (BGBl.I S.705), zuletzt geändert durch das Verwaltungsvereinfachungsgesetz v. 21.3.2005. Als download abrufbar mit vielen nützlichen Informationen über die Künstlersozialkasse unter www.kuenstlersozialkasse.de.

208 laut Statistik der Künstlersozialkasse über die Verwerterentwicklung, im Internet abrufbar unter www.kuenstlersozialkasse.de/KSK in Zahlen/Statistik/Verwerterentwicklung.

Bestand am	West	Ost
31.12.1983	8.800	
31.12.1985	8.800	
31.12.1987	16.085	
31.12.1990	17.681	
31.12.1991	19.466	619
31.12.1992	20.078	924
31.12.1993	20.402	1.281
31.12.1994	21.349	1.384
31.12.1995	22.029	1.490
31.12.1996	24.553	1.727
31.12.1997	26.245	1.969
31.12.1998	30.758	2.527
31.12.1999	32.541	2.713
31.12.2000	35.040	2.989
31.12.2001	37.057	3.250
31.12.2002	38.281	3.408
31.12.2003	39.423	3.582
31.12.2004	42.410	3.866
31.12.2005	46.330	4.429
31.12.2006	50.306	6.129
31.12.2007	55.848	6.986

Um Missbräuche zu verhindern, insbesondere in dem Sinne, dass sich selbsternannte Hobbykünstler zu «Schnäppchen«konditionen in das Sozialversicherungssystem einkaufen können, muss ein gewisses Mindesteinkommen aus künstlerischer oder publizistischer Tätigkeit nachgewiesen werden, das die Ernsthaftigkeit und Nachhaltigkeit einer derartigen selbständigen Berufstätigkeit unterstreicht. Demzufolge ist ein Beitritt zu dieser günstigen sozialen Absicherung nur unter folgender Voraussetzung möglich:

Das Arbeitseinkommen der Künstler/Publizisten- also die erzielten Einnahmen abzüglich Ausgaben- muss über einer Mindestverdienst- oder Geringfügigkeitsgrenze liegen, die derzeit mit **monatlich 325 € bzw. jährlich 3.900 €** festgelegt ist (§ 3 I KSVG). Hierbei sind zwei Ausnahmen zu beachten:

- Die Mindestverdienstgrenze gilt nicht in den ersten 3 Jahren seit der erstmaligen Aufnahme der Tätigkeit, § 3 II KSVG. Damit soll Berufsanfängern der Einstieg in die Sozialversicherung erleichtert werden und ihre Selbständigkeit gefördert werden (»Berufsanfängerklausel«).
- Außerdem ist bei selbständigen Künstlern/Publizisten eine gelegentliche Unterschreitung der Mindestverdienstgrenze unschädlich.

Die Zahl der Versicherten hat sich im Laufe der Jahre kontinuierlich erhöht. Während sie 1991 noch bei 47.113 Mitgliedern lag, verzeichnete die Künstlersozialkasse am 31.12. 2007 insgesamt 157. 754 Mitglieder.

Bild 23: Statistik der in der KSK versicherten Personen

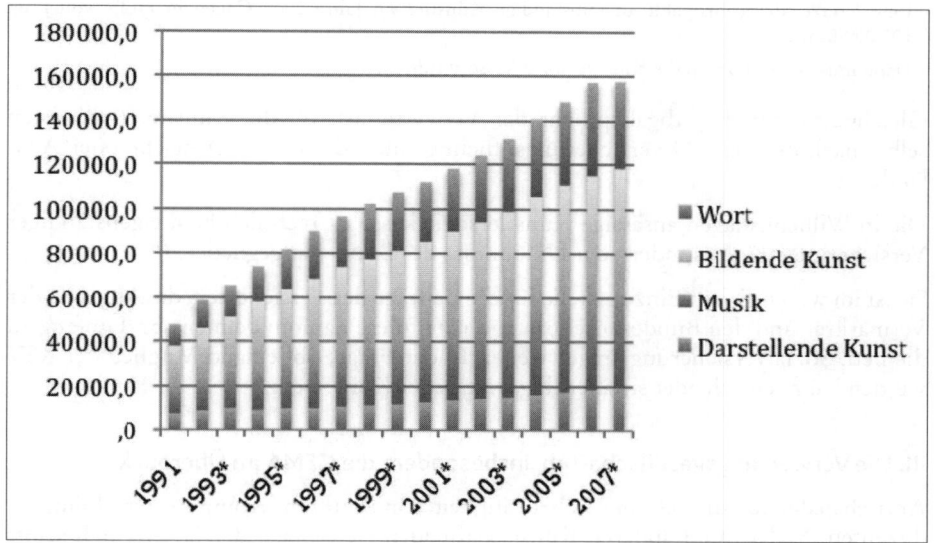

Bereich	2001*	2002*	2003*	2004*	2005*	2006*	2007*	Anteil
Darstellende Kunst	13.244	14.227	14.960	16.118	17.464	18.521	19.332	12,25%
Musik	31.375	33.097	35.134	37.642	39.628	40.886	42.198	26,75%
Bildende Kunst	45.180	47.032	48.986	51.732	53.996	55.800	56.875	36,05%
Wort	28.305	30.148	32.619	35.298	37.215	42.198	39.349	24,95%

* ab 1992 einschließlich neue Bundesländer

Die Beiträge der Versicherten machen nur die Hälfte des Finanzierungsaufkommens der KSK aus. Die andere Hälfte stammt aus einem Bundeszuschuss von 20% (§ 34 KSVG) und im übrigen aus den Künstlersozialabgaben, die in Form einer Umlage von dem bereits oben bezeichneten Kreis von Künstlerverwertern zu zahlen ist (§§ 23 ff KSVG). Der Katalog des § 24 I KSVG benennt als Abgabepflichtige im Einzelnen:

1. Buch-, Presse- und sonstige Verlage, Presseagenturen
2. Theater, Orchester, Chöre
3. Theater-, Konzert- und Gastspieldirektionen
4. Rundfunk, Fernsehen
5. Hersteller von Bild- und Tonträgern
6. Werbung und Öffentlichkeitsarbeit für Dritte
7. Varieté- und Zirkusunternehmen, Museen
8. Aus- und Fortbildungseinrichtungen für künstlerische und publizistische Tätigkeiten

Ferner sind Unternehmer zur Künstlerabgabe verpflichtet, die im Jahr mehr als drei Veranstaltungen durchführen, in denen künstlerische oder publizistische Werke aufgeführt oder dargeboten werden, § 24 II KSVG.

Der Abgabesatz beträgt im Jahre 2008: 4,9 %.

Beispiel

Eine Konzertdirektion zahlt an selbständige Künstler im Jahre 2008 Gagen in Höhe von insg. 100.000 € aus.

Dann muss sie 4.900 € an die Künstlersozialkasse abführen.

Gleichgültig für die Abgabepflicht der Verwerter ist, ob die Künstler/Publizisten selbst nach dem KSVG versicherungspflichtig sind oder ob sie Deutsche oder Ausländer sind.

Die in Wilhelmshaven ansässige Künstlersozialkasse ist rechtlich kein eigenständiger Versicherungsträger, sondern der Unfallkasse des Bundes angegliedert.[209]

Sie ist im wesentlichen Einzugsstelle für die Beiträge der Versicherten, die Abgaben der Vermarkter und den Bundeszuschuss und leitet diese dann in dem entspr. Umfang an die betr. Sozialversicherungsträger weiter. In der Frage, ob jemand Mitglied der KSV werden kann, entscheidet sie allerdings in eigener Kompetenz.

III. Die Verwertungsgesellschaften, insbesondere die GEMA im Überblick

Antriebsfeder für die schöpferische Tätigkeit von Autoren, Komponisten, Filmproduzenten, Malern und anderen Kunstschaffenden ist vielfach der Drang, sich selbst zu verwirklichen, und zum anderen die schlichte Notwendigkeit, Geld zu verdienen.[210] Ihre Werke unterliegen dem Schutz des Urheberrechts (UrhG), ihre Vermarktung erfolgt häufig über Verwertungsgesellschaften (VG), die kollektiv die Rechte von Kulturschaffenden gegenüber den Nutzern (z.B. Rundfunk- und Fernsehstationen) wahrnehmen. Es ist klar, dass eine solche Bündelung der Rechte der Rechtsinhaber regelmäßig eine effektivere und kraftvollere Durchsetzung von Ansprüchen gegenüber machtstarken Nutzern (wie z.B. großen Medienunternehmen) erlaubt als eine individuelle Einräumung von Nutzungsrechten. Grundlage sind einerseits Wahrnehmungsverträge zwischen Urhebern und Leistungsschutzberechtigten und andererseits Nutzungsverträge zwischen den Verwertungsgesellschaften und den Nutzern. In beiden Fällen besteht ein Abschlusszwang der Verwertungsgesellschaften, die sich über die Wahrnehmungsverträge (bei der GEMA: Berechtigungsverträge) Nutzungsrechte einräumen lassen und diese gegen Vergütung an die Nutzer über Nutzungsverträge weitergeben. Die Verwertungsgesellschaften sind damit eine Art Inkassostelle[211] für Urheber und Leistungsschutzberechtigte, deren Ansprüche auf Vergütung sie wahrnehmen und an die sie nach Abzug von Verwaltungsgebühren die einkassierten Vergütungen abführen. Zugleich verstehen sich die Verwertungsgesellschaften als Schutzorganisation für die Urheber und anderen Schutzberechtigten und setzen sich z.B. wie etwa die GEMA für die Weiterentwicklung des Urheberrechts nationalen, europa- und weltweiten Maßstab ein.[212] Ihre Tätigkeit wird durch das Urheberrechtswahrnehmungsgesetz (WahrnG) geregelt.[213]

---

209 § 37 KSVG.
210 Vgl. auch zum folgenden *Unverzagt/Meyer* S. 2 ff.
211 *Terbrack* in Hdb.KuM, C 2.13, S. 10.
212 *Kreile/Becker* Fachaufsatz GEMA, S. 1.
213 näher dazu *Unverzagt/Meyer* S. 2 ff.

Bild 24: Kollektive Verwertung von Urheberrechten am Beispiel von Komponisten[214]

Urheber:	VG	Nutzer:
Komponist 1	Nutzungsrechte	Rundfunksender
Komponist 2	Verwertungs-gesellschaft	Kaufhaus
Komponist 3	Berechtigungsvertrag (hier: GEMA) Nutzungsvertrag	Supermarkt
Komponist 4	anteilige Vergütung	Vergütung	TV-Sender

Die Bezeichnung GEMA steht für »Gesellschaft für musikalische Aufführungs- und mechanische Vervielfältigungsrechte«, womit auch der Tätigkeitsbereich der GEMA umschrieben ist. Sie ist ein rechtsfähiger Verein kraft staatlicher Verleihung und wird als wirtschaftlicher Verein nach § 22 BGB angesehen. Die Generaldirektionen der GEMA haben ihren Sitz in München und Berlin. Bezirksdirektionen finden sich in fast allen Bundesländern.

Mit dem **Wahrnehmungsvertrag** werden die Urheberrechte zur ausschließlichen Nutzung auf die Verwertungsgesellschaft übertragen. Bei der GEMA heißt er Berechtigungsvertrag. Mit ihm übertragen Komponisten, Textdichter und Musikverleger die ausschließlichen Nutzungsrechte, Einwilligungsrechte und Vergütungsansprüche auf die GEMA (§ 31 UrhG, §§ 398, 413 BGB) und erteilen ihr den Auftrag zur treuhänderischen Wahrnehmung dieser Rechte.[215] Die GEMA gewährt den Verwertern über entsprechende Nutzungsverträge genau definierte Nutzungsrechte und kann unbefugte Nutzungen von Musik verbieten. Hervorgehoben sei, dass der Urheber ohne Genehmigung der GEMA nicht mehr selbst über seine Nutzungsrechte verfügen kann.

Auf der Grundlage der jeweiligen **Nutzungsverträge** räumt die GEMA den jeweiligen Musiknutzern entsprechende Nutzungsrechte ein. Entscheidend ist dabei, ob es sich um geschützte Werke handelt. Musikalische Werke stehen gemäß § 2 I Nr. 2 UrhG unter Urheberschutz. Wie gerade vom BGH[216] entschieden, können das nicht nur bestimmte Tonfolgen sein, sondern auch rhythmische patterns reichen bereits. Das Urheberrecht erlischt siebzig Jahre nach dem Tode des Urhebers, § 64 UrhG. Es kommt also nicht auf das Entstehungsjahr an, sondern das Todesjahr des Schöpfers.

Beispiel

Carl Orff vollendete seine berühmte Carmina burana im Jahre 1937. Da er im Jahre 1982 gestorben ist, erlischt das Urheberrecht an dem Werk erst im Jahre 2052, also mehr als 100 Jahre nach seiner Entstehung. Da das Urheberrecht vererblich ist (§ 28 UrhG), kann es bis zu diesem Zeitpunkt von den Erben des Komponisten geltend gemacht werden.

Die GEMA ist verpflichtet, Tarife zur gleichmäßigen Behandlung aller gleich gelagerten Fälle aufzustellen, § 13 I WahrnG. Berechnungsgrundlage »sollen in der Regel die geldwerten Vorteile sein, die durch die Verwertung erzielt werden«, § 13 III WahrnG.

---

214 Inspiriert durch *Unverzagt/Meyer* S. 3.
215 *Kreile/Becker* S. 6.
216 Laut SZ v. 21.11.2008.

Insgesamt verfügt die GEMA über ein sehr differenziertes Tarifwerk mit 12 Hauptbereichen und über 70 nutzungstypischen Einzeltarifen, das den Besonderheiten von E- und U-Musik, den Aufführungsorten (Bühnen, Theater, Kirchen, Tanzlokale etc.) oder den verwendeten Medien (Film, Funk, Fernsehen, Kino, Tonträger etc.) und anderen Kriterien ausgeklügelt Rechnung trägt.[217] In der praktischen Handhabung wird wie folgt verfahren:

Die GEMA berechnet bei einem Einzelvertrag die Tarife zumeist anhand

- der Größe des Veranstaltungsraumes sowie
- des Eintrittsgeldes

Beispiel

Bei einem Raum von 3000 qm (50x60m) wären z.B. bei einem Eintritt von 20 € für Live-U-Musik im Jahre 2009 GEMA-Gebühren von 1.545,50 € zzgl. 7% Umsatzsteuer zu zahlen.

Dieser Betrag ergibt sich aus dem nachfolgenden Tarifauszug der GEMA, der die die zu zahlenden Vergütungssätze auflistet, die die GEMA bei einer Live-Musikveranstaltung im Bereich der Unterhaltungs- und Tanzmusik berechnet:

---

217 Überblick bei *Kreile/Becker* wie vorstehend. Informationen sind im Internet unter www.gema.de abrufbar.

Schaubild 25: Tarifübersicht (2009) der GEMA für Live-Veranstaltungen U-Musik[218]

Tarifübersicht 2009

Für Veranstaltungen

Tarifauszug für Veranstaltungen mit Unterhaltungs- und Tanzmusik
Vergütung je Veranstaltung **mit Live-Musik***

	Eintrittsgeld oder sonstiges Entgelt							
	ohne oder bis zu 1,00 €	bis zu 1,50 €	bis zu 2,50 €	bis zu 4,00 €	bis zu 6,00 €	bis zu 10,00 €	bis zu 20,00 €	je weitere 10,00 €
Größe des Veranstaltungsraumes in qm								
bis 100 qm	21,50	29,80	46,60	62,70	78,90	84,90	100,40	10,04
133 qm	24,50	46,60	69,60	93,40	115,60	127,10	152,20	15,22
200 qm	34,30	63,40	97,20	124,80	153,80	171,40	202,00	20,20
266 qm	49,70	81,10	123,20	157,60	189,10	218,80	251,80	25,18
333 qm	63,40	98,00	148,30	189,10	228,00	266,30	302,50	30,25
400 qm	78,90	114,70	173,70	222,60	265,50	312,20	352,80	35,28
533 qm	97,20	134,60	205,00	262,40	316,70	368,80	420,10	42,01
666 qm	114,70	155,50	234,20	299,80	367,90	423,90	485,90	48,59
1.332 qm	186,80	238,00	352,80	467,60	572,40	655,70	755,20	75,52
2.000 qm	256,40	322,20	472,90	635,90	773,50	888,40	1029,80	102,98
2.500 qm	321,40	403,40	591,40	795,00	966,50	1111,20	1288,60	128,86
3.000 qm	386,40	483,70	710,80	952,70	1160,80	1332,10	1545,50	154,55
je weitere 500 qm bis 10.000 qm	64,30	81,10	120,10	158,30	193,50	222,60	257,90	25,79
je weitere 500 qm über 10.000 qm	64,30	156,20	249,30	341,20	433,10	525,70	617,60	61,76

* Bei Veranstaltungen mit Musik von Original-CDs u. Ä. erhöhen sich die Vergütungen um 20 Prozent im Auftrag der Gesellschaft zur Verwertung von Leistungsschutzrechten mbH (GVL), Berlin. Bei Live-Musikveranstaltungen, bei denen zusätzlich, z. B. in den Pausen, Musik von Original-CDs u. Ä. wiedergegeben wird, erhöhen sich die Vergütungssätze um 10 Prozent im Auftrag der GVL.

* Bei Überschreitung bestimmter Zeiten können Zuschläge zu den genannten Tarifen anfallen.

* Für Veranstaltungen vor geladenen Gästen (wie z.B. Firmenjubiläen, Empfänge, Werbeveranstaltungen, Produktpräsentationen etc.), bei denen der Veranstalter kein Eintrittsgeld oder sonstiges Entgelt erhebt, werden die Aufwendungen für musikalische Darbietungen (wie z.B. Künstlerhonorare, Aufwendungen für die Bühne und die Technik, Moderatoren, DJs etc.) durch die Anzahl der geladenen Gäste dividiert. Dieses Ergebnis bildet ein fiktives Entgelt, welches zur Findung des Tarifbetrages herangezogen wird.

Alle ausgewiesenen Beträge sind Nettobeträge und erhöhen sich um 7 Prozent gesetzliche Umsatzsteuer.

Sofern Sie Mitglied bei einem Gesamtvertragspartner der GEMA sind, erhalten Sie einen Rabatt von 20 Prozent. Diese Übersicht ist lediglich ein Auszug aus unseren derzeit geltenden Tarifen. Sollten Sie darüber hinaus Informationen benötigen, beraten wir Sie gerne.

Tarifinformationen im Internet: www.gema.de/ad-tarife
Weitere Informationen zu Veranstaltungen: www.gema.de/veranstaltungen

Seite 1 von 1

---

218 Im Internet abrufbar unter: www.gema.de/media/de/ad kundengr/gema veranstaltung tarif.pdf.

Die von der GEMA durch die Einräumung von Nutzungsrechten erzielten Einnahmen werden nach einem komplizierten Schlüssel auf der Grundlage des GEMA-Verteilungsplanes an die Berechtigten verteilt.

Im Jahr 2006 flossen der GEMA Einnahmen in Höhe von 874,4 Mio. € zu. Die Verwaltungskosten beliefen sich auf 121,7 Mio.€, so dass insgesamt 752,7 Mio. € zur Verteilung kamen.[219] Der Verwaltungsaufwand von 13,9% an den Gesamteinnahmen ist erheblich, wobei aber das gerade geschilderte aufwändige Verfahren bei der Erhebung der Vergütungen und bei der Verteilung derselben zu berücksichtigen ist.

V. Die Ausländersteuer im Überblick

Der Begriff Ausländersteuer ist irreführend, da man meinen könnte, dass eine Steuer auf eine ausländische Staatsangehörigkeit erhoben wird. Das ist aber nicht der Fall.[220] . Anknüpfungspunkt der Steuer ist nicht die Staatsangehörigkeit, sondern der Wohnort im Ausland. Wer im Ausland wohnt und in Deutschland Einkünfte erzielt, muss nur das hierzulande erzielte Einkommen der deutschen Einkommenssteuer unterwerfen. Deshalb spricht § 49 EStG von einer »beschränkten Steuerpflicht«.

Die Beschränkung liegt darin, dass nur die hiesigen Einkünfte der deutschen Steuer unterliegen, während bei in Deutschland lebenden Personen grundsätzlich alle weltweit erzielten Einkünfte der Einkommensteuer unterliegen (»unbeschränkte Steuerpflicht« nach § 1 I EStG im Gegensatz zur »beschränkten Steuerpflicht« nach § 1 IV EStG).

Die beschränkte Steuerpflicht hat den Charakter einer Objektsteuer[221]. Sie knüpft an bestimmte abschließend aufgeführte Einkünfte mit Inlandsbezug an. Das können im Kontext von Veranstaltungen vor allem künstlerische Darbietungen ausländischer Künstler in Deutschland sein, wie z.B. der Auftritt der Neville Brothers in Osnabrück (Bild 30) oder von Joe Cocker in Bielefeld (Bild 34). Sie unterliegen mit den Einkünften aus diesen inländischen Konzerten der beschränkten Steuerpflicht in Deutschland.

Die wichtigsten Regelungen zum Thema Ausländersteuer finden sich in den §§ 50a IV und 49 EStG sowie in § 73 e EStDV.

Die Ausländersteuer wird im Wege des Steuerabzugs erhoben. Zwar ist der beschränkt Steuerpflichtige selbst der Steuerschuldner, jedoch muss der Vergütungsschuldner (also der Veranstalter) von vornherein von der Vergütung bestimmte Beträge einbehalten und an das zuständige Finanzamt abführen (§§ 50a IV EStG, 73 e EStDV). Er ist gegenüber dem Finanzamt der Haftungsschuldner. Der Grund für dieses rigide Verfahren ist offenkundig: der ausländische Künstler, sein Produzent oder die betr. Künstlerverleihfirma (sog. rent-a-star-company), denen die Gagen ausgezahlt werden, sind nach Ende der Tour in Deutschland dem Zugriff des deutschen Finanzamtes entzogen. Daher wird der Veranstalter (oder sonstige Vergütungsschuldner) verpflichtet, einen Teil der Gage einzubehalten, bei dem für ihn zuständigen Finanzamt anzumelden und an dieses abzuführen.

Die Einkünfte, die dem Steuerabzug nach § 50a IV S.1 EStG unterliegen, sind:

---

219 Laut Internet-Information der GEMA unter www.gema.de/fileadmin/inhaltsdateien/presse/Publikationen v. 07.08.2008.
220 Zutr. *Jürgensen* Basics zur Auslandssteuer, S.2 in www.kunstrecht.de.
221 Kirchhof/*Gosch* § 49 EStG, Rn. 1.

1. Einkünfte, die aus im Inland ausgeübter oder verwerteter künstlerischer, sportlicher, artistischer u.ä. Darbietungen erzielt werden (§ 49 I Nr.2 d)

2. Einkünfte aus der Ausübung oder Verwertung einer Tätigkeit als Künstler, Berufssportler, Schriftsteller, Journalist oder Berichterstatter einschl. solcher Tätigkeiten für den Rundfunk oder Fernsehfunk (§ 49 I Nr.2-4), es sei denn, es handelt sich um Einkünfte aus nichtselbständiger Arbeit, die dem Steuerabzug vom Arbeitslohn nach § 38 I S.1 Nr.1 unterliegen

Die Berechnung der Steuerschuld erfolgt gemäß § 50a IV S.2 bis 4 EStG nach zwei Faktoren, nämlich den Bruttoeinnahmen als Bemessungsgrundlage und dem darauf anwendbaren 4stufigen Steuersatz. Es gilt die Formel:

$$\text{Bruttoeinnahmen} \times \text{Steuersatz} = \text{Steuerschuld}$$

Der Steuersatz beträgt ab 1.1.2007 bis 31.12. 2008 für künstlerische, sportliche, artistische und ähnliche Darbietungen je nach Höhe der Einkünfte:

Bei Darbietungen mit Bruttoeinkünften bis   beträgt der Steuersatz

250 €	0%
251-500 €	10%
501-1.000 €	15%
über 1.000 €	20%

Beispiel

Ein amerikanischer Rock-Sänger erhält für einen Auftritt in Deutschland eine Bruttogage von 200.000 €. Dann beträgt der Steuersatz auf der Basis der Berechnungssätze von §§ 50a IV S.5 EStG seit 1.1.2003: 20%. Daraus ergibt sich folgende Steuerschuld:

$$200.000 \, € \times 20\% = 40.000 \, €$$

Dieser Betrag erhöht sich um den Solidaritätszuschlag in Höhe von 5,5 % auf die Steuerschuld:

$$40.000 \, € \times 5,5\% = 2.200 \, €$$

Insgesamt sind also von dem Vergütungsschuldner 42.200 € von der Bruttogage einzubehalten und an das Finanzamt abzuführen.

In der Veranstaltungsbranche wird aber zumeist keine Bruttogagenvereinbarung getroffen, sondern ein Nettoauszahlungsbetrag für die künstlerische, sportliche, artistische oder ähnliche Darbietung festgelegt (**Nettogagenvereinbarung**). Der Künstler, Sportler oder Artist möchte nämlich von vornherein Klarheit haben, was er (in bar) ausgezahlt bekommt.

Beispiel

Barauszahlungsbetrag 200.000 € zzgl. 3.000 € Reisekosten und Verpflegung

Für diesen Fall ist die Nettogage zzgl. ggf. übernommener Kosten nach folgender Berechnung auf die steuerlich maßgebliche Bruttogage (vgl. § 50a IV S.2 EStG) hochzurechnen:

Schaubild 26: Merkblatt der Finanzverwaltung zu StAb (2008) nach § 50a EStG

8.2 Nettovereinbarung

Übernimmt der Schuldner der Vergütung für im Inland ausgeübte künstlerische, sportliche, artistische oder ähnliche Darbietungen die Steuer nach § 50 a Abs. 4 EStG und den Solidaritätszuschlag (sog. Nettovereinbarung), ergeben sich zur Ermittlung der Abzugsteuer folgende Berechnungssätze, die auf die jeweilige Netto-Vergütung zuzüglich ggf. übernommener Kosten anzuwenden sind:

Netto-Vergütung	Berechnungssätze (%) bei Übernahme von Abzugsteuer und SolZ	
	Abzugsteuer	SolZ
bis 250,00 €	0	0
bis 447,27 €	11,18	0,61
bis 841,75 €	17,82	0,98
mehr als 841,75 €	25,35	1,39

Unter Zugrundelegung der Gesamteinkünfte von 203.000 €
und des darauf anwendbaren Steuersatzes von 25,35% ergibt sich somit eine

Abzugsteuer in Höhe von	51.460,50 €
zzgl. 1,39 % Solidaritätszuschlag	715,30 €

Der Veranstalter hätte demzufolge steuerliche Aufwendungen in Höhe von insgesamt zu tragen.	52.175,80 €

Sein Gesamtaufwand (Gage, Reisekosten, Verpflegung, Steuer) beträgt also	255.175,80 €

Ab dem 01.01.2009 gilt nach dem Jahressteuergesetz 2009 folgende Regelung:

Generell wird der Steuerabzug für Künstler aus dem Ausland, die in Deutschland auftreten, nach der Neufassung von § 50a II EStG auf 15% begrenzt. Staffelungen nach der Höhe der Gage entfallen. Kleingagen bis 250 € unterliegen keinem Steuerabzug. Besonders ausgewiesene Reisekosten, die die tatsächlichen Kosten nicht übersteigen, werden nicht als Einnahmen bewertet. Etwas anderes gilt, falls die tatsächlich entstehenden Reisekosten überschritten werden.

Obiges Beispiel einer 2009 gezahlten Bruttogage von 200.000 €:

Darauf wären vom Veranstalter im Jahre 2009 bei einem anzuwendenden Steuersatz von 15% insgesamt 30.000 € Einkommensteuer sowie 5,5% Solidaritätszuschlag auf diese Steuer, d.h. 1.650 €, insgesamt also 31.650,– € einzubehalten und an das zuständige Finanzamt abzuführen. Reisekosten im Rahmen der tatsächlich anfallenden Kosten unterliegen keiner Besteuerung mehr.

Da auswärtige Künstler und Veranstalter internationaler Festivals nicht nur in Deutschland dem Steuerabzug unterliegen, sondern häufig auch in ihrem jeweiligen Wohnsitzland mit ihren Welteinkünften besteuert werden, besteht die Gefahr der Doppelbesteuerung. Um dies zu verhindern, schließen Staaten untereinander bilaterale Abkommen zur Vermeidung der Doppelbesteuerung (DBA). Diese sind häufig dem Musterabkommen der OECD (OECD-MA) nachgebildet. Art. 17 I OECD-MA weist das Besteuerungsrecht für die Besteuerung von Künstlern, die als Bühnen-, Film-, Rundfunk- und Fernsehkünstler oder Musiker in einem anderen Vertragsstaat persönlich auftreten (sog. vortragende ausländische Künstler), dem Auftrittsstaat (Quellenstaat) zu.[222]

Das hat zur Folge, dass das Besteuerungsrecht hins. ausländischer Künstler, die in Deutschland auftreten, regelmäßig bei der Bundesrepublik Deutschland liegt und der Steuerabzug nach § 50a IV EStG hier vorgenommen wird.

Um eine Doppelbesteuerung zu verhindern, sieht das OECD-MA wahlweise Freistellungs- oder Anrechnungsverfahren im Heimatland vor. Das bedeutet, dass der Künstler oder Veranstalter in seinem Heimatland wegen dieser auswärtig versteuerten Einkünfte gänzlich von der Besteuerung in seinem Heimatland freigestellt ist oder die anderweit gezahlte Steuer auf die einheimische Steuer angerechnet wird. So sieht z.B. das DBA mit den USA v. 1989 bei Zahlungen an Künstler in Deutschland eine Anrechnung auf die einheimische Steuer vor, was umgekehrt bei einer Besteuerung von Auftritten auswärtiger Künstler in den USA für Deutschland ebenso zutrifft.[223] Dazu gilt noch folgende Besonderheit für die USA: Die Regel über die Besteuerung am Ort der Arbeitsausübung gilt nur, wenn die Einnahmen des Künstlers im Kalenderjahr 20.000 € übersteigen (Art. 17 I DBA-USA 1989). Bei Einnahmen unterhalb dieser Bagatellgrenze verzichtet Deutschland auf die Vorrangbesteuerung zugunsten der USA.

Unabhängig von DBA sind durch einen Erlass des Bundesfinanzministers ausländische Kulturvereinigungen von der Steuerpflicht freigestellt, wenn der Auftritt im Inland durch öffentliche Kassen des Heimatlandes gefördert wird.[224]Vorausgesetzt ist, dass keine Freistellung nach DBA möglich ist und die Förderung mindestens 1/3 der Kosten deckt. Es darf sich aber nicht um Solisten oder angestellte Musiker handeln. Voraussetzung ist, dass es sich um Mitglieder eines Kulturorchesters handelt. Dementsprechend spricht man vom Kulturorchester-Erlass.

---

222 Vgl. dazu ausführlich *Rundshagen* E 1.3; ferner *Michow* E 1.2, S.11 ff.
223 *Rundshagen* E 1.3, S.13.
224 Schreiben des BMF vom 20.7.l983, BStBl. I, S.382

3. Teil: Aktuelle Einzelfragen

I. Wem gehört die Eintrittskarte?[225]
Juristische Betrachtungen zum Themenfeld Kartendruck-Vertriebssysteme – Vorverkaufseinnahmen

Banale Fragen haben es in sich. So auch bei diesem Thema: Wem gehört die Eintrittskarte?

Klar, dem der sie erworben hat, also letztendlich dem Besucher. Welche juristischen Vorgänge spielen sich aber eigentlich ab, wenn jemand z.B. bei einer Vorverkaufsstelle umgerechnet 20 € verauslagt, um in der Stadthalle Gütersloh eine sog. »Oldie-Nacht« zu erleben, nachdem er die unten abgebildete Zeitungswerbung gesehen hatte?

Hatte er das Glück, eine Eintrittskarte zu erhalten, so ist er juristisch Eigentümer eines sog. kleinen Inhaberpapiers oder in den Worten des § 807 BGB einer »Karte, Marke oder ähnlichen Urkunde, in der ein Gläubiger nicht bezeichnet ist«, das ihm als Inhaber das Recht gibt, von dem »Aussteller« der Urkunde eine »Leistung nach Maßgabe des Versprechens zu verlangen« (§ 793 BGB).

Damit ist die Rechtsnatur der Eintrittskarte für den Besucher klar: Es handelt sich um ein Wertpapier, das einen Anspruch auf eine Leistung verkörpert. Ohne Vorlage des Papiers besteht kein Anspruch auf Leistung.

Was heißt das?

1. Mit dem »Kauf« einer Eintrittskarte ist etwas ganz anderes als das Eigentum an einem Stück Papier verbunden, nämlich ein Anspruch auf Durchführung des angekündigten Programms. Der Karteninhaber der zitierten Oldie-Nacht hat Anspruch auf eine Live-Performance durch die angekündigten Musikgruppen, mithin auf eine Werkleistung. Es liegt somit kein Kauf, sondern ein Werkvertrag vor.

2. Gegen wen richtet sich dieser Anspruch? D.h. wer ist Vertragspartner des Karteninhabers?

---

225 Überarbeiteter, ergänzter und aktualisierter Vortrag, den der Verfasser anlässlich der Jahrestagung des VDSM am 27.4.1993 in Münster gehalten hat. Die Form des Vortrags wurde aus didaktischen Gründen bewusst beibehalten. Der Veranstalter hatte den Verfasser darum gebeten, zu den hier angesprochenen Einzelfragen Stellung zu nehmen. Der Vortrag wurde der ab 1.1.2002 geltenden Rechtslage angepasst. Wie aktuell die Themenstellung ist, zeigen die Vorgänge um die Fussballweltmeisterschaft 2006, insbesondere hins. des ursprünglichen Verbots der Weitergabe von Eintrittskarten. Das AG Frankfurt a.M. hat diesbezüglich einem Besucher Recht gegeben, der von der FIFA die Zustimmung zur Ticketübertragung verlangt hatte, AZ 31 C 3120/05.

Bild 27: Oldie-Nacht

Bild 28: Circus Fliegenpilz

Solange die angekündigte Veranstaltung reibungslos abgewickelt wird, interessiert diese Frage den Besucher kaum. Kommt aber der angekündigte italienische Gesangsstar nicht zu dem teuer bezahlten Konzert und sieht sich der Besucher vor Ort vor die Wahl gestellt, frustriert nach Hause zu fahren oder vielleicht mit einem künstlerisch hochkarätigen Ersatzsolisten vorlieb zu nehmen, stellt sich diese Frage plötzlich im Hinblick auf etwaige Rückzahlungs-, Minderungs- oder sogar Schadensersatzansprüche. Von der Beantwortung dieser Frage nach dem Vertragspartner hängt mittelbar auch ab, wem das Geld aus dem Vorverkauf eigentumsmäßig zusteht. Vertragspartner des Besuchers ist der Veranstalter. Wer Veranstalter ist, wird leider für den Besucher nicht immer hinreichend deutlich. Am einfachsten ist es noch beim Circus.

Veranstalter ist der Circus Fliegenpilz. Er schuldet dem Besucher aufgrund des direkt geschlossenen Werkvertrages die Durchführung des Circus-Programms. Zumeist liegen die Dinge aber durch das Hinzutreten von Vorverkaufsstellen, Hallenbetreibern, Managern, Agenturen, Konzertdirektionen u.ä. wesentlich komplizierter. Wer schuldet z.B. bei der Tournee »König der City« (Bild 29) die Durchführung der Veranstaltung?

Mit Sicherheit nicht die Vorverkaufsstelle, die die Karte verkauft hat.

Mit Sicherheit auch nicht die Stadthalle Osnabrück, die hier offensichtlich nur die Räumlichkeiten zur Verfügung stellt. Jürgen von der Lippe direkt wohl auch nicht, da er nicht in unmittelbare Rechtsbeziehungen zum Besucher treten möchte. Dann bleibt als Vertragspartner nur der Veranstalter, der hier erfreulicherweise ausdrücklich benannt ist.

Bild 29: Jürgen von der Lippe

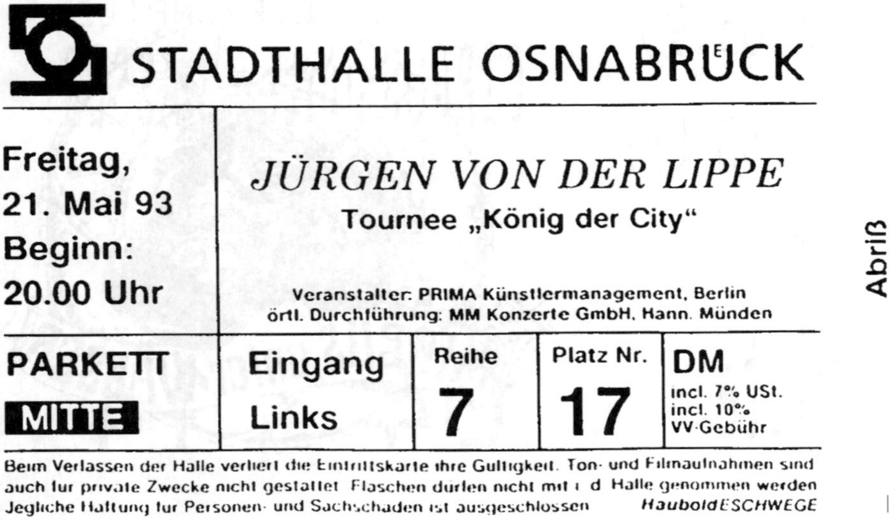

STADTHALLE OSNABRÜCK

Freitag,	*JÜRGEN VON DER LIPPE*	
21. Mai 93	Tournee „König der City"	
Beginn:		Abriß
20.00 Uhr	Veranstalter: PRIMA Künstlermanagement, Berlin örtl. Durchführung: MM Konzerte GmbH, Hann. Münden	

PARKETT	Eingang	Reihe	Platz Nr.	DM
MITTE	Links	7	17	incl. 7% USt. incl. 10% VV-Gebühr

Beim Verlassen der Halle verliert die Eintrittskarte ihre Gültigkeit. Ton- und Filmaufnahmen sind auch für private Zwecke nicht gestattet. Flaschen dürfen nicht mit i. d. Halle genommen werden Jegliche Haftung für Personen- und Sachschaden ist ausgeschlossen *HauboldESCHWEGE*

Aber nehmen Sie noch einmal die Oldie-Night (siehe Bild 27).

Hier wird kein Veranstalter ausdrücklich benannt. Lässt er sich eindeutig aus dem Text erschließen? Es könnte die Stadthalle Gütersloh sein. Dagegen spricht, dass sie nicht als Veranstalter bezeichnet ist und genauso gut bloßer Vermieter sein könnte. Die NW »präsentiert« die Veranstaltung. Was heißt das? Lt. Fremdwörterduden: Darbieten, überreichen, vorzeigen. Der Unbefangene würde daraus schließen: Die NW bietet dar, ist also der Veranstalter. Aber gefehlt. Eine Anfrage ergab: Präsentieren meine nur die Werbung. Veranstalter seien die Stadthalle und eine nicht genannte Agentur.

Dies wird für den Kunden aber in keiner Weise ersichtlich. Wer eine Veranstaltung so bewirbt wie hier die Zeitung, läuft Gefahr, selbst als Veranstalter angesehen zu werden. Rechtlich gilt § 164 BGB, der vorschreibt, dass eine Stellvertretung für jemand anders nach außen hin ersichtlich werden muss. Eine geheime Stellvertretung ist dem deutschen Recht fremd. Wer nicht offen legt, dass er für jemand anders handelt, wird selbst zum Vertragspartner, auch wenn er es gar nicht will. Dieses sog. Offenkundigkeitsprinzip schützt den Vertragspartner, hier also den Besucher, dem nicht zugemutet werden kann, dass er erst durch telefonische Recherchen, wie ich sie hier angestellt hatte, herausfindet, wer nun eigentlich der Veranstalter und damit sein Vertragspartner ist. Ein ähnlicher Gedanke findet sich in § 651 a II BGB, wonach bereits der Anschein ausreicht, um eine Veranstaltereigenschaft zu begründen, selbst wenn der Pauschalreiseveranstalter erklärt, nur Verträge mit anderen Leistungsträgern vermitteln zu wollen.

Daraus folgt als Ratschlag:

Jede Unklarheit, wer Veranstalter ist, muss vermieden werden. Auf der Eintrittskarte und natürlich auch auf Werbeträgern sollte eindeutig angegeben werden: »Verantwortlicher Veranstalter ist …«. Dies wird am besten gewährleistet, wenn der Kartendruck auf Grund entsprechender vertraglicher Absprache in der Hand des Hallenbetreibers, also des Vermieters der Halle bleibt.

Welche Unklarheiten sonst bei fremder Gestaltung und Druck eintreten, zeigt etwa folgendes Beispiel.

Bild 30: Neville Brothers

Wer ist Veranstalter? Ist es die Gruppe selbst? Die Stadthalle? Die örtliche Durchführung? Die Tourneeleitung? Radio ffn? Das Stadtblatt?

Der Besucher kann es nicht erkennen. Von einem verantwortlichen Veranstalter ist hier keine Rede.

Hallenbetreiber sollten die Gefahr bannen, dass sie wie bei einem Wechsel, bei dem auch jeder, der unterschreibt, haftet, wie ein Quasiveranstalter betrachtet werden. Sorgen Sie dafür, dass Sie Ihr Regressrisiko insoweit vermindern, indem deutlich der maßgebliche Veranstalter mit Anschrift und Telefon benannt wird, an den sich der Besucher bei Problemen wenden kann. Sonst riskieren Sie, von dem Besucher direkt in Anspruch genommen zu werden, wenn etwas schief läuft.

179

Was ich hier empfehle, ist genau das, was in den Muster-Mietbedingungen des VDSM ausdrücklich steht und was ich in vielen anderen Mietbedingungen vermisse, nämlich der Satz:

»Auf allen Drucksachen, Plakaten, Eintrittskarten, Einladungen usw. ist der Veranstalter anzugeben, um kenntlich zu machen, dass ein Rechtsverhältnis zwischen Veranstaltungsbesucher und Mieter besteht, nicht etwa zwischen Besucher oder anderen Dritten und dem Vermieter.«

So werden die Verantwortungsbereiche zwischen Ihnen als Vermieter und dem Veranstalter als dem für die Durchführung der Veranstaltung Verantwortlichen klar auseinander gehalten, so wie es sich idealiter aus dem nachfolgenden Schaubild ergibt:

Bild 31: Rechtsbeziehungen bei Fremdveranstaltungen

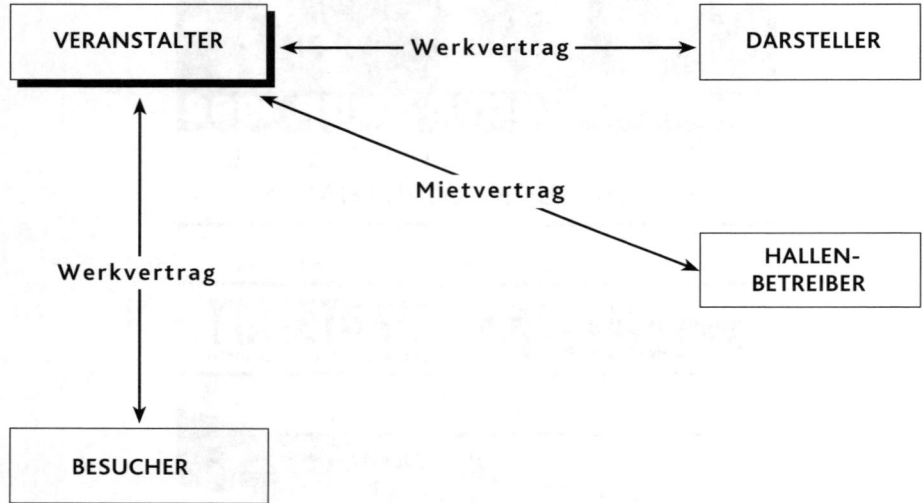

1. Thema Kartendruck:

a) Wer druckt die Eintrittskarte: Mieter oder Vermieter?
Soweit es sich vertraglich durchsetzen lässt, aus Ihrer Sicht: am besten Sie selbst als der Vermieter.

So ist am ehesten gewährleistet, dass die Verantwortlichkeiten nicht vermengt werden und Sie als Hallenbetreiber nicht in die Risiken einer missglückten Veranstaltung hineingezogen werden.

Wird bei allen Werbemaßnahmen, besonders aber bei Drucksachen, Plakaten und Eintrittskarten, dem Besucher deutlich gemacht, wer als Veranstalter sein Vertragspartner ist, wo dieser telefonisch, schriftlich oder persönlich erreichbar ist, so kommen beim Ausfall des italienischen Gesangsstars nicht mehr auf den Hallenbetreiber Regressforderungen zu, falls die Halle nur mietweise zur Verfügung gestellt wurde.

Nicht nur das Regressrisiko, sondern auch das Sicherheitsrisiko ist ein weiteres einleuchtendes Argument, den Kartendruck beim Hallenbetreiber zu belassen. Denn die

Vorschriften der Versammlungsstättenverordnungen in den einzelnen Bundesländern erklären den Betreiber von Versammlungsstätten für die Einhaltung der Betriebsvorschriften verantwortlich. Der Hallenbetreiber muss damit auch dafür Sorge tragen, dass nicht mehr Besucher zu der Veranstaltung zugelassen werden, als es der Kapazität der Halle entspricht. Die Gefahr, dass ohne Rücksicht darauf Karten gedruckt und auch ausgegeben werden, kann am besten dadurch gebannt werden, dass dies in der Hand des für die bauliche Sicherheit verantwortlichen Hallenbetreibers verbleibt. Einen rechtlichen Zwang dazu, dass aus Sicherheitsgründen einzig die Hallen zum Druck von Eintrittskarten befugt seien, kann ich allerdings nicht erkennen. Es lässt sich kaum sagen, dass nur auf diesem Wege den Sicherheitsgeboten aus den VersStVO, polizeirechtlichen und zivilrechtlichen Vorschriften o.ä. entsprochen werden könnte. Würde dem Veranstalter der Kartendruck überlassen, dann müsste durch entsprechende vertragliche Abreden und Kontrollen seitens der Halle gewährleistet sein, dass den Sicherheitsanforderungen entsprochen wird.

b) Zu der Frage, ob die Hallenvermietung vom Druck und Vertrieb der Karten durch die Halle abhängig gemacht werden darf:

Da dies regelmäßig durch AGB geschehen dürfte, stellt sich die Frage, ob dies gegen das Recht der Allgemeinen Geschäftsbedingungen (§§ 305 ff. BGB) verstößt. Mangels spezieller Klauselverbote in den §§ 308 und 309 BGB fragt sich, ob eine derartige Abhängigkeitsklausel den Vertragspartner entgegen Treu und Glauben unangemessen benachteiligten würde und deshalb nach § 307 BGB unwirksam wäre.

Die Beurteilung dieser Frage erfordert eine umfassende Abwägung der beiderseitigen Interessenlage. Es ist nicht zu verkennen, dass der Veranstalter ein unmittelbares Interesse daran hat, seine Veranstaltung zu einem Erfolg zu bringen, wozu zweifellos auch Kartendruck und Vertrieb beitragen. Andererseits sind die angesprochenen Regress- und Sicherheitsrisiken der Halle legitime Argumente, die es m.E. nicht als einseitige Machtausübung erscheinen lassen, wenn sich die Hallen den Druck und Vertrieb der Karten per Vertragsklausel reservieren.

Mit anderen Worten:

Klauseln in Mietverträgen wie diese:

> *»Die Vermieterin übernimmt Gestaltung, Druck und Verkauf der Eintrittskarten«*

(§ 7 AMB Gasteig) sind m.E. rechtlich im Grundsatz nicht zu beanstanden.

Falls das bisherige traditionelle Verfahren des Drucks und Vertriebs von Karten künftig durch elektronische Systeme ersetzt würde (oder bereits wird), so werden neue Fragen aufgeworfen, die hier nur angedeutet werden können.

Falls die Hallenbetreiber solche Systeme ausschließlich für sich selbst reservieren möchten, stellt sich kartellrechtlich die Frage, ob ggf. eine Ausschließlichkeitsbindung vorliegt, die gegen das Kopplungsverbot des Art. 81 I e EGV verstößt. Das hängt erstens davon ab, ob man den Kartenverkauf und Vertrieb als noch sachlich oder handelsüblich zusammengehörig mit der mietweisen Überlassung der Veranstaltungsstätte ansieht. Zweitens fragt sich, ob dadurch für den Veranstalter oder Dritte der Marktzutritt unbillig beschränkt würde.

Ein ausschließlich von den Hallen betriebenes elektronisches System könnte ferner gegen das Diskriminierungsverbot des § 20 I GWB bzw. Art. 82 EGV verstoßen, falls die betr. Halle eine marktbeherrschende Stellung einnehmen würde und eine unbillige Behinderung gleichartiger Unternehmen gegeben wäre. Die Gerichte beurteilen diese Fragen kontrovers, ohne dass es bislang zu einer höchstrichterlichen Klärung gekommen wäre. Ein Kopplungsverbot zwischen Mietvertrag und Kartenvorverkauf befürwortet z.B. das LG Dortmund im Urteil v. 25.1.1996 – 13 O 225/95 (Kart.), während das OLG Düsseldorf in 2. Instanz am 4.4.1997 – U (Kart.) 11/96 eine solche Kopplung von Vermietung und eingeschränktem (30 %) eigenen Kartenvertrieb zuließ. Es betonte, dass einer Stadthalle ein legitimes Interesse zuzuerkennen sei, jedenfalls 30 % der Karten selbst zu vertreiben, weil sie »ein stark auf die Kommune bezogenes Öffentlichkeitsbild« habe und Besucher bei ihr deshalb direkt Karten kaufen wollten. Es sei ferner ein berechtigtes wirtschaftliches Anliegen der Stadthalle, mit einem Teil des Kartenvorverkaufs das eigene Vorverkaufssystem mit finanzieren zu wollen.

Nun noch ein weiteres Problem zu dem Komplex Kartenvertrieb, illustriert an einem kleinen

Beispiel:

Die Stadthalle überlässt ihre Räumlichkeiten einem Veranstalter für ein Konzert mit einem bekannten Künstler. Es ist vereinbart, dass die Stadthalle den Kartenvorverkauf durchführt, wofür der Veranstalter eine zusätzliche Arrangementgebühr sowie Pauschalbeträge für Porto, Telefon, Schreibgebühren zahlt. Nachdem der Kartenverkauf gut angelaufen ist, verlangt der Veranstalter, dass ihm das Geld aus dem bisherigen Vorverkauf überwiesen wird. Er besteht außerdem darauf, dass ihm bei ausverkauftem Konzert noch vor der Veranstaltung der Gesamtbetrag überwiesen wird. Die Halle möchte das Geld noch nicht zur Verfügung stellen, um dieses bei einer evtl. Konzertabsage den Besuchern zurückerstatten zu können.

Wer hat Recht?

Die Vereinbarung über die Durchführung des Kartenvorverkaufs stellt einen entgeltlichen Geschäftsbesorgungsvertrag nach § 675 BGB dar; es handelt sich insoweit um eine Nebenabrede im Rahmen des einheitlichen Mietvertrages zwischen Halle und Veranstalter.

Wer nun für jemand anders eine Geschäftsbesorgung tätigt, wie hier die Halle für den Veranstalter bzgl. des Kartenverkaufs, muss nach § 667 BGB als Beauftragter dem Auftraggeber alles, was er aus der Geschäftsbesorgung erlangt, herausgeben. Das bedeutet, dass der Hallenbetreiber grundsätzlich dem Veranstalter zur Herausgabe der Vorverkaufseinnahmen verpflichtet ist, wovon er im Wege der Aufrechnung die vereinbarte Miete, die Arrangementgebühr und Pauschale abziehen darf. Die Frage ist allerdings, zu welchem Zeitpunkt dieser Anspruch auf Herausgabe fällig ist.

Dies ist in erster Linie eine Frage der Vereinbarung (vgl. § 271 BGB). Wird vertraglich vereinbart, dass erst nach Abschluss der Veranstaltung die erzielten Einnahmen an den Veranstalter abgeführt werden, so ist dies maßgeblich.

Sonst ist bei fehlender Vereinbarung auf die »Umstände« abzustellen. Hier lässt sich zugunsten der Veranstalter anführen, dass diese teilweise durch Vorabzahlung an Künstler, Hilfspersonal, Werbeagenturen, Transportunternehmen etc. schon vor der Veranstaltung Aufwendungen gemacht haben und insoweit durchaus Liquiditätsprobleme haben können.

Andererseits ist die Veranstaltung noch nicht durchgeführt. Der Hallenbetreiber, der mit dem Vorverkauf betraut ist, wird von dem Kunden bei Ausfall der Veranstaltung und anderen Leistungsstörungen jedenfalls als Ansprechpartner für etwaige Rückzahlungsansprüche angesehen. Ihm müssen dann dafür auch die liquiden Mittel zur Verfügung stehen. Es kommt hinzu, dass bis zum Tage der Veranstaltung die Geschäftsbesorgung noch nicht abgeschlossen ist, solange jedenfalls noch nicht alle Karten verkauft sind. Falls keine speziellen Abreden über eine abschlagsweise Auszahlung getroffen sind, würde ich daraus unter Abwägung der beiderseitigen Interessenlage den Schluss ziehen, dass nicht zuletzt auch im Interesse der Besucher, die ja vielfach Monate im Voraus ihr Geld aus der Hand gegeben haben, ohne dafür irgendeine Gegenleistung erhalten zu haben, eine Sicherung geboten ist. Würde dem Veranstalter schon vorher die Kasse überlassen, wäre jede Sicherheit für den Besucher dahin. Dass dies nicht eine theoretische Gefahr ist, zeigt ein Vorfall in Dortmund, wo der spanische Gesangstar Montserrat Caballe Ende August 1998 auftreten sollte. Die Eintrittspreise bewegten sich pro Karte bis umgerechnet 100 €. Der Vorverkauf lief so schlecht, dass die Veranstaltung abgesagt wurde. Viele Interessenten, die gebucht und bereits gezahlt hatten, bekamen vom Veranstalter, der sich offenbar verkalkuliert hatte, das von diesem vereinnahmte Eintrittsgeld nicht wieder und können dieses abschreiben; denn der Veranstalter ist mittlerweile insolvent.[226]

Aus alledem folgt m.E., dass erst mit Ende der Geschäftsbesorgung, die endgültig mit Erledigung der Veranstaltung ihr Ende gefunden hat, den Umständen gemäß ein Anspruch auf Auszahlung besteht.

Allerdings hat der Veranstalter einen Anspruch auf Verzinsung des Geldes. Verwendet nämlich der Hallenbetreiber als Beauftragter das vereinnahmte Geld für sich, so ist er nach § 668 BGB verpflichtet, das Geld von der Zeit der Verwendung an zu verzinsen.

Sollte der Hallenbetreiber vorab eingenommenes Geld nicht für sich verwenden, so wird man ihn dennoch aufgrund Treu und Glauben für verpflichtet ansehen müssen, jedenfalls längere Zeit vorab kassierte größere Geldbeträge zinsbringend für den Veranstalter anzulegen. Dieser Rechtsgedanke kommt etwa auch bei der Mietkaution in § 551 III BGB zum Ausdruck und wurde aus der Natur der Kaution als Nutzungspfand entwickelt.

Aus alledem folgt die Empfehlung:

Klare Absprache im Mietvertrag, dass bei Kartenvertrieb durch den Vermieter Auszahlung des Geldes erst nach Durchführung der Veranstaltung erfolgt und dieses auf einem Sonderkonto verzinslich zugunsten des Veranstalters angelegt wird.[227]

In diesem Fall riskiert der Hallenbetreiber auch nicht, eigentumsrechtlichen Herausgabeansprüchen bzgl. des Geldes ausgesetzt zu sein.

Zwar handelt es sich m.E. sachenrechtlich um Geld des Veranstalters; denn der Besucher übereignet das Geld bei verständiger Würdigung der Interessenlage an den, mit dem er den Vertrag über die Durchführung der Veranstaltung geschlossen hat. Das ist, wie oben erwähnt, der Veranstalter. Die Vorverkaufsstelle ist insoweit Vertreter

---

226 Diese Hinweise verdanke ich Herrn RA Wolfgang Mergen aus Dortmund.
227 Meine Empfehlungen hat der EVVC mittlerweile in seinen Muster-AGB umgesetzt. Beim Thema Kartenverkauf heißt es jetzt:
»§ 13 Durchführung des Kartenverkaufs

des Veranstalters und nimmt die Übereignung des Kunden in dessen Namen an. Auch wenn dies nicht immer ausdrücklich erklärt wird, ergibt es sich doch aus den Umständen (§ 164 I 2 BGB).

Das vereinnahmte Geld ist somit sowohl für die Vorverkaufsstelle als auch für den Hallenbetreiber fremdes Geld. Beide sind Treuhänder und verwalten das fremde Geld bis zum Abschluss der Veranstaltung. Bis dahin ist der Veranstalter m.E. aber dennoch gehindert, seinen Eigentumsherausgabeanspruch aus § 985 BGB geltend zu machen, da der Hallenbetreiber aus der verabredeten Geschäftsbesorgung bis zur Erledigung derselben, d.h. also bis zum reibungslosen Abschluss der Veranstaltung, ein Recht zum Besitz des Geldes hat (§ 986 BGB) und die Herausgabe des Geldes verweigern darf.

2. Verbot des Schwarzmarktverkaufs von Eintrittskarten

Die Frage nach dem Eigentum an der Eintrittskarte ist nicht zuletzt auch wichtig, wenn es um die Durchsetzung einer vom Veranstalter oftmals angestrebten Unterbindung des Schwarzmarktverkaufs geht. Ist der Veranstalter oder eine von ihm beauftragte »Greifertruppe« beispielsweise berechtigt, dem auf frischer Tat ertappten Schwarzhändler die Karten ohne dessen Zustimmung abzunehmen?

Die Karten stehen i.d.R. im Eigentum des Schwarzhändlers[228], sind für den Veranstalter also »fremde, bewegliche Sachen«. Durch das Abnehmen der Karten wird fremder Gewahrsam aufgehoben und neuer, eigener Gewahrsam begründet. Wenn dem »Greifer«, der dem Schwarzhändler die Karten abnimmt, um sie seinem Auftraggeber zur eigenen Verwendung zurückzugeben, gegenüber dem Schwarzhändler möglicherweise sogar Gewalt anwendet, um an die Karten zu kommen, ist die Annahme eines Raubes gemäß § 249 StGB nahe liegend – ein Verbrechen, dass mit Freiheitsstrafe nicht unter einem Jahr geahndet wird. Der Veranstalter, der die »Greifertruppe« beauftragt hat, wäre in dieser Konstellation möglicherweise Anstifter und gemäß § 26 StGB wie der Täter selbst zu bestrafen.

Nur in Ausnahmefällen wird man das Vorliegen eines Rechtfertigungsgrundes annehmen können. Die Verletzung eines beim Kartenverkauf vereinbarten »entgeltlichen Übertragungsverbots« durch den Schwarzhändler erfüllt keinen Rechtfertigungstatbestand, auch wenn man grundsätzlich ein allgemeines Interesse an der Einhaltung privatrechtlicher Verträge annimmt. Einen Raub kann es nicht rechtfertigen.

Allenfalls könnte ein Festnahmerecht gemäß § 127 Abs. 1 StPO entstehen, das aber nicht notwendigerweise auch die Wegnahme des Tatobjekts, der vertragswidrig veräußerten Eintrittskarten umfasst, sondern lediglich die Ergreifung des Täters rechtfertigen kann. Voraussetzung ist hier aber in jedem Fall das Vorliegen einer Straftat, bei welcher der Täter auf frischer Tat ertappt wurde. Der Schwarzmarktverkauf ist aber allenfalls bei gewerbsmäßigem Handeln (Steuerdelikt), betrügerischem Verhalten (Verkauf von Eintrittskarten, die für den Erwerber nicht sichtbar bereits entwertet sind), Verkauf betrügerisch erschlichener Eintrittskarten (wenn diese z.B. unter dem falschen Hinweis auf ihre gemeinnützige Verwendung, z.B. für Schulklassen, kostenlos erlangt wurden) als eine Straftat zu betrachten. Die Verletzung zivilrechtlicher Vereinbarungen stellt per se keine Straftat dar, die geeignet wäre das Festnahmerecht nach § 127 Abs. 1 StPO zu begründen.

---

228 S.o.

Die Verletzung eines Weiterveräußerungsverbotes von Eintrittskarten eröffnet somit zwar die Möglichkeit zivilrechtlicher Schritte, rechtfertigt aber nur in wenigen, vorab schwer zu erkennenden Fallgestaltungen die Möglichkeit der Karteneinziehung gegen den Willen des Schwarzhändlers. Um sich als Veranstalter nicht unwissentlich selbst strafbar zu machen, ist daher Vorsicht geboten.

3. Einige Bemerkungen zum Thema Vorverkaufsgebühren

Die Frage, ob »der Vorverkauf eine vom Veranstaltungsereignis unabhängige Leistung darstellt und deshalb eine zusätzliche Gebühr auf den Kartenpreis gerechtfertigt ist«, möchte ich verneinen.

Der Vorverkauf dient ökonomisch dem Kartenabsatz, gleichgültig ob dies durch veranstaltereigene, halleneigene oder unabhängige Vorverkaufsstellen geschieht. Er soll dazu beitragen, dass möglichst viele Karten über viele Verteiler an das Publikum gelangen und entsprechend das Geld für die Veranstaltung eingenommen wird. Der Vorverkauf, dem strategisch eine wichtige Marketingaufgabe zukommt, ist also eine Kartenabsatz- und Geldsammelstelle.

Juristisch betrachtet vermittelt die Vorverkaufsstelle den Geschäftsabschluss zwischen dem Veranstalter und dem Besucher. Sie wird stellvertretend für den Veranstalter beim Abschluss des Kartenkaufs tätig, handelt im Sinne eines Stellvertreters also im fremden Namen (§ 164 BGB). Sie ist ähnlich wie ein Reisebüro tätig, das Reisen für den Veranstalter vermittelt.

Beim Kartenkauf kommt also juristisch nichts anderes als der Abschluss des Werkvertrages zwischen Besucher und Veranstalter zustande, der durch die Vorverkaufsstelle repräsentiert wird.

Bild 32: Rechtsbeziehungen beim Vorverkauf

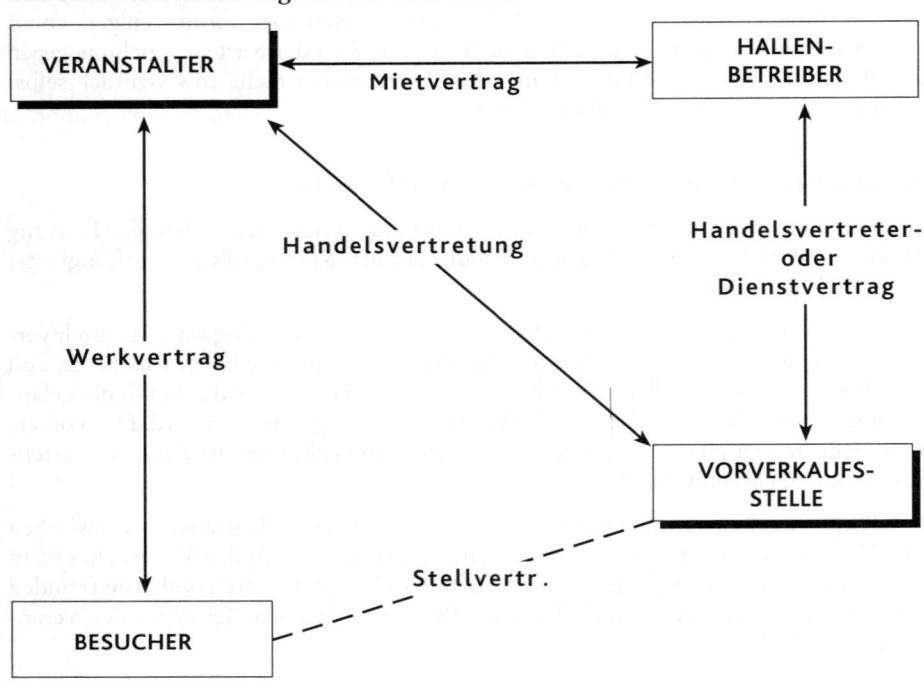

Eine zusätzliche, eigenständige Rechtsbeziehung zwischen VVK und Besucher vermag ich nicht zu erkennen. Der Besucher will nur eines, wenn er eine VVK-Stelle aufsucht, nämlich durch frühzeitigen Abschluss eines Werkvertrages einen Anspruch auf das Konzert, die Theateraufführung oder sonstige Veranstaltung erwerben. Der VVK ist also keine unabhängige Leistung, sondern Teil des Veranstaltungsereignisses. Von daher ist eine zusätzliche Gebühr auf den Kartenpreis nicht gerechtfertigt. Der VVK ist vielmehr von dem zu organisieren und zu finanzieren, der ihn für sich einsetzt: Also von der Halle bei einem halleneigenen VVK-System, vom Veranstalter bei einem veranstaltereigenen System und bei Reisebüros, Zeitschriftenläden, Buchhandlungen, Ticketsystemen oder sonstigen unabhängigen VVK-Stellen von diesen selbst. Im letzteren Fall handelt es sich juristisch um selbständige Handelsvertretungen, auf die das Recht der Handelsvertreter nach §§ 84 ff. HGB Anwendung findet; als solche haben sie Anspruch auf Provision gegen den Unternehmer, der sie mit dem Absatz der Karten betraut hat.

Die Honorierung der Tätigkeit auf den Besucher zu verlagern, widerspricht den aufgezeigten Regelungen. Dies umso mehr, als der Besucher ohnehin entgegen dem sonst geltenden Grundsatz der Zug-um-Zug-Leistung (vgl. § 320 BGB) teilweise schon Wochen oder Monate vor der Veranstaltung sein Geld zahlt, ohne einen greifbaren Gegenwert zu erhalten. Ihn für dieses zinslose Darlehn noch zusätzlich mit Vorverkaufsgebühren zu belasten, erscheint mir ungerechtfertigt.

Konsequenterweise hat er m.E. bei Konzertausfall Anspruch auf volle Rückzahlung des gezahlten Eintrittsgeldes einschließlich VVK-Gebühr, da diese Teil des gezahlten Entgeltes und nicht eine gesonderte Leistung auf einen zusätzlichen Vertrag ist. Rechtsgrundlage sind §§ 326 IV und 346 BGB.

Begründung:

Der Besucher hatte mit dem Veranstalter, der insoweit von der VVK-Stelle repräsentiert wurde, einen einheitlichen Werkvertrag geschlossen und kann nun nach eingetretener Unmöglichkeit seine nicht geschuldete Gegenleistung zurückfordern.

Dem frustrierten Kunden beim Konzertausfall wenigstens das volle Eintrittsgeld zurückzuerstatten, entspricht m.E. nicht nur der Rechtslage, sondern auch einer klugen Geschäftspolitik, die dem Ziel der Kundenzufriedenheit Rechnung trägt.

II. Aktuelle Rechtsprobleme beim Kartenvorverkauf[229]

1. Einführung

Welcome to Meat Loaf!

Wer mal wieder richtig Lust auf ein saftiges Stück Fleisch gewordener Musik hatte, bestellte sich rechtzeitig im Kartenvorverkauf Karten für immerhin 50,– DM (~ 25,– €) pro Stück. Mit Erhalt von Eintrittskarten und Rechnung im Postversand konnte ihm jedoch die Lust auf erwartete Gaumenfreuden leicht vergehen. So wurden für 2 Eintrittskarten im Gesamtnennwert von 100,– DM (~ 50 €) noch folgende Nebenkosten in Rechnung gestellt:

CTS-Gebühren	3,00 DM	=	3%	des Nennwerts
Vorverkaufsgebühr	14,00 DM	=	14%	des Nennwerts
Bearbeitungsgebühren	11,50 DM	=	11,5%	des Nennwerts

Die Summe dieser Nebenkosten für 2 Karten belief sich mithin auf insgesamt 28,50 DM (~ 14,25 €) oder 28,5 % des reinen Eintrittspreises. Werden hier nun die Grenzen des ökonomisch Vertretbaren und rechtlich Erlaubten erreicht oder allgemeiner gefragt:

---

229 Vortrag, den der Verfasser am 10.6.1996 auf Einladung des VDSM im Gasteig in München gehalten hat, und der ebenfalls aus didaktischen Gründen und der Klarheit wegen in seiner ursprünglichen Form beibehalten und nur der aktuellen Rechtsentwicklung, insbesondere aufgrund der Schuldrechtsreform, angepasst worden ist.

Bild 33: Meat Loaf

EINTRITTSKARTENBESTELLUNG 41097

Veranstaltung: *Meat Loaf   20.05.96*

VA-Nr.	Preis	Anzahl	DM
	58,50	*2*	*117,—*

Vorverkaufsgebühr	% =	
Bearbeitungsgebühr		*11,50*
Gesamtbetrag		*128,50*

Eurocard	AmEx	Visa	Diners	Scheck
☒	☐	☐	☐	☐

Kartennummer: *5232 2829 0000 5211*

Verfalldatum: *05 / 97   i.4*

Westfalenhalle
Rheinlanddamm 200
44139 Dortmund
Welcome to the Neighbourhood World Tour

205 DM 58,50

MEAT LOAF

10567641

Aufgang / Block   **Reihe**   **Platz**

M / 314 links   **4**   **34**

DM **58,50**
Vorverkauf

Inclusive Gebühren		Präsentatoren: MTV , VH-1
C T S	DM 1,50	Ruhrnachrichten Dortmund,
Vorverkauf	DM 7,00	Musikexpress / Sounds
		VA: PRK & CCB

205v   **Montag**
13.12.95 11.16   **20. Mai 96**
20.00 Uhr

4615460120531404000003400

Umseitige Geschäftsbedingungen ungültig

CTS
VORVERKAUF
your source of entertainment
KONZERT • THEATER • SPORT
SHOW • OPER

CTS-Buchungssysteme finden Sie an allen guten Vorverkaufskassen

Vorsicht! Das Kartenmaterial ist hitzeempfindlich

70735 - 6.95 Schwarz, Hausham

Wie hoch kann die Vorverkaufs- bzw. Bearbeitungsgebühr bei Eintrittskarten sein?

Neben dem Thema »Gebühren« möchte ich auf »Leistungsstörungen beim Kartenvorverkauf« eingehen. Hier interessiert die Frage: Inwieweit kann man den Tatbestand der Schlechterfüllung anwenden, wenn Hallenbetreiber das von den Kunden im Vorverkauf bezahlte Geld an den Veranstalter eines Konzerts auszahlen, das Konzert später ausfällt und der Veranstalter dann nicht in der Lage ist, das Geld zurückzuerstatten? Dieses zweite Thema berührt grundsätzliche Fragen der Rechtsbeziehungen der Beteiligten beim Kartenvorverkauf. Schließlich möchte ich das Thema AGB und Eintrittskarten ansprechen.

2. Vorverkaufsgebühren

a) Rechtliche Vorgaben

Bislang gibt es in Deutschland keine rechtlichen Regelungen, die die Höhe der Vorverkaufsgebühren und Bearbeitungsgebühren präzise festlegen. Dies entspricht der liberalen Staats- und Wirtschaftsordnung der Bundesrepublik, die die Festlegung von Preisen grundsätzlich dem Marktmechanismus von Angebot und Nachfrage überlässt.

Direkte Preisgesetze, die bestimmte Preise für Waren oder Dienstleistungen festsetzen, sind also die Ausnahme. Zu nennen sind die §§ 557 ff. BGB, die Regelungen über die Miethöhe enthalten und die Anhebung des Mietzinses bei Vereinbarung von Staffel- und Indexmieten und sonst bis zur Höhe ortsüblicher Vergleichsmieten oder eines Mietspiegels erlauben. Aber auch hier ist der Mietzins keineswegs vom Gesetzgeber in Euro und Cent ausgedrückt. Gleiches gilt für die Löhne, die nicht vom Gesetzgeber bestimmt werden, sondern den Tarifvertragsparteien. Der Staat kann allenfalls unter bestimmten Voraussetzungen derartige Tarifverträge für allgemein verbindlich erklären, wobei er aber an die Zustimmung der Tarifvertragsparteien gebunden ist.

Andererseits gibt es eine Fülle von Gebührenordnungen für selbständige Berufe, z.B. für Rechtsanwälte, Steuerberater, Architekten, Ingenieure, Ärzte und Zahnärzte. Auch Makler unterliegen bei der Wohnungsvermittlung einer Regelung, die als Höchstsatz das 2fache der monatlichen Wohnungsmiete für das Maklerhonorar vorsieht (vgl. § 3 Wohnungsvermittlungsgesetz). Eine gewisse Ähnlichkeit mit der Maklertätigkeit hat der Vorverkauf sicher: Auch hier geht es um eine Vermittlungstätigkeit, indem die VVK-Stelle beim Kartenabsatz den Kunden und den Veranstalter miteinander in eine Vertragsbeziehung bringt. Es kann im vorliegenden Zusammenhang dahinstehen, ob diese rechtliche Beurteilung letztlich zutrifft, weil ohnehin ja nur für Wohnungsmakler gesetzliche Beschränkungen gelten. Für den hier relevanten Bereich von Werk- oder Dienstleistungen ist jedenfalls keine gesetzliche Obergrenze vorgesehen.

Mangels präziser Festlegung gilt bzgl. der Höhe von VVK-Gebühren und Bearbeitungsgebühren das Prinzip der Vertragsfreiheit, das den Vertragsparteien die freie vertragliche Ausgestaltung im Rahmen der Gesetze und der guten Sitten überlässt. Gesetzliche Verbote, einen bestimmten Höchstsatz für Vorverkaufs- oder Bearbeitungsgebühren zu überschreiten, sind nicht ersichtlich. § 134 BGB, der dann solche Abmachungen für nichtig erklären würde, greift also nicht ein.

Ob extrem übersetzte Gebühren wegen Wuchers oder allgemeiner Sittenwidrigkeit nach § 138 BGB ungültig sind, lässt sich nicht generell beurteilen, sondern hängt stark von den Umständen des individuellen Einzelfalls ab.

Wucher als der gegenüber der allgemeinen Sittenwidrigkeit speziellere Tatbestand verlangt gemäß § 138 II BGB zunächst objektiv, dass ein auffälliges Missverhältnis von Leistung und Gegenleistung besteht. Trifft dies zu, so muss subjektiv noch hinzukommen, dass der Handelnde entweder die Zwangslage, die Unerfahrenheit, den Mangel an Urteilsvermögen oder die erhebliche Willensschwäche eines anderen für sich oder einen anderen ausbeutet. Solche Situationen dürften im Kartenvorverkauf kaum anzutreffen sein.

Allerdings wäre im Einzelfall beim Kartenvorverkauf ein wucherähnliches Rechtsgeschäft denkbar, das wegen Sittenwidrigkeit nach § 138 I BGB nichtig wäre und dann zur Folge hätte, dass das gesamte Vermittlungsgeschäft wirkungslos wäre und keinerlei Anspruch auf irgendwelche Gebühren bestehen würde. Die Anforderungen dafür sind aber in einer freien Marktwirtschaft ohne feste Gebührensätze hoch anzusetzen: Nicht jedes Missverhältnis zwischen Leistung und Gegenleistung reicht aus. Das Missverhältnis muss vielmehr besonders auffällig und grob sein. Bei Kreditverträgen hat die Rechtsprechung[230] ein solches auffälliges Missverhältnis i.d.R. bejaht, wenn der Vertragszins den marktüblichen Zins relativ um 100 % oder absolut um 12 % übersteigt. Bei Abweichungen zwischen 90 und 100 % kommt es auf eine Gesamtwürdigung aller Umstände an, z.B. können zusätzlich belastende Momente wie hohe Kostenbelastungen bei einem Verzug mit den Rückzahlungsraten dann zur Sittenwidrigkeit führen. Eine Überschreitung des Marktzinses um 80,5 %, 81,8 %, 87,6 % oder 88 % wurde dagegen in der Rechtsprechung[231] nicht als sittenwidrig beurteilt.

Subjektiv verlangt die Rechtsprechung, dass der wirtschaftlich oder intellektuell Überlegene die schwächere Lage des anderen Teils bewusst zu seinem Vorteil ausgenutzt hat oder sich leichtfertig der Erkenntnis entzieht, dass der andere sich nur wegen seiner schwächeren Lage auf den ungünstigen Vertrag einlässt.[232]

Im eingangs erwähnten Beispielsfall könnte ein solches wucherähnliches Rechtsgeschäft vorliegen:

Eine Vorverkaufsgebühr von 10 % dürfte derzeit gängiger Standard sein. Der insgesamt verlangte Satz von 28,5 % übersteigt diesen Betrag relativ um mehr als 100 %. Dabei kann die Aufteilung in verschiedene Arten von Gebühren keine Rolle spielen. Feststeht, dass der Kunde bei einem Vorverkauf insgesamt mit mehr als dem Doppelten des sonst üblichen Betrages belastet wird. Subjektiv liegt die Annahme nah, dass die Vorverkaufsstelle ihre stärkere wirtschaftliche Machtposition bewusst zu ihrem Vorteil ausgenutzt hat, da es für einen Kunden kaum eine andere Möglichkeit zu einem Kartenerwerb gegeben haben dürfte.

Noch ein anderer rechtlicher Ansatz wäre zu bedenken:

Bei der postalischen Bestellung wird vielfach zwar die Preiskategorie für die Karte selbst festgelegt, doch werden nicht die Nebenkosten für Gebühren angesprochen oder vereinbart. Der Kunde überlässt die Festlegung insoweit seinem Vertragspartner. Dann muss die Bestimmung dieser Gebühren nach §§ 316, 315 BGB »nach billigem Ermessen« getroffen werden. Die getroffene Bestimmung ist für den anderen Teil nur dann verbindlich, wenn sie der Billigkeit entspricht (§ 315 III BGB). Entspricht sie nicht der Billigkeit, so wird die Bestimmung durch Urteil getroffen.

---

230 Vgl. dazu MüKo/*Mayer-Maly/Armbrüster* § 138 Rn. 118.
231 St. Rspr., BGHZ 104, 105; 110, 338; Nachweise bei Palandt/*Ellenberger* § 138 Rn. 27-29.
232 BGH NJW 1980, 446, 1156; Palandt/*Ellenberger* § 138 Rn. 25 und 30.

Angesichts der teilweise recht hohen Vorverkaufsgebühren stellt sich für den Veranstalter nun möglicherweise die Frage, ob er diese überhaupt gesondert ausweisen soll (Var. 1) oder nicht in einem entsprechend erhöhten Eintrittspreis »verschwinden« lassen sollte (Var. 2). Nach dem Motto: »Was ich nicht weiß, macht mich nicht heiß« würde die Karte also nicht z.B. 50,– € zzgl. 14,25 € für diverse Gebühren ausweisen, sondern von vornherein allein nur den Bruttopreis von 64,25 € enthalten. Da dies zumindest optisch die Eintrittspreise erhöht und die Absatzchancen verringert, mag allerdings aus Marketingsicht auch die umgekehrte Strategie ins Auge gefasst werden:

Es wird allein der Kartennennwert ausgedruckt mit dem Zusatz »zzgl. Vorverkaufsgebühren« und ohne Angabe des Endpreises. Bei dieser 3. Variante hieße es also »Vorverkauf: 50,– € incl. MwSt. zzgl. Vorverkaufsgebühr«.

Bei den strategischen Überlegungen für einen optimalen Kartenabsatz und der Auswahl der günstigsten Lösung sind die rechtlichen Rahmenbedingungen zu beachten. Maßgebend ist hier das Preisangabengesetz vom 3.12.1984, das den Bundeswirtschaftsminister ermächtigt, durch Rechtsverordnung mit Zustimmung des Bundesrates zu bestimmen, »dass und auf welche Art und Weise beim Anbieten von Waren oder Leistungen gegenüber Letztverbrauchern oder bei der Werbung für Waren oder Leistungen gegenüber Letztverbrauchern Preise … anzugeben sind.« Dementsprechend ist die »Verordnung zur Regelung der Preisangaben« vom 14.3.1985 ergangen. Sie enthält für den hier interessierenden Bereich folgende relevante Aussagen:

Preisangabenverordnung vom 14.3.1985 (BGBl. I, S. 580) i. d. F. der vom 18.10.2004 (BGBl. I S. 4197):

§ 1 Grundvorschriften

(1) Wer Letztverbrauchern gewerbs- oder geschäftsmäßig oder regelmäßig in sonstiger Weise Waren oder Leistungen anbietet oder als Anbieter von Waren oder Leistungen gegenüber Letztverbrauchern unter Angabe von Preisen wirbt, hat die Preise anzugeben, die einschließlich der Umsatzsteuer und sonstiger Preisbestandteile zu zahlen sind (Endpreise).

…

(6) Die Angaben nach dieser Verordnung müssen der allgemeinen Verkehrsauffassung und den Grundsätzen von Preisklarheit und Preiswahrheit entsprechen. Wer zu Angaben nach dieser Verordnung verpflichtet ist, hat diese dem Angebot oder in der Werbung eindeutig zuzuordnen sowie leicht erkennbar und deutlich lesbar oder sonst gut wahrnehmbar zu machen. Bei der Aufgliederung von Preisen sind die Endpreise hervorzuheben.

§ 5 Leistungen

(1) Wer Leistungen anbietet, hat ein Preisverzeichnis mit den Preisen für seine wesentlichen Leistungen … aufzustellen. Dieses ist im Geschäftslokal oder am sonstigen Ort des Leistungsangebots und, sofern vorhanden, zusätzlich im Schaufenster oder Schaukasten anzubringen. Ort des Leistungsangebots ist auch die Bildschirmanzeige.

…

…

Was folgt auf diesen rechtlichen Vorgaben für die verschiedenen Varianten?

Variante 1: Inklusivpreis unter spezifizierter Angabe der Vorverkaufsgebühren

Beispiel: Bild 34: Joe Cocker

Hier ist die PAngV voll beachtet.

§ 1 ist Rechnung getragen, indem der Endpreis einschließlich der MwSt genannt wird. Die Preisangaben sind klar und wahr. Sie sind deutlich lesbar. Die Aufgliederung von Preisen, hier bzgl. der zusätzlichen Gebühren, ist nach § 1 VI zwar nicht vorgeschrieben, aber zulässig: Dann müssen die Endpreise hervorgehoben werden. Dies ist hier durch Hervorhebung des Endpreises auf der linken Seite geschehen. Diese verbreitete Praxis ist also nicht zu beanstanden.

Variante 2: Pauschalpreis ohne Aufschlüsselung bzgl. VVK-Gebühren

Beispiel: Bild 35: Circus Fliegenpilz

M.E. ist diese Variante ebenfalls zulässig, da eine Aufgliederung von Preisen nach § 1 VI PAngV zwar zulässig, aber nicht zwingend vorgeschrieben ist. Nebenkosten für den Vertrieb sind Teil des Gesamtpreises, zu dem der Veranstalter dem Kunden eine Veranstaltung anbietet, also die im allgemeinen werkvertragsmäßige Vergütung für eine bestimmte Werkleistung nach § 631 BGB. Auch ist die Preisangabe wahr und klar: Der Kunde erfährt klipp und klar, was er zahlen muss. Für die Werkleistung, die ihm über den VVK vermittelt wird, wird ein Endpreis gefordert und genannt, der den wahren Verhältnissen entspricht.

Variante 3: (Exklusiv-)Preis zzgl. unspezifizierter VVK-Gebühren

Bild 36: Beispiel Elfenbein

Diese Gestaltung macht den Preis zwar optisch schlanker, ist aber rechtlich dann unzulässig, wenn kein Endpreis genannt wird. § 1 I und VI PAngV sind verletzt, da VVK-Gebühren, CTS-Bearbeitungs- und sonstige Gebühren Preisbestandteile des insgesamt zu zahlenden Kartenpreises sind. Die einzelnen Gebühren müssen zwar nicht spezifiziert werden, aber auf den Karten, Plakaten und Werbeträgern müsste stets der Endpreis erscheinen.

Nach dem Zweck der PAngV soll der Verbraucher nämlich in die Lage versetzt werden, die angebotenen Preise leicht miteinander vergleichen zu können. Es soll ihm nicht zugemutet werden, den tatsächlich verlangten Endpreis zu ermitteln. Am klarsten formulierte das OLG Frankfurt:[233] »Die Notwendigkeit, mehrere Einzelposten zu addieren, um den Gesamtpreis zu erfahren, will die Preisangabenverordnung verhindern, auch wenn die Addition einfach ist.«

In den beschriebenen Fällen kommt hinzu, dass mangels Angabe der VVK-Gebühren eine Addition und Errechnung des Endpreises gar nicht möglich wären. Damit wird der Sinn und Zweck der PAngV verfehlt, dem Verbraucher zwecks Vergleichbarkeit eine klare Preisvorstellung zu verschaffen. Die Gebote der Preisklarheit und Endpreisnennung sind demzufolge verletzt.

b) Stellungnahme und Vorschlag

Damit ist festzuhalten:

Zulässig sind die Variante 1 mit spezifizierter Angabe der VVK-Gebühren, egal ob in absoluten Geldbeträgen oder in %-Sätzen, sowie ferner die Angabe von Pauschalendpreisen ohne nähere Aufschlüsselung (Variante 2).

Siehe auch **Bild 30: Neville Brothers**

In jedem Fall muss dem Verbraucher der Endpreis genannt werden. Dieser sollte m.E. beim Vorverkauf deutlich niedriger sein als der Tagespreis. Zwar ist der Aufbau bzw. die Nutzung eines Ticketverkaufssystems schon wegen der größeren Zahl der Verkaufsstellen aufwendiger als die Abendkasse. Aber die Vorteile eines Vorverkaufs sind für den Veranstalter so schlagend, dass er durch Gewährung eines günstigeren Preises den Verbraucher zur Nutzung dieses Systems ermuntern sollte. Rechtzeitige Information über die Nachfrage gibt

1. Planungssicherheit,
2. die Möglichkeit, bei einem sich abzeichnenden Flop auszusteigen, um ein finanzielles Desaster zu vermeiden und bringt
3. Geld in die Kasse, um damit arbeiten oder Kosten bezahlen zu können.

Wer 6 Monate vor einem Konzert wie Meat Loaf 10.000 Karten à 25 € abgesetzt hat, verfügt beispielsweise über 250.000 €, die ihm bei 5 %iger Festgeldanlage allein 6.250 € einbringen. Hat er bereits Aufwendungen zu tätigen z.B. für Werbung, Künstler, Sachmittel und müsste er Geld aufnehmen, so hätte er vielleicht 10 % Sollzinsen zu zahlen. Der Vorteil aus einem frühzeitigen Vorverkauf würde sich dann sogar verdoppeln.

Aus all dem folgt die Empfehlung: deutlich niedrigere VVK-Preise gegenüber der Abendkasse, um dem Besucher einen echten Anreiz zu geben, wie etwa beim Konzert von Jan Garbarek (vgl. Bild 37) oder dem New Jazz Festival Moers, wo 1996 im VVK gegenüber dem Tagespreis umgerechnet etwa 13 € weniger berechnet wurden.

---

233 WRP 1983, 690; zustimmend *Gimbel/Boest* Die neue PAngV, München 1985, § 1 Anm. 12.

Bild 37: Jan Garbarek

Donnerstag, 9. Juni 1994

„ Oetkerhalle "
Bielefeld

Beginn: 20.30 Uhr   Einlaß 19.30 Uhr
V.V.K.: 30,- DM   A. K.: 35,- DM
Veranstalter: G. J. M. Buddy Lüders

Jan Garbarek Group

№ 00695

Kein Sitzplatzanspruch!
Keine Haftung für Sach- u. Körperschäden! Rückerstattung des Kaufpreises
ohne Vorverkaufsgebühr erfolgt nur bei
genereller Absage des Konzertes über die Vorverkaufsstelle, bei der
die Eintrittskarte erworben wurde, bis eine Woche nach Konzert-
datum. Beim Verlassen des Veranstaltungsraumes verliert die Eintrittskarte ihre Gültigkeit. Das Mitbringen von Glasbehältern, Dosen,
Tonbandgeräten, Film- u. Videokameras, pyrotechnischen Gegen-
standen sowie Waffen ist untersagt. Ton-, Film- u. Videoaufnahmen
- auch für den privaten Gebrauch - sind nicht erlaubt. Mißbrauch
wird strafrechtlich verfolgt. Etwaige Rauch- oder/und Getränkever-
bote im Veranstaltungsraum sind zu beachten. Bei Nichtbeachtung
erfolgt Verweis aus dem Veranstaltungsraum. - Ansonsten
wunschen wir gute Unterhaltung und einen anregenden Abend.

Kontroll-Abriß

VVK-Gebühren sollten – wenn sie überhaupt angesichts der überzeugenden Vorteile für den Veranstalter nötig sind – auf das notwendige Maß beschränkt werden. Das gebietet nicht zuletzt auch die PAngV mit ihrem Gebot der Preiswahrheit: Eine Gebühr soll die Kosten für eine Leistung decken. Sie erweckt den Eindruck halbamtlichen und zwingenden Charakters. Bei Sätzen von 28,5 % stellt sich dagegen die Frage, ob hier nicht in Wahrheit über den Gebührenhebel zusätzliche Gewinne angestrebt werden.

Weitere Zweifel weckt die m.E. ausgesprochen bedenkliche Refundierungspraxis: Beansprucht ein Veranstalter etwa die hälftige Rückerstattung von VVK-Gebühren an sich selbst, so zeigt dies nichts anderes, als dass die VVK-Gebühr nicht zur Kostendeckung der tatsächlich entstandenen Dienstleistung genutzt wird, sondern dass damit zusätzliche Einnahmen erzielt werden sollen. Dies widerspricht nicht allein dem Prinzip der Preiswahrheit, sondern stellt auch eine den Verbraucher irreführende Geschäftspraktik dar, die nach den §§ 3 und 5 UWG verboten ist. Daher könnten z.B. Verbraucherschutzverbände, Gewerbevereine oder Mitbewerber auf Unterlassung dieser unzulässigen Geschäftspraxis klagen, § 8 UWG.

Ergebnisse:

1) Die im Vorverkauf anfallenden Gebühren müssen sich im Rahmen der Billigkeit oder Angemessenheit bewegen.

Derzeit zu beobachtende Entwicklungen, diese Gebühren nach oben zu schrauben, sind rechtlich dann bedenklich, wenn sie wucherähnlichen Charakter annehmen.

Stets ist zu bedenken, dass es bei diesen Gebühren darum geht, einen zusätzlichen Aufwand durch die Organisation eines Kartenvorverkaufs zu decken.

Dagegen sollen nicht zusätzliche Einnahmequellen entwickelt oder Preiserhöhungen bei den Eintrittskarten über den Weg von Vorverkaufsgebühren kaschiert werden.

Ein bedenklicher Weg ist auch die Erfindung immer neuer Gebühren: Kumulieren sich diese Gebühren zu Sätzen, die den bisher üblichen Rahmen um das Doppelte übersteigen, liegt der Vorwurf der Sittenwidrigkeit nahe. Solche Geschäfte sind rechtswidrig und damit ungültig.

2) VVK-Gebühren müssen weder in absoluten Zahlen noch in %-Sätzen nach der PAngV beziffert werden. Wesentlich ist die Nennung des Endpreises, der in jedem Fall in hervorgehobener Weise erscheinen muß.

Wenn VVK-Gebühren zu Refundierungszwecken missbraucht werden, liegt m.E. eine unzulässige Geschäftspraxis vor, die gegen das Gebot der Preiswahrheit und das Verbot irreführender Werbung nach §§ 3 und 5 UWG verstößt. Unterlassungsklagen von Verbraucherschutzverbänden, Gewerbevereinen und Mitbewerbern sind möglich und Erfolg versprechend.

Es ist anzuraten, auf VVK-Gebühren zu verzichten oder sie so niedrig wie möglich zu halten, um dem Kunden einen deutlichen Anreiz zum frühzeitigen Kartenerwerb zu geben. Dies gibt ihm selbst, aber besonders auch dem Veranstalter Sicherheit und bringt Geld in die Kasse.

3. Schlechterfüllung

Im folgenden zweiten Hauptthema geht es um die Rechtsbeziehungen der Beteiligten beim Kartenvorverkauf. Speziell soll die Frage beantwortet werden: Inwieweit kann man den Tatbestand der Schlechterfüllung (Pflichtverletzung i.S.v. § 280 I BGB) anwenden, wenn Hallenbetreiber das von Kunden im Vorverkauf bezahlte Geld an den Veranstalter eines Konzerts auszahlen, das Konzert später ausfällt und der Veranstalter dann nicht in der Lage ist, das Geld zurückzuerstatten?

Ausgangspunkt ist ein Fall aus der Reisebranche:

Im Oktober 1993 vermittelte ein Reisebüro eine Flugreise des Augsburger Veranstalters Aquatours nach Curacao für die Zeit vom 14. Dezember 1993 bis 11. Januar 1994. Der Kunde zahlte die Summe, woraufhin das Reisebüro Mitte November Hotel- und Flug-Gutschein erhielt. Am 13. Dezember stellte Aquatours Konkursantrag und stellte die Geschäftstätigkeit ein. Der Kunde konnte seine Ansprüche gegen den Veranstalter nicht durchsetzen und erhob mit Erfolg Klage gegen das Reisebüro. Das Amtsgericht Frankfurt wirft dem Reisebüro hier »Schlechterfüllung« vor, da es das vom Kläger erhaltene Geld an den Veranstalter weitergeleitet hatte, ohne von diesem Zug um Zug qualifizierte Reisepapiere als Sicherheit erhalten zu haben. Bei qualifizierten Papieren müssten »unmittelbare Ansprüche des Reisenden gegen die wichtigsten Leistungsträger ›verbrieft‹ werden«. Diese Forderung habe das Reisebüro nicht erfüllt, da die ausgehändigten Papiere nur von Aquatours ausgestellt worden waren, so dass die Ansprüche nicht gegen die Leistungsträger gerichtet werden konnten. Das Reisebüro habe daher fahrlässig gehandelt und müsse dem Kunden die gezahlten Reisekosten von umgerechnet 3200,– € zurückerstatten.[234]

Diese Entscheidung ist kein Einzelfall. Vielmehr urteilte bereits das LG Traunstein in einer Entscheidung vom 4.8.1993[235] im gleichen Sinne und entschied:

»Die Weiterleitung des vom Kunden beim Reisebüro einbezahlten Reisepreises an den Veranstalter ohne ausdrückliches Einverständnis des Kunden stellt eine Sorgfaltspflichtverletzung dar, wenn das Reisebüro noch nicht im Besitz der Reisepapiere ist.«

Dementsprechend wurde das Reisebüro wegen positiver Vertragsverletzung (heute: Pflichtverletzung gemäß § 280 I BGB) des Geschäftsbesorgungsvertrages (§ 675 BGB) zu einer Schadensersatzzahlung von umgerechnet 4 250,– € verurteilt.

Nun stellt sich die Frage, ob die hier entwickelten Grundsätze, die auch in der Kommentarliteratur[236] mit positiver Stellungnahme abgedruckt sind, sinngemäß auf den Veranstaltungssektor übertragbar sind oder nicht. Dazu bedarf es einer näheren Untersuchung der relevanten Rechtsbeziehungen in der Reisebranche und eines Vergleichs mit der Veranstaltungsbranche.

a) Rechtsbeziehungen in der Reisebranche
Vergegenwärtigen wir uns zunächst das Vertriebsnetz der Reiseveranstalter.

---

234 Touristik Aktuell, Wochenzeitung für Touristik, Februar 1996.
235 NJW-RR 1993, 1532.
236 Z.B. Palandt/*Sprau* Rn. 4 vor § 651 a BGB u. § 651 k BGB Rn. 7a.

Bild 38: Vertriebsnetz der Reiseveranstalter

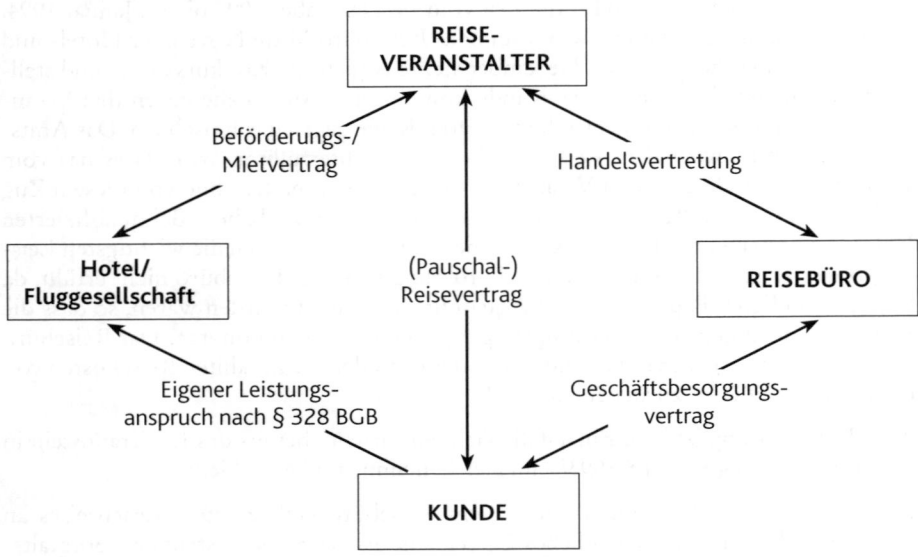

Wenn ein Kunde eine Reise in die Karibik mit Hotelunterkunft bucht, so schließt er mit dem Reiseveranstalter – im genannten Beispiel der Fa. Aquatours – einen Pauschal-reisevertrag ab. Dieser Vertrag verpflichtet den Reiseveranstalter nach § 651 a BGB, dem Reisenden eine Gesamtheit von Reiseleistungen zu erbringen. Der Reisende muss umgekehrt an den Reiseveranstalter den vereinbarten Reisepreis zahlen. Allerdings muss er nach § 651 k IV BGB den Reisepreis erst nach Aushändigung eines Sicherungsscheins leisten, der ihm für den Fall der Insolvenz des Reiseveranstalters einen unmittelbaren Anspruch gegen einen Versicherer oder ein Kreditinstitut auf Rücker-stattung des Reisespreises einräumt (§ 651 k III BGB). Vor Abschluss des Reisevertra-ges eine Anzahlung zu verlangen, verstößt gegen § 307 II Nr. 1 BGB[237]; unzulässig ist es auch, den Vertragsschluss von einer Anzahlung abhängig zu machen[238].

Nach heutigem EU-weiten Rechtsstandard wären die Kunden also hinreichend ge-schützt.

---

237 OLG Köln NJW-RR 2000, 1509; zustimmend Führich, Basiswissen Reiserecht, 2007, Rn.46
238 BGH NJW 1993, 263

Bild 39: Sicherungsschein

Sicherungsschein / Versicherungsausweis

Veranstalter:	**BDS-Flugreisen GmbH**
Nr.:	**11.20.0881 / 12929**

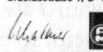

tourVERS
Touristik-Versicherungs-Service GmbH

Dieser Versicherungsausweis ist nur gültig für Reisen, die bis zum

31.10.96

gebucht und begonnen wurden. Die Versicherung beginnt mit dem Tag der Reisebuchung und gilt für alle Versicherungsfälle bis zum vertraglich vorgesehenen Ende der gebuchten Reise. Die Versicherung ist nicht übertragbar. Sie gilt nur in Verbindung mit der gebuchten Reise und nur für die in der beigefügten Buchung genannten Personen. Der Versicherer leistet Entschädigung an den Reisenden in Höhe des Rei-

sepreises und zusätzlicher, notwendiger Rückreisekosten gem. § 651 k Bürgerliches Gesetzbuch (BGB), soweit Reiseleistungen infolge Zahlungsunfähigkeit oder Konkurses des Reiseveranstalters ausfallen, bis zur gesetzlichen Haftungsgrenze gemäß § 651 k BGB (s. umstehend). Außerdem übernimmt der Versicherer die Rücktrittskosten gem. § 651 i BGB, wenn die Reise infolge Todes des Reisenden oder eines versicherten Mitreisenden ausfällt (Reise-Ausfall-Teil-Versicherung, s. umstehend). Der volle Wortlaut der Bedingungen kann beim Veranstalter eingesehen oder abgerufen werden.

Im **Insolvenzfall** des Reiseveranstalters bitten wir um unverzügliche Mitteilung an die **Aachener und Münchener Versicherung Aktiengesellschaft / Abteilung Transport Aureliusstraße 2 – 16, D-52064 Aachen** unter Beifügung von Buchungs- und Zahlungsbelegen sowie dieses Versicherungsausweises und der Angabe Ihrer vollständigen Adresse.
Ansprüche aus dem **Todesfall des Reisenden** bzw. versicherten Mitreisenden richten Sie bitte an **tourVERS, Touristik-Versicherungs-Service GmbH, Crusiusstraße 1, D-80538 München.**

Aachener und Münchener Versicherung Aktiengesellschaft

Die beiden Fälle betrafen aber Buchungen in 1992 und 1993, als das neue Reiserecht noch nicht galt und die Kunden daher bei Insolvenz des Veranstalters nicht abgesichert waren. Sie wandten sich daher mit ihren Ansprüchen wegen der ausgefallenen Reisen mit Erfolg an ihre Reisebüros und monierten, dass diese bereits das erhaltene Geld an den Veranstalter weitergereicht hatten, ohne gleichzeitig von diesen qualifizierte Reisepapiere, insbesondere Flugscheine und Hotelgutscheine erhalten zu haben. Wäre dies geschehen, so hätten die Kunden unmittelbare Ansprüche gegen die betr. Leistungsträger in verbriefter Form besessen und hätten dann aufgrund dieser Ansprüche trotz Insolvenz des Veranstalters direkte Ansprüche gegen die Fluggesellschaft, das Hotel und andere Leistungsträger gehabt und die Reise antreten können. Die Verträge, die die Veranstalter im eigenen Namen mit den jeweiligen Leistungsträgern abschließen, werden nämlich von der Rechtsprechung als **Verträge zugunsten Dritter** i.S.v. § 328 BGB eingestuft.[239] Daraus ergeben sich dann laut Bundesgerichtshof gegen den jeweiligen Leistungsträger eigene Erfüllungsansprüche des Kunden. Der BGH[240] hat sogar entschieden, eine Charterfluggesellschaft dürfe sich selbst dann nicht weigern, den Reisenden zu transportieren, wenn sie ihrerseits vertragswidrig vom Reiseveranstalter keine Zahlungen erhalten habe. Die Fluggesellschaft mache sich sonst gegenüber dem Reisenden schadensersatzpflichtig.

Wie ist es möglich, das Reisebüro wegen des Versäumnisses, auf Aushändigung qualifizierter Reisepapiere vor Überlassung des Reisespreises zu bestehen, schadensersatzpflichtig zu machen? Rechtsgrundlage war bislang das gewohnheitsrechtlich anerkannte Rechtsinstitut der positiven Vertragsverletzung, das jetzt in dem allgemeinen **Schadensersatzanspruch wegen Pflichtverletzung** (§ 280 I BGB) aufgegangen ist.

Das bedeutet kurz gesagt:

Wer schuldhaft Pflichten aus dem Schuldverhältnis verletzt, muss dem anderen Schadensersatz leisten. Dabei kann es sich um die Verletzung von Haupt- oder Nebenleistungspflichten handeln. Im Falle von Hauptleistungspflichten spricht man von einer Schlechtleistung oder Schlechterfüllung.

---

239 BGH NJW 1985, 1457, h.M.; vgl. *Führich* Rn. 129 und 84.
240 NJW 1985, 1457.

Für eine Haftung wegen vertraglicher Pflichtverletzung werden folgende Voraussetzungen aufgestellt:

1) Bestehen eines vertraglichen Schuldverhältnisses
2) Vorliegen einer objektiven Pflichtverletzung
3) Vertretenmüssen (Vorsatz oder Fahrlässigkeit)

Die Beurteilung dieser Voraussetzungen, insbesondere zu Punkt 2 und 3, hängt in den angesprochenen Fällen maßgeblich von der Rechtsstellung des Reisebüros und den von ihm zu beachtenden Pflichten ab. Die Rechte und Pflichten des Reisebüros sind im Reisevertragsrecht des BGB nur punktuell geregelt.[241] Entscheidend dürfte sein, wie das Reisebüro im Geschäftsverkehr tätig wird.[242]

aa) Tritt das Reisebüro als **eigener Veranstalter** in Erscheinung oder hat dies zumindest den Anschein, so ist es selbst Reiseveranstalter (§ 651 a II BGB). Es muss dann nach den gesetzlichen Gewährleistungsregeln der §§ 651 c ff. BGB bei Reisemängeln selbst voll einstehen.

bb) **Vermittelt** das Reisebüro dagegen Leistungen, so kommt es bzgl. seiner etwaigen Haftung darauf an, ob es Teil der veranstaltereigenen Vertriebsorganisation oder rechtlich selbständig ist.

(1) Im ersten Fall würde das Reisebüro nur **unselbständig** und stellvertretend für den Veranstalter auftreten, alle Rechte und Pflichten würden dann zwischen Kunden und Veranstalter aufgebaut. Fehler des Büros würden über § 278 BGB dem Veranstalter zugerechnet. Ist das Büro rechtlich unselbständige Verkaufsstelle, kommt eine eigene Haftung nicht in Betracht.

---

241 Solche Regelungen betreffen vor allem die Ansprüche auf Zahlungspflichten des Kunden und den Sicherungsschein, § 651 k IV sowie III BGB.
242 So auch *Heinz* Rn. 67.

Bild 40: Vertriebsnetz bei Last-Minute-Reise

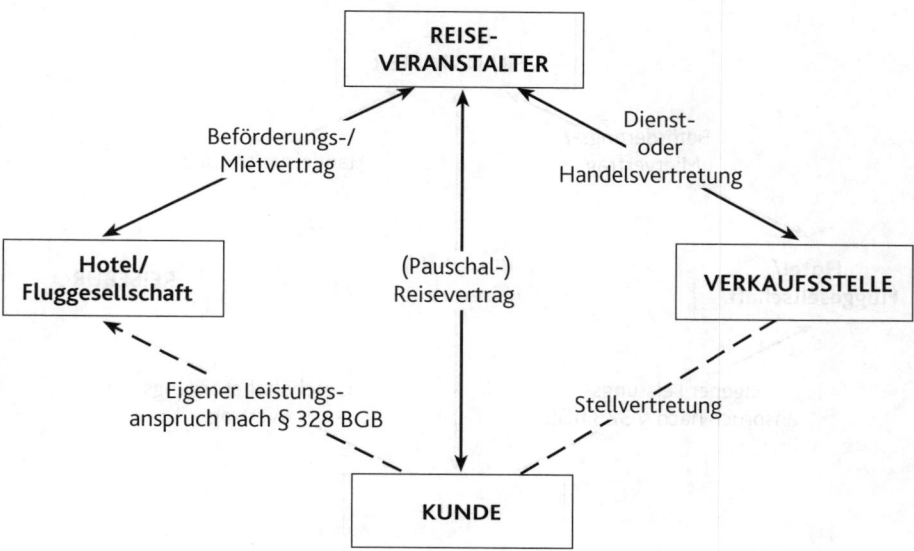

(2) Handelt es sich um ein **selbständiges Büro**, das Leistungen von Veranstaltern anbietet, so dürfte dieses zumeist die Stellung eines Handelsvertreters nach § 84 HGB ausüben.

Der Marktführer TUI verkauft beispielsweise seine Reisen über fremde, selbständige Reisebüros;[243] trotzdem heißen sie »TUI-Reisebüros«. Hier fungieren die Reisebüros als Vermittler, sind Vermittlungsvertreter i.S.v. § 84 HGB und somit Handelsvertreter; vgl. nachfolgendes Bild.

---

243 *Schlotmann* S. 778.

Bild 41: Vertriebsnetz normaler Reiseveranstalter

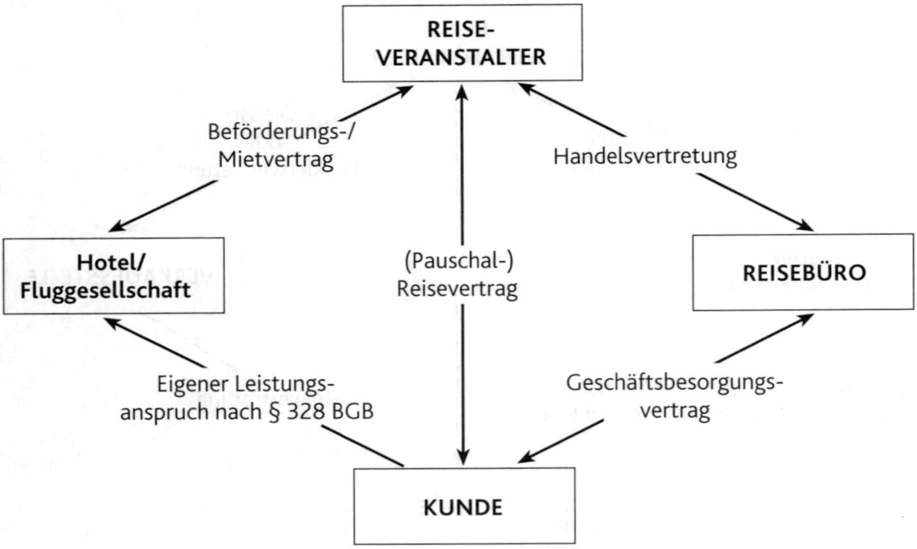

Im Verhältnis zu den Kunden hat sich die Auffassung durchgesetzt, dass insoweit eigene Geschäftsbesorgungsverträge nach § 675 BGB anzunehmen seien.

Die Annahme eines eigenständigen Vertrages[244] wird damit gerechtfertigt, dass die Vermittlung von Reiseleistungen regelmäßig mit einer Beratung des Reisenden und der Überprüfung der übermittelten Reiseleistung durch das Reisebüro verbunden sei.

Davon dürfte sich – wie bereits vorweggenommen werden soll – die Tätigkeit einer Vorverkaufsstelle – sei es herkömmlicher Art oder unter Einsatz elektronischer Systeme – entscheidend abheben. Hier gibt es nichts weiter zu beraten. Es wird schlicht ein Platz gebucht und bezahlt. Beratungen über den Inhalt derartiger Veranstaltungen finden nicht statt; auch bestehen keine Beratungspflichten wie bei einem Reisebüro, z.B. über Impf- oder Einreisevorschriften, Qualität von Stränden, Hotels, Eincheckzeiten u.ä.

Dagegen schuldet das selbständige Reisebüro eine erfolgreiche Vermittlung sowie eine entsprechende Beratung und Überprüfung der Reiseleistung aufgrund des Geschäftsbesorgungsvertrages mit dem Kunden. Werden diese Pflichten nicht ordentlich erfüllt, kommt eine entsprechende **Pflichtverletzung** gemäß § 280 I BGB mit Schadensersatzfolge in Betracht. Dies trifft z.B. dann zu, wenn das Reisebüro den vom Kunden erhaltenen Reisepreis an den Veranstalter weiterleitet, ohne zuvor von diesem qualifizierte Reisepapiere erhalten zu haben.[245]

Das LG Traunstein führt in dem zitierten Urteil[246] dazu aus:

---

244 *Heinz* Rn. 71; OLG Frankfurt NJW-RR 1996, 889.
245 Heute dürfte das Reisebüro sogar überhaupt keine Zahlungen des Reisenden entgegennehmen, bevor ihm nicht ein Sicherungsschein übergeben worden ist, § 651 k IV BGB, s. Bild 39.
246 NJW-RR 1993, 1531.

»Im Rahmen des Geschäftsbesorgungsvertrages und im Rahmen der Inkassotätigkeit der Beklagten (d.h. des Reisebüros) für ihren Kunden war die Beklagte verpflichtet, das Geld erst **Zug-um-Zug** gegen den Erhalt ausreichender Sicherheiten wie z.B. qualifizierter Reisepapiere, auszuhändigen. Solche qualifizierten Reisepapiere wären diejenigen gewesen, die unmittelbare Ansprüche gegen die Leistungsträger verbrieft hätten, vor allem Flugscheine und Hotelgutscheine.«

Ein Verschulden in Form von Fahrlässigkeit wird in derartigen Fällen ebenfalls bejaht. In dem Urteil heißt es dazu[247]:

»Als Reiseverkehrs-Kauffrau, die mit Inkassotätigkeiten dieser Art am Rechtsverkehr teilnimmt, hätte ihr bekannt sein müssen, dass die von ihr vorgenommene Vorkasse nach der grundlegenden Rechtsprechung des BGH im Kundeninteresse abgelehnt wird.«

Im Ergebnis wurde das Reisebüro daher wegen Schlechterfüllung (heute § 280 I BGB) zur Rückzahlung des gezahlten Betrages verurteilt.

b) Rechtsbeziehungen im Veranstaltungssektor
Sind die rechtlichen Strukturen im Veranstaltungssektor damit zu vergleichen und ist eine Übertragung der geschilderten Grundsätze möglich?

Betrachtet man das Vertriebssystem im Veranstaltungsbereich, so zeigen sich durchaus Parallelen zum Reisesektor.

aa) Betrachten wir zunächst den **Kartenabsatz über Vertriebssysteme von Veranstaltern.**

Betraut der Veranstalter fremde Verkaufsstellen wie Ticketsysteme mit dem Vorverkauf, dann liegt ebenfalls zunächst ein Handelsvertreterverhältnis i.S.v. § 84 HGB vor. Zwischen Besucher und VVK-Stelle möchte ich dagegen kein besonderes Rechtsverhältnis annehmen: Die Tätigkeit erschöpft sich in der Kartenabgabe. Der Kunde schließt dabei nur einen Vertrag ab, nämlich den durch die VVK-Stelle vermittelten Werkvertrag zum Veranstalter. Ein weiterer Unterschied ist, dass durch den Engagementvertrag zwischen Veranstalter und Darsteller nur Ansprüche des Veranstalters auf Durchführung der versprochenen Werkleistung begründet werden: Hier werden keineswegs – auch nicht stillschweigend – unmittelbare Leistungsansprüche einer anonymen Besucherschar geschaffen, die etwa direkte Ansprüche gegen den einzelnen Künstler auf Durchführung der versprochenen Werkleistung hätte.

---

247 NJW-RR 1993, 1532.

Bild 42: Vertriebsnetz der Veranstalter

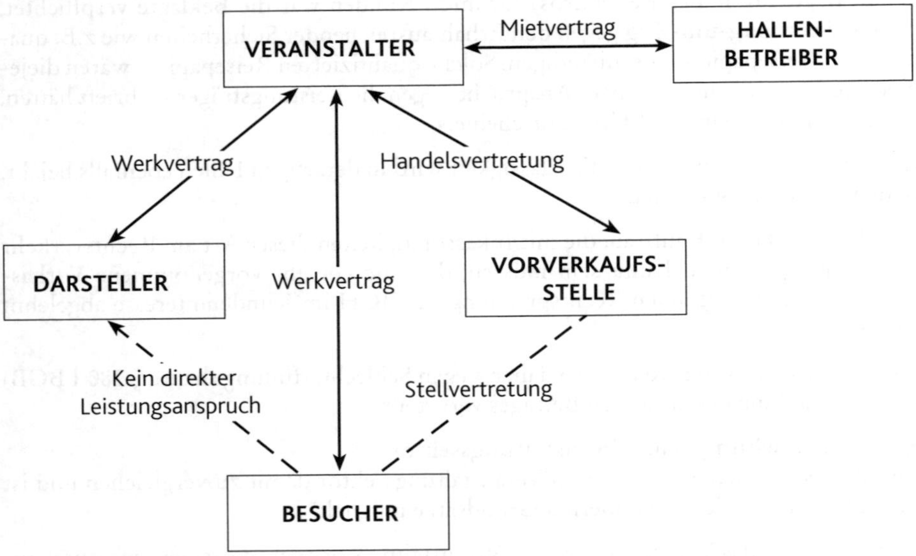

Beim Diagramm:

- VERANSTALTER — Mietvertrag — HALLEN-BETREIBER
- Werkvertrag
- Handelsvertretung
- DARSTELLER — Werkvertrag — VORVERKAUFS-STELLE
- Kein direkter Leistungsanspruch
- Stellvertretung
- BESUCHER

Beispiel

Beim »Phantom der Oper« wollen sich offensichtlich nicht 40 Sänger rechtlich verbindlich jeder für sich jedem einzelnen Besucher gegenüber auf Ableistung ihres jeweiligen Parts verpflichten. Der Veranstalter kann konsequenterweise auch nicht verpflichtet sein, Vouchers gegen einzelne Künstler auszudrucken und der VVK-Stelle auszuhändigen, die diese an den Kunden weiterleitet.

Einzeln verbriefte Ansprüche direkt gegen den Künstler werden bislang weder erwartet noch sind sie üblich. Dementsprechend ist auch eine direkte Übertragung der Urteile aus der Reisebranche nicht möglich.

Die allein maßgebliche Verpflichtung besteht in der Überlassung der Eintrittskarte, die ein Recht gegen den jeweiligen Veranstalter verbrieft. Auf die Aushändigung eines solchermaßen verbrieften Forderungsrechts gegen den Veranstalter hat der Besucher mit Bezahlung des Kartenpreises Anspruch, auf nicht mehr und nicht weniger.

Bild 43: Vertriebsnetz der Hallen

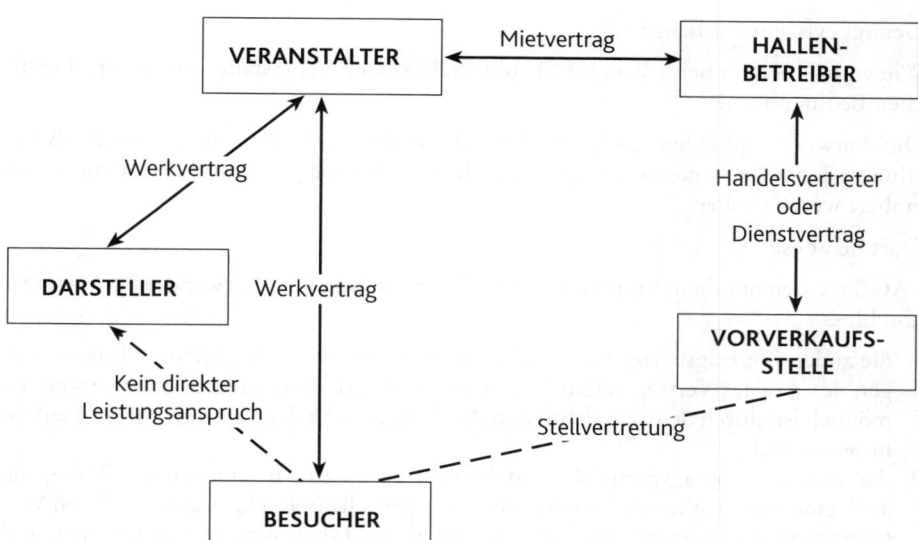

bb) Beim **Kartenabsatz über Vertriebssysteme** der Hallen ist die Situation nicht grundlegend anders:

Unselbständige VVK-Stellen, die für die Hallen tätig werden, nehmen aufgrund entsprechender Dienstverträge den VVK wahr. Selbständige VVK-Stellen haben zumeist Handelsvertreterverträge mit den Hallen i.S.v. § 84 HGB.

Auch hier würde ich die Gefahr von Schadensersatzansprüchen gegen die Hallen aufgrund Schlechterfüllung, die sich auf die obigen Urteile stützt, für gering ansehen. Vertragliche Beziehungen der Besucher werden bei Fremdveranstaltungen eben nicht zur Halle, sondern ausschließlich zum Veranstalter aufgebaut. Eigenständige Geschäftsbesorgungsverträge fehlen.

Das bedeutet allerdings nicht, dass aus dem geschäftlichen Kontakt nicht dennoch gewisse Pflichten zum sorgfältigen Umgang mit dem anvertrauten Eintrittsgeld erwachsen können. Dazu könnte es etwa im Einzelfall gehören, dem Veranstalter das Eintrittsgeld erst am Veranstaltungstag zu überlassen, um bei finanziell schmalbrüstigen Unternehmen nicht ein Scheitern der Veranstaltung infolge Zwangsvollstreckung in das Eintrittsgeld oder infolge Insolvenz zu riskieren. Wie ich bereits im vorangegangenen Beitrag ausgeführt habe, kann der Veranstalter nicht ohne weiteres die gesamten Kasseneinnahmen schon vor der Veranstaltung für sich beanspruchen; er hat allerdings einen Anspruch auf entsprechende Verzinsung des Geldes.

4. AGB auf Karten

Das letzte Thema im Zusammenhang mit dem Kartenverkauf betrifft folgende Fragen:

Wie lassen sich AGB formell wirksam beim Verkauf von Eintrittskarten zum Vertragsinhalt machen?

Müssen sie auf der Rückseite der Eintrittskarte stehen?

Genügt evtl. ein Aushang?

Wie verhält es sich beim Verkauf für unterschiedliche Veranstalter mit unterschiedlichen Bedingungen?

Die Antwort ergibt sich aus § 305 II BGB, der für die Einbeziehung von AGB bestimmte formelle Voraussetzungen aufstellt, soweit diese gegenüber Privatleuten vereinbart werden sollen.

Dort heißt es:

»AGB werden nur dann Bestandteil eines Vertrages, wenn der Verwender bei Vertragsabschluss

1. die andere Vertragspartei ausdrücklich oder, wenn ein ausdrücklicher Hinweis wegen der Art des Vertragsschlusses nur unter unverhältnismäßigen Schwierigkeiten möglich ist, durch deutlich sichtbaren Aushang am Ort des Vertragsschlusses auf sie hinweist und
2. der anderen Vertragspartei die Möglichkeit verschafft, in zumutbarer Weise, die auch eine für den Verwender erkennbare körperliche Behinderung der anderen Vertragspartei angemessen berücksichtigt, von ihrem Inhalt Kenntnis zu nehmen, und wenn die andere Vertragspartei mit ihrer Geltung einverstanden ist.

3 Punkte sind also wesentlich:

- Ausdrücklicher Hinweis, ausnahmsweise Aushang,
- Möglichkeit zumutbarer Kenntnisnahme,
- Einverständnis.

All dies muss bei Vertragsabschluss geschehen.

Aufdrucke auf Eintrittskarten sind vorformulierte Vertragsbedingungen für eine Vielzahl von Verträgen. Sie unterliegen daher nach § 305 I BGB den besonderen Vorschriften über die Gestaltung rechtsgeschäftlicher Schuldverhältnisse durch AGB. Verbreitet sind Ausschlussklauseln bzgl. irgendwelcher Schäden, insbesondere Hörschäden sowie Sachschäden, sowie Risikobegrenzungen bei Ausfall oder Verschiebung von Veranstaltungen. Nach überwiegender Auffassung reicht selbst ein kompletter Abdruck auf der Vorder- oder Rückseite von Eintrittskarten aber nicht aus, weil der Hinweis und die Möglichkeit ihrer Kenntnisnahme erst nach Vertragsabschluss erfolgen. Beim Ticketkauf liegt ein bindender Vertragsabschluss ja bereits in dem Moment vor, in dem der Kunde verbindlich geäußert hat, eine Eintrittskarte für eine bestimmte Veranstaltung zu einem bestimmten Datum und Preis erwerben zu wollen und eine entsprechende Zusage der anderen Seite erfolgt. Die Aushändigung der Karten mit evtl. zusätzlichen Konditionen auf der Vorder- oder Rückseite erfolgt juristisch erst nach getätigtem Vertragsabschluss und stellt bereits die Erfüllung des Vertrages dar.

Eine Mehrzahl von Kommentatoren lehnt daher die Wirksamkeit solcher Abdrucke von vornherein ab, so z.B. Grüneberg:[248]

»Nicht genügend ist der Abdruck auf einer Eintrittskarte, einem Fahrschein, einem Flugticket oder ähnliches, weil sie erst nach dem Vertragsschluss ausgehändigt wer-

---

248 Palandt/*Grüneberg* § 305 Rn. 30; Bamberger/Roth/*J.Becker* § 305 Rn.45; PWW/*K.P.Berger* § 305 Rn. 24.

den.« Gleicher Meinung ist Wolf[249] mit dem weiteren Argument, die Lektüre dieser Zeichen und Marken sei regelmäßig erst nach Vertragsabschluss möglich; ebenso Ulmer[250] mit dem Zusatzargument, selbst wenn derartige Karten oder Marken bereits vor Vertragsschluss ausgehändigt würden, sei von dem Kunden angesichts des mündlichen Vertragsschlusses nicht zu erwarten, dass er »ohne besonderen Hinweis von dem meist wenig auffälligen schriftlichen Aufdruck Kenntnis nimmt«.

Eine andere Meinung vertritt Basedow:[251]

Der Hinweis müsse nach dem Wortlaut von Nr. 1 nicht notwendig vor Vertragsschluss erfolgen, sondern dürfe auch noch bei Vertragsschluss erfolgen, sofern der Kunde nach Lage des Falles die tatsächliche Möglichkeit habe, nach der Lektüre von Hinweis und AGB-Text von dem Vertrag Abstand zu nehmen.

Ich halte die erstgenannte Auffassung für richtig. Wortlaut und Sinn der Vorschrift des § 305 II BGB sprechen gegen die Zulässigkeit eines Kartenaufdrucks. Der Vertragsschluss ist beendet, wenn die Karte ausgehändigt wird. Eine Kenntnisnahme zu diesem Zeitpunkt ist regelmäßig nicht mehr zumutbar. Die Umstände beim Kartenverkauf lassen es im allgemeinen nicht zu, dass der Kunde jetzt etwa mit der Lektüre längerer, juristisch geprägter Texte an der Verkaufsstelle beginnt, sich ein Bild davon macht und notfalls die Karten zurückgibt und den Eintrittspreis zurückfordert.

Der **BGH** vertritt ebenfalls eine eher ablehnende Einstellung. In einem Urteil vom 29.11.1983[252] hat er ausgeführt, der Veranstalter eines Eishockey-Bundesligaspiels müsse dafür Sorge tragen, dass Zuschauer nicht durch über die Seitenbande des Spielfeldes hinaus geschleuderte Pucks getroffen oder gefährdet würden. Die Haftung für ein Verschulden lasse sich nicht durch einen entsprechenden Aufdruck auf den Eintrittskarten ausschließen.

Wörtlich heißt es in der Entscheidung:

»Es bestehen schon Bedenken, ob durch einen solchen, zudem kaum lesbaren Aufdruck – ohne einen entsprechenden Aushang – überhaupt die Vereinbarung eines Haftungsausschlusses Vertragsinhalt werden kann (§ 2 I Nr. 2 AGBG; heute: § 305 II Nr. 1 BGB). Jedenfalls steht dem § 2 I Nr. 2 AGBG (heute: § 305 II Nr. 2 BGB) entgegen; denn gerade bei einer Haftung wegen Verletzung grundlegender Verkehrssicherungspflichten kann nicht ohne weiteres unterstellt werden, dass Zuschauer sich stillschweigend diesem Ansinnen des Veranstalters unterwerfen.

Zudem wäre eine solche Schadensabwälzung auch nach § 9 Nr. 1 AGBG (heute: § 307 I BGB) unwirksam, weil sie die Klägerin in einer gegen Treu und Glauben verstoßenden Weise benachteiligen würde ...«

Dieser Auffassung hat sich auch das LG Trier[253] angeschlossen und einem 15-jährigen Besucher eines Heavy-Metal-Konzerts wegen eines erlittenen Hörsturzes in einem Prozess gegen den örtlichen sowie gegen den überörtlichen Veranstalter ein Schmerzensgeld in Höhe von 1.600,– DM trotz einer Ausschlussklausel auf der Eintrittskarte zugebilligt. Das Gericht führt aus, die Konzertveranstalter eines Heavy-Metal-Kon-

---

249 Wolf/Horn/Lindacher/*Wolf* § 2 Rn. 16.
250 Ulmer/Brandner/Hensen/*Ulmer* § 305 Rn. 134.
251 MüKo/*Basedow* Bd. 1, § 305 BGB Rn. 74.
252 BGH NJW 1984, 802.
253 BGH NJW 1993, 1474.

zerts in einem Kellergewölbe hätten alle erforderlichen Vorkehrungen treffen müssen, um Hörschäden der Zuhörer zu verhindern. Dieser Verkehrssicherungspflicht seien die Veranstalter nicht nachgekommen und müssten daher trotz des vorhandenen Eigenverschuldens des Jugendlichen, der auf die Bühne geklettert sei, zu 4/5 haften. Sodann heißt es:[254] »Diese Haftung konnte die Beklagte nicht durch den klein gedruckten Aufdruck auf der Eintrittskarte »keine Haftung für Sach- und Körperschäden« ausschließen. Nach Auffassung der Kammer konnte der kaum lesbare Aufdruck ohne entsprechenden Aushang überhaupt nicht Vertragsinhalt werden (§ 2 I Nr. 1 AGBG; heute: § 305 II Nr. 1 BGB). Einem Haftungsausschluss steht jedenfalls § 2 I Nr. 2 AGBG (heute: § 305 II Nr. 2 BGB) entgegen.«

Daraus folgt, dass eine Einbeziehung von Vertragsbedingungen allenfalls per Aushang möglich wäre. Die Grundlage dafür ist nach dem Gesetz gegeben, da – wie gezeigt – eine Einbeziehung durch ausdrücklichen Hinweis wegen der Art des Vertragsabschlusses nur unter unverhältnismäßigen Schwierigkeiten möglich ist. Gerade im Hinblick auf den Massencharakter des Verkaufs von Eintrittskarten ist ein deutlich sichtbarer Aushang die m.E. einzig Erfolg versprechende Möglichkeit einer Einbeziehung derartiger AGB. Der Aushang müsste sich allerdings direkt an der Stelle des Ticketverkaufs befinden, der Text müsste so kurz und prägnant sein, dass er ohne Zuhilfenahme von Sehhilfen lesbar und aufnehmbar ist. Bei verschiedenen AGB müssten diese abgegrenzt ausgehängt und durch das darüber platzierte Werbeplakat eindeutig zugeordnet werden.

Nicht ausreichend erschiene mir der allgemeine Hinweis per Aushang: »Es gelten die jeweiligen AGB, die auf Wunsch ausgehändigt werden«, weil hier keine zumutbare Möglichkeit der Kenntnisnahme verschafft würde.

5. Fazit

I. AGB lassen sich gegenüber dem Erwerber von Eintrittskarten nicht durch Kartenaufdruck vereinbaren, weil der Kunde bereits bei Vertragsabschluss auf derartige Konditionen hingewiesen und ihm die Möglichkeit verschafft werden muss, von ihrem Inhalt Kenntnis zu nehmen. Eine Bekanntgabe von AGB per Aushang ist rechtlich möglich. Die AGB müssen dann kurz und prägnant sowie leicht lesbar sein. Sie müssen am Ort des Vertragsschlusses aushängen. Beim Vorverkauf verschiedener Veranstaltungen mit unterschiedlichen Konditionen muss eine eindeutige Zuordnung mehrerer Aushänge zu der jeweiligen Veranstaltung gewährleistet sein. Unter den jeweiligen Vorankündigungen müssten dann korrekterweise die AGB mit ausgehändigt werden.

Resultate zum Komplex AGB beim Vorverkauf

§ 305 II BGB verlangt:

1. Einen ausdrücklichen Hinweis auf die AGB. Bei Veranstaltungen genügt ausnahmsweise ein Aushang.
2. Die Möglichkeit der Kenntnisnahme durch den Vertragspartner.
3. Das Einverständnis des Vertragspartners.

Empfehlungen:

- Auf den Abdruck von AGB auf Eintrittskarten verzichten
- Knappen, gut lesbaren Aushang mit AGB bei der Verkaufsstelle platzieren

---

254 LG Trier NJW 1993, 1475; s.o. Fall 18.

II. Die Aushändigung des von den Hallenbetreibern im Vorverkauf vereinnahmten Eintrittsgeldes an den Veranstalter erfüllt nicht den Tatbestand der Schlechterfüllung gegenüber dem Besucher.

Es fehlt schon an einer eigenständigen Rechtsbeziehung zwischen Halle und Kunden bei Fremdveranstaltungen. Dann kann auch von einer Pflichtverletzung gemäß § 280 I BGB keine Rede sein. Die Halle muss nicht auf Aushändigung qualifizierter Papiere gegenüber dem Veranstalter bestehen, mit denen dieser gegenüber jedem einzelnen Besucher die Durchführung der Veranstaltung garantieren und eigenständige Ansprüche in Form eines Leistungsgutscheins gegenüber jedem einzelnen Leistungsträger verbriefen müsste. Der Besucher hat nur gegenüber dem Veranstalter, aber nicht gegenüber jedem einzelnen Leistungsträger wie etwa gegenüber dem Künstler oder Entertainer einen Anspruch auf Erbringung der Leistung. Deshalb kann auch keine Einzelverbriefung von Leistungsansprüchen gegenüber jedem einzelnen Darsteller erwartet werden. Die einzige geschuldete Verbriefung betrifft die Leistungsbeziehung Besucher-Veranstalter: Der Kunde, der den Eintrittspreis bezahlt, hat Anspruch auf eine Eintrittskarte oder eine vergleichbare Urkunde wie einen Umtauschschein, mit der er gegenüber dem Veranstalter ein verbrieftes Recht auf Zutritt und Leistung erhält.

Resultate zum Komplex Schlechterfüllung (§ 280 I BGB):

- Es besteht **keine** Pflicht des Veranstalters zur Aushändigung von »Einzelvouchern« an die Besucher, die Ansprüche gegen den Darsteller verbriefen.
- Genauso wenig besteht eine solche Pflicht seitens der VVK-Stelle oder des Hallenbetreibers, da keine Leistungsansprüche der Besucher gegen den einzelnen Leistungträger und der Besucher gegen den Hallenbetreiber bei Fremdveranstaltungen bestehen.

Empfehlung:

Die bisherige Praxis ist nicht zu verändern.

III. VVK-Gebühren müssen ihren Charakter behalten, etwaige zusätzliche Aufwendungen für den VVK abzudecken (Stichwort: Aufwendungscharakter).

Unbillige Belastungen müssen vermieden werden (Stichwort: Keine wucherähnlichen Gebühren).

Insbesondere darf die VVK-Gebühr nicht als Mittel zusätzlicher Einnahmequellen missbraucht werden. Preiswahrheit und Preisklarheit müssen die Richtschnur sein, wobei der Endpreis stets genannt und deutlich hervorgehoben werden muss.

Resultate und Empfehlungen zum Komplex VVK-Gebühren:

- Aufwendungscharakter beachten
- Unbillig hohe Gebühren vermeiden
- Preiswahrheit und -klarheit beherzigen
- Endpreise angeben
- Besonders nachfolgende Rechtsgrundlagen bedenken:
  PAngV
  §§ 3, 5 und 8 UWG
  § 138 I BGB

III. Unwirksamkeit von Kartenaufdrucken

Die Urteile im Fall Pink Floyd des LG Hannover v. 12.4.1994 (14 O 35/94) und des OLG Celle v. 7.12. 1994 (13 U 78/94).

Bild 44: Neue Westfälische vom 22.4.1994

Landgericht bemängelt Klauseln auf Tickets

Konzertveranstalter muß vollen Preis erstatten

Hannover (dpa). Gute Nachrichten für frustrierte Fans: Nach der Verlegung oder Absage eines Konzertes muß der Veranstalter den vollen Eintrittspreis mitsamt Vorverkaufsgebühr zurückerstatten.

Dies ist nur einer von mehreren Punkten, die das Landgericht Hannover in einem Verfahren gegen die Agentur Hannover-Concerts beanstandet hat. Nach Angaben einer Gerichtssprecherin ging es um insgesamt fünf Klauseln auf der Rückseite der Tickets, die nicht weiter verwendet werden dürfen. Unter anderem darf das Vorprogramm einer Show nicht ohne vorherige Ankündigung geändert werden. Die Verbraucherzentrale Niedersachsen hatte die Geschäftsklauseln bemängelt und war vor Gericht gezogen (AZ: 14 O 35/94).

Die Begleitmusik zu dem Verfahren lieferte die Superband „Pink Floyd". Wegen der Vorverlegung des für August geplanten Konzerts um eine Woche mußte eine Hannoveranerin ihr Ticket zurückgeben. Sie hatte an beiden Ausweichterminen keine Zeit. Der Eintrittspreis von 60 Mark wurde erstattet, Streit gab es um die zehn Mark Vorverkaufsgebühr. Sieben Mark davon wollte das Vorverkaufsbüro einbehalten. Die Begründung: Laut Geschäftsbedingungen werde bei Absage der Show lediglich der Wert des Tickets erstattet. Der Veranstalter hatte außerdem argumentiert, nur bei grob fahrlässigem Handeln Schadenersatz leisten zu müssen.

Hinter dieser Zeitungsmeldung, die für eine hohe Publizität gesorgt hat, steht folgender Vorgang:

Das LG Hannover hatte erstinstanzlich in einem Prozess der Verbraucherzentrale Niedersachsen gegen einen Veranstalter von Großkonzerten (u.a. von Pink Floyd) über die Wirksamkeit von Klauseln zu entscheiden, die auf der Rückseite von Eintrittskarten abgedruckt waren. Da es sich um eine Verbandsklage nach § 13 AGBG (heute: §§ 1, 3 UKlaG) handelte, kam es nur auf eine inhaltliche Überprüfung der betr. Klauseln an, nicht dagegen darauf, ob die Klauseln nach § 2 AGBG (heute: § 305 II BGB) überhaupt formal Vertragsbestandteil geworden waren. Nach heute wohl überwiegender Auffassung wäre dies zu verneinen, da die betr. Klauseln dem Kunden erst nach vollzogenem Vertragsschluss zur Kenntnis gebracht werden und nicht – wie § 305 II BGB verlangt – bereits bei Vertragsabschluss. Zudem dürfte bei derartigen Massengeschäften dem

Kunden auch die Möglichkeit fehlen, im Gedränge des Erwerbsvorgangs von dem Inhalt der betr. Klauseln in zumutbarer Weise Kenntnis zu nehmen.[255]

Das LG Hannover hielt die Verbandsklage für zulässig und in vollem Umfang für begründet. Es entschied, dass die Klauseln gegen verschiedene Bestimmungen der §§ 9, 10 und 11 AGBG (heute: §§ 307, 308 und 309 BGB) verstoßen und künftig bei Vermeidung eines Ordnungsgeldes von 100.000,– DM (~ 50.000,– €) nicht mehr verwendet werden dürften. Zu den Klauseln im Einzelnen:

Klausel 1: **Schadensersatzansprüche aus positiver Forderungsverletzung,[256] Verschulden bei Vertragsabschluss[257] und unerlaubter Handlung sind ausgeschlossen, soweit der Veranstalter, sein gesetzlicher Vertreter oder seine Erfüllungsgehilfen nicht vorsätzlich oder grob fahrlässig gehandelt haben.**

Diese Klausel auf der Eintrittskarte berücksichtigt zwar die Vorgabe von § 309 Nr. 7b BGB, verstößt jedoch gegen die Generalklausel von § 307 BGB. Eine Haftungsfreizeichnung auch für bloß leichte Fahrlässigkeit stellt sich als unangemessene Benachteiligung des Besuchers dar, die mit Treu und Glauben unvereinbar ist, wenn es um vertragswesentliche Pflichten geht. Bei den Verkehrssicherungspflichten des Veranstalters handelt es sich gerade darum, die Besucher durch einen entsprechenden Ordnungsdienst, die Ausgestaltung der Räumlichkeiten und Bereithalten von Sanitätern, Feuerwehr oder Ärzten vor schwersten Folgen für Leib und Leben zu schützen. Diese Kardinalpflichten dürfen durch eine Haftungsfreistellung nicht unterlaufen werden. Hinzu kommt, dass nach neuem Schuldrecht bei Körperschäden nicht einmal in Fällen leichten Verschuldens ein Haftungsausschluss mehr zulässig ist (§ 309 Nr. 7 a BGB).

Klausel 2: **Zurücknahme der Eintrittskarte nur bei Absage der Veranstaltung. Es wird nur der Nennwert der Eintrittskarte erstattet, nicht die Vorverkaufsgebühr und sonstige Kosten.**

Diese Klausel verstößt heute wohl gegen § 309 Nr. 7 b BGB, da der Besucher zumindest bei grob fahrlässiger Pflichtverletzung eine volle Entschädigung beanspruchen kann. Die Klausel schließt demgegenüber bestimmte Schäden aus, nämlich Vorverkaufsgebühr und sonstige Kosten.

Klausel 3: **Der Veranstalter behält sich das Recht vor, die Veranstaltung örtlich und/ oder terminlich zu verlegen. Rückerstattungsansprüche aus oben genanntem Grund auf den Nennwert der Eintrittskarte bestehen nur bis zum Konzerttermin.**

Dies verstößt gegen § 308 Nr. 4 BGB, der unzumutbare Änderungsvorbehalte bzgl. der zu erbringenden Leistung für unzulässig erklärt. Die Begrenzung auf den Nennwert verstößt gegen § 309 Nr. 7 b BGB, wonach der Haftungsausschluss für grobe Fahrlässigkeit oder Vorsatz unzulässig ist; denn die Terminverlegung kann ja möglicherweise auf einem groben Verschulden des Veranstalters beruhen. Außerdem ist § 309 Nr. 8 a BGB verletzt. Das Recht des Besuchers, sich für den Fall einer vom

---

255 S.o. 2. Teil II, 4. Zum Streitstand vgl. Palandt/*Grüneberg* § 305 Rn. 30; Ulmer/Brandner/Hensen/
Ulmer § 305 Rn. 134; Wolf/Horn/Lindacher/*Wolf* § 2 Rn. 16, die sämtlich einen Verstoß gegen § 2
AGBG annehmen; a.A. MüKo/*Basedow*, Bd. 1, § 305 BGB Rn. 74.

256 Heute: Pflichtverletzung gemäß § 280 I BGB.

257 Heute: Pflichtverletzung gemäß §§ 280 I, 241 II, 311 II BGB.

Verwender zu vertretenden Pflichtverletzung in Form eines Leistungsverzugs oder einer von ihm verschuldeten Unmöglichkeit vom Vertrag zu lösen, darf in keinem Fall eingeschränkt werden.

Klausel 4: Der Veranstalter behält sich das Recht vor, ohne vorherige Ankündigung das Vorprogramm zu ändern.

Diese Klausel verstößt gegen § 308 Nr. 4 BGB, weil ein unzumutbarer Änderungsvorbehalt gemacht wird. Mit Recht verweist das Gericht darauf, dass eine Vorgruppe, jedenfalls soweit sie angekündigt ist, für einen Teil des Publikums durchaus von erheblichem Interesse sein kann und dann nicht einseitig ausgetauscht werden darf.

Die Frage bleibt allerdings, wie in dem häufigen Fall zu verfahren ist, wenn die Vorgruppe namentlich gar nicht angekündigt war. Ich meine, dass dann auch keine speziellen Erwartungen geweckt worden sind und eine Änderung jederzeit möglich sein muss.

Klausel 5: Der Veranstalter ist nicht für verloren gegangene oder gestohlene Sachen verantwortlich.

Diese Klausel verletzt § 309 Nr. 7 b BGB, da jedenfalls bei einem Verlust von bewachter Garderobe eine Haftungsfreizeichnung nur für leichte Fahrlässigkeit, nicht jedoch für grobe Fahrlässigkeit oder Vorsatz zulässig ist.

Das erstinstanzliche Urteil des Landgerichts Hannover war mit der Berufung angegriffen worden. Das OLG Celle hat sich aber in seiner Entscheidung vom 7.12.1994 voll hinter die Entscheidung des LG Hannover gestellt und die Berufung zurückgewiesen. Dabei hat es zum Teil etwas abweichende Begründungen gegeben.

Interessant ist noch die Bemessung des Streitwerts seitens des OLG Celle. Dieser wurde auf umgerechnet mehr als € 250.000,– festgesetzt. Dies zeigt, welch große ökonomische Bedeutung das Gericht der generellen Verwendung derartiger Klauseln beimisst, auch wenn sie zumeist für den Besucher von untergeordnetem Interesse sein mögen. Hervorzuheben ist, dass die Bemessung des Streitwerts zugleich die Höhe der Gerichts- und Anwaltskosten bestimmt. Die Folge war, dass die betr. Kosten hier sehr erheblich waren und voll zu Lasten des beklagten Veranstalters gingen.

Um die Argumente der Gerichte im Einzelnen nachvollziehen zu können, werden beide Urteile in Anhang I im vollen Wortlaut auf der Grundlage des damals geltenden Rechts wiedergegeben.

IV. Gagenminderung wegen angeblicher Alkoholbeeinflussung

Das Urteil des LG München I v. 12.4.1994 (24 O 11 187/93)

Für erhebliches Aufsehen sorgte auch der nachfolgende Fall, der einen bekannten Schlagerstar betraf:

Bild 45: Einige Viertel Wein vor Auftritt

Neue Westfälische, Nr. 235
Freitag, 8. Oktober 1993

Wäscheversandhaus wirft Rex Gildo Trunkenheit auf der Bühne vor

Einige Viertel Wein vor Auftritt

München (AP). Ein verunglückter Auftritt des Schlagerstars Rex Gildo beim Betriebsfest eines badischen Wäscheversandhauses beschäftigt seit gestern das Landgericht München.

Der Chef des Versandhandelshauses in Renchen wirft dem Sänger vor, bei einer Weihnachts- und Geburtstagsfeier des Unternehmens im Dezember 1992 zu tief ins Glas geschaut und seinem Auftritt mit mehreren Stürzen und lallendem Gesang trotz Halbplayback eine peinliche Note verliehen zu haben. Der Unternehmer verlangt deshalb von Gildo die Erstattung der Gage von 10 000 Mark sowie 10 000 Mark Konventionalstrafe.

Die Rechtsanwälte des Schlagerstars holten jedoch vor der 24. Zivilkammer des Landgerichts München I zum Gegenschlag aus: In einer Widerklage verlangten sie von dem Versandhauschef die Zahlung der Mehrwertsteuer von 1 400 Mark und einer doppelten Konventionalstrafe in Höhe von 20 000 Mark, weil der Unternehmer das Gagengeheimnis verletzt und unzulässigerweise ein Video von dem umstrittenen Auftritt angefertigt habe. Im übrigen habe Gildo „die musikalische Leistung voll erbracht", argumentierte Anwalt Roland Hasl.

Dies sieht die Gegenseite ganz und gar nicht so: Mindestens zwei Liter

Rex Gildo   **Foto: Kövesdi**

Riesling, zwei Viertel eines schweren Rotweins und dazu eine Flasche Bier habe Gildo vor seiner Bühnenshow konsumiert, erklärte der Rechtsanwalt des Klägers. Bei seinem Auftritt sei er auf die Bühne getorkelt, habe ins Mikrophon gelallt und schließlich mehrere Stürze hingelegt. „Mehr kann in 30 Minuten gar nicht passieren, als daß der da x-mal die Treppe runterfällt und dann auch noch die Anlage ausfällt", sagte der Rechtsanwalt.

Die Rechtsvertreter des Schlagerstars, der selbst nicht zu der Verhandlung erschienen war, sprachen dagegen von einer „regelrechten Rufmordkampagne". So seien die technischen Voraussetzungen für den Auftritt Gildos miserabel gewesen, und ihr Mandant habe den Abend gerettet, indem er spontane Live-Einlagen geboten habe: „Mit den Zuschauern wurde am Ende des Auftritts als Zugabe nochmals 'Hossa' im Wechselgesang dargeboten." Die Gage sei voll und ohne Einschränkungen gezahlt worden. Im übrigen habe Gildo höchstens sechs Schoppen Wein getrunken. „Und was sind für einen Sänger schon sechs Viertel Wein?", fragte Hasl am Rande der Verhandlung.

99 Genug Porzellan zerschlagen

Das Gericht schlug einen Vergleich vor, wonach beide Seiten ihre Klagen zurückziehen und auf ein umfangreiches Verfahren mit vielen Zeugen verzichten sollten: „Es ist ohnehin schon genug Porzellan zerschlagen worden." Bis zum 28. Oktober haben die Streithähne jetzt Zeit, dazu Stellung zu nehmen, am 11. November will das Gericht die Entscheidung verkünden.

Der Sachverhalt gibt zu einigem Schmunzeln Anlass. Dabei mag das »Tragische« der Komödie vielleicht nur im unterschiedlichen »timing« gelegen haben. Denkbarerweise hatte der Schlagersänger nämlich sein Ziel etwas früher als der Rest der Teilnehmer erreicht. Hätten auch diese sich bereits zum Zeitpunkt der Darbietung in der gleichen fortgeschrittenen Stimmung wie der Künstler befunden, wäre der Abend sicher in voller Harmonie zu Ende gegangen und die Gage von umgerechnet mehr als € 5.000,– für 30 Minuten synchroner Mund- und Körperbewegungen wäre anstandslos gezahlt worden. Jedenfalls demonstriert der Fall sehr anschaulich, an welchem Punkt unsere Gesellschaft angekommen ist, die einen durchschnittlichen Arbeitnehmer in etwa 3 Monaten mit dem Salär bedenkt, das ein Illusionskünstler mit der Kraft seiner Lippen und Hüften in 30 Minuten verdient.

Dem Landgericht München I mag dieses Possenspiel vielleicht Anlass gewesen sein, sowohl die Klage als auch die Widerklage (bis auf einen kleinen Teil) abzuweisen. Einzige Gewinner des Verfahrens waren die beteiligten Rechtsanwälte.

Ansatz für die Klageforderung war § 634 BGB, der bei mangelhafter Werkleistung eine Minderung des Vergütungsanspruchs erlaubt. Indes vermochte das Gericht trotz unstreitigen Genusses des Beklagten von 11 Vierteln Wein in den letzten 6 Stunden vor dem Auftritt, die er allerdings im Gasthof »Zum Prinzen« mit seiner Managerin zusammen konsumierte, keinerlei Mängel der Darbietung trotz gewisser »Unebenheiten« im Auftritt und bei der Lippensynchronisation zu erkennen. Dies erstaunt einigermaßen, da die Zeugen übereinstimmend ausgesagt hatten, dass »der Beklagte zum Playback falsch gesungen hat, falsch dahingehend, dass er mit dem Rhythmus der Musik und dem vom Band bzw. von der Kompakt-Disk kommenden Gesang nicht in Einklang war« (S. 12 u. 13 des Urteils). Später heißt es: »Der Zeuge E. gab dazu beispielhaft an, der Beklagte haben seinen Rhythmus nicht gefunden, der Zeuge H. bezeichnete es als asynchronen Gesang. Der Zeuge W. gab dazu an, die Mundbewegungen hätten nicht gestimmt« (S. 13 des Urteils). Da das zeitgleiche Mimen eigentlich die einzige Leistung des Beklagten war, außer seinem schlichten Dasein, und dies offenbar voll misslang, stellt sich der neutrale Beobachter die Frage, warum das Gericht dieses nicht als Mangel der Werkleistung eingestuft hat. Immerhin mag es als salomonische Lösung erscheinen, dass umgekehrt auch der Kläger nicht mit Vertragsstrafen wegen Ausplauderns des Gagengeheimnisses und Mitschneidens von Videoaufnahmen belegt wurde und die Sache für beide Seiten wie beim berühmten Hornberger Schießen ausging, nämlich ohne Ergebnis.

Wegen der Einzelheiten wird der Leser auf das Originalurteil verwiesen, das im Anhang II wiedergegeben ist.

V. Kann bei Ausfall einer Sportveranstaltung wegen Regens der Eintrittspreis zurückgefordert werden?

(Urteil des AG Halle/W. v. 15.11.1993 (7 C 311/93) – NJW-RR 1994, 884)

Bild 46: Regnerisches Elend begann 1877
Neue Westfälische vom 17.6.1993

Alle Spiele fielen gestern ins Wasser / Tickets sollten aufbewahrt werden

Regnerisches Elend begann 1877

GERRY WEBER · OPEN ·

Halle (frz/gär). Beim großen Vorbild, dem Turnier in Wimbledon, begann das Elend schon am 16. Juli 1877. Ein kompletter Tennistag fiel damals ins Wasser. Knapp 116 Jahre später, am 16. Juni 1993, machte das Wetter nun auch den Veranstaltern der Gerry Weber Open in Halle einen dicken Strich durch die Rechnung. Dunkle Wolken, dicke Tropfen – gestern um 15.55 Uhr erfolgte die endgültige Absage aller für den Tag geplanter Spiele. Zahlreiche Zuschauer zogen enttäuscht vondannen.

„Wir brauchen eigentlich nur ein bißchen Wind. Was fehlt, ist die Sonne." Eine Stunde zuvor hatte Sprecher Hans-Jürgen Pohmann den unter Schirmen versteckten Menschlein mit allgemeinen Parolen noch Hoffnung gemacht. Doch der Regen wurde nur noch schlimmer. Heute um 11 Uhr sollen die Spiele der zweiten Runde beginnen, anschließend sind auch noch die Partien des Viertelfinales geplant. Das ZDF wird von Beginn an live senden, allgemeine Aufheiterung ist von den Meteorologen angesagt.

Gestern reagierte manch ein Besucher schlichtweg „sauer". „Ich fühle mich verschaukelt", meinte zum Beispiel Puri Hermida aus Lippstadt. Und Sascha Rappenegger aus Osnabrück machte nach kurzer Nachfrage am Kassenhäuschen ein langes Gesicht. „Das war wohl nichts." Locker reagierten zwei Handballstars: Laszlo Marosi und Stephan Kempinger vom TBV Lemgo nahmen ihr „Pech" gelassen.

Zwischen 50 und 70 Mark hatten zahlreiche Tennisfreunde für eine Tageskarte berappt, doch einen großen Teil dieses Geldes müssen sie nun wohl in den Wind schreiben. Bei Spielabsagen aufgrund „höherer Gewalt" ist eine Rückerstattung des Kaufpreises prinzipiell ausgeschlossen. Dies findet sich auch auf den Tickets vermerkt.

Beim Turnier in Wimbledon ist das nicht anders. Hier haben betroffene Besucher lediglich das Recht, im nächsten Jahr (zum vollen Preis) eine neue Karte für einen Tag zu lösen. In Halle will man den „Regengeschädigten" indes etwas entgegenkommen. „Wir überlegen, ob wir ihnen im nächsten Jahr eine ermäßigte Tageskarte anbieten", meinte gestern Turnierdirektor Ralf Weber. Jeder sollte deshalb sein Ticket vom gestrigen Tag behalten.

Die Zeitungsmitteilung von **Bild 46** steht beispielhaft für das Problem von Open-Air-Veranstaltungen. Die Launen des Wetters in Deutschland lassen manche Großveranstaltung, seien es Sportveranstaltungen, Rockkonzerte oder Darbietungen von Freilichtbühnen, buchstäblich ins Wasser fallen. Zumeist werden derartige Veranstaltungen später nachgeholt, so dass der Besucher dann – außer einer erneuten Anreise – keine größeren finanziellen Nachteile hat. Anders gestaltete sich indes die Situation beim Grasscourt-Turnier in Halle/W. Die Besucher, die Karten für das am 16.6.1993 vorgesehene und dann ausgefallene Turnier zum Preise von 50,– bis 70,– DM (heute betragen die Eintrittspreise je nach Spieltag und Platzgruppe 12,– € bis 85,– €) erworben hatten, konnten diese Karten an den darauf folgenden Tagen nicht mehr nutzen. Es handelte sich nämlich um Tageskarten. Eine Abänderung des Tagesdatums war nicht möglich, weil die Karten für die darauf folgenden Tage bereits ausgebucht waren. Einige frustrierte Besucher verlangten daraufhin von der Veranstalterin – der Gerry Weber Open – Rückzahlung des gezahlten Eintrittspreises. Die Veranstalterin lehnte dies unter Hinweis auf einen Aufdruck auf den Tickets ab, wonach bei Spielabsagen aufgrund höherer Gewalt eine Rückerstattung des Kaufpreises prinzipiell ausgeschlossen sei. Die Sache kam zum AG Halle/W., das die Klage mit folgender Begründung abwies:

Die Klägerin könne von der Beklagten nicht Rückzahlung des Eintrittspreises zum Tennisturnier am 16.6.1993 gemäß § 323 BGB (heute: § 326 BGB) beanspruchen. Zwischen den Parteien sei ein Werkvertrag mit mietrechtlichen Elementen zustande gekommen. Danach sei die Beklagte nach § 631 BGB zur Herstellung des versprochenen Werks verpflichtet gewesen. Diese Verpflichtung sei ihr indes entgegen der Meinung der Klägerin nicht unmöglich geworden. Denn:

»Die Beklagte schuldete der Klägerin nach dem Vertrag die Überlassung eines Zuschauerplatzes für ein Rasentennisturnier sowie die Organisation und Durchführung eines Rasentennisturniers. Dabei ist allgemein bekannt, dass bei Regenwetter ein Spielen auf dem Rasen nicht möglich ist. Die Beklagte ist dieser Leistungsverpflichtung nachgekommen, sie schuldete nicht von ihr nicht beeinflussbare Wetterverhältnisse, die ein Spielen tatsächlich erlaubten.«[258]

Diese Ausführungen halten einer Überprüfung nicht stand. Die Beklagte schuldete der Klägerin nicht nur die Überlassung eines Zuschauerplatzes, sondern eben auch die Organisation und Durchführung des Turniers. Letzteres ist geradezu der Kern der Verpflichtung, weil es dem Besucher in erster Linie darauf ankommt, das gebuchte Turnier mitzuerleben. Das war auch das, was die Beklagte der Klägerin und allen sonstigen Besuchern jenes Tages versprochen hat, nämlich das Live-Spiel von Tennisakteuren auf dem Rasen von Halle unter freiem Himmel. Genau diese Verpflichtung konnte die Beklagte aber infolge des Dauerregens nicht erfüllen. Ihre Leistung ist also nachträglich unmöglich geworden. Es handelte sich insofern nicht bloß um ein vorübergehendes Hindernis im Sinne eines Verzuges, da die betreffenden Tageskarten eben nur für den 16.6.1993 Gültigkeit besaßen und die Beklagte den Karteninhabern vom 16.6.1993 an den darauf folgenden Tagen infolge Ausbuchung durch andere Besucher die betreffenden Spiele des 16.6.1993 nicht mehr präsentieren konnte.

Richtig ist sicher, dass die Beklagte die Wetterverhältnisse nicht beeinflussen konnte. Das bedeutet aber nur, dass sie insoweit ihr Leistungsunvermögen nicht zu vertreten hat. Ob sie allerdings nicht durch eine Teilbedachung der Rasenfläche hätte Vorsorge

---

258 AG Halle NJW-RR 1994, 884.

treffen müssen, was übrigens mittlerweile geschehen ist, steht auf einem anderen Blatt und wäre zumindest erwägenswert. Dafür spricht, dass ein Großveranstalter dieses Zuschnitts, der internationale Rasenspiele durchführt und damit erhebliches Geld verdient, so nahe liegende Risiken mit einkalkulieren und geeignete Abwehrmaßnahmen treffen muss, um seinen vertraglichen Leistungspflichten nachzukommen. Andererseits wäre der finanzielle Aufwand für eine Teilabdeckung zu bedenken. Letzterer war aber offensichtlich nicht so erheblich, dass man ihn für unzumutbar halten müsste; denn mittlerweile ist die Abdeckung – wie bereits erwähnt – installiert und hätte bei früherem Einbau das damalige Fiasko verhindert. Kurz gesagt: Es sprachen relativ gute Gründe für die Anwendung von § 325 BGB damaliger Fassung mit der Folge einer Rückerstattungs- oder wahlweise Schadensersatzpflicht. Auch wenn man ein Verschulden des Veranstalters ablehnt, hätte der Besucher jedenfalls einen Anspruch auf Rückerstattung des Eintrittspreises gehabt, der damals auf § 323 I, III BGB beruhte und heute aus §§ 326 I, IV, 346 BGB abzuleiten ist.

Entgegen der Meinung des AG Halle wäre es dann doch entscheidend auf die Frage angekommen, ob diese Folge durch den Kartenaufdruck wirksam ausgeschlossen werden konnte. Die Antwort ist negativ.

Wie das Gericht selbst durchblicken lässt, erscheint es »bedenklich, ob diese Klausel Vertragsinhalt geworden ist.«[259] Denn § 305 II BGB (damals § 2 AGBG) ist eindeutig verletzt, weil dem Besucher die betreffende Klausel erst nach dem Erwerb des Tickets zugänglich gemacht worden ist und damit nicht – wie vorgeschrieben – beim Vertragsabschluss. Außerdem fehlt die Möglichkeit zumutbarer Kenntnisnahme beim Vertragsschluss.[260]

Selbst ein entsprechender Aushang am Verkaufsschalter hätte zwar formal den AGB-rechtlichen Vorgaben entsprochen, wenn die betr. Klausel deutlich sichtbar ausgehängt worden wäre. Inhaltlich wäre diese Freizeichnung dann aber ebenfalls unwirksam:

Bei Unmöglichkeit der Leistungserbringung stellt die völlig einseitige Verlagerung des Wetterrisikos auf den Besucher einen klaren Verstoß gegen § 307 I BGB dar. Genauso wenig wie der Veranstalter kann auch der Besucher das Wetter beeinflussen. Ihn dann aber allein mit den Folgen dieser Tatsache zu belasten, erscheint völlig unausgewogen und ist eine unangemessene Benachteiligung.

Die Klausel ist außerdem nach § 307 II Nr. 1 BGB mit wesentlichen Grundgedanken der Unmöglichkeitsregeln der §§ 275, 326 BGB nicht zu vereinbaren. Diesen Vorschriften ist zu entnehmen, dass dann, wenn die Leistung nicht erbracht werden kann, auch keine Gegenleistung geschuldet wird. Die Freizeichnungsklausel der Beklagten, die bei Spielabsagen aufgrund höherer Gewalt eine Rückerstattung des Kaufpreises ausschließt, widerspricht eklatant diesem wesentlichen Grundgedanken. Die Klausel ist daher, wie man sie drehen und wenden mag, ungültig. An ihre Stelle tritt die beschriebene gesetzliche Regelung. Das bedeutet: Bei regenbedingter Absage schuldet die Veranstalterin den Besuchern die volle Rückerstattung des Eintrittsgeldes. Die von der Veranstalterin ausgestreuten Brosamen, den frustrierten Besuchern im nächsten Jahr eine ermäßigte Tageskarte anzubieten, hätten diese daher bei richtiger juristischer Betrachtung nicht akzeptieren müssen.

---

259 AG Halle NJW-RR 1994, 884.
260 S.o. 3. Teil II, 4 sowie Palandt/*Grüneberg* § 305 Rn. 30; Ulmer/Brandner/Hensen/*Ulmer* § 305 Rn. 134; LG Trier NJW 1993, 1474, 1475; h.M.

VI. Anhang I

Landgericht Hannover

Geschäftsnummer
14 O 35/94

verkündet am
12.4.1994

Im Namen des Volkes

Urteil

In dem Rechtsstreit

PP.

wegen Unwirksamkeit von AGB-Bestimmungen hat die 14. Zivilkammer des Landgerichts Hannover auf die mündliche Verhandlung vom 8. März 1994 unter Mitwirkung des Vorsitzenden Richters am Landgericht ..., des Richters am Landgericht ... und der Richterin am Landgericht für Recht erkannt:

Die Beklagte wird verurteilt,

bei Meidung eines für jeden Fall der Zuwiderhandlung festzusetzenden Ordnungsgeldes bis zu 100.000,– DM ersatzweise Ordnungshaft bis zu drei Monaten oder einer Ordnungshaft bis zu drei Monaten, letzteres zu vollstrecken an den Geschäftsführern der Beklagten, es zu unterlassen,

die nachfolgenden oder diesen inhaltsgleiche Bestimmungen in allgemeinen Geschäftsbedingungen bei künftig abzuschließenden Verträgen mit Besuchern von künstlerischen Veranstaltungen aller Art der Firma ... zu verwenden sowie sich auf diese Bestimmungen bei der Abwicklung derartiger nach dem 1. April 1977 abgeschlossenen Verträge zu berufen, soweit es sich nicht um Verträge mit einer juristischen Person des öffentlichen Rechts, einem öffentlich-rechtlichen Sondervermögen oder einem Kaufmann im Bereich seines Handelsgewerbes handelt:

1.

Schadensersatzansprüche aus positiver Forderungsverletzung, Verschulden bei Vertragsabschluss und unerlaubter Handlung sind ausgeschlossen, soweit der Veranstalter, sein gesetzlicher Vertreter oder seine Erfüllungsgehilfen nicht vorsätzlich oder grob fahrlässig gehandelt haben.

2.

Zurücknahme der Eintrittskarte nur bei Absage der Veranstaltung. Es wird nur der Nennwert der Eintrittskarte erstattet, nicht die Vorverkaufsgebühr und sonstige Kosten.

3.

Der Veranstalter behält sich das Recht vor, die Veranstaltung örtlich und/oder terminlich zu verlegen. Rückerstattungsansprüche aus oben genanntem Grund auf den Nennwert der Eintrittskarte bestehen nur bis zum Konzerttermin.

4.

Der Veranstalter behält sich das Recht vor, ohne vorherige Ankündigung das Vorprogramm zu ändern.

5.

Der Veranstalter ist nicht für verloren gegangene oder gestohlene Sachen verantwortlich.

Die Kosten des Rechtsstreits werden der Beklagten auferlegt.

Das Urteil ist gegen Sicherheitsleistung in Höhe von 3.500,– DM vorläufig vollstreckbar.

Tatbestand:

Der Kläger ist eine Gründung der Verbraucherzentralen der Länder und der Arbeitsgemeinschaft der Verbraucherverbände. Zu seinen satzungsgemäßen Aufgaben gehört es, die Interessen der Verbraucher durch Aufklärung und Beratung wahrzunehmen.

Die Beklagte ist Veranstalter von Großkonzerten im Bereich der klassischen Musik und der Unterhaltungsmusik; 1994 veranstaltete sie unter anderem Konzerte mit den … und mit … Ihre Allgemeinen Geschäftsbedingungen sind jeweils auf der Rückseite der Eintrittskarte abgedruckt. Der Kläger hält eine Reihe von Klauseln dieser Allgemeinen Geschäftsbedingungen für unwirksam. Bezüglich einer Klausel hat sich die Beklagte verpflichtet, diese nicht mehr zu verwenden, wegen fünf weiterer Klauseln streiten die Parteien über deren Gültigkeit.

Der Kläger ist der Auffassung, dass die im Tenor genannten Klauseln unwirksam sind. Hierzu wird auf seinen Vortrag in der Klageschrift verwiesen.

Der Kläger beantragt

wie erkannt.

Die Beklagte beantragt,

die Klage abzuweisen.

Sie hält alle angegriffenen Klauseln für zulässig. Wegen ihres Vortrags im Einzelnen wird auf die Klageerwiderung Bezug genommen.

Entscheidungsgründe:

Der Klage war in vollem Umfange stattzugeben.

Die Klägerin ist klagebefugt, § 13 II Nr. 1 AGBG;[261] dies wird von der Beklagten auch nicht in Zweifel gezogen. Ein schutzwürdiges Interesse an der Klage besteht auch dann, wenn gegen eine wirksame Vereinbarung der Allgemeinen Geschäftsbedingungen der Beklagten mit den Kunden Bedenken bestehen könnten, weil diese Bedingungen lediglich auf der Rückseite der Eintrittskarte abgedruckt sind und sich auf der Vorderseite lediglich der Hinweis befindet: »Wichtige Hinweise siehe Rückseite«. Auch dann handelt es sich um für eine Vielzahl von Verträgen vorformulierte Vertragsbedingungen, die eine Partei einer anderen Partei bei Abschluss eines Vertrages stellt, § 1 I 1 AGBG; in welcher Weise diese Bestimmungen dabei den Bestandteil eines Vertrages bilden, ist gleichgültig, § 1 I 2 AGBG.[262]

1. Die Bestimmung, »Schadensersatzansprüche aus positiver Forderungsverletzung, Verschulden bei Vertragsabschluss und unerlaubter Handlung sind ausgeschlossen, so-

---

261 Heute §§ 1, 3 UKlaG.
262 Heute § 305 I BGB.

weit der Veranstalter, sein gesetzlicher Vertreter oder seine Erfüllungsgehilfen nicht vorsätzlich oder grob fahrlässig gehandelt haben«, ist nach § 9 AGBG[263] unwirksam. Richtig ist zwar, dass nach § 11 Nr. 7 AGBG[264] Haftungsfreizeichnungsklauseln für einfache bzw. leichte Fahrlässigkeit grundsätzlich zulässig sind; dies gilt jedoch nicht bei vertragswesentlichen Pflichten (Ulmer/Brandner/Hensen, AGB-Gesetz, 7. Aufl., Rn. 23 ff. zu § 11 Nr. 7 AGBG mit weiteren Hinweisen; Wolf/Horn/Lindacher, AGB-Gesetz, 1984, Rn. 27 ff. zu § 11 Nr. 7 AGBG). Entscheidend ist hierfür auf der einen Seite, dass der Kunde auf die Einhaltung von Sorgfaltspflichten vertrauen darf, und dass die Verletzung dieser Pflichten andererseits zu schweren Folgen führen kann. Insbesondere kann der Kunde in der Regel auf die Einhaltung normaler Verkehrssicherungspflichten vertrauen (BGH NJW 82, 1144).

Im vorliegenden Fall besteht für den Kunden ein besonderes Interesse an der Einhaltung der Verkehrssicherungspflichten durch die Beklagte: Diese führt selber aus, dass jedes Konzert mit zahlreichen Auflagen verbunden ist, die peinlich genau beachtet werden müssen; hierzu gehört unter anderem die Ausgestaltung des Raumes, die Zahl der zugelassenen Besucher, die Stärke des Ordnungsdienstes und die Zahl der Sanitäter und Ärzte. Auch eine leicht fahrlässige Nichtbeachtung dieser Auflagen kann zu schwersten Folgen für Leben und Gesundheit der Besucher führen, so wenn zu viele Besucher eingelassen werden, wenn der Ordnungsdienst zahlenmäßig nicht ausreichend oder untauglich ist, wenn nicht für Sanitäter und Ärzte gesorgt wird, wenn die Baulichkeiten der Beanspruchung durch die Besucherzahl nicht gewachsen sind und anderes mehr. Alle solche Versäumnisse brauchen nicht auf grober Fahrlässigkeit zu beruhen, es ist durchaus denkbar, dass nur ein leichtes Verschulden zu schwersten Folgen führt. Dies gilt insbesondere bei Großveranstaltungen mit hoher Besucherzahl, wobei zum Beispiel das überwiegend junge Publikum bei Rockkonzerten bei Nichtbeachtung von Sicherungsmaßnahmen besonders gefährdet ist.

Dies alles führt dazu, dass der Ausschluss der Haftung für leichte Fahrlässigkeit nicht hingenommen werden kann, vielmehr den Vertragspartner der Beklagten entgegen den Geboten von Treu und Glauben unangemessen benachteiligt, § 9 I AGBG,[265] bzw. die Erreichung des Vertragszwecks hierdurch gefährdet werden kann, § 9 II Nr. 2 AGBG.[266]

2. Die Klausel »Zurücknahme der Eintrittskarte nur bei Absage der Veranstaltung. Es wird nur der Nennwert der Eintrittskarte erstattet, nicht die Vorverkaufsgebühr und sonstige Kosten« ist schon deswegen unzulässig, weil sie gegen § 11 Nr. 8 b AGBG[267] verstößt. Danach ist eine Bestimmung unwirksam, die für den Fall des Leistungsverzuges des Verwenders oder der von ihm zu vertretenden Unmöglichkeit der Leistung das Recht des anderen Vertragsteils, Schadensersatz zu verlangen, ausschließt. Bei verschuldeter Unmöglichkeit muss dem Besucher das Recht vorbehalten bleiben, weitergehenden Schadensersatz verlangen zu können, so zum Beispiel die Vorverkaufsgebühr. Die Ausführungen der Beklagten in der Klageerwiderung hierzu sind unverständlich; es besteht kein Zweifel, dass zum Schadensersatz in diesem Falle auch eine Vorverkaufsgebühr gehört § 325 BGB.[268] Zu erfüllen wäre das positive Interes-

---

263 Heute § 307 BGB.
264 Heute § 309 Nr. 7 b BGB; heute ist aber bei Personenschäden auch für leichte Fahrlässigkeit keine Haftungsfreizeichnung mehr zulässig, § 309 Nr. 7a BGB.
265 Heute §§ 307 I BGB.
266 Heute § 307 II Nr. 2 BGB.
267 Heute § 309 Nr. 7 b BGB.
268 Heute § 283 BGB.

se; der Schaden besteht in der Differenz zwischen der Vermögenslage, die eingetreten wäre, wenn der Schuldner ordnungsgemäß erfüllt hätte, und der durch die Nichterfüllung tatsächlich entstandenen Lage, wobei die tatsächlich entstandene Vermögenseinbuße konkret oder unter Umständen auch abstrakt zu errechnen ist (Palandt, 53. Aufl., Rn. 14 zu § 325 BGB).

Die Beklagte darf sich bei einer durch sie verschuldeten Absage des Konzerts somit nicht auf die Freizeichnung durch diese Klausel berufen.

Dies gilt auch für die Begrenzung des Schadensersatzes (»Zurücknahme der Eintrittskarte nur bei Absage der Veranstaltung«). Der Besucher hat eine Eintrittskarte für ein Konzert einer oder mehrerer bestimmter Künstler zu einem bestimmten Termin an einem bestimmten Ort erworben; dies alles gehört zum wesentlichen Inhalt des Vertrages; eine erhebliche Änderung auch nur in einem dieser Punkte kann zu einer so erheblichen Verletzung des Vertrages führen, dass der in dieser Teilklausel genannte Ausschluss des Schadensersatzes als unwirksam angesehen werden muss, §§ 11 Nr. 8 b, 9 AGBG.[269]

3. Auch die Klausel »Der Veranstalter behält sich das Recht vor, die Veranstaltung örtlich und/oder terminlich zu verlegen. Rückerstattungsansprüche aus oben genanntem Grund auf den Nennwert der Eintrittskarte bestehen nur bis zum Konzerttermin« ist unwirksam. Die Festschreibung eines Rechtes des Veranstalters, die Veranstaltung örtlich oder zeitlich zu verlegen, verstößt sowohl gegen § 10 Nr. 4 AGBG[270] als auch gegen § 11 Nr. 8 a AGBG.[271] Der Besucher darf davon ausgehen, dass das Konzert zu einem bestimmten Termin und an einem bestimmten Ort stattfindet. Eine zeitliche Verlegung kann es einem Besucher unmöglich machen, an der Veranstaltung teilzunehmen, dasselbe gilt für eine Verlegung des Konzerts an einen Ort, der für den Besucher möglicherweise nur schwer zu erreichen ist. Zwar mag die Beklagte durchaus ein Interesse an einer solchen Änderung des Vertrages haben, diese kann jedoch für den Besucher unzumutbar sein, § 10 Nr. 4 AGBG.[272] Die Klausel ist auch keineswegs auf eine Änderung im engen örtlichen oder zeitlichen Bereich beschränkt, wie die Beklagte dies sehen möchte; nach § 5 AGBG[273] gehen Zweifel bei der Auslegung einer Klausel zu Lasten des Verwenders; mangels einer klaren Einschränkung in dieser Bedingung muss daher von einer Unwirksamkeit der Klausel ausgegangen werden.

Die Begrenzung von Rückerstattungsansprüchen auf den Nennwert der Karte und nur bis zum Konzerttermin ist gemäß §§ 11 Nr. 7, 11 Nr. 8 a und 11 Nr. 8 b[274] AGBG unwirksam. Ein Ausschluss der Haftung für grobe Fahrlässigkeit oder Vorsatz ist unzulässig, § 11 Nr. 7 AGBG.[275] Das Recht des Besuchers, sich für den Fall des Leistungsverzuges des Verwenders oder der von ihm zu vertretenden Unmöglichkeit vom Vertrag zu lösen bzw. Schadensersatz zu verlangen, darf nicht eingeschränkt werden, § 11 Nr. 8 a, b AGBG.[276] Eine Interessenabwägung, wie sie die Beklagte vornehmen will, ist bei diesen Bestimmungen nicht möglich.

---

269 Heute § 309 Nr. 7 b, 307 BGB.
270 Heute § 308 Nr. 4 BGB.
271 Heute § 309 Nr. 8 a BGB.
272 Heute § 308 Nr. 4 BGB.
273 Heute § 305 c II BGB.
274 Heute §§ 309 Nr. 7 b, 309 Nr. 8 a, 309 Nr. 7 b BGB.
275 Heute § 309 Nr. 7 b BGB.
276 Heute § 309 Nr. 8 a, 7 b BGB.

4. Die Klausel »Der Veranstalter behält sich das Recht vor, ohne vorherige Ankündigung das Vorprogramm zu ändern« ist nach §§ 10 Nr. 4,[277] 11 Nr. 9 AGBG[278] unwirksam. Der Auffassung der Beklagten, das Vorprogramm sei nur eine Zugabe, um die Besucher zu unterhalten, bis der angekündigte Künstler auftrete, und es handele sich bei den Künstlern des Vorprogramms ausnahmslos um unbekannte Personen oder Gruppen, kann nicht gefolgt werden. Zum einen trifft es nicht zu, dass nur Unbekannte das Vorprogramm bilden; so kann eine örtlich durchaus bekannte und beliebte Gruppe für einen großen Teil der Besucher ebenso wichtig sein wie die Hauptgruppe; auch wird der Bekanntenkreis der Vorgruppe das Konzert hauptsächlich dieser Gruppe wegen besuchen; schließlich werden als Künstler des Vorprogramms nicht selten special guests angekündigt, die für viele von größerem Interesse sein können als der Hauptkünstler. Es trifft gerade in letzterem Fall nicht zu, dass der Vorkünstler unbekannt ist, auch die Vorgruppen werden oft schon durchaus einen gewissen Bekanntheitsgrad haben. Alle diejenigen Personen, die aus verschiedenen Gründen gerade das Vorprogramm erleben möchten, würden benachteiligt werden, wenn der Veranstalter das Vorprogramm beliebig ändern könnte. Ein besonderes Interesse des Veranstalters hieran, das höherrangig zu bewerten wäre als das Interesse des gerade wegen – oder auch mit wegen – des Vorprogramms erschienenen Besuchers ist nicht ersichtlich. Die Klausel verstößt daher gegen § 10 Nr. 4 AGBG.[279]

Außerdem enthält die Klausel einen Ausschluss eines Schadensersatzanspruchs bzw. Rücktrittsrechts bei teilweiser Unmöglichkeit der Leistung des Verwenders, wenn die teilweise Erfüllung für den Besucher kein Interesse hat. Dass letzteres durchaus der Fall sein kann, auch wenn nur das Vorprogramm geändert wird, ist bereits ausgeführt worden. Diese Klausel widerspricht somit auch § 11 Nr. 9 AGBG.[280]

5. Die Klausel »Der Veranstalter ist nicht für verloren gegangene oder gestohlene Sachen verantwortlich« kann ebenfalls keinen Bestand haben; sie verstößt gegen § 11 Nr. 7 AGBG).[281] Die erforderliche Begrenzung auf einen Haftungsausschluss bei einfacher Fahrlässigkeit ist in ihr nicht enthalten. Zwar mag der Haftungsausschluss für verloren gegangene Sachen unbedenklich sein, dies ist jedoch bei gestohlenen Sachen nicht der Fall. So gibt es durchaus Konzerte, bei denen der Veranstalter dem Besucher eine bewachte Garderobe zur Verfügung stellt. Wenn nun zum Beispiel die für die Aufsicht in der Garderobe verantwortlichen Personen vom Veranstalter grob fahrlässig ausgesucht worden und für ihre Tätigkeit untauglich sind oder gegen ihre Pflichten in grob fahrlässiger oder gar vorsätzlicher Weise verstoßen, muss die Haftung des Veranstalters bestehen bleiben. Dass eine solche Situation nicht aus der Luft gegriffen ist, zeigt der vor Gericht erörterte Fall, wo bei einem Rockkonzert in Hannover zwar eine bewachte Garderobe vorhanden war, die Aufsichtspersonen jedoch während des Konzerts keineswegs ständig in der Garderobe zu finden waren, vielmehr selber dem Konzert zuhörten, so dass die Garderobe zumindest zeitweise ohne jede Aufsicht geblieben war. Allein dieser Fall zeigt, dass auch diese Klausel keinen Bestand haben kann.

Die Kostenentscheidung beruht auf § 91 ZPO, die Entscheidung über die vorläufige Vollstreckbarkeit folgt aus den §§ 709 ff. ZPO.

---

277 Heute § 308 Nr. 4 BGB.
278 Weggefallen.
279 Heute § 308 Nr. 4 BGB.
280 Weggefallen.
281 Heute § 309 Nr. 7b BGB.

Oberlandesgericht Celle

Geschäftsnummer   verkündet am
13 U 78/94   7.12.1994
14 O 35/94 LG Hannover

Oberlandesgericht Celle

Im Namen des Volkes

Urteil

In dem Rechtsstreit

... PP.

hat der 13. Zivilsenat des Oberlandesgerichts Celle auf die mündliche Verhandlung vom 15. November 1994 unter Mitwirkung der Richter ... und ... für Recht erkannt:

Die Berufung der Beklagten gegen das am 12. April 1994 verkündete Urteil der 14. Zivilkammer des Landgerichts Hannover – 14 O 35/94 – wird auf deren Kosten zurückgewiesen.

Das Urteil ist vorläufig vollstreckbar.

Die Beklagte darf die Zwangsvollstreckung der Klägerin durch Sicherheitsleistung in Höhe von 12.000,– DM abwenden, wenn nicht die Klägerin vor der Vollstreckung in gleicher Höhe Sicherheit leistet.

Sicherheit darf auch die Bürgschaft einer deutschen Großbank, öffentlichen Sparkasse, Volksbank oder Spar- und Darlehnskasse sein.

Beschwer: 500.000,– DM.

Tatbestand:

Die Beklagte veranstaltet u.a. Konzerte, bestehend aus Hauptprogramm und Vorprogramm, vor großen Menschenmengen. Die Eintrittskarten, auf deren Rückseite Geschäftsbedingungen gedruckt sind (vgl. S. 13/14 d. A., Anl. z. Klageschrift), lässt sie über Vorverkaufsstellen verkaufen, die dafür von den Konzertbesuchern Entgelt erheben. Gelegentlich bietet die Beklagte Garderobenverwahrung an.

Auf das Begehren des Klägers hat das Landgericht in dem angefochtenen Urteil die Verwendung der dort genannten Klauseln des AGBG zu 1. bis 5. der Beklagten verboten.

Dagegen wendet sich die Berufung der Beklagten, die Klageabweisung erstrebt.

Das Landgericht habe die Eigenart der Verträge über Musikdarbietungen verkannt. Die Beklagte sei den Launen der Stars ausgeliefert, ihr Massengeschäft mache es unmöglich, dieses so zu organisieren, dass jedes Risiko ausgeschlossen werde. Deshalb sei ihre Klausel zu 1. (Nummerierung entsprechend dem Tenor des angefochtenen Urteils) angemessen.

Die Klausel zu 2. sei nur die Einschränkung ihrer Schadensersatzpflicht und als solche im Einklang mit § 11 Nr. 8 b AGBG.[282]

---

282 Heute § 309 Nr. 7 b BGB.

Die Klausel zu 3. sei erforderlich, um auf Launen der Stars reagieren zu können, ohne durch Rückzahlungsansprüche der Konzertbesucher ruiniert zu werden. Die Beschränkung der Ansprüche der Höhe nach sei ebenso wie bei der Klausel zu 2. zumutbar.

Die Klausel zu 4. betreffe keinen geschuldeten Leistungsgegenstand. Das Vorprogramm sei nur eine Zugabe, die Gestaltung des Vorprogramms allein Sache der Beklagten.

Die Klausel zu 5. schließlich betreffe nicht die Fälle, in denen ein Garderobenservice angeboten wird. Ansonsten sei der Ausschluss jeder Verantwortlichkeit im Lichte der Klausel zu 1. zu sehen und gelte deshalb natürlich nur bei vom Veranstalter nicht zu vertretenden oder lediglich leicht fahrlässig verursachtem Verlust oder Diebstahl von Sachen der Konzertbesucher.

Die Beklagte beantragt,

     das angefochtene Urteil zu ändern und die Klage abzuweisen.

Der Kläger beantragt,

     die gegnerische Berufung zurückzuweisen.

Das angefochtene Urteil sei richtig. Wer solche Veranstaltungen stattfinden lasse und als Sachkenner Vertrauen der Besucher in Anspruch nehme, dass diese vor vermeidbaren Gefahren geschützt würden, könne sich nicht davon frei zeichnen. Die Verkehrssicherungspflicht sei gerade Kardinalpflicht der Beklagten. Deshalb meine diese irrig, Klauseln wie zu 1. stellen zu können. Die Regelungen der übrigen Klauseln seien unzumutbar, die Ankündigung spezieller Vorprogramme mache eben diese zum Vertragsinhalt, so dass sie nicht einseitig und willkürlich geändert werden könnten.

Wegen des weiteren Vorbringens der Parteien wird auf den Inhalt der gewechselten Schriftsätze nebst ihren Anlagen und auf das angefochtene Urteil nebst seinen Verweisungen und insbesondere auf die dort und im vorliegenden Tatbestand zitierten Urkunden Bezug genommen.

Entscheidungsgründe:

A.

Die zulässige Berufung der Beklagten bleibt erfolglos.

I. Der Kläger ist gemäß § 13 II Nr. 1 AGBG[283] befugt, von der Beklagten die Unterlassung der Verwendung von Bestimmungen, die nach den §§ 9 – 11 des AGBG[284] unwirksam sind, in Allgemeinen Geschäftsbedingungen zu verlangen. Um solche Bestimmungen handelt es sich bei den zu Ziffer 1. bis 5. im angefochtenen Urteil verbotenen Bestimmungen der Geschäftsbedingungen auf der Eintrittskarte der Beklagten. Es unterliegt keinem vernünftigen Zweifel, dass diese vorgedruckten Klauseln auf der Eintrittskarte Allgemeine Geschäftsbedingungen sind.

II. Die von der Beklagten verwendeten Bestimmungen, die der Tenor des angefochtenen Urteils darstellt, sind nach den §§ 9 – 11 des AGBG[285] unwirksam. Sie halten der

---

283 Heute § 1, 3 UKlaG.
284 Heute §§ 307-309 BGB.
285 Heute §§ 307-309 BGB.

gebotenen abstrakten Inhaltskontrolle nicht stand. Ernsthaft in Betracht kommende Auslegungen der Klausel sind mit dem AGBG nicht zu vereinbaren. Dabei kommt es nicht weiter darauf an, ob die Auslegung der Klauseln nach dem objektiven Wortlaut allein zu erfolgen hat oder ob auch hier die für Individualprozesse geltende subjektive Einfärbung der Auslegung, nach der es auf das Verständnis der normalerweise beteiligten Kreise auch ankommt, ebenfalls zu beachten ist. Denn die Beklagte wendet sich mit ihrem Angebot an jedermann; zumindest ein Teil des Angebotes (vgl. Bl. 15 d.A.) ist auch für die Mitglieder des Senates attraktiv, wenngleich der Besuch anderer Veranstaltungen eher unattraktiv sein dürfte. Dass die Beklagte als Schwerpunkt jugendtümliche Musik verbreitet, ist nicht zu erkennen und nicht vorgetragen. Vielmehr spricht das aus Bl. 15 d.A. ersichtliche Programm dagegen. Deshalb ist der Senat, selbst wenn es auf das Verständnis der normalerweise beteiligten Kreise bei der Auslegung im Rahmen der Überprüfung, ob die bloße Existenz einer Klausel ein Störfaktor ist, ankäme, in der Lage, diese Auslegung selbst vorzunehmen.

III. Wegen der einzelnen Klauseln gilt:

1. Wegen der Klausel zu 1. teilt der Senat die Auffassung des Landgerichts, dass mit dieser Klausel auch Schadensersatzansprüche wegen verschuldeter Verstöße gegen die Verkehrssicherungspflicht bei der Durchführung der Konzerte ausgeschlossen werden sollen. Eben diese Verkehrssicherungspflicht ist jedoch für den Veranstalter von Publikumsveranstaltungen eine »Kardinalpflicht«. Denn die Beklagte nimmt das Vertrauen der Konzertbesucher in Anspruch, die ihr deshalb vertrauen, weil sie sachkundig für die Durchführung solcher an sich gefährlicher Versammlungen großer Menschenmassen ist. Der Besucher erwartet eine hinreichende Organisation im Rahmen des Zumutbaren. Die Berufungsbegründung übersieht, dass auch der Verkehrssicherungspflichtige nur im Rahmen des Zumutbaren Verkehrssicherungsmaßnahmen treffen muss. Nur wenn er solche zumutbaren Verkehrssicherungsmaßnahmen unterlässt, trifft ihn ein Verschulden im Sinne der §§ 823, 276 BGB. Wenn schon nach dem Gesetz nur das Unterlassen einer zumutbaren Sicherungsmaßnahme Schadensersatzpflichten auslöst, so ist die Klausel zu 1. nicht nötig, um eben diese Beschränkung der Pflichten der Beklagten auf das Zumutbare zu erreichen. Vielmehr enthält die Klausel zu 1. eine noch weitergehende Einschränkung von Schadensersatzpflichten der Beklagten bei Unterlassung einer an sich zumutbaren Verkehrssicherungsmaßnahme. Genau dies ist aber eine nach § 11 Nr. 7 AGBG[286] unzulässige Freizeichnung für einfache Fahrlässigkeit bei Verletzung vertragswesentlicher Pflichten.

2. Zu Recht hat das Landgericht festgestellt, dass die Klausel zu 2. gegen § 11 Nr. 8 AGBG[287] verstößt. Diese Klausel ist die Beschränkung von Schadensersatzansprüchen auch im Falle der verschuldeten Unmöglichkeit als Ursache einer Absage einer Veranstaltung. Diese Auslegung der Klausel ist nicht fern liegend, sie bezieht sich nicht auf einen seltenen Ausnahmetatbestand. Vielmehr ergibt sich objektiv, dass in jedem Falle der Absage einer Veranstaltung die Vorverkaufsgebühr auch nicht als Schadensersatz gemäß § 325 BGB[288] von der Beklagten verlangt werden kann. Ein solcher Ausschluss, der nach dem Wortlaut selbst den Fall grob fahrlässig verschuldeter oder vorsätzlich herbeigeführter Notwendigkeit der Absage der Veranstaltung umfasst, ist, wollte man

---

286 Heute § 309 Nr. 7 b BGB.
287 Heute § 309 Nr. 7 b BGB.
288 Heute § 283 BGB.

selbst in der Klausel nur eine Einschränkung von Schadensersatzansprüchen sehen, zumindest nach § 11 Nr. 7 in Verbindung mit § 11 Nr. 8 b AGBG[289] unwirksam. Das erfasst die gesamte Klausel 2, deren beide Sätze den Fall der Absage der Veranstaltung regeln.

3. Auch die Klausel zu 3. ist insgesamt unwirksam.

a) Die Regelung in der Klausel zu 3. Satz 1 verstößt gegen § 10 Nr. 4 AGBG[290] und gegen § 11 Nr. 8 a AGBG.[291] Zum einen beschränkt diese Bestimmung auch für den Fall der vom Verwender zu vertretenden Unmöglichkeit das Recht des anderen Vertragsteils, sich vom Vertrag zu lösen, zum anderen ist die willkürliche Berechtigung des Verwenders, die versprochene Leistung zu ändern oder von ihr abzuweichen, auch unter Berücksichtigung der Interessen des Verwenders für den anderen Vertragsteil nicht zumutbar. Die Beklagte kann die Verwendung dieser Klausel nicht damit rechtfertigen, dass sie den Launen der Stars ausgeliefert ist. So, wie diese Klausel abgefasst ist, umfasst sie willkürliche Verlegungen auch aus Gründen, die alleine im Bereich der Beklagten liegen. Diese Auslegung ist nahe liegend und durch den Wortlaut gedeckt. Wenn die Beklagte mit dieser Klausel anderes zum Ausdruck bringen wollte, so ist ihr dies misslungen. Das Risiko dafür hat die Beklagte zu tragen. Die Klausel verstößt so, wie sie verwendet wird, gegen das AGBG.

b) Die Beschränkung der Rückerstattungsansprüche wiederum auf den Nennwert der Eintrittskarte ist aus den bereits zur Klausel zu 2. genannten Gründen unzulässig. Ob hier 2 Klauseln textlich zu einer zusammengefasst sind oder beide Regelungen nur einen Regelungsgegenstand haben, mithin nur eine Klausel sind, ist, weil auch isoliert betrachtet beide Regelungen unwirksam wären und sich aus ihrer Zusammenfassung kein neuer Regelungsgehalt ergibt, unbeachtlich.

4. Die Klausel zu 4. verstößt gegen die §§ 10 Nr. 4[292] und 11 Nr. 9[293] und § 9 AGBG.[294] Diese Klausel spricht dem Verwender ein willkürliches Änderungsrecht zu und nimmt den Besuchern für diesen Fall jegliche Rechte. Selbst wenn die Beklagte durch die besonderen Verhältnisse in ihrem Geschäftsbereich für den Bestand des Vorprogramms nicht zu wirtschaftlich vernünftigen Bedingungen garantieren kann, so kann sie dennoch nicht, wie diese Klausel ihr bei vernünftiger Auslegung vorbehält, willkürlich über das Vorprogramm verfügen. Jedenfalls kann sie dies dann nicht, wenn sie ein bestimmtes Vorprogramm angekündigt hat. Es kann keinem Zweifel unterliegen, dass die Klausel auch für diesen Fall gelten soll. Die Zulassung willkürlicher Änderungen vertraglich angebotener Leistungen durch den Anbieter muss sich an der gesetzlichen Regelung des § 315 BGB messen lassen. Danach darf eine solche Bestimmung nur nach billigem Ermessen erfolgen. Eine solche Einschränkung willkürlicher Änderung enthält die Klausel nicht. Sie ist deshalb unwirksam.

5. Auch die Klausel zu 5. ist unwirksam. Dem Senat erscheint zwar die Auslegung des Landgerichts, dass diese Klausel auch in dem Fall, dass Garderobe zur Verwahrung gegeben wird, gelten solle, eher fern liegend. Das dürfte nicht dem durchschnitt-

---

289 Heute § 309 Nr. 7 b BGB.
290 Heute § 308 Nr. 4 BGB.
291 Heute § 309 Nr. 8 a BGB.
292 Heute § 308 Nr. 4 BGB.
293 Heute weggefallen.
294 Heute § 307 BGB.

lichen Verständnis entsprechen. Wer seine Garderobe abgibt, erwartet, dass für diese besondere Leistung über die Aufführung hinaus auch besondere Bedingungen gelten. Vernünftigerweise wird ein Konzertbesucher nicht erwarten, dass die auf der Eintrittskarte abgedruckten Allgemeinen Geschäftsbedingungen für die Konzertveranstaltung selbst auch Verwendung für den Verwahrungsvertrag über die Garderobe finden sollen. Dessen ungeachtet ist aber diese Klausel aus den Gründen, die schon zu 1. dargelegt worden sind, unwirksam. Denn diese Klausel gilt jedenfalls für den Fall, dass die Gefahr, dass Sachen verloren gehen (Menschen werden in ihrer Bewegungsfreiheit und Bewegungsrichtung beeinträchtigt, es kommt zu Gedränge) durch das schuldhafte Unterlassen zumutbarer Verkehrssicherungsmaßnahmen erhöht wurde. Selbst wenn, wie die Beklagte meint, die Klausel zu 5. im Lichte der Klausel zu 1. zu sehen ist, so wäre auch aus den bereits dargestellten Gründen der Ausschluss der Haftung für Folgen schuldhaften Verstoßes gegen Verkehrssicherungspflichten unwirksam.

Die Kosten der erfolglosen Berufung hat die Beklagte gemäß § 97 ZPO zu tragen. Die Entscheidung über die vorläufige Vollstreckbarkeit beruht auf den §§ 708 Nr. 10 und 711 ZPO. Die Höhe der Sicherheit deckt die Kosten des Berufungsverfahrens ab. Dass für die nunmehr sinnvolle Änderung der AGB der Beklagten gesonderte Kosten anfallen werden, ist nicht ersichtlich und war daher auch nicht zu berücksichtigen.

VII. Anhang II

Landgericht München I

Geschäftsnummer: verkündet am
24 0 11 187/93   12. 04. 1994

Im Namen des Volkes

URTEIL

In dem Rechtsstreit

...

– Kläger und Widerbeklagter –
Prozessbevollmächtigter ...

gegen

– Beklagter und Widerkläger –
Prozessbevollmächtigte: ...

wegen Forderung

erlässt das Landgericht München 1, 24. Zivilkammer, durch die Richterin am Landgericht ... als Einzelrichterin aufgrund der mündlichen Verhandlung vom 15. März 1994 folgendes

ENDURTEIL:

I.   Die Klage wird abgewiesen.

II. Der Kläger wird verurteilt, an den Beklagten 1.400,– DM nebst 4 % Zinsen hieraus seit 09. 08. 1993 zu zahlen.

Im Übrigen wird die Widerklage abgewiesen.

III. Die Kosten des Rechtsstreits werden gegeneinander aufgehoben.

IV. Das Urteil ist vorläufig vollstreckbar.

Der Kläger kann die Vollstreckung durch Sicherheitsleistung in Höhe von 1.500,– DM abwenden, der Beklagte durch Sicherheitsleistung in Höhe von 1.100,– DM wenn nicht jeweils die andere Partei vor der Vollstreckung Sicherheit in gleicher Höhe leistet.

Tatbestand:

Der Kläger fordert vom Beklagten die Rückzahlung einer Gage und die Zahlung einer Vertragsstrafe, der Beklagte macht im Wege der Widerklage Ansprüche auf Zahlung von Mehrwertsteuer und Vertragsstrafe geltend.

Der Kläger ist Inhaber der Firma ... – Aussteuer- und Bettwäscheversand –. Diese Firma veranstaltete am 13.12.1992 zusammen mit einer Schwesterfirma die alljährlich stattfindende Weihnachtsfeier im Gasthaus »Zum Adler« ... in ... Die Weihnachtsfeier fand, wie jedes Jahr, am Vorabend des Geburtstags des Klägers statt.

Als Geburtstagsüberraschung wurde ein Auftritt des Beklagten arrangiert, der um Mitternacht beginnen sollte.

Die Einzelheiten des Auftritts wurden in einem schriftlichen Engagementvertrag niedergelegt, den neben dem Beklagten im Auftrag und im Einverständnis des Klägers dessen Mitarbeiter, Emil B., unterzeichnete.

Gemäß § 1 I des Vertrages sollte der Auftritt des Beklagten ca. 30 bis 40 Minuten dauern und unter Einsatz von 19 cm-Playbackbändern erfolgen.

Als Gage wurde in § 4 des Vertrages ein Betrag von 10.000,– DM zuzüglich 14 % Mehrwertsteuer vereinbart.

§ 4 enthielt weiterhin folgenden Passus:

>»Das Gagengeheimnis ist zu wahren«.

§ 6 des Vertrages enthielt folgende Regelung:

>»Im Falle einer schuldhaften Vertragsverletzung wird eine gegenseitige Konventionalstrafe in Höhe der vereinbarten Gage bestimmt. Weitere Ansprüche sind für beide Seiten ausgeschlossen«.

Wegen der Einzelheiten des Vertrages wird Bezug genommen auf die Anlage zu Blatt 1/7.

Der Beklagte reiste am 13.12.1993 an und besuchte gegen 17.00 Uhr das Lokal »Zum Adler«, in dem die Feier stattfand, um einen Soundcheck durchzuführen. Dabei befand er die vom Kläger zur Verfügung gestellten Anlage in Ordnung.

Den Vorabend des Auftritts verbrachte der Beklagte ab ca. 18.00 Uhr zusammen mit seiner Managerin Brigitte B. im Gasthof »Zum Prinzen«, wo er auch übernachtete.

Für Übernachtung, Speisen und Getränke zahlte der Kläger insgesamt 247,80 DM.

Die Speisen- und Getränkerechnung des Beklagten sowie seiner Managerin wies dabei unter anderem 11 Viertel Wein auf, darunter 9 Viertel Riesling.

Von der gesamten Weihnachts- und Geburtstagsfeier einschließlich des Auftritts des Beklagten wurde im Auftrag des Klägers ein Videoband angefertigt.

Nach dem Auftritt fand im Vorraum des Veranstaltungssaales ein Gespräch zwischen der Ehefrau des Klägers Brunhilde W., dessen Mitarbeiter Emil B., dem Beklagten und seiner Managerin statt. Dabei zahlte Brunhilde W. an die Managerin des Beklagten 10.000,– DM als Gage aus.

Mit Schreiben vom 18.12.1992 forderte der Kläger den Beklagten zur Rückzahlung der Gage von 10.000,– DM auf und führte zur Begründung an, der Auftritt sei in stark alkoholisiertem Zustand des Beklagten erfolgt.

Am 14.2.1993 erschien in der Bild-Zeitung ein Artikel, demzufolge der Beklagte bei dem Auftritt am 13./14.12.1992 »total besoffen« war und der Kläger die Gage von 10.000,– DM und 247,– DM Zeche zurückforderte.

Dem Artikel waren Telefonate des Reporters sowohl mit dem Beklagten wie auch mit dem Kläger vorausgegangen.

Nach Erscheinen des Artikels überließ der Kläger der Zeitung ein Exemplar des Engagementvertrages.

Die anwaltlichen Vertreter des Klägers machten mit Schreiben vom 5.3.1993 gegenüber dem Beklagten einen Anspruch auf Zahlung von Konventionalstrafe in Höhe von 10.000,– DM neben der Gagenrückforderung geltend (Anlage B 1 zu Bl. 12/31).

Auf Anforderung des Beklagten gab der Kläger eine Unterlassungserklärung ab, in der er sich unter anderem verpflichtete, den Gagenbetrag nicht weiter mitzuteilen und den über den Auftritt hergestellten Bild-Tonträger nicht zu verbreiten (Anlage B 2 zu Bl. 12/31).

Der Kläger trägt vor,

der Beklagte sei unter erheblichem Alkoholeinfluss gestanden, als er den Auftritt begann. Der Beklagte habe sich kaum auf den Füßen halten können, er sei getorkelt und habe gelallt und sei auf der Bühne gestürzt.

Obwohl »Playback« vertraglich vereinbart gewesen sei, habe der Beklagte zur Wiedergabe völlig falsch und außerhalb des vorgegebenen Taktes gesungen.

Die Playback-Anlage habe einwandfrei funktioniert, bei der Musik seien weder Übersteuerung noch starke Verzerrungen aufgetreten.

Der Kläger behauptet weiterhin, wegen der schlechten Qualität des Auftritts sei die Gage von 10.000,– DM nur unter dem Vorbehalt der Rückforderung bezahlt worden.

Der Kläger trägt vor, am 11.2.1993 habe der Beklagte in einem Telefonat ihm gegenüber geäußert, der Vorfall tue ihm leid, er schicke das Geld zurück.

Der Kläger ist der Ansicht, der Beklagte habe durch sein Verhalten den Engagementvertrag schuldhaft verletzt, so dass der Beklagte sowohl zur Zahlung einer Konventionalstrafe in Höhe von 10.000,– DM wie auch zur Rückzahlung der Gage und zum Ersatz der Übernachtungs- und Verzehrkosten verpflichtet sei.

Der Kläger beantragt,

> den Beklagten zu verurteilen, an den Kläger 20.247,80 DM nebst 10 % Zinsen aus 10.000,– DM seit 01. 01. 1993 und aus weiteren 10.247,80 DM seit 01. 04. 1993 zu bezahlen.

Der Beklagte beantragt,

> die Klage abzuweisen.

Der Beklagte trägt vor,

er habe seine Leistung in vollem Umfang erbracht. Soweit er vor seinem Auftritt alkoholische Getränke zu sich genommen habe, sei dies weniger als 1 Liter gewesen und habe keinerlei alkoholbedingte Ausfallerscheinungen zur Folge gehabt.

Der Beklagte behauptet, die Bühne habe sich als zu klein und ungeeignet für die Show des Beklagten erwiesen. Der zwischen der Bühne und dem eigentlichen Zuschauerraum liegende Aufgang sei lediglich ein Provisorium gewesen, so dass er sich einmal am Bühnengeländer habe festhalten müssen, um nicht zu stürzen.

Der Beklagte trägt weiter vor, der vom Kläger engagierte Tonmeister habe die Playback-Anlage nicht in gehöriger Form bedient. Generell sei dem Mikrophon des Beklagten zuviel Volumen beigegeben worden, so dass infolge Übersteuerung starke Verzerrungen aufgetreten seien, die die Musikqualität beeinträchtigt hätten.

Der Beklagte beantragt im Wege der Widerklage,

> den Kläger zu verurteilen, an den Beklagten einen Betrag in Höhe von 21.400,– DM nebst 4 % Zinsen seit Zustellung der Widerklage zu bezahlen.

Hierzu trägt der Beklagte vor, der Kläger sei nach dem schriftlichen Engagementvertrag zur Zahlung von 14 % Mehrwertsteuer verpflichtet.

Der Beklagte behauptet, der Kläger habe seine vertragliche Verpflichtung, das Gagengeheimnis zu wahren, dadurch verletzt, dass er den Reporter der Bild-Zeitung die Gagenhöhe von 10.000,– DM genannt habe.

Der Beklagte trägt weiter vor, der Kläger habe ohne sein Einverständnis ein Video vom Auftritt des Beklagten angefertigt und dieses Video der Redaktion des Zeitungsverlages Gong zum Betrag von 2.000,– DM zum Kauf angeboten.

Nach Ansicht des Beklagten ist dadurch die Zahlung einer Konventionalstrafe in Höhe von jeweils 10.000,– DM angefallen.

Der Kläger beantragt,

> die Widerklage abzuweisen.

Der Kläger trägt vor, aus dem Gespräch mit dem Reporter der Bild-Zeitung habe er entnommen, dass die Zeitung schon vor dem Anruf bei ihm mit dem Beklagten gesprochen habe und dass die Zeitung bereits über die Gage von 10.000,– DM unterrichtet gewesen sei.

Der Kläger behauptet weiterhin, die Videoaufnahmen seien lediglich für private Zwecke angefertigt worden, die Managerin des Beklagten habe auf Befragen hin ihr Einverständnis damit erklärt.

Der Kläger trägt vor, mit der Zahlung des Betrages von 10.000,– DM an den Beklagten habe die Sache erledigt sein sollen, auf die Mehrwertsteuer sei verzichtet worden.

Das Gericht hat Beweis erhoben aufgrund der Beweisbeschlüsse vom 11.11.1993 (Bl. 76/ 81 d.A.) und 28.2.1994 (Bl. 126/127 d.A.) durch uneidliche Vernehmung der Zeugen Brunhilde W., Emil B., G., E., B., J., D., W., Berg., Fell., u. H. sowie durch Inaugenscheinnahme des am 13./14.12.1992 angefertigten Videobandes vom Auftritt des Beklagten.

Wegen des Ergebnisses der Beweisaufnahme wird Bezug genommen auf die Sitzungsprotokolle vom 1.2.1994 (Bl. 93/115) und 15.3.1994 (Bl. 130/138) sowie auf das bei den Akten befindliche Videoband.

Auf die Einvernahme des Zeugen B. hat der Beklagte im Termin vom 15.3.1994 (Bl. 137) verzichtet.

Zur Ergänzung des Tatbestandes wird weiterhin im einzelnen Bezug genommen auf die zwischen den Parteien gewechselten Schriftsätze nebst Anlagen.

Entscheidungsgründe:

I.

Die Klage ist zulässig aber unbegründet.

1. Der Kläger hat gegen den Beklagten weder Anspruch auf Rückzahlung der Gage auf 10.000,– DM noch auf Ersatz der Übernachtungs- und Verzehrkasten von 247,80

DM weil eine mangelhafte Leistung, die den Kläger zur Minderung oder zum Schadensersatz berechtigen würde, nicht vorliegt, §§ 631, 634 I 3, II, 635 BGB.[295]

a) Der zwischen den Parteien geschlossene Engagementvertrag betreffend den Auftritt des Beklagten am 13./14.12.1992 ist als Werkvertrag gemäß § 631 I, II BGB zu qualifizieren. Der Beklagte als Hersteller verpflichtete sich zur Herbeiführung eines bestimmten künstlerischen Erfolges für den Kläger als Kunden im Austausch gegen die Leistung einer Vergütung. Gegenstand der Leistungspflicht des Beklagten war eine entgeltliche Wertschöpfung dadurch, dass er durch seine Arbeitsleistung für den Kläger das vereinbarte Werk – einen Auftritt über den Zeitraum von mindestens 30 Minuten, bei dem er einen Querschnitt seiner aus Fernsehen und Funk bekannten Lieder präsentieren sollte – schaffte. Geschuldet war vom Beklagten eine bestimmte künstlerische Wertschöpfung, wobei er seine Tätigkeit in eigener Verantwortung und unter Einsatz eigener Arbeitsmittel und Fachkenntnisse ausübte, nicht nur das bloße Tätigwerden als solches.

Da er als Solist der Veranstaltung diese tragen sollte und für deren Gelingen als solches verantwortlich war, ist das Engagement als Werkvertrag gemäß § 631 BGB und nicht als Dienstvertrag gemäß § 611 einzuordnen (vgl. Staudinger, vor § 631 BGB, Randnr. 30; Palandt, vor § 631 BGB, Randnr. 15). Unter der geschuldeten Herbeiführung eines bestimmten Erfolges als Wesensmerkmal des Werkvertrages ist dabei regelmäßig nur das unmittelbar durch die Tätigkeit des Unternehmers herbeizuführende Ergebnis, nicht auch der nach dem wirtschaftlichen Zweck erhoffte endgültige Erfolg zu verstehen.

b) Die vertraglich vereinbarte Werkleistung – Darbietung eines Querschnitts seiner bekannten Lieder – ist vom Beklagten erbracht und vom Kläger abgenommen worden, §§ 640, 646 BGB, so dass gemäß § 641 I BGB in Verbindung mit § 631 I 2. Halbsatz BGB der Kläger zur Entrichtung der vereinbarten Vergütung – 10.000,– DM zuzüglich 14 % Mehrwertsteuer – verpflichtet war.

Soweit unter Abnahme des vertragsmäßig hergestellten Werkes gemäß § 640 I BGB in der Regel die körperliche Hinnahme, verbunden mit der Erklärung des Bestellers, dass er das Werk als der Hauptsache nach vertragsgemäße Leistung anerkennt, zu verstehen ist, war beim Auftritt des Beklagten die Anerkennung nach der Beschaffenheit des Werkes ausgeschlossen, so dass an die Stelle der Abnahme die Vollendung des Werkes trat, § 646 BGB.

Die Vollendung des Werkes sowie die Zahlung der Gage von 10.000,– DM am Morgen des 14.12.1992 führten nicht zum Verlust der von Kläger behaupteten Minderungs- und Schadensersatzansprüche, da er sich bei Zahlung seine Rechte wegen der behaupteten Mängel vorbehalten hat.

Aufgrund der Zeugenaussagen B. und W. steht fest, dass die Ehefrau des Klägers, Brunhilde W., die von der Managerin des Beklagten, der Zeugin B., geforderte Gage von 10.000,– DM nur unter dem Vorbehalt der Rückforderung ausgezahlt hat. Der Zeuge gab insoweit übereinstimmend mit der Zeugin W. an, dass die Worte unter Vorbehalt gefallen seien, während die Zeugin B. nur angegeben hat, sie könne sich an derartige Worte nicht erinnern. Nach Aussage der Zeugin B. ist es

---

295 Heute §§ 631, 634 Nr. 3, 638 BGB (Minderung), §§ 634 Nr. 4, 636, 280, 281, 283, 311 a BGB (Schadensersatz).

allerdings möglich, dass die Zeugin W. von Vorbehalt bei der Auszahlung gesprochen hat. Dem steht auch nicht entgegen die von der Zeugin B. bekundete Äußerung des Klägers, man solle den Beklagten auszahlen, dann sei Ruhe, da diese Äußerung vor der Auszahlung gefallen sein soll und zum Vorfall selbst die Zeugin B. angab, vielleicht habe Frau W. bei der Auszahlung etwas von Vorbehalt geäußert.

c) Infolge der Abnahme trägt der Kläger die Beweislast für den Mangel der Werkleistung des Beklagten, diesen Beweis hat der Kläger nicht erbracht.

Die Behauptung des Klägers, der Beklagte habe sich kaum auf den Füßen halten können und sei auf der Bühne gestürzt, hat keiner der Zeugen bestätigt. Ebenso wenig, dass der Beklagte getorkelt sei. Hinsichtlich des Gesangs und der Sprechweise haben die vom Kläger benannten Zeugen übereinstimmend ausgesagt, dass der Beklagte zum Playback falsch gesungen hat, falsch dahingehend, dass er mit dem Rhythmus der Musik und dem von Band bzw. von der Kompakt-Disk kommenden Gesang nicht in Einklang war. Der Zeuge E. gab dazu beispielhaft an, der Beklagte habe seinen Rhythmus nicht gefunden, der Zeuge H. bezeichnete es als asynchronen Gesang. Der Zeuge W. gab dazu an, die Mundbewegungen hätten nicht gestimmt. Die Musikanlage wurde dabei von allen Zeugen als für in Ordnung geschildert. Zumindest konnten die Zeugen an den Abspielgeräten nichts Auffälliges feststellen.

Der Auftritt selbst wurde von den Zeugen unterschiedlich geschildert, einige der Zeugen, darunter auch die Zeugin Brunhilde W., gaben an, dass einige Lieder gut gekommen seien, andere schlechter.

Soweit die Zeugen angaben, der Beklagte habe Schwierigkeiten mit den Bewegungen gehabt bzw. sei unsicher gewesen, wurde ein Sturz von keinem der Zeugen bestätigt. Es verbleibt insoweit ein Ausrutscher des Beklagten am Geländer, als er die Treppe rauf oder runter ging und sich dabei gerade noch am Geländer abfing. Letzteres reicht für sich genommen nicht aus, um einen Mangel der Werkleistung des Beklagten zu beweisen, da dies im Rahmen eines jeden Auftrittes passieren kann. Soweit die vom Kläger benannten Zeugen weitgehend übereinstimmend angegeben haben, ihrem Eindruck nach sei der Beklagte unter Alkohol oder möglicherweise unter Medikamenteneinfluss gestanden, worauf auch der »falsche« bzw. »unrhythmische« Gesang zum Playback zurückzuführen sei, wird dies durch das vom Beklagten vorgelegte Videoband (auf dem der gesamte Auftritt des Beklagten aufgezeichnet ist) nicht bestätigt.

Auch unter Berücksichtigung dessen, dass das Videoband nach Aussage des Zeugen H. aus einer Entfernung von 30 m aufgenommen wurde, kann das Gericht eine mangelhafte Werkleistung des Beklagten nicht entnehmen. Auf dem Video selbst ist weder ein Torkeln des Beklagten noch ein lallender Gesang ersichtlich, ebenso wenig ein asynchroner Gesang. Insoweit ist auch die Aussage der Zeugin B. zu berücksichtigen, wonach dem Mikrophon des Beklagten zuviel Volumen beigegeben war, was zu Übersteuerungen geführt habe. Diese Aussage des vom Kläger benannten Zeugen F., der an dem Abend als Tonmeister tätig war und der angab, er habe das Mikrophon am Nachmittag auf Halbplayback eingestellt, während am Abend Vollplayback, d.h. Musik und Gesang, abgespielt worden sei. Eine Reduzierung des Mikrophonvolumens fand nach Aussage des Zeugen F. nicht statt.

Insoweit gab auch der Zeuge H. an, dass, nachdem der Beklagte zu dem Vollplayback sang, eine Verriegelung der Anlage angebracht gewesen sei.

Es mag sein, dass der Auftritt des Beklagten nicht – so wie auch von einigen Zeugen bekundet – wie im Fernsehen war, und dass der Auftritt, nicht zuletzt infolge des vom Beklagten unstreitig zuvor genossenen Alkohols, einige Schwächen aufwies; Fehler, die den Wert oder die Tauglichkeit für den gewöhnlichen oder nach dem Vertrag vorausgesetzten Gebrauch aufgehoben oder gemindert haben, liegen nach dem Ergebnis der Beweisaufnahme unter Berücksichtigung der Zeugenaussagen und des Videobandes nicht vor.

Da der Kläger den ihm obliegenden Beweis für eine mangelhafte Leistung gemäß den §§ 633, 631 BGB nicht erbracht hat, stehen ihm weder Schadensersatz- noch Minderungsansprüche hinsichtlich der Gage noch auf Ersatz der Übernachtungs- und Verzehrkosten zu.

2. Der Kläger hat gegen den Beklagten keinen Anspruch auf Zahlung einer Vertragsstrafe in Höhe von 10.000,– DM gemäß den §§ 339, 340, 341 BGB in Verbindung mit § 6 des Vertrages, weil bereits eine schuldhafte Vertragsverletzung durch den Beklagten aus den unter Ziffer 1. genannten Gründen nicht bewiesen ist.

Im übrigen spricht der Wortlaut von § 6 des Engagementvertrags dafür, dass die Konventionalstrafe für den Fall der gänzlichen oder teilweisen Nichterfüllung der Verbindlichkeit vereinbart worden ist, da sich die Strafhöhe ganz eindeutig an der vereinbarten Gage von 10.000,– DM orientiert und weitere Ansprüche für beide Seiten ausgeschlossen wurden.

Da der Beklagte seine Verbindlichkeit – Absolvierung eines Auftrittes von 30 Minuten unter Darbietung eines Querschnitts seiner Lieder – erfüllt hat, wenn auch aus Sicht des Klägers – nicht ordnungsgemäß, ist das Strafversprechen gemäß § 6 des Vertrages unanwendbar (vgl. Palandt, § 340 BGB, Rn. 3, Rn. 5).

Selbst wenn ein Strafversprechen für nicht gehörige Erfüllung vereinbart worden sein sollte, wovon das Gericht nicht ausgeht, §§ 341, 133, 157 BGB, steht dem Kläger ein Anspruch auf Vertragsstrafe gemäß § 341 I BGB nicht zu, da er sich bei Annahme der Erfüllung das Recht auf die Vertragsstrafe nicht vorbehalten hat, § 341 III BGB. Dieser Vorbehalt hätte spätestens bei Auszahlung der Gage erklärt werden müssen, derartiges trägt der Kläger bereits nicht vor.

II.

Die Widerklage ist zulässig, § 33 ZPO, aber nur zu einem geringen Teil begründet.

1. Der Beklagte hat gegen den Kläger Anspruch auf Zahlung von 1.400,– DM Mehrwertsteuer nebst 4 % Zinsen hieraus seit Zustellung der Widerklage am 9.8.1993 gemäß den §§ 631 I 2. Halbsatz, 291, 288 I BGB in Verbindung mit § 4 des Engagementvertrages.

In § 4 des zwischen den Parteien unstreitig unterzeichneten Engagementvertrages war vereinbart, dass zusätzlich zu der Gage von 10.000,– DM die gesetzliche Mehrwertsteuer von damals 14 %, 1.400,– DM, zu zahlen war. Die Endsumme wurde in dem Vertrag ausdrücklich mit 11.400,– DM ausgewiesen. Soweit der Kläger vorgetragen hat, der Beklagte habe, vertreten durch seine Managerin Brigitte B., auf die Geltendmachung der Mehrwertsteuer wegen der schlechten Qualität des Auftritts verzichtet, hat der Kläger den ihm obliegenden Beweis für diesen Verzicht nicht erbracht.

Beweispflichtig für den Verzicht des Beklagten auf die Forderung ist der Kläger als Schuldner (vgl. Palandt, § 397 BGB, Rn. 3).

Der Erlass der Schuld erfordert einen Vertrag zwischen dem Kläger und dem Beklagten, wobei der Vertrag auch durch schlüssige Handlung zustande kommen kann. Erforderlich ist jedoch stets ein rechtsgeschäftlicher Wille, die Forderung zu erlassen.

Ein derartiger Wille ergibt sich weder aus den Aussagen der Zeugen Brunhilde W. und Emil B. noch aus der Aussage der auf Beklagtenseite beteiligten Zeugin B.

Der Zeuge B. gab an, von Mehrwertsteuer sei in seiner Gegenwart nicht die Rede gewesen, die Managerin des Beklagten habe allerdings »nur« die Zahlung von 10.000,– DM verlangt. Auch die Zeugin Brunhilde W. gab an, von Mehrwertsteuer sei bei Zahlung der Gage nicht gesprochen worden. Diese Aussagen bestätigte die Zeugin Brigitte W., gab allerdings an, sie habe nach den Diskussionen zwischen den Parteien über die Qualität dieses Auftritts an die Mehrwertsteuer nicht gedacht.

Es fehlt somit auf Seiten des Beklagten, der bei den Gagenverhandlungen durch seine Managerin vertreten war, § 164 I BGB, an dem rechtsgeschäftlichen Willen, die Forderung zu erlassen. Auch liegt kein unzweideutiges Verhalten vor, das vom Kläger als Erklärungsgegner als Aufgabe des Rechts verstanden werden konnte.

2. Der Beklagte hat gegen den Kläger keinen Anspruch auf Zahlung von 10.000,– DM Vertragsstrafe gemäß § 341 I BGB in Verbindung mit § 6 des Vertrages wegen unbefugter Anfertigung eines Videobandes vom Auftritt des Beklagten, da die Vertragsstrafenregelung in § 6 des Engagementvertrages nicht für den Fall der nicht gehörigen Erfüllung, sondern für den Fall der Nichterfüllung vereinbart wurde, §§ 340, 133, 157 BGB. Im Übrigen fehlt es auch insoweit an einer schuldhaften Vertragsverletzung durch den Kläger, da das Videoband nach den Zeugenaussagen von Brunhilde W., Emil B. und Brigitte B. im Einverständnis mit letzterer angefertigt wurde und im Übrigen auch rein privaten Zwecken diente. Soweit der Beklagte behauptet hat, der Kläger habe das Videoband der Zeitungsredaktion des Gong-Verlages zum Preis von 2.000,– DM zum Kauf angeboten, hat er den Beweis für diese Behauptung nicht angetreten, sondern auf die Einvernahme des Zeugen B. verzichtet.

3. Der Beklagte hat gegen den Kläger auch keinen Anspruch auf Zahlung einer Vertragsstrafe von 10.000,– DM wegen Verletzung des Gagengeheimnisses gemäß § 4 Engagementvertrages, weil die Vertragsstrafe für den Fall der Nichterfüllung, § 340 BGB vereinbart wurde (siehe oben) und im Übrigen der Beklagte den Beweis für eine Vertragsverletzung durch den Kläger nicht angetreten hat. Unstreitig ging dem Telefonat des Klägers mit dem Reporter der Bild-Zeitung ein Telefongespräch des Beklagten mit diesem voraus, in dem der Beklagte bereits Angaben zur Forderung bzw. zur Gage gemacht hat.

Die Kostenentscheidung beruht auf § 92 I ZPO.

Vorläufige Vollstreckbarkeit: §§ 708 Nr. 11, 711, 713 ZPO.

4. Teil: Musterverträge

I. Muster eines Veranstaltungsvertrages (Mietvertrag)

Veranstaltungsvertrag

zwischen

1.

    – nachfolgend GmbH genannt –

und

2.

    – nachfolgend Veranstalter genannt –

zur Durchführung der Veranstaltung

§ 1

Die GmbH vermietet am

folgende Räumlichkeiten:

unter Anerkennung und Zugrundelegung der Allgemeinen Vertragsbedingungen in der Anlage.

§ 2

Für die Inanspruchnahme der Leistungen der GmbH nach § 1 zahlt der Veranstalter für die allgemeinen und technischen Dienstleistungen Entgelte nach den zum Zeitpunkt der Durchführung der Veranstaltung geltenden Tarifen und im Umfang der tatsächlichen Inanspruchnahme.

Der Mietpreis beträgt

Weitere Nebenleistungen bei Bedarf lt. vor bzw. beiliegenden €-Preislisten.

§ 3

Die GmbH sichert die gastronomische Bewirtschaftung dieser Veranstaltung zu, indem sie ein Angebot an den Veranstalter gibt.

Art und Umfang der gastronomischen Versorgung der Veranstaltung bedarf einer gesonderten Vereinbarung.

§ 4

Alle Leistungsentgelte sind Nettopreise, neben denen die Umsatzsteuer in der jeweils geltenden gesetzlichen Höhe ausgewiesen wird und zu entrichten ist. In jedem Falle wird die GmbH vom Recht der Option nach § 9 UStG Gebrauch machen.

§ 5

Alle Ansprüche des Veranstalters gegen die GmbH verjähren innerhalb von 6 Monaten. Die Verjährung beginnt mit dem Ende des Monats, in den das Ende der Veranstaltung fällt.

§ 6

1. Nebenabsprachen sind nicht getroffen.

2. Sollten einzelne Bestimmungen dieses Vertrages unwirksam sein oder werden, so sollen die übrigen Bestimmungen davon nicht berührt werden. Die sich möglicherweise ergebenden Lücken sollen nach Sinn und Zweck des Vertrages ausgeführt werden.

§ 7

Erfüllungsort und Gerichtsstand ist   Es gilt das Recht der Bundesrepublik Deutschland.

_____

_____   _____
Für die GmbH   Der Veranstalter

Allgemeine Vertragsbedingungen

1. Das Entgelt gem. § 2 Ziff. 3 des Vertrages ist auf Verlangen spätestens 14 Tage vor Beginn einer Veranstaltung auf ein Konto der GmbH unter Angabe der Vertragsnummer einzuzahlen. Bei Überschreitung der Inanspruchnahme erfolgt eine Nachberechnung, wobei jede angefangene Stunde als volle Stunde berechnet wird.

2. Will der Veranstalter bei seiner Veranstaltung Einrichtungen oder Leistungen zusätzlich in Anspruch nehmen, so hat er vor der Inanspruchnahme die Zustimmung der GmbH einzuholen. Diese zusätzliche Vereinbarung wird Bestandteil des Vertrages. Aus etwaigen Terminvornotierungen kann der Antragsteller kein Recht herleiten.

3. Für Veranstaltungen, die nicht spätestens 6 Wochen vor ihrem festgesetzten Termin abgesagt oder verlegt werden, sind die vollen Entgelte nach § 2 Ziff. 3 zu entrichten, sofern nicht eine anderweitige Verwendung der Räume möglich ist.

4. Die GmbH ist berechtigt, von dem Veranstalter eine Sicherheitsleistung in Höhe von DM _____ zu fordern. Wird Sicherheitsleistung verlangt und weist der Veranstalter nicht rechtzeitig vor der Veranstaltung die Zahlung des geforderten Betrages an die GmbH nach, so ist die GmbH von allen Verpflichtungen aus diesem Veranstaltungsvertrag ohne Anspruch des Veranstalters auf Leistung von Schadenersatz entbunden.

5. Die GmbH ist berechtigt, vom Vertrag zurückzutreten, wenn
   a) der Veranstalter das Entgelt nach § 2 Ziff. 3 nicht fristgerecht entrichtet oder in anderer Weise gegen Bestimmungen dieses Veranstaltungsvertrages verstößt. Als Verstoß gegen den Veranstaltungsvertrag gelten auch unvollständige oder täuschende Angaben des Veranstalters über die Art und den geplanten Ablauf der Veranstaltung;
   b) der Nachweis der evtl. erforderlichen Genehmigungen, Anmeldungen usw. nicht erbracht wird;
   c) außerordentliche Umstände es im öffentlichen Interesse erfordern;
   d) durch höhere Gewalt die Vertragsleistungen nicht zur Verfügung gestellt werden können.

6. Die technischen Einrichtungen dürfen nur vom Personal der GmbH bedient werden. Für Versagen irgendwelcher Einrichtungen oder sonstige die Veranstaltung beeinträchtigende Ereignisse haftet die GmbH nicht.

7. Die Räume und Einrichtungen befinden sich in ordnungsgemäßem Zustand, wovon sich der Veranstalter bei der Übergabe überzeugt hat. Evtl. Beanstandungen sind sofort der Hausverwaltung der GmbH zu melden. Nachträgliche Beanstandungen können nicht mehr geltend gemacht werden.

8. Irgendwelche Veränderungen oder Einbauten an vorhandene Einrichtungen und Anlagen der Stadthalle bedürfen der vorherigen schriftlichen Erlaubnis und gehen zu Lasten des Veranstalters. Dieser trägt auch die Kosten für die Wiederherstellung des ursprünglichen Zustandes. Für samtliche vom Veranstalter eingebrachten Gegenstände übernimmt die GmbH keine Haftung; sie lagern ausschließlich auf Gefahr des Veranstalters in den ihm zugewiesenen Räumen. Der Veranstalter hat die Pflicht, mitgebrachte Gegenstände nach der Veranstaltung unverzüglich zu entfernen. Nicht abgeholte Gegenstände können auf Kosten des Veranstalters verwertet oder vernichtet werden.

9. Der Veranstalter trägt das gesamte Risiko der Veranstaltung einschließlich ihrer Vorbereitung und nachfolgenden Abwicklung. Der Veranstalter haftet insbesondere für alle durch den Veranstalter, dessen Beauftragte, Gäste oder sonstige Dritte im Zusammenhang mit der Veranstaltung auf dem Grundstück der Stadthalle verursachten Personen- und Sachschäden und befreit die GmbH und die Grundstückseigentümerin von allen Schadensersatzansprüchen, die im Zusammenhang mit der Veranstaltung geltend gemacht werden können. Deshalb ist er verpflichtet, eine ausreichende Haftpflichtversicherung abzuschließen, deren Bestehen der GmbH auf Verlangen nachzuweisen ist.

10. Alle für Veranstaltungen erforderlichen behördlichen Genehmigungen sind vom Veranstalter rechtzeitig zu erwirken. Vergnügungssteuerpflichtige Veranstaltungen sind rechtzeitig bei der städtischen Steuerabteilung (Markt 1) anzumelden. Anmeldung und Zahlung von Gema-Gebühren sind Angelegenheit des Benutzers. Musikaufnahmen bedürfen der vorherigen Erlaubnis durch die Gema.

11. Die bau- und feuerpolizeilichen Sicherheitsbestimmungen sind vom Veranstalter zu beachten. Feuerwachen und Personal für die Unfallhilfsstelle werden von der GmbH angefordert und dem Veranstalter in Rechnung gestellt.

12. Zur Ausschmückung dürfen nur schwer entflammbare oder mittels eines amtlich anerkannten Imprägnierungsmittels schwer entflammbar gemachte Gegenstände verwendet werden. Die Gegenstände müssen mindestens nach den DIN-Vorschriften 4102 schwer entflammbar sein. Bei wiederholtem Gebrauch von benutzten Ausschmückungsgegenständen hat der Veranstalter durch ein Prüfungszeugnis des TÜV nachzuweisen, daß die Sicherheitsvorschriften noch den DIN-Vorschriften entsprechen. Die Gänge und Notausgänge, die Notbeleuchtung, Feuerlöscheinrichtungen und Feuermelder dürfen nicht verstellt und verhängt werden.

13. Das Kontrollpersonal, Garderoben- und Toilettendienst wird nur von der GmbH gestellt und geht zu Lasten des Veranstalters. Die Toilettenanlagen sind mit Personal zu besetzen Die dadurch entstehenden Kosten trägt der Veranstalter.

14. Jede Art von Werbung und Verkauf in und an der Stadthalle und auf dem umgebenden Gelände bedarf in allen Fällen der besonderen Erlaubnis der GmbH.

15. Der Veranstalter darf keine Fotografen zum Zwecke gewerblicher Aufnahmen bei den Veranstaltungen zulassen oder sonstige Gewerbeausübungen in den Räumen dulden, soweit nicht die GmbH vorher ausdrücklich zugestimmt hat. Die Zulassung eines Pressefotografen ist Angelegenheit des Veranstalters.

16. Gastronomische Fragen sind unmittelbar mit der Geschäftsführung der Stadthallengastronomie zu regeln.

17. Das Personal der Stadthalle, der Restaurants, der Unfallhilfsstelle sowie Polizei, Feuerwehr und Kontrollpersonal dürfen in Ausübung ihrer Arbeit nicht behindert werden. Sie haben Zutritt zu allen Räumen. Die im Bestuhlungsplan besonders ausgewiesenen Plätze sind als Dienstplätze für Beauftragte der GmbH, für die Polizei, die Feuerwehr und den Sanitätsdienst freizuhalten.

18. Der Veranstalter darf bei allen Veranstaltungen nicht mehr Karten ausgeben, als der Bestuhlungsplan Plätze ausweist. Jede vom Veranstalter gewünschte Veränderung des Bestuhlungsplans bedarf der Zustimmung der GmbH. Stehplätze sind nicht zugelassen.

19. In den Sälen der Stadthalle darf Garderobe irgendwelcher Art nicht abgelegt werden. Hierzu ist vielmehr stets die Kleiderablage zu benutzen. Es besteht Garderobenzwang. Die Garderobengebühr ist nach Maßgabe der aushängenden Tarifes von den Besuchern unmittelbar zu entrichten. Der Veranstalter hat dafür zu sorgen, daß die Pflicht zur Garderobenablage von den Besuchern beachtet wird.

20. Rundfunk-, Fernseh-, Tonband- und Schallplattenaufnahmen bedürfen der Zustimmung der GmbH.

21. Der Veranstalter verpflichtet sich, bei öffentlichen Veranstaltungen im Europasaal 12 Karten, im Kongress-Saal 6 Karten und im Niedersachsensaal 4 Karten der ersten Kategorie an die Osnabrücker Veranstaltungs- und Kongress GmbH kostenlos abzugeben. Bei Tischbestuhlung stehen der GmbH im Europasaal 10 Plätze, im Kongress-Saal 6 Plätze und im Niedersachsensaal 4 Plätze zu.

II. Muster eines DJ-Vertrages

Vertrag

Zwischen: Name

Vorname

Anschrift

Telefon

Fax

E-Mail

(im folgenden **Künstler** genannt)

und

Name

Vorname

Anschrift

Telefon

Fax

E-Mail

(im folgenden **Veranstalter** genannt)

§ 1 Vertragsgegenstand

Vertragsgegenstand ist der DJ-Auftritt von: ....

Im Veranstaltungsort: Discothek ....

Am: ....

Um (Performance-Beginn): ....

§ 2 Leistungen des Künstlers

1. Der Künstler verpflichtet sich zu einer Spieldauer von mindestens 2 Stunden.

2. Die künstlerische Gestaltung bleibt dem Künstler vorbehalten.

3. Künstler- und Sozialversicherung trägt der Künstler selbst.

4. Des weiteren verpflichtet sich der Künstler, Umsatz- und Einkommensteuer selbst abzuführen.

5. Kommt der Künstler infolge Krankheit seinen Verpflichtungen nicht nach, so entfällt sein Vergütungsanspruch.

§ 3 Leistungen des Veranstalters

1. Transfer

   Der Veranstalter zahlt Reisekosten in Höhe von:

2. Vergütung

   Der Veranstalter zahlt dem Künstler eine Gage von

   .... EUR. Zzgl. MWSt.

   Die Auszahlung des Gesamtbetrages von .... EUR

   erfolgt unmittelbar vor/nach der Performance

3. Technische Anlage

   Der Veranstalter verpflichtet sich, folgende Geräte bereitzustellen:
   – 2 Technics Plattenspieler MK 2 SL 1210
   – Mixer mit Crossfader
   – Monitorbox für den DJ

4. Konzertpromotion

   Der Veranstalter sorgt für intensive lokale Werbung und informiert die Medien (Presse, Rundfunk, TV).

§ 4 Vertragsstrafe

Sollte einer der Vertragspartner seinen in diesem Vertrag genannten Verpflichtungen ganz oder teilweise nicht nachkommen, so zahlt der Schuldige eine Konventionalstrafe in Höhe von .... EUR (entspricht der Höhe der Gage). Ausgenommen sind Fälle von höherer Gewalt, wie sie im BGB definiert sind.

§ 5 Gerichtsstand

Der Gerichtsstand ist am Ort des Veranstalters.

Ort, Datum   Ort, Datum

Künstler   Veranstalter

III. Muster eines Engagement-Vertrages

<u>ENGAGEMENTVERTRAG</u>

zwischen dem Künstler

vertreten durch :

und dem Veranstalter :

§ 1

Der Künstler wird vom Veranstalter für folgenden Auftritt verpflichtet

Auftritt am : **Freitag**

Auftrittsart : **Stargastspiel**

Stadt :

Ort :

Strasse/Platz : - bitte ergänzen -

Zeit : **ca. 23.00 Uhr – ca. 23.45 Uhr**

Ansprechpartner : s.o.

Tel. : s.o.

Verantwortlicher Techniker : - bitte ergänzen - Handy- Nr.: - bitte ergänzen -

Der Auftritt wird mit Halbplayback ohne eigene Anlage durchgeführt.

§ 2

Es wurde folgende, vom Veranstalter zu zahlende, Vergütung vereinbart.

Gage :	**EURO**
Fahrtkosten/Hotelpauschale :	**EURO**
+ 16 % Mwst. :	**EURO**
Gesamtbetrag :	**EURO**

Der Gesamtbetrag wird <u>vor</u> dem Auftritt <u>in bar</u> (große Scheine /keine Schecks) an den Künstler ausgezahlt.
Das Gagengeheimnis ist zu wahren.

§ 3

Zu zahlende Beiträge bei der Künstlersozialkasse (4 % der Nettogage)
sowie anfallende GVL-+GEMA-Gebühren, werden vom Veranstalter angemeldet und gezahlt.

§ 4

Der Künstler ist in der Gestaltung seines Programmes frei.
Dies betrifft insbesondere die Auswahl der genauen Auftrittsstelle innerhalb des Saales oder der Discothek.

§ 5

Weder der Veranstalter, noch andere Personen dürfen ohne <u>schriftliche</u> Zustimmung
des Künstlers Mitschnitte auf Ton- oder Bildträgern vornehmen.

§ 6

Im Falle einer schuldhaften Vertragsverletzung wird eine gegenseitige Konventionalstrafe
in Höhe der vereinbarten Gage bestimmt. Weitere Ansprüche sind für beide Seiten ausgeschlossen.

§ 7

Für den Fall, daß der Künstler wegen Krankheit oder aus anderen Gründen, die er nicht zu verantworten hat,
nicht auftreten kann, wird er -jedoch ohne Anerkennung einer Rechtspflicht -bemüht sein, entsprechenden Ersatz zu finden.
Außerdem wird er dem Veranstalter innerhalb schnellstmöglicher Zeit den Abschluß
eines Engagementvertrages zu gleichen Konditionen angeben.

IV. Muster eines Konzertvertrages

KONZERTVERTRAG

zwischen V1,   – Künstler –

vertreten durch

und V2,   – Veranstalter –

vertreten durch

1. V2 verpflichtet V1 zu einem Konzert am   in der Zeit zwischen 22.00 Uhr und 24.00 Uhr auf der
. Die Spielzeit beträgt 75 Minuten. Genaue Zeiten regelt Punkt 7.

2. Als Gage zahlt V2 an V1 einen feststehenden Betrag in Höhe von

   _____

   Die Gage ist dem Vertreter von V1 unmittelbar nach dem Konzert in bar abzugsfrei auszuzahlen. Über die finanziellen Vereinbarungen ist seitens beider Vertragspartner gegenüber Dritten absolutes Stillschweigen zu wahren. V1 versteuert sein Einkommen selbst.

3. Die Gebühren urheberrechtlich geschützter Werke (GEMA) sowie die anfallenden Künstlersozialversicherungsbeiträge (KSK) zahlt V2.

4. V2 stellt ein ausreichendes PA-System sowie eine Lichtanlage inkl. Bedienung laut beigefügter Technischer Bühnenanweisung durch die Firma . . . .
. . . . , Tel. . . . . ,
Fax . . . . , mobil . . . . zur Verfügung und trägt die Kosten.
Die Technische Bühnenanweisung ist Bestandteil dieses Vertrages und wird duch dessen Unterschrift anerkannt.

5. V2 stellt eine feste, schwingungsfreie Bühne zur Verfügung.

6. V2 garantiert einen einwandfreien Anfahrtsweg mit dem LKW, problemlosen Equipmenttransport vom LKW zum Auftrittsort sowie ausreichende Parkmöglichkeiten.

7. Für das Engagement gelten folgende Zeiten:

Aufbau Band:	Uhr
Show zwischen:	22.00 Uhr bis 24.00 Uhr (nach Absprache)
Spielzeit:	75 Min.

8. V2 trägt das betriebliche und persönliche Risiko für die Abwicklung der Veranstaltung. V2 verpflichtet sich, die Veranstaltung mit der notwendigen Sorgfalt vorzubereiten und versichert, daß der Durchführung der Veranstaltung keinerlei gesetzliche Vorschriften, insbesondere ordnungs- und baupolizeiliche, entgegenstehen.

9. V2 verpflichtet sich, sämtliche Werbemaßnahmen für das bevorstehende Konzert zu organisieren, insbesondere Plakatierung, Benachrichtigung der regionalen Presse und infragekommender Rundfunksender. V2 erhält kostenlos 7 Bandinfos, 7 Pressefotos sowie 5 Plakate.

10. . . .

11. V1 erhält während der Dauer der Veranstaltung freie Getränke im Rahmen des Üblichen (Mineralwasser, Bier, Kaffee) und eine warme Mahlzeit. V2 stellt V1 nach dessen Ankunft eine Garderobe zur Verfügung.

12. V2 reserviert   Übernachtungen   mit Frühstück vom   auf den   und trägt die Kosten. Hoteladresse: . . . . , Tel. . . . .

13. Im Falle eines schuldhaften Nichteinhaltens einzelner Vertragspunkte, die ein Zustandekommen des vereinbarten Auftrittes verhindern, wird eine gegenseitige Konventionalstrafe in Höhe der vereinbarten Bruttogage vereinbart.

, den   , den

. . . .
V1   V2

242

V. Mustervertrag DMAG

Beginn der Aufplanung:	01.10.2008	Zurück an Fax:	
Frühbucherpreis bis:	**15.09.2008**	Return to fax:	**+49 511 89-36612**
Space layout planning begins:	October 01, 2008		
Reduced fee until:	**September 15, 2008**		

Ihre Ansprechpartner / Your personal contact

■ Anmeldung und Anerkennung der Teilnahmebedingungen

Wir melden uns zur Teilnahme an der **HANNOVER MESSE 2009** an und bitten um Vermietung einer Standfläche, alternativ eines fair-package. Die beiliegenden Teilnahmebedingungen zur **HANNOVER MESSE 2009** erkennen wir in allen Punkten an.

■ Registration and acceptance of the Conditions for Participation

We hereby register to participate at **HANNOVER MESSE 2009** and apply for the rental of stand space or a fair package. We acknowledge and accept all the attached Conditions for Participation in **HANNOVER MESSE 2009**.

Firmenname
Company name ....

Gebäude - Etage
Building - Floor ....

Straße
Street ....

Nation - PLZ - Ort
Country code - Postcode - City .... | .... | ....

Postfach - PLZ
P.O. Box - Postcode .... | ....

☎ .... FAX ....

Internet-Adresse
Internet address ....

Firmen-eMail
Company eMail ....

Inhaber - Geschäftsführer
Owner - Managing Director ....

Sitz der Muttergesellschaft (Nation)
Location of head-office (country code) .... Bitte prüfen / eintragen
Please verify / enter ☐ nicht vorhanden
not applicable

Ansprechpartner / Contact person

**Marketingleiter/in
Marketing Manager** ....

☎ .... FAX ....

Mobiltelefon-Nr.
Mobile phone no. ....

eMail ....

**Messeabwicklung
trade fair matters** ....

Stellung
Position ....

☎ .... FAX ....

Mobiltelefon-Nr.
Mobile phone no. ....

eMail ....

....
Ort / Datum
Place / Date

....
Stempel / Rechtsverbindliche Unterschrift
Stamp / Legally binding signature

A1

Ɛ Deutsche Messe
Hannover · Germany
Messegelände · 30521 Hannover

Beginn der Aufplanung: 01.10.2008   Zurück an Fax: **+49 511 89-36612**
Frühbucherpreis bis: 15.09.2008   Return to fax:
Space layout planning begins: October 01, 2008
Reduced fee until: September 15, 2008   Ihre Ansprechpartner / Your personal contact

■ **Alternative 1:**   ■ **Option 1:**
Wir bestellen eine Standfläche   **Order placement for stand space**

☐ Flächenwunsch **ohne** Standbau
   Stand space **without** stand construction

| Halle | Freigelände | Frontbreite | Tiefe | Gesamtfläche | Freie Seiten |
| Hall | Open-air site | Front width | Depth | Total area | Open sides |

.... m x .... m = ... m²   1 ☐ 2 ☐ 3 ☐ 4 ☐

☐ **Wir wünschen den alten Standort beizubehalten**   **Maximale Bodenbelastung/m²:**
   We wish to retain our old stand location   **Max. floor load/m²:** ....

| Halle | Stand-Nr. |
| Hall .... | Stand No. .... |

Besonderheiten:
Special requests: ....

Die Preise ergeben sich aus den Teilnahmebedingungen Teil I (Preise und Zahlungstermine).
The fees are listed in the Conditions for Participation Part I (Fees and Payment Due Dates).

■ **Alternative 2:**   ■ **Option 2:**
Wir bestellen ein fair-package   **Order placement for fair package**

☐ „Classic"   ☐ „Comfort"   ☐ „Premium"

Das Angebot beinhaltet Standfläche, Standbau und weitere wichtige Serviceleistungen gemäß den zusätzlichen Bedingungen für
fair-package zur HANNOVER MESSE 2009 (siehe Teilnahmebedingungen Teil IV).
Die Preise ergeben sich aus den Teilnahmebedingungen Teil I (Preise und Zahlungstermine).

This offer includes the stand space, stand construction and additional key services in accordance with the Specific Conditions for
fair package at HANNOVER MESSE 2009 (Please see the Conditions for Participation Part IV).
The fees are listed in the Conditions for Participation Part I (Fees and Payment Due Dates).

Flächenwunsch inkl. Standbau und Serviceleistungen / Stand space required, incl. stand construction and services:

| Halle | Freigelände | Frontbreite | Tiefe | Gesamtfläche | Freie Seiten |
| Hall | Open-air site | Front width | Depth | Total area | Open sides |

.... min. .... m x min. .... m = ... m²   1 ☐ 2 ☐ 3 ☐ 4 ☐

Besonderheiten:
Special requests: ....

A2.1

🔗 | **Deutsche Messe**
   Hannover · Germany
Messegelände · 30521 Hannover

....
Ort / Datum   Stempel / Rechtsverbindliche Unterschrift
Place / Date   Stamp / Legally binding signature

Beginn der Aufplanung: 01.10.2008
Frühbucherpreis bis: **15.09.2008**
Space layout planning begins: October 01, 2008
Reduced fee until: **September 15, 2008**

Zurück an Fax:
Return to fax: **+49 511 89-36612**

Ihre Ansprechpartner / Your personal contact

■ **Weitere erforderliche Angaben**   ■ **Additional required information**

Gewünschte Sprachversion / Correspondence language preferred

für Standbestätigung, Serviceangebot
for stand confirmation, services manual   ☐ **deutsch**   ☐ **English**

Unternehmensart / Type of company

☐ Hersteller   ☐ Importeur   ☐ Großhändler   ☐ Verband   ☐ Organisator einer Gruppenbeteiligung
    Manufacturer   Importer   Wholesaler   Association   Organizer of group participation

☐ Sonstige (bitte angeben)
    Other   (please specify) ....

Ausstellungsgüter (Produkte bitte detailliert eintragen; dient ausschließlich der thematischen Hallenzuordnung)
Exhibits (please specify your products to help us to place your company in the most appropriate hall)

Eigenherstellung
Own production
ja/yes   nein/no

☐   ☐
☐   ☐
☐   ☐
☐   ☐
☐   ☐
☐   ☐
☐   ☐
☐   ☐

Unsere Produkte sind dem folgendem Ausstellungsbereich zuzuordnen:
Our products belong to the following exhibition categories:

☐ INTERKAMA +   ☐ Digital Factory

☐ Factory Automation   ☐ Subcontracting

☐ Industrial Building Automation   ☐ ComVac

☐ MDA – Motion, Drive & Automation   ☐ Surface Technology

☐ Energy   ☐ MicroTechnology

☐ Wind   ☐ Research & Technology

☐ Power Plant Technology

Für Ihre Anmeldung senden Sie uns die unterschriebenen Formulare A1, A2.1 und A2.2 auf jeden Fall zurück. Die Formulare A3 und A4 werden nur benötigt,

... wenn Sie **abweichende Adressen** für einen Bevollmächtigten / Beauftragten oder für die Rechnungstellung wünschen **(A3)** oder

... wenn Sie **Mitaussteller** anmelden wollen **(A4)**.

To register you must sign and return forms A1, A2.1 and A2.2.

Forms A3 and A4 are required only in the following cases:

... If you are supplying a **different address** for an authorized representative or a different invoice recipient **(A3)**.

... If you are registering one or more **co-exhibitors (A4)**.

A2.2

Ϛ | Deutsche Messe
     Hannover · Germany
Messegelände · 30521 Hannover

....
Ort / Datum   Stempel / Rechtsverbindliche Unterschrift
Place / Date   Stamp / Legally binding signature

Beginn der Aufplanung:	01.10.2008	Zurück an Fax:	**+49 511 89-36612**
Frühbucherpreis bis:	**15.09.2008**	Return to fax:	
Space layout planning begins:	October 01, 2008		
Reduced fee until:	**September 15, 2008**	Ihre Ansprechpartner / Your personal contact	

■ Bevollmächtigter / Beauftragter

☐ Wir haben das nachfolgend genannte Unternehmen bevollmächtigt, für uns die Standbestätigung in Empfang zu nehmen, sowie für uns **rechtsverbindlich** Serviceleistungen über alle zur Verfügung stehenden Medien (Faxbestellung und/oder OBS+) zu bestellen und sonstige Erklärungen zur Messebeteiligung abzugeben. Wir bitten darum, **alle weiteren Unterlagen an folgende Adresse zu senden.**

■ Authorized representative

We have authorized the following company to place **legally binding** orders on our behalf through all available media (fax and/or OBS+), and to represent us in matters relevant to our participation in the trade fair. Effective immediately, please mail **all documents to the following address** (Conditions for Participation, Part II., Section 5).

Firmenname / Company name	....
Gebäude - Etage / Building - Floor	....
Straße / Street	....
Nation - PLZ - Ort / Country code - Postcode - City	....	....	....

☎ .... **FAX** ....

Ansprechpartner - eMail / Personal contact - eMail .... | ....

■ Abweichende Rechnungsadresse

☐ Wir wünschen die Ausstellung und Zusendung der Rechnungen **nicht** an die Adresse des Ausstellers, sondern an eine abweichende Adresse (Teilnahmebedingungen Teil II. Ziffer 6).

Wir bitten, die Forderungen, die aus unserer Anmeldung zur obigen Veranstaltung und unserer Teilnahme an dieser entstehen, gegenüber dem unter Ziff. 2 aufgeführten, gesamtschuldnerisch haftenden Rechnungsempfänger geltend zu machen. Uns ist bekannt, dass wir erst nach vollständigem Ausgleich der von der Deutsche Messe entstehenden Forderungen von unserer Verpflichtung zur Zahlung frei werden.

■ Different invoicing address

Please invoice the designated recipient, **not** the exhibitor listed in Section 1 below (Conditions for Participation, Part II., Section 6).

We hereby request you to enforce your claims, which result from our registration for and participation in the said event, against the jointly and severally liable debtor listed in Section 2. We are aware that we shall be released from our payment liability in your favour only upon full settlement of the subject claims.

1. Aussteller

1. Exhibitor

Firmenname / Company name	....
Gebäude - Etage / Building - Floor	....
Straße / Street	....
Nation - PLZ - Ort / Country code - Postcode - City	....	....	....

☎ .... **FAX** ....

Ansprechpartner - eMail / Personal contact - eMail .... | ....

Ort / Datum / Place / Date ....

Stempel / Rechtsverbindliche Unterschrift Aussteller
Stamp / Legally binding signature of Exhibitor

2. Rechnungsempfänger

Ich/Wir erkläre(n) hiermit, dass ich/wir im Wege des Schuldbeitritts die gesamtschuldnerische Haftung für alle Forderungen übernehme(n), die der Deutschen Messe aus der Teilnahme oder einer eventuellen Absage der Teilnahme des unter Ziff. 1 genannten Ausstellers an der obigen Veranstaltung entstehen.

2. Debtor

I/We hereby assume joint and several liability by way of collateral promise for all claims that arise in favour of Deutsche Messe, as a result of participation by the company listed in Section 1 in the above event or cancellation of such participation.

Firmenname / Company name	....
Gebäude - Etage / Building - Floor	....
Straße / Street	....
Nation - PLZ - Ort / Country code - Postcode - City	....	....	....

☎ .... **FAX** ....

Ansprechpartner - eMail / Personal contact - eMail .... | ....

Ort / Datum / Place / Date ....

Stempel / Rechtsverbindliche Unterschrift Rechnungsempfänger
Stamp / Legally binding signature of Debtor

A3

ℇ | **Deutsche Messe**
Hannover · Germany
Messegelände · 30521 Hannover

Beginn der Aufplanung: 01.10.2008   Zurück an Fax:
Frühbucherpreis bis: **15.09.2008**   Return to fax: **+49 511 89-36612**
Space layout planning begins: October 01, 2008
Reduced fee until: **September 15, 2008**   Ihre Ansprechpartner / Your personal contact

■ **Mitaussteller**   Bei Anmeldung mehrerer Firmen verwenden Sie bitte Kopien dieses Formulars.   ■ **Co-Exhibitor**   If registering several companies, please use copies of this registration form.

Wir melden folgendes Unternehmen kostenpflichtig als Mitaussteller an (Teilnahmebedingungen Teil II Ziffer 5).   **We hereby apply for paid registration of the following company as a co-exhibitor** (Conditions for Participation, Part II Section 5).

Firmenname / Company name	....
Gebäude - Etage / Building - Floor	....
Straße / Street	....
Nation - PLZ - Ort / Country code - Postcode - City	.... | .... | ....
Postfach - PLZ / P.O.Box - Postcode	.... | ....
☎	.... FAX ....
Internet-Adresse / Internet address	....
Firmen-eMail / Company eMail	....
Inhaber - Geschäftsführer / Owner - Managing Director	....
Sitz der Muttergesellschaft (Nation) / Location of head-office (country code)	.... Bitte prüfen / eintragen ☐ Unbekannt please verify / enter Unknown
Ansprechpartner / Contact person	....
Stellung / Position	....
☎	.... FAX ....
eMail	....

Unternehmensart / Type of company

☐ Hersteller / Manufacturer   ☐ Importeur / Importer   ☐ Großhändler / Wholesaler   ☐ Verband / Association   ☐ Organisator einer Gruppenbeteiligung / Organizer of group participation
☐ Sonstige / Other ....

Gewünschte Sprachversion / Correspondence language preferred

Für Serviceangebot / For services manual   ☐ **deutsch**   ☐ **English**

Ausstellungsgüter / Exhibits
(Produkte bitte detailliert eintragen) / (please specify your products)   Eigenherstellung / Own production
    ja/yes   nein/no
    ☐   ☐

Versand der für den oben genannten Mitaussteller bestimmten Unterlagen an:
Please send the above-mentioned co-exhibitor's materials to: ☐ den Mitaussteller / the co-exhibitor   ☐ den Hauptaussteller / the main exhibitor

Berechnung der vom Mitaussteller bestellten Serviceleistungen an:
Please send invoice for services ordered by the co-exhibitor to:
(Die für die Aufnahme von Mitausstellern anfallenden Gebühren und Beiträge werden stets dem Hauptaussteller berechnet.)
(The fees and charges for inclusion of co-exhibitors are always invoiced to the main exhibitor.)

☐ den Mitaussteller / the co-exhibitor   ☐ den Hauptaussteller bzw. die abweichende Rechnungsadresse / the main exhibitor or other invoicing address

Dieses Formular nur im Bedarfsfall zurücksenden / Return this form only as needed

A4

ᕫ **Deutsche Messe**
   Hannover · Germany
Messegelände · 30521 Hannover

....
Ort / Datum   Stempel / Rechtsverbindliche Unterschrift
Place / Date   Stamp / Legally binding signature

Zurück an Fax:
Return to fax: **+49 511 89-36612**

■ Fokusthemen

Wir bieten Produkte und Services für folgende Anwendungen an:

(Diese Angaben dienen einer optimierten Besucherorientierung):

- O Energieversorgung & Contracting
- O Windenergie
- O Solartechnologie
- O Erneuerbare Energien
- O Sonstiger Kraftwerksbau
- O Pipelinetechnologien
- O Produktionsmanagement
- O RFID, Industrial Identification
- O Embedded Systems
- O Wireless Anwendungen
- O Prozessautomatisierung
- O robotergestützte Automation, Robotik
- O Integrierte Automatisierungslösungen
- O Life Sciences, Chemie, Pharma, Food
- O Energieeffizienz
- O Mobile Robotik
- O Fertigungsautomation
- O Gebäudeautomation
- O Mess- und Regeltechnik
- O Prozessanalysetechnik
- O Montage und Handhabung
- O Industrielle Bildverarbeitung
- O Intralogistik, Verpackung
- O Clean Produktion
- O Maschinenbau
- O Elektrotechnik / Elektronik
- O Automotive
- O Metallverarbeitung
- O Kunststoffverarbeitung
- O Wartung und Instandhaltung
- O Condition Monitoring
- O Schwingungsdämpfung
- O Wasserhydraulik
- O Antriebstechnik
- O Lineartechnik
- O Oberflächentechnik
- O Werkstoffe
- O Nanotechnologie
- O Mikrosystemtechnik
- O Hybridtechnologien
- O Intelligente Sensoren
- O Miniaturisierung von Komponenten und Systemen
- O Lasertechnologie
- O IT Lösungen
- O Produktentwicklung
- O Druckluft- und Vakuumtechnik, Pneumatik
- O Sicherheitstechnik
- O Dichtungstechnik
- O Nachwuchsförderung
- O Handels- und Exportförderung

■ Key categories / technologies

Our Products and services cover the following categories:

(For a greater convenience for visitors)

- O Energy supply contracting
- O Wind energy
- O Solar technology
- O Renewable energy
- O Power plant engineering
- O Pipeline technology
- O Production management
- O RFID, industrial identification
- O Embedded Systems
- O Wireless applications
- O Process automation
- O Robotized automation, robotics
- O Integrated automation solutions
- O Life sciences, chemistry, pharmaceuticals, food
- O Energy efficiency
- O Mobile robotics
- O Production automation
- O Building automation
- O Measurement and control technology
- O Process analysis technology
- O Assembly and handling technology
- O Industrial image processing
- O Intralogistics, packaging
- O Clean production
- O Mechanical engineering
- O Electrical engineering / electronics
- O Automotive
- O Metalworking
- O Plastics processing
- O Maintenance and repair
- O Condition monitoring
- O Vibration absorption
- O Water hydraulics
- O Power transmission
- O Linear technology
- O Surface technology
- O Materials
- O Nano technology
- O Micro technology
- O Hybrid technology
- O Intelligent sensors
- O Miniaturisation of components and systems
- O Laser technology
- O IT solutions
- O Product development
- O Compressed air and vacuum engineering, pneumatics
- O Security equipment
- O Seal technology
- O Promotion of junior staff
- O Promotion of trade and export

Deutsche Messe
Hannover · Germany
Messegelände · 30521 Hannover

TEILNAHMEBEDINGUNGEN
CONDITIONS FOR PARTICIPATION

GET NEW
TECHNOLOGY FIRST

www.hannovermesse.de   20.–24. APRIL 2009

HANNOVER
MESSE

Teilnahmebedingungen	**Conditions for Participation**
HANNOVER MESSE 2009	**HANNOVER MESSE 2009**

Die Teilnahmebedingungen zur HANNOVER MESSE 2009 bestehen aus folgenden Teilen:	The following parts collectively constitute the Conditions for Participation in HANNOVER MESSE 2009:

0. Grundlagen des Vertrages	0. Framework of Agreement
I. Preisliste und Zahlungstermine	I. Price List and Payment Due Dates
II. Geschäftsbedingungen	II. Terms of Business
1. Vertragsabschluss	1. Rental Agreement
2. Zulassungsvoraussetzungen	2. Eligibility
3. Platzierung des Ausstellers auf der Veranstaltung	3. Allocation of Stand Space
4. Standgestaltung, Standbetrieb, Verkaufsverbot und Produktpiraterie	4. Stand Design, Stand Use, Direct Sales Ban, Product Piracy
5. Weitere beteiligte Unternehmen/Mitaussteller	5. Other Participants/Co-Exhibitors
6. Zahlungsbedingungen	6. Terms of Payment
7. Vorbehalte	7. Reservation of Rights
8. Haftungsausschluss	8. Exclusion of Liability
9. Vorzeitige Beendigung des Vertrages	9. Premature Termination of Rental Agreement
10. Ergänzende Bestimmungen	10. Supplementary Provisions
11. Ausstelleransprüche, Schriftform, Erfüllungsort, Gerichtsstand	11. Claims Procedure, Place of Performance / Jurisdiction
III. Nutzungsbedingungen OBS+	III. Terms of Use for OBS+
IV. Zusätzliche Bedingungen für fair-package	IV. Supplementary Conditions for fair package
1. Standfläche	1. Stand space
2. Standbau und -ausstattung	2. Stand setup and fittings/furnishings
Classic: Systemstand Typ A	Classic: System Stand Type A
Comfort: Systemstand Typ B	Comfort: System Stand Type B
Premium: Systemstand Typ D	Premium: System Stand Type D
3. Technische Serviceleistungen	3. Technical Services
4. PR-Serviceleistungen	4. PR Services
5. Medieneinträge	5. Media Entries
6. Ausweise	6. Passes / Tickets
7. Versicherung und Haftung	7. Insurance and Liability
8. Sonstige Vereinbarungen	8. Miscellaneous Provisions

0. Grundlagen des Vertrages

Die Teilnahmebedingungen zur Teilnahme an der HANNOVER MESSE 2009 Teil O, I, II werden von dem Aussteller mit der Anmeldung zu der Veranstaltung in allen Punkten rechtsverbindlich anerkannt. Im Falle von Bestellungen über das OBS+ (Online Business Service) werden zusätzlich die "Nutzungsbedingungen für das OBS+" (Ziffer III) rechtsverbindlich anerkannt. Der Aussteller erkennt mit der Anmeldung außerdem im Falle der Bestellung eines fair-package "Zusätzliche Bedingungen für fair-package" (Ziffer IV) in allen Punkten rechtsverbindlich an. Die Bedingungen insgesamt bilden die rechtliche Grundlage für die Teilnahme an der Veranstaltung und für die Überlassung von Ausstellungsflächen durch die Deutsche Messe, Hannover, an Aussteller, soweit die Vertragspartner nichts Abweichendes schriftlich vereinbart haben.

Der Aussteller kann die sich aus diesem Vertrag ergebenden Rechte und Pflichten nur nach schriftlicher Zustimmung durch die Deutsche Messe auf Dritte übertragen.

0. Framework of Agreement

By registering for the event, the exhibitor acknowledges and accepts all aspects of the following Conditions for Participation in HANNOVER MESSE 2009, Parts 0, I and II. For orders placed via the Online Business Service, OBS+, the exhibitor likewise acknowledges all the Terms of Use for OBS+ stated in Section III. If a fair package is ordered, the exhibitor accepts all aspects of the Supplementary Conditions for fair package in Section IV. All these conditions shall collectively define the legal framework for participation in the event and govern the rental of exhibition space to the exhibitor by Deutsche Messe, Hannover, unless otherwise agreed upon by the parties.

The prior written consent of Deutsche Messe shall be required for the exhibitor to assign the rights and obligations arising from or in connection with this agreement to a third party.

Veranstaltung:

HANNOVER MESSE 2009

Veranstalter:

Deutsche Messe AG

Messegelände

D – 30521 Hannover

Tel. +49-511/89-0

Fax +49-511/89-32626

Veranstaltungsdauer:
20.04. - 24.04.2009

Öffnungszeiten:
Für Aussteller:
7.00 – 19.00 Uhr

Für Besucher:
9.00 – 18.00 Uhr

Aufbaubeginn:
06.04.2009
(Änderungen vorbehalten)
Abbauende:
30.04.2009
(Änderungen vorbehalten)

Trade Fair:

HANNOVER MESSE 2009

Organizer:

Deutsche Messe AG

Messegelände

30521 Hannover, Germany

Tel. +49-511/89-0

Fax +49-511/89-32626

Duration of event:
April 20 to 24, 2009

Opening hours:
For exhibitors:
7:00 a.m. to 7:00 p.m.

For visitors:
9:00 a.m. to 6:00 p.m.

Start of construction:
April 6, 2009
(Subject to change)
End of dismantling:
April 30, 2009
(Subject to change)

I. Preise und Zahlungstermine

(alle Preisangaben netto in EUR zzgl. gesetzl. MwSt.)

Zahlungstermin für alle hier genannten Leistungen: 14.01.2009
außer Anmeldebeitrag: Fälligkeit sofort nach Anmeldung
Nach diesem Termin gestellte Rechnungen sind entweder zu dem in der Rechnung selbst angegebenen Termin oder 7 Tage nach Rechnungsdatum zahlbar.

Berechnung des Beteiligungspreises Alternative 1

Standfläche ohne Standbau:
Anmeldebeitrag + Grundmietpreis + Zuschläge zum Grundmietpreis + ggf. Aufnahme von Mitausstellern

Die Zahlungstermine und die aufgeführten Preise bilden die Berechnungsgrundlage für die zwischen Deutsche Messe und Aussteller vereinbarten Leistungen zur Teilnahme an der **HANNOVER MESSE 2009**. Weitere Einzelheiten der Abrechnung ergeben sich aus Ziffer II Nr. 6 (Zahlungsbedingungen).

Anmeldebeitrag				Für Ihre Notizen
Anmeldebeitrag	pauschal	€	300,00	
Grundmietpreis				
Halle				
Eingang der Anmeldung bis 15.09.2008 (Frühbucherpreis)	pro m²-Standfläche	€	178,00	
Eingang der Anmeldung ab 16.09.2008 (Standardpreis)	pro m²-Standfläche	€	184,00	
Eingang der Anmeldung ab 01.02.2009 (Zuschlag auf Standardpreis)	pro m²-Standfläche		5%	
Freigelände				
Eingang der Anmeldung bis 15.09.2008 (Frühbucherpreis)	pro m²-Standfläche	€	68,00	
Eingang der Anmeldung ab 16.09.2008 (Standardpreis)	pro m²-Standfläche	€	71,00	
Eingang der Anmeldung ab 01.02.2009 (Zuschlag auf Standardpreis)	pro m²-Standfläche		5%	
Zuschläge zum Grundmietpreis				
Marketingbeitrag*	pro m²-Standfläche	€	29,00	
Reduzierter Marketingbeitrag* für Flächenanteile über 1000 m²	pro m²-Standfläche	€	10,00	
2-geschossige Bauweise (für die im Obergeschoss ausgebaute Grundfläche)	pro m²-Obergeschoss	€	75,00	
Seitenzuschläge (nur bei Hallenflächen):				
Eckstand (2 freie Seiten) für die ersten 120 m² des jeweiligen Grundmietpreises	pro m²-Standfläche		25%	
Kopfstand (3 freie Seiten) für die ersten 120 m² des jeweiligen Grundmietpreises	pro m²-Standfläche		40%	
Blockstand (4 freie Seiten) für die ersten 120 m² des jeweiligen Grundmietpreises	pro m²-Standfläche		60%	
Aufnahme von Mitausstellern				
Beteiligungskosten/Mitaussteller	pro Mitaussteller	€	750,00	
Marketingbeitrag* Mitaussteller	pro Mitaussteller	€	300,00	
Vorauszahlung für Serviceleistungen/Halle	pro m²-Standfläche	€	25,00	
Vorauszahlung für Serviceleistungen/Freigelände	pro m²-Standfläche	€	10,00	

*Inklusivleistungen: Registrierungspflichtige Fachbesucher-Tickets (print oder elektronisch), die in unbegrenzter Anzahl ohne jegliche weitere Berechnung abgefordert und eingelöst werden können. Erweiterte Internetpräsenz mit Unternehmensdarstellung sowie 5 ausführliche Produktbeschreibungen mit jeweils bis zu vier Produktgruppenzuordnungen. Die Einpflege kann durch einen kostenlosen Redaktionsservice erfolgen, weitere Produktbeschreibungen sind bei eigener Pflege online in unbegrenzter Anzahl kostenlos möglich.

6

I. Preise und Zahlungstermine

(alle Preisangaben netto in EUR zzgl. gesetzl. MwSt.)

**Zahlungstermin für alle hier genannten Leistungen: 14.01.2009
außer Anmeldebeitrag: Fälligkeit sofort nach Anmeldung**
Nach diesem Termin gestellte Rechnungen sind entweder zu dem in der Rechnung selbst angegebenen Termin oder 7 Tage nach Rechnungsdatum zahlbar.

Berechnung des Beteiligungspreises Alternative 2

Fair-package (Standfläche mit Standbau und Services):

Anmeldebeitrag + Grundmietpreis + Zuschläge zum Grundmietpreis + ggf. Aufnahme von Mitausstellern + Zuschläge für fair-package

Die Zahlungstermine und die aufgeführten Preise bilden die Berechnungsgrundlage für die zwischen Deutsche Messe und Aussteller vereinbarten Leistungen zur Teilnahme an der **HANNOVER MESSE 2009**. Weitere Einzelheiten der Abrechnung ergeben sich aus Ziffer II Nr. 6 (Zahlungsbedingungen).

Anmeldebeitrag					Für Ihre Notizen
Anmeldebeitrag	pauschal	€	300,00		
Grundmietpreis					
Halle					
Eingang der Anmeldung bis 15.09.2008 (Frühbucherpreis)	pro m²-Standfläche	€	178,00		
Eingang der Anmeldung ab 16.09.2008 (Standardpreis)	pro m²-Standfläche	€	184,00		
Eingang der Anmeldung ab 01.02.2009 (Zuschlag auf Standardpreis)	pro m²-Standfläche		5%		
Zuschläge zum Grundmietpreis					
Marketingbeitrag*	pro m²-Standfläche	€	29,00		
Seitenzuschläge:					
Eckstand (2 freie Seiten) für die ersten 120 m² des jeweiligen Grundmietpreises	pro m²-Standfläche		25%		
Kopfstand (3 freie Seiten) für die ersten 120 m² des jeweiligen Grundmietpreises	pro m²-Standfläche		40%		
Blockstand (4 freie Seiten) für die ersten 120 m² des jeweiligen Grundmietpreises	pro m²-Standfläche		60%		
Aufnahme von Mitausstellern					
Beteiligungskosten/Mitausteller	pro Mitaussteller	€	750,00		
Marketingbeitrag* Mitaussteller	pro Mitaussteller	€	300,00		
Zuschläge für fair-package					
Classic:	Serviceleistungen, m²-abhängig	pro m²-Standfläche	€	87,00	
	plus Serviceleistungspauschale	pauschal	€	152,00	
Comfort:	Serviceleistungen, m²-abhängig	pro m²-Standfläche	€	103,00	
	plus Serviceleistungspauschale	pauschal	€	152,00	
Premium:	Serviceleistungen, m²-abhängig	pro m²-Standfläche	€	125,00	
	plus Serviceleistungspauschale	pauschal	€	222,00	

*Inklusivleistungen: Registrierungspflichtige Fachbesucher-Tickets (print oder elektronisch), die in unbegrenzter Anzahl ohne jegliche weitere Berechnung abgefordert und eingelöst werden können. Erweiterte Internetpräsenz mit Unternehmensdarstellung sowie 5 ausführliche Produktbeschreibungen mit jeweils bis zu vier Produktgruppenzuordnungen. Die Einpflege kann durch einen kostenlosen Redaktionsservice erfolgen, weitere Produktbeschreibungen sind bei eigener Pflege online in unbegrenzter Anzahl kostenlos möglich.

7

I. Price List and Payment Due Dates

(All charges are net amounts in EUR subject to VAT)

Payment for all services listed below due by: January 14, 2009
Exception: the processing fee is due upon registration!
For invoices issued after this due date, the full amount shall be payable in 7 days of the invoice date, or by the date stated on the invoice.

Participation fee calculation Option 1

Stand space w/o stand setup:

Processing fee + basic rent + surcharges on the basic rent + fee for inclusion of co-exhibitors

The fees for participation in **HANNOVER MESSE 2009** are based on the due dates for payment of the various services listed below, in accordance with the agreement executed between Deutsche Messe and the exhibitor. See Section II-6 (Terms of Payment) for detailed calculation of charges.

				For your use
Processing fee				
Processing fee	fixed fee	€	300.00	
Basic rent				
Hall				
Application form received by Sept. 15, 2008 (reduced fee)	per m²-stand space	€	178.00	
Application form received as of Sept. 16, 2008 (standard fee)	per m²-stand space	€	184.00	
Application form received on Feb. 1, 2009 or later (surcharge)	per m²-stand space		5%	
Open-air site				
Application form received by Sept. 15, 2008 (early bird discount)	per m²-stand space	€	68.00	
Application form received as of Sept. 16, 2008 (standard fee)	per m²-stand space	€	71.00	
Application form received on Feb. 1, 2009 or later (surcharge)	per m²-stand space		5%	
Surcharges on the basic rent				
Marketing fee*	per m²-stand space	€	29.00	
Discounted marketing fee* for floor space in excess of 1,000 m²	per m²-stand space	€	10.00	
Usable space on the upper floor of two-storey stands	per m² of usable space	€	75.00	
Surcharges for extra open sides of a hall stand:				
Corner stand (open on 2 sides) for the first 120 m² of applicable basic rent	per m²-stand space		25%	
End stand (open on 3 sides) for the first 120 m² of applicable basic rent	per m²-stand space		40%	
Island stand (open on 4 sides) for the first 120 m² of applicable basic rent	per m²-stand space		60%	
Inclusion of co-exhibitors				
Charge for co-exhibitors	per co-exhibitor	€	750.00	
Marketing fee* for co-exhibitors	per co-exhibitor	€	300.00	
Advance payment for services: halls	per m²-stand space	€	25.00	
Advance payment for services: open-air site	per m²-stand space	€	10.00	

*Services included: Printed and electronic complimentary tickets that must be registered before use. You may order and use an unlimited number of complimentary tickets at no charge. An extended Internet presence with a company profile, and 5 detailed product descriptions categorized into a maximum of 4 product groups each. Our editorial team will create 5 product descriptions free of charge, and you may create and update an unlimited number of additional product descriptions online.

8

I. Price List and Payment Due Dates

(All charges are net amounts in EUR subject to VAT)

Payment for all services listed below due by: January 14, 2009
Exception: the processing fee is due upon registration!
For invoices issued after this due date, the full amount shall be payable in 7 days of the invoice date, or by the date stated on the invoice.

Participation fee calculation Option 2

Fair package (Stand space w/ stand setup & services):

Processing fee + basic rent + surcharges on the basic rent + fee for inclusion of co-exhibitors + surcharges for a fair package

The fees for participation in **HANNOVER MESSE 2009** are based on the due dates for payment of the various services listed below, in accordance with the agreement executed between Deutsche Messe and the exhibitor. See Section II-6 (Terms of Payment) for detailed calculation of charges.

Processing fee					For your use
Processing fee		fixed fee	€	300.00	
Basic rent					
Hall					
Application form received by Sept. 15, 2008 (reduced fee)		per m²-stand space	€	178.00	
Application form received as of Sept. 16, 2008 (standard fee)		per m²-stand space	€	184.00	
Application form received on Feb. 1, 2009 or later (surcharge)		per m²-stand space		5%	
Surcharges on the basic rent					
Marketing fee*		per m²-stand space	€	29.00	
Surcharges for extra open sides:					
Corner stand (open on 2 sides) for the first 120 m² of applicable basic rent		per m²-stand space		25%	
End stand (open on 3 sides) for the first 120 m² of applicable basic rent		per m²-stand space		40%	
Island stand (open on 4 sides) for the first 120 m² of applicable basic rent		per m²-stand space		60%	
Inclusion of co-exhibitors					
Charge for co-exhibitors		per co-exhibitor	€	750.00	
Marketing fee* for co-exhibitors		per co-exhibitor	€	300.00	
Surcharges for a fair package					
Classic:	For services per m² of stand space	per m²-stand space	€	87.00	
	plus lump-sum service charge	fixed fee	€	152.00	
Comfort:	For services per m² of stand space	per m²-stand space	€	103.00	
	plus lump-sum service charge	fixed fee	€	152.00	
Premium:	For services per m² of stand space	per m²-stand space	€	125.00	
	plus lump-sum service charge	fixed fee	€	222.00	

*Services included: Printed and electronic complimentary tickets that must be registered before use. You may order and use an unlimited number of complimentary tickets at no charge. An extended Internet presence with a company profile, and 5 detailed product descriptions categorized into a maximum of 4 product groups each. Our editorial team will create 5 product descriptions free of charge, and you may create and update an unlimited number of additional product descriptions online.

9

II. Geschäftsbedingungen

1. Vertragsabschluss

Die Bestellung einer Standfläche und/oder eines fair-package erfolgt durch Einsendung der ausgefüllten Anmeldeformulare. Mit der Standbestätigung durch die Deutsche Messe kommt der Mietvertrag zwischen Aussteller und Deutsche Messe zustande. Weicht der Inhalt der Standbestätigung vom Inhalt der Anmeldung des Ausstellers ab, so kommt der Vertrag nach Maßgabe der Standbestätigung zustande, es sei denn, dass der Aussteller binnen 2 Wochen schriftlich widerspricht. Abweichende Hallenzuweisung sowie Nichtberücksichtigung von Sonderwünschen/Besonderheiten begründen jedoch kein Widerspruchsrecht.

2. Zulassungsvoraussetzungen

Die Veranstaltung steht in erster Linie Herstellerfirmen offen. Vertriebsfirmen und Importeure können nur als Aussteller zugelassen werden, wenn sie das Exklusivvertriebsrecht für die Bundesrepublik Deutschland nachweisen können.

Für gleiche Erzeugnisse eines Herstellers kann nur ein Stand gemietet werden. Hat ein Aussteller mehrere Stände gemietet, so darf er gleiche Erzeugnisse jeweils nur auf einem Stand ausstellen.

Die Deutsche Messe entscheidet über die Zulassung eines Ausstellers aufgrund der Zugehörigkeit seines Ausstellungsprogramms zum Produktgruppenverzeichnis der Veranstaltung.

Erzeugnisse, die nicht dem Produktgruppenverzeichnis der Veranstaltung entsprechen, dürfen nicht ausgestellt werden, soweit sie nicht für die Darstellung bzw. den Funktionsablauf des eigenen Ausstellungsobjektes unabdingbar erforderlich sind.

3. Platzierung des Ausstellers auf der Veranstaltung

Die Zuweisung einer Ausstellungsfläche erfolgt durch die Deutsche Messe aufgrund der Zugehörigkeit der angemeldeten Ausstellungsgegenstände zu einem Ausstellungsthema bzw. Ausstellungsschwerpunkt. Die Anmeldung von Standwünschen begründet keinerlei Anspruch auf Zuweisung dieser Fläche.

Die Deutsche Messe behält sich vor, den Aussteller auch nachträglich umzuplatzieren und ihm abweichend von der Standbestätigung einen Standort in anderer Lage zuzuweisen, die Größe seiner Ausstellungsfläche zu ändern, Ein- und Ausgänge zum Messegelände und zu den Hallen zu verlegen oder zu schließen und sonstige bauliche Veränderungen vorzunehmen, soweit sie wegen besonderer Umstände ein erhebliches Interesse an solchen Maßnahmen hat.

Der Aussteller ist in diesem Fall berechtigt, innerhalb von einer Woche nach Erhalt der Mitteilung über eine derartige Änderung vom Mietvertrag schriftlich zurückzutreten, wenn hierdurch seine Belange in unzumutbarer Weise beeinträchtigt werden.

4. Standgestaltung, Standbetrieb, Verkaufsverbot und Produktpiraterie

Standbau, Standgestaltung und Standsicherheit obliegen dem Aussteller und haben nach den allgemeinen Vorschriften und den Technischen Richtlinien der Deutsche Messe zu erfolgen.

Präsentationen dürfen nur auf den Messeständen erfolgen und müssen so angeordnet sein, dass visuelle und akustische Belästigungen der benachbarten Stände oder Behinderungen auf den Stand- und Gangflächen nicht entstehen. Bei Zuwiderhandlung ist die Deutsche Messe nach eigenem Ermessen berechtigt, belästigende oder behindernde Präsentationen zu untersagen und bei erneuter Zuwiderhandlung den Standmietvertrag fristlos zu kündigen.

Die Stände müssen während der Öffnungszeiten personell besetzt und mit Ausstellungsgut belegt sein. Es dürfen nur fabrikneue Waren ausgestellt werden, soweit es sich nicht um Gegenstände handelt, die lediglich zur Ausstattung oder Veranschaulichung dienen.

Die Ausstellung anderer als der angemeldeten Gegenstände ist nicht zulässig. Die Deutsche Messe ist berechtigt, Exponate, die nicht dem Produktgruppenverzeichnis entsprechen, vom Stand zu entfernen. Weiterhin ist die Deutsche Messe berechtigt, Ausstellungsgegenstände vom Stand entfernen zu lassen, wenn ihre Zurschaustellung dem Ausstellungsprogramm oder nachweislich wettbewerbsrechtlichen Grundsätzen oder Schutzrechten Dritter widerspricht. Im Fall nachgewiesener Schutzrechtsverletzungen (gerichtliche Entscheidung) durch einen Aussteller ist die Deutsche Messe außerdem berechtigt, aber nicht verpflichtet, diesen von der laufenden und/oder zukünftigen Veranstaltungen entschädigungslos

II. Terms of Business

1. Rental Agreement

A stand space or a fair package is rented by submitting a completed registration form. The rental agreement between the exhibitor and Deutsche Messe takes effect once Deutsche Messe has dispatched the stand confirmation. This confirmation shall be binding, even if it deviates from the registration, unless the exhibitor objects in writing within 2 weeks of receiving the confirmation. Similarly, the exhibitor shall not be entitled to file an objection if space is allocated in a different hall than requested, or if any special requests/features are not fulfilled.

2. Eligibility

The event is primarily intended for manufacturers. Distributors and importers are also eligible to exhibit, but only if they can prove that they have the sole distribution rights for Germany.

Products of the same type only can be displayed at one stand. If an exhibitor has rented several stands, he must insure that similar products are not exhibited at more than one stand.

Deutsche Messe shall rule on the eligibility of exhibitors based on the compatibility of their range of exhibits with the product categories at the event.

Products that do not match the product categories at the event may not be exhibited unless these are absolutely necessary for the presentation or functioning of the respective exhibit.

3. Allocation of Stand Space

Deutsche Messe shall allocate stand space in accordance with the compatibility of registered exhibits to a particular trade fair and/or specific topic, and is not obligated to fulfill specific requests for allocation of a particular stand space.

Deutsche Messe reserves the right to deviate from the stand confirmation by subsequently allocating a different location, or altering the size of the stand, or shifting and/or closing entrances and exits to the Exhibition Grounds and halls, or undertaking any such structural alterations, provided Deutsche Messe has significant interest in such actions necessitated by extraordinary circumstances.

The exhibitor may rescind the agreement in writing within one week following notification of such changes, if his interests are unreasonably encroached upon by the alterations.

4. Stand Design, Stand Use, Direct Sales Ban, Product Piracy

The exhibitor shall be responsible for the construction, design, and safety of his stand, in accordance with the General Regulations and Technical Regulations of Deutsche Messe.

Exhibits may be displayed only on the rented stand space. These must be set up to not disturb neighbouring stands/spaces acoustically or visually, and to avoid creating any obstructions within the stands or aisles. In case of non-compliance, Deutsche Messe may, at its discretion, forbid displays that are a disturbance or nuisance. If the offense is repeated, Deutsche Messe may terminate the rental agreement without notice.

Stands must display exhibits and be occupied by staff during opening hours. Only brand-new items may be exhibited, except if the items are merely fixtures or are for illustrative purposes.

Only registered exhibits may be displayed. Deutsche Messe is entitled to remove exhibits that are not compatible with the product categories at the event, or which violate the principles of fair competition, or contravene the exhibition program, or clearly infringe upon the intellectual property rights of a third party.

In case a court finds an exhibitor guilty of infringement of third party rights, Deutsche Messe may ban the respective exhibitor from current or future fairs without compensation for losses, but shall not be obligated to take such action

Display of information on prices, suppliers, customers, or exhibited goods sold is prohibited.

Direct or counter sales to private individuals or businesses are

10

auszuschließen.

Preisangaben sind ebenso unzulässig wie Hinweise auf Lieferanten, Kunden und verkaufte Ausstellungsgüter.

Jeglicher Hand- oder Kleinverkauf – insbesondere von Ausstellungsware oder Messemustern – an Privat- oder Geschäftspersonen ist untersagt. Hand- oder Kleinverkauf ist jede entgeltliche Abgabe von Ware und jede Erbringung von Dienstleistung seitens des Ausstellers auf dem Messegelände. Die Abgabe ist nur ohne Entgelt gestattet. Das Recht, auf der Veranstaltung Verträge zu schließen, bleibt unberührt, soweit die Übergabe der Ware oder die Erbringung der Dienstleistung sowie deren Bezahlung – in barem Gelde, mit Scheck, Kreditkarte oder in welcher Form auch immer – erst nach Ablauf der Messe erfolgt. Für Verlage gelten besondere Regeln, die beim HANNOVER MESSE-Projektteam erfragt werden können.

Befragungen seitens des Ausstellers sind nur auf dem eigenen Stand zulässig.

5. Weitere beteiligte Unternehmen/Mitaussteller

Die Nutzung der Standfläche durch mehrere Unternehmen ist nur zulässig, wenn alle dort vertretenen Unternehmen neben dem Aussteller, mit dem diese Vereinbarung geschlossen wird (Hauptaussteller), zusätzlich als Mitaussteller der Deutsche Messe gemeldet (Formular A4) und von ihr zugelassen worden sind.

Anzumelden sind als Mitaussteller solche Unternehmen, die auf der vom Aussteller oder Organisator gemieteten Standfläche neben diesem mit eigenem Personal und Ausstellungsgut vertreten sind.

Die Teilnahme von Mitausstellern ist grundsätzlich kostenpflichtig (vgl. Preisliste); **die Berechnung der mit der Teilnahme verbundenen Kosten erfolgt an den Hauptaussteller.** Im Übrigen gelten auch für die Mitaussteller diese Teilnahmebedingungen, soweit sie Anwendung finden können. Der Aussteller hat diesen Unternehmen die Teilnahmebedingungen und die sie ergänzenden Bestimmungen zur Kenntnis zu geben und die sich für die Unternehmen gegenüber der Deutsche Messe ergebenden Pflichten anerkennen zu lassen. Die Deutsche Messe behält sich vor, Mitaussteller direkt oder über beauftragte Dritte zu kontaktieren.

Sofern es der Aussteller unterlässt, Mitaussteller anzumelden oder in seiner Anmeldung unvollständige oder falsche Angaben macht, ist die Deutsche Messe berechtigt, die Teilnahmekosten nach eigenen Feststellungen so zu berechnen, als wäre eine ordnungsgemäße Anmeldung erfolgt.

Wollen mehrere Firmen gemeinsam einen Messestand mieten (gemeinsame Hauptaussteller), so sind sie verpflichtet, einen gemeinschaftlichen Beauftragten in ihrer Anmeldung zu benennen. Unabhängig davon ist jeder der beteiligten Aussteller verpflichtet, den Stand mit eigenen Mustern zu beschicken und mit eigenem Personal zu besetzen. Gemeinsame Hauptaussteller haften für die Teilnahmekosten und die in Anspruch genommenen Serviceleistungen als Gesamtschuldner.

Wird ein Dritter mit dem Aufbau des Messestandes oder sonst zum Zwecke der Organisation der Messebeteiligung des Ausstellers tätig, kann der Aussteller diesen unter Angabe der Vertretungsadresse schriftlich bevollmächtigen, rechtsverbindlich Serviceleistungen zu bestellen oder sonstige Erklärungen im Zusammenhang mit der Messebeteiligung für den Aussteller und etwaige Mitaussteller abzugeben. Diesem als vertretungsberechtigt benannten Unternehmen (Formular A3) werden alle weiteren Veranstaltungsunterlagen (Standbestätigung, OBS+ Zugang, Technische Richtlinien etc.) zur Verwendung für den Aussteller übersandt.

6. Zahlungsbedingungen

Der Anmeldebeitrag wird für Hauptaussteller unmittelbar nach Eingang der Anmeldeunterlagen separat in Rechnung gestellt.

Die **Beteiligungskosten,** die **Vorauszahlung für Serviceleistungen sowie** die **Beteiligungskosten für fair-package-Lösungen** errechnen sich aus der Preisliste (vgl. oben I. Preise und Zahlungstermine) und sind bis zum in der Preisliste genannten **Zahlungstermin** zu zahlen, soweit im Mietvertrag nicht anders vereinbart.

Wird die Rechnung nach diesem Zahlungstermin ausgestellt, ist sie entweder zu dem in der Rechnung angegebenen Fälligkeitstermin, andernfalls 7 Tage nach Rechnungsdatum zahlbar. Bei Zahlungsverzug bleibt die Erhebung von Verzugszinsen ab Fälligkeit vorbehalten.

Bei der Berechnung der gemieteten Standfläche erfolgt kein Abzug für Hallenstützen. Jeder angefangene Quadratmeter wird voll berechnet. Die Größe soll mindestens 15 m² betragen.

Die vorherige und volle Bezahlung der Rechnungsbeträge zu den dort genannten Zahlungsterminen ist Voraussetzung für die Nutzung der zugewiesenen Ausstellungsfläche, für die Medieneintragungen

---

strictly prohibited during the trade fair. These sales are defined as the exchange of goods such as exhibits or trade fair samples or the rendering of services by an exhibitor in return for payment. Although sales agreements may be executed during the fair, direct, or counter sales or the rendering of services and payment in any form whatsoever may be undertaken only after the trade fair is over. Publishers are subject to special rules, which the HANNOVER MESSE team would be pleased to clarify.

The exhibitor may conduct interviews or surveys only on his own stand space.

5. Other Participants/Co-Exhibitors

Several companies may share a stand area only if the main exhibitor has listed all such firms in his rental application for inclusion as co-exhibitors (Form A4), and which have been approved by Deutsche Messe.

Any firm, which has its own personnel and exhibits and uses the stand space rented by an exhibitor or organizer, must be registered as a co-exhibitor.

The fee, charged for inclusion of co-exhibitors (see price list), is **always invoiced to the main exhibitor**. Co-exhibitors are also subject to the terms of these Conditions for Participation, as applicable. The main exhibitor shall be responsible for informing his co-exhibitors of these and any supplementary provisions and ensuring acceptance of any resulting obligations towards Deutsche Messe. Deutsche Messe reserves the right to contact co-exhibitors directly or via an authorized third party.

If an exhibitor fails to register co-exhibitors or gives incomplete or incorrect information in his application, Deutsche Messe shall use its discretion to compute and charge participation fees that would have become due if a proper application had been made.

If several companies wish to rent a stand together as joint main exhibitors, they shall authorize a common representative in their application. In any event, each of the exhibitors shall be required to display his exhibits and employ personnel to staff the stand. Joint main exhibitors shall be jointly and severally liable for the participation fees and charges for any services used.

An exhibitor may appoint a third party to set up the exhibition stand or otherwise organize his participation in the trade fair. This can be done by naming the representative and authorizing him in writing to represent the exhibitor and any co-exhibitors in any and all matters related to the fair, including the placing of legally binding orders. Thereafter, all further fair related documents such as the stand confirmation, access to OBS+, technical regulations, etc., shall be sent to this authorized representative (Form A3).

6. Terms of Payment

The main exhibitor will be invoiced for the processing fee immediately upon receipt of the registration forms.

The **participation fees** for stand space and the **advance payment for services** as well as the **participation fees for fair packages** stated above in Section I, Price List and Payment Due Dates, must be paid by the **due date** stated in the Price List, unless otherwise specified in the rental agreement.

For invoices issued after this due date, the full amount shall be payable within 7 days of the invoice date, or by the payment date stated on the invoice. Deutsche Messe reserves the right to charge interest on overdue payments.

When calculating the rented stand area, no deduction is made for hall supports. Each fractional m² of space is charged for in full. The minimum size is 15 m².

Settlement of the invoiced amounts in full and on time is a prerequisite for the right to use the rented stand space, for entries in the media, and to receive exhibitor passes.

All invoices must be paid in EUR in full by bank transfer to one of the accounts stated on the invoice. Until receipt of the payment in full,

11

und für die Aushändigung der Ausstellerausweise.

Alle Rechnungsbeträge sind ohne jeden Abzug spesenfrei und in Euro auf eines der in der Rechnung angegebenen Konten zu überweisen. Bei nicht fristgerechtem Zahlungseingang ist die Deutsche Messe berechtigt, den Aussteller und etwaige Mitaussteller bis zum vollständigen Rechnungsausgleich von der Nutzung der Standfläche auszuschließen, die Versorgung mit Serviceleistungen (z.B. Elektroversorgung) zurückzuhalten sowie Verzugszinsen geltend zu machen. Der Aussteller kann mit Gegenforderungen gegen fällige Beteiligungspreise, Preise für Serviceleistungen und sonstige aus dem Vertragsverhältnis stammende Forderungen nur insoweit aufrechnen, als seine Forderungen unbestritten oder rechtskräftig sind. Kommt ein Aussteller seinen Zahlungsverpflichtungen nicht nach, kann die Deutsche Messe die Ausstellungsgegenstände und die Standeinrichtung zurückbehalten und sie auf Kosten des Ausstellers öffentlich versteigern lassen oder freihändig verkaufen. Die gesetzlichen Vorschriften über die Pfandverwertung sind – soweit gesetzlich zulässig – abbedungen.

Für **Serviceleistungen** (z. B. Werbemittel, Strom, Wasser, Telefon), die der Aussteller anlässlich seiner Messeteilnahme in Anspruch nehmen kann, wird unabhängig von dem tatsächlichen Umfang der bestellten Serviceleistungen eine pauschale Vorauszahlung erhoben (nicht bei fair-package), die mit der Serviceleistungsabrechnung einige Wochen nach Abschluss der Veranstaltung verrechnet wird. Ein Anspruch des Ausstellers auf Verzinsung der Serviceleistungsvorauszahlung besteht nicht. Gemeinsame Hauptaussteller sowie Aussteller und Mitaussteller haften der Deutsche Messe gegenüber für die sich aus diesem Mietvertrag und der Bestellung von Serviceleistungen ergebenden Verpflichtungen als Gesamtschuldner.

Bei der Bestellung von Serviceleistungen, die über das fair-package hinausgehen, wird ebenfalls eine gesonderte Schlussrechnung erstellt.

Auf besonderen Antrag des Ausstellers, der mit dem von ihm gesondert anzufordernden Formular zu stellen ist (Formular A.3), kann die Berechnung des Beteiligungspreises und der Preise für Serviceleistungen an einen Dritten vereinbart werden. Der Antrag wird nur wirksam, wenn er vom Aussteller und von dem ihm benannten Rechnungsempfänger rechtsverbindlich unterzeichnet bis spätestens zu dem auf dem Formular benannten Einsendetermin bei der Deutsche Messe vorliegt.

Alle Preise gelten zuzüglich der jeweils gültigen **Mehrwertsteuer**, soweit sie gesetzlich vorgeschrieben ist.

Die Mehrwertsteuer kann ausländischen Unternehmen auf Antrag erstattet werden, wenn
1. die gesetzlich geforderten Voraussetzungen erfüllt sind, insbesondere wenn in ihrem Land keine Umsatzsteuer oder ähnliche Steuer erhoben wird oder im Fall der Erhebung an in Deutschland ansässige Unternehmen erstattet wird;
2. der Antrag fristgerecht (spätestens 6 Monate nach Ablauf des Kalenderjahres, in dem die Messe stattfand) gestellt wird.

Der Antrag ist zu richten an das Bundeszentralamt für Steuern, Passower Chaussee 3b, 16303 Schwedt/Oder. Hilfestellung bietet auch der Dienstleister ECOVIS Grieger Mallison Wilters & Partner Steuerberatungsgesellschaft unter www.vat-refund-international.com.

7. Vorbehalte

Die Deutsche Messe ist berechtigt, die Messe aus wichtigem Grund (z.B. Arbeitskampf, höhere Gewalt) zu verlegen, zu kürzen, zeitweise ganz oder teilweise zu schließen oder abzusagen.

Die Deutsche Messe ist auch berechtigt, von der Durchführung der Veranstaltung nach billigem Ermessen und unter Berücksichtigung der berechtigten Interessen der Aussteller Abstand zu nehmen, wenn ihr deren wirtschaftliche Tragfähigkeit nicht gesichert erscheint. Mit der Absage entfallen die wechselseitigen Leistungsverpflichtungen der Vertragspartner; Ansprüche auf Erstattung bereits getätigter Aufwendungen oder Schadensersatz können aus der Absage, Kürzung oder Schließung nicht hergeleitet werden. Die Deutsche Messe wird jedoch etwaige an sie bereits erfolgte Zahlungen des Ausstellers für Leistungen, die zum Zeitpunkt der Absage noch nicht erbracht sind, zurückerstatten.

Bei vollständiger oder teilweiser Verlegung oder einer Kürzung gilt der Vertrag als für die geänderte Zeitdauer abgeschlossen, sofern der Aussteller nicht innerhalb einer Frist von 2 Wochen nach Mitteilung der Änderung schriftlich widerspricht. Eine Reduzierung der vereinbarten Preise erfolgt nicht. Die Erfüllung sämtlicher Serviceleistungen erfolgt im Rahmen der vorhandenen Kapazitäten.

12

Deutsche Messe reserves the right to prohibit the exhibitor and any co-exhibitors from using the rented space or to provide them with any services such as power, and to charge interest on late payments. The exhibitor may offset counterclaims against participation fees, charges for services and other claims arising from or in connection with the rental agreement, only to the extent such counterclaims are undisputed or legally binding. If the exhibitor fails to meet his financial obligations, Deutsche Messe shall be entitled to retain the exhibits and stand furnishings and sell these by public auction or privately, at the expense of the exhibitor. The statutory provisions on the sale of pledged goods are hereby waived, to the extent permitted by law.

A fixed deposit will be required (except for a fair package) for **services** such as advertising materials, power, water, and phones that the exhibitor may use during the event, irrespective of the services actually ordered by the exhibitor. This deposit shall be offset against the final invoice issued a few weeks after the event. The exhibitor shall not be entitled to demand interest on the deposit. Joint main exhibitors, and exhibitors and co-exhibitors shall be jointly and severally liable as debtors of Deutsche Messe for any obligations that arise from or in connection with services or the rental agreement.

A separate statement will also be issued for all extra services that are not a part of the fair package.

The exhibitor may request an appropriate application form A3 to appoint a third party to be invoiced for the participation fees and service charges. This authorization shall become effective once Deutsche Messe receives the completed form legally signed and executed by the exhibitor and authorized invoice recipient, by the deadline stated on the form.

All prices are subject to the statutory **VAT**, as applicable.

Foreign businesses may request a refund of the VAT if they meet the following legal conditions:
1. The applicant's country must reciprocate by refraining from levying VAT or a similar tax on companies domiciled in Germany, or by refunding any VAT paid by such firms upon application.
2. The application for a refund must be filed within six (6) months from the end of the calendar year in which the trade fair was held.

You must apply to the Federal Tax Office: Bundeszentralamt für Steuern, Passower Chaussee 3b, 16303 Schwedt/Oder, Germany. Alternatively, you may contact the tax consultants, ECOVIS Grieger Mallison Wilters & Partner (www.vat-refund-international.com), to process the paperwork on your behalf.

7. Reservation of Rights

Deutsche Messe shall be entitled to postpone, curtail, temporarily close in part or in whole, or completely cancel the planned trade fair for just cause, such as a labor dispute or events beyond its control.

Deutsche Messe shall exercise fair judgment in canceling an event that appears to be uneconomic, while taking due account of the interests of exhibitors. The reciprocal obligations of the contractual parties shall become void following such a cancellation. No claims for refunds or damages shall arise from such cancellation, curtailment, or postponement, whereby Deutsche Messe will refund any payments received from exhibitors for services not yet rendered.

In the event of complete or partial postponement or curtailment of the trade fair, the agreement shall be deemed executed for the new date and duration, unless the exhibitor objects in writing within a period of 2 weeks of notification of the alteration. The exhibitor shall not be entitled to any reduction of the contractual fees. All services offered are based on the available resources and capacities.

8. Haftungsausschluss

Die Deutsche Messe übernimmt keine Obhutspflicht für das Ausstellungsgut und die Standeinrichtung, bietet aber im Rahmen des Serviceangebotes der Veranstaltung (Formular 5.50) den Abschluss einer Transport- und Ausstellungsversicherung an, mit der sich der Aussteller gegen etwaige daran im Zuge der Veranstaltung eintretende Schäden versichern kann.

Im übrigen haftet die Deutsche Messe nach den gesetzlichen Bestimmungen, sofern der Aussteller Schadensersatzansprüche geltend macht, die auf Vorsatz oder grober Fahrlässigkeit, einschließlich von Vorsatz oder grober Fahrlässigkeit ihrer Vertreter oder Erfüllungsgehilfen, beruhen. Soweit der Deutsche Messe keine vorsätzliche Vertragsverletzung angelastet wird sowie im Falle der schuldhaften Verletzung einer wesentlichen Vertragspflicht durch die Deutsche Messe, ist die Schadensersatzhaftung auf den vorhersehbaren, typischerweise eintretenden Schaden begrenzt. Die Haftung wegen schuldhafter Verletzung des Lebens, des Körpers oder der Gesundheit bleibt unberührt.

Soweit nicht vorstehend etwas Abweichendes geregelt ist, ist die Haftung der Deutsche Messe ausgeschlossen; dies gilt ohne Rücksicht auf die Rechtsnatur des geltend gemachten Anspruchs und insbesondere auch für Schadensersatzansprüche aus Verschulden bei Vertragsabschluss, wegen sonstiger Pflichtverletzungen oder wegen deliktischer Ansprüche auf Ersatz von Sach- und sonstiger Vermögensschäden gemäß §823 BGB. Ein Anspruch auf Mietminderung besteht nur, wenn eine Beseitigung von Mängeln der Mietsache fehlgeschlagen ist oder die Deutsche Messe trotz angemessener Nachfristsetzung keinen Versuch auf Beseitigung der Mängel unternommen hat. Die vorgenannten Haftungsregelungen gelten entsprechend für alle Leistungen, die von der Deutsche Messe im Zusammenhang mit der Beteiligung des Ausstellers an der Veranstaltung erbracht werden.

9. Vorzeitige Beendigung des Vertrages

Wird nach verbindlicher Anmeldung oder nach erfolgtem Vertragsabschluss auf Veranlassung des Ausstellers ausnahmsweise von der Deutsche Messe ein vollständiger oder teilweiser Rücktritt von der Messeteilnahme zugestanden, **so bleibt der Aussteller gleichwohl zur Zahlung des Anmeldebeitrags in voller Höhe verpflichtet.**

Er hat darüber hinaus der Deutsche Messe eine pauschale Entschädigung (Schadenpauschale) zu entrichten. Weist der Aussteller nach, dass der Deutsche Messe durch den Rücktritt kein Schaden oder nur ein Schaden entstanden ist, der wesentlich niedriger ist als die Schadenpauschale, hat er den entsprechend geminderten Ersatz zu leisten. Die Höhe der Schadenpauschale richtet sich gemäß nachfolgender Abstufungstabelle danach,
– zu welchem Zeitpunkt der Deutsche Messe in Schriftform eine verbindliche Mitteilung des Ausstellers zugeht, von seiner Anmeldung zur Messeteilnahme oder dem bereits bestehenden Standmietvertrag Abstand nehmen zu wollen
– und welcher Beteiligungspreis (Berechnungsbasis: Grundmiete, Seitenzuschläge sowie – bei Bestellung eines fair-package – Zuschlag für fair-package, vgl. oben Nr. I Preise und Zahlungstermine) für die angemeldete oder vermietete Standfläche, für welche die Absage erfolgt, zu zahlen gewesen wäre.

8. Exclusion of Liability

Deutsche Messe does not undertake to safeguard exhibits or stand equipment/fixtures. It does, however, offer exhibitors the opportunity to take out a transport and exhibition insurance policy (Form 5.50 in the Services manual), to cover any damage incurred as a consequence of participation in the fair.

Deutsche Messe shall be liable to the extent prescribed by law for damage claims by the exhibitor arising from malicious conduct or gross negligence on the part of Deutsche Messe or its representatives or vicarious agents. Unless Deutsche Messe is charged with culpable breach of its contractual duties or violation of a material provision in the agreement, its liability shall be limited to foreseeable damages under such agreements. Nevertheless, Deutsche Messe shall be liable for culpable endangerment to life or bodily injury.

Unless otherwise stated above, Deutsche Messe shall be excluded from any liability for damages, regardless of the legal nature of the claim. This applies in particular to damage claims for violations of the principles of good faith in contracting, neglect of duty, or claims of property damage or financial losses pursuant to §823 of BGB (German Civil Code). The exhibitor shall not be entitled to a reduction of the rental charge, unless an attempt to remedy the problem is unsuccessful or unless Deutsche Messe fails to take steps to alleviate the problem, despite being granted a reasonable grace period. These liability regulations shall apply to all services performed by Deutsche Messe in connection with the exhibitor's participation at the event.

9. Premature Termination of Rental Agreement

Deutsche Messe may, at its discretion, accept an exhibitor's request for partial or complete withdrawal from the event subsequent to execution of a binding registration or rental agreement. **Nevertheless, the exhibitor remains liable for payment of the full processing fee**, and the applicable cancellation charge. If the exhibitor is able to prove that Deutsche Messe either incurred no loss through such withdrawal or that the loss is actually less than the applicable charge, a respectively reduced charge will be accepted. The amount to be paid is listed in the following schedule of cancellation charges, governed by the following factors:
– The point in time at which Deutsche Messe receives the exhibitor's written notice of withdrawal from participation in the fair or cancellation of an executed rental agreement;
– The participation fee that would have been due for the respective registered or rented stand space, based on the basic rent, surcharges for open sides of the stand and/or a fair package as applicable, per Section I, Price List and Payment Due Dates.

Abstufung der Stornierungskosten

	Rücktritt vom Vertrag	Wechsel des Vertrages*
Zeitpunkt des Zugangs der Absage bei der Deutsche Messe	Entschädigung in % vom regulären Beteiligungspreis auf Grundlage der/ des angemeldeten** oder bestätigten Standfläche bzw. fair-packages	
20.02.2009 und später	100%	35%
vom 20.01.2009 bis 19.02.2009	50%	10%
vom 20.12.2008 bis 19.01.2009	25%	5%
bis 19.12.2008	10%	0%

*Wechsel vom Vertrag über fair-package zum Vertrag über Standfläche
**im Fall der Absage vor erfolgtem Zugang der Standbestätigung

Schedule of cancellation charges

	Withdrawal from agreement	Amended agreement*
The cancellation notice is received by Deutsche Messe:	Cancellation charge as a percentage of the standard participation fee for a registered** or confirmed stand space or fair package	
On February 20, 2009 or later	100%	35%
Between Jan. 20 & Feb. 19, 2009	50%	10%
Between Dec. 20, 2008 & Jan. 19, 2009	25%	5%
By December 19, 2008	10%	0%

*Agreement on rental of a fair package amended to the rental of stand space only
**If the order is cancelled prior to receiving the stand confirmation.

13

Im Fall des Rücktritts vom Vertrag werden dem Hauptaussteller außerdem unabhängig vom Zeitpunkt des Zugangs der Absage bei der Deutsche Messe die von ihm abgeforderten und eingelösten Fachbesucher-Tickets zum aktuellen Vorverkaufspreis in Rechnung gestellt. Gleiches gilt für die von seinen Mitausstellern abgeforderten und eingelösten Fachbesucher-Tickets, die im Fall des Rücktritts dem Hauptaussteller ebenfalls zum Vorverkaufspreis in Rechnung gestellt werden.

Unbeschadet des Rechts zur Geltendmachung weitergehender Schadensersatzansprüche ist die Deutsche Messe befugt, vom Mietvertrag, von einem Mehrjahresvertrag sowie von etwaigen Verträgen über Serviceleistungen zurückzutreten bzw. diese fristlos zu kündigen, wenn der Aussteller Verpflichtungen, die sich aus dem Mietvertrag, den Teilnahmebedingungen oder den sie ergänzenden Bestimmungen ergeben, nach erfolgter Nachfristsetzung nicht nachkommt. Ein solches Recht der Deutsche Messe zur fristlosen Kündigung besteht auch, wenn bei dem Aussteller die Voraussetzungen für den Vertragsabschluss nicht oder nicht mehr gegeben sind, insbesondere wenn der Aussteller sein Herstellungsprogramm derart geändert hat, dass es nicht mehr den Produktverzeichnis der Messe zugerechnet werden kann. Das gleiche gilt für den Fall, dass der Aussteller seine Zahlungen einstellt oder über sein Vermögen die Durchführung eines gerichtlichen Insolvenzverfahrens, bzw. eines entsprechenden Verfahrens nach der Rechtsordnung seines Herkunftslandes, beantragt worden ist oder sich das Unternehmen des Ausstellers in Liquidation befindet.

Im Falle der Kündigung eines Standmietvertrages aus einem der im vorangehenden Absatz genannten Gründe steht der Deutsche Messe ebenfalls eine Schadenpauschale zu. Deren Höhe errechnet sich in entsprechender Anwendung der für den Fall eines Rücktritts durch den Aussteller geltenden Bestimmungen. Maßgeblicher Zeitpunkt für die Berechnung der Schadenpauschale ist der Zeitpunkt, zu dem die Deutsche Messe in Schriftform Kenntnis von den Tatsachen erlangt, die sie zu einer Kündigung berechtigen.

10. Ergänzende Bestimmungen

Bestandteil des Mietvertrages sind die Hausordnung, das Produktgruppenverzeichnis, sowie die organisatorischen, technischen und übrigen Bestimmungen, die dem Aussteller vor Messebeginn zugehen. Insbesondere gelten die Bestimmungen des Serviceangebotes als vereinbart, die einzelne Serviceleistungen als obligatorisch – ggf. kostenpflichtig – im Zusammenhang mit der Veranstaltung festgelegt (z.B. Medieneinträge, Fachbesucher-Tickets, Ausstellerausweise).

Die Deutsche Messe ist berechtigt, **innerhalb der Abbaufrist nicht beseitigte Gegenstände** auf Kosten des Ausstellers zu beseitigen. Es bedarf keiner Einlagerung dieser Gegenstände, diese können entsorgt werden.

Die **Bewachung der Ausstellungsstände** ist ausschließlich durch die von der Deutsche Messe lizenzierten Bewachungsunternehmen zulässig. Ausnahmegenehmigungen können auf besonderen Antrag an Unternehmen, die ihre Zuverlässigkeit in geeigneter Form nachgewiesen haben, erteilt werden.

11. Ausstelleransprüche, Schriftform, Erfüllungsort, Gerichtsstand

Alle Ansprüche des Ausstellers gegen die Deutsche Messe sind schriftlich geltend zu machen. Sie verjähren, beginnend mit dem Ablauf des Jahres, in dem sie entstanden sind, innerhalb von 12 Monaten. Vereinbarungen, die von diesen Bedingungen oder den ergänzenden Bestimmungen abweichen, bedürfen der Schriftform; faksimilierte Unterschriften sind ausreichend.

Es ist ausschließlich deutsches Recht und der deutsche Text maßgebend. Erfüllungsort und Gerichtsstand ist Hannover. Der Deutsche Messe bleibt es jedoch vorbehalten, ihre Ansprüche bei dem Gericht des Ortes geltend zu machen, an dem der Aussteller seinen Sitz hat.

In addition, regardless of when Deutsche Messe receives the cancellation notice, the main exhibitor shall be invoiced at the prevailing counter rate for any complimentary tickets he or his co-exhibitor(s) ordered and used at the turnstiles.

Deutsche Messe shall, without forfeiting its right to file additional claims, be entitled to rescind or terminate the rental agreement, or multi-year rental agreement, or other service agreements, without notice, if the exhibitor defaults even after being granted a reasonable period of grace, to meet his contractual obligations and those under the Conditions of Participation or the Supplementary Conditions for Participation. Deutsche Messe shall likewise be entitled to terminate the agreement without notice, if the exhibitor does not or no longer fulfils the prerequisites of a rental agreement, especially if the exhibitor has altered his manufacturing program to the extent that it is no longer compatible with the product categories at the show. This shall also apply if the exhibitor suspends payment or his assets are the subject of bankruptcy or similar proceedings in his country of domicile, or if the exhibitor's company is in the process of liquidation.

If the rental agreement for a stand is terminated for one or more of the reasons stated in the above paragraph, Deutsche Messe shall be entitled to a cancellation charge. The amount of this charge shall be determined in accordance with the provisions applicable in the event of withdrawal by the exhibitor from the agreement, and depend on the point in time at which Deutsche Messe receives written advice of the facts justifying termination of the agreement.

10. Supplementary Provisions

The General Regulations of Deutsche Messe for Exhibition Grounds and Parking Facilities, product categories, and organizational, technical, and miscellaneous provisions, all of which are sent to the exhibitor before the event opens, shall collectively **constitute the rental agreement**. The conditions that especially apply are stated in the Services manual, which contains both specific services deemed obligatory and others subject to charge, for example media entries, complimentary tickets, and exhibitor passes.

Deutsche Messe is authorized to dispose of any **items** at the exhibitor's expense, which were **not removed during the dismantling period**. Deutsche Messe is not obligated to store such items before disposing of them.

Only security firms approved and licensed by Deutsche Messe are allowed to provide **security services for stands** at the show. Upon request, appropriately qualified security firms may also be granted special authorization to offer such services.

11. Claims Procedure, Place of Performance / Jurisdiction

Any claims by the exhibitor against Deutsche Messe must be in writing, subject to a statute of limitations of 12 months from the end of the calendar year in which the claims arise. Any agreements that deviate from these or supplementary provisions must be in writing, whereby facsimile signatures shall suffice.

This agreement shall be governed exclusively by the Laws of Germany, the wording in German shall be deemed authentic, and jurisdiction shall be in Hannover, Germany. Deutsche Messe reserves the right to file its claims in a court at the exhibitor's place of business.

14

III. Nutzungsbedingungen OBS +

Aussteller haben die Möglichkeit, über den Online Business Service (OBS+) sowohl Serviceleistungen online zu bestellen als auch die verbindliche Anmeldung zur Teilnahme an der Veranstaltung des Folgejahres online vorzunehmen. Mitaussteller können über das OBS+ nur Serviceleistungen online bestellen.

Für Bestellungen und die Anmeldung zur Veranstaltung mittels OBS+ gelten neben diesen Nutzungsbedingungen, die Geschäftsbedingungen der Deutsche Messe unter II. sowie deren ergänzende Bestimmungen und die jeweiligen Bedingungen zur Bestellung und Lieferung der Serviceleistungen (jeweils abrufbar im OBS+).

Der Zugang zum OBS+ und die Bestellung bzw. Anmeldung zur Veranstaltung erfolgen mittels eines von der Deutsche Messe ausgegebenen Initial-Kennwortes, welches dem Aussteller auf dem Postwege zugesandt wird. Die Deutsche Messe haftet nicht für Schäden, die auf eine missbräuchliche Verwendung dieses Initial-Kennwortes bzw. des Besteller-Kennwortes oder des Co-Besteller-Kennwortes zurückzuführen sind. Die auf elektronischem Wege übermittelte Bestellung bzw. Anmeldung gilt dann als zugegangen, wenn sie zur üblichen Geschäftszeit im elektronischen Briefkasten der Deutsche Messe eintrifft. Die übliche Geschäftszeit wird berechnet nach der Ortszeit des Empfängers.

Die Deutsche Messe haftet nicht für Schäden, die durch technische Störungen – z.B. bei Ausfall der Serververbindungen – und aufgrund höherer Gewalt entstehen. Unbeachtet der Nationalität bzw. des Standortes des Servers, ist bei Streitigkeiten aus diesem Vertrag das deutsche Recht anwendbar. Gerichtsstand ist Hannover.

III. Terms of Use for OBS+

Our Online Business Service (OBS+) is a convenient way for exhibitors to order tradeshow services online and to submit binding registrations for the upcoming event. Co-exhibitors can only order services via OBS+.

The use of OBS+ to order services or register for an event is subject to these Terms of Use, the Terms of Business of Deutsche Messe under Section II, supplementary provisions, plus the respective terms for orders and the rendering of services, all of which can be viewed online in OBS+.

Access to OBS+ to place orders or register for an event is granted through a primary password mailed to the exhibitor by Deutsche Messe. Deutsche Messe shall not be liable for any damages resulting from unauthorized use of this password or any user password set up by the ordering party or a co-exhibitor. Orders and registrations via OBS+ are deemed effective when received in Deutsche Messe's electronic in-box during local business hours, determined by the recipient's location.

Deutsche Messe shall not be liable for damages arising from any technical disruptions, such as server breakdowns or events beyond its control. Any disputes arising from or in connection with this agreement shall be governed by the Laws of Germany, irrespective of the origin or location of the server. Jurisdiction shall be in Hannover, Germany.

15

IV. Zusätzliche Bedingungen für fair-package
Supplementary Conditions for a fair package

Gesamtleistungsübersicht fair-package Scope of Services for a fair package	Classic	Comfort	Premium	Ziffer/ Section
Standfläche und Basisservice **Stand space and basic services**				
Standfläche Stand space	X	X	X	1
Systemstand Typ A mit Basisausstattung System stand type A w/ basic fittings/furnishings	X	—	—	2
Systemstand Typ B mit Basisausstattung System stand type B w/ basic fittings/furnishings	—	X	—	2
Systemstand Typ D mit Basisausstattung System stand type D w/ basic fittings/furnishings	—	—	X	2
Versicherung für Standbau und Ausstattung Insurance for stand setup and fittings/furnishings	X	X	X	7
Reinigung vor Messebeginn und tägliche Reinigung Pre-show cleaning plus daily stand cleaning	X	X	X	3
Abfallentsorgung Waste disposal	X	X	X	3
Elektroanschluss inkl. Anschlussgebühr und Verbrauch Power outlet including connection fee and consumption	3 kW	3 kW	3 kW	3
Presse- und Promotionservice **Press and promotion services**				
Eintragung in den Presseführer online Listing in the online Press Guide	X	X	X	4
Pressefächer Press info trays	1	1	2	4
Themenservice aktuell HOT TOPICS	X	X	X	4
Verzeichnis wichtiger Redaktionsadressen Directory of key publishers	X	X	X	4
Informationsdienst „Produkte und Innovationen" Information service "Products and Innovations"	X	X	X	4
Paket „Besucherwerbung" Visitor promotion package	X	X	X	4
Fachbesucher-Tickets (im Marketingbeitrag enthalten) Complimentary tickets (included in marketing fee)	X	X	X	4
Medieneinträge (im Marketingbeitrag enthalten) **Media entries** (included in marketing fee)				
Unternehmensdarstellung Company profile	X	X	X	5
Produktbeschreibungen (Einpflege durch die Deutsche Messe) Product descriptions (created by Deutsche Messe)	5	5	5	5
Weitere Produktbeschreibungen (Einpflege durch den Aussteller) Additional product descriptions (created/updated by the exhibitor)	X	X	X	5
Sonstiges **Miscellaneous**				
Ausstellerausweise Exhibitor passes	X	X	X	6

Ziffern benennen die Anzahl der eingeschlossenen Leistung / Numbers indicate the quantity of items included

X = eingeschlossen / Included

— = nicht verfügbar / Not available

16

IV. Zusätzliche Bedingungen für fair-package

Gesamtleistungsumfang und -bedingungen

1. Standfläche

2. Standbau und -ausstattung

Allgemeines

Zur Gestaltung der Standfläche werden komplette Stände in der bestellten Größe erstellt. Der Stand ist einen Tag vor Beginn der Veranstaltung um 12 Uhr bezugsfertig und am ersten Abbautag im ordnungsgemäßen und geräumten Zustand zurückzugeben.

Die im fair-package enthaltene Basisausstattung kann durch gesonderte Bestellung von Zusatzausstattung über das OBS+ (Online Business Service) oder das Serviceangebot der Deutsche Messe erweitert werden.

Der Standbau wird auf der von der Deutsche Messe zugewiesenen Standfläche in der standbestätigten m²-Größe, einschließlich Auf- und Abbau mit dem unten beschriebenen Leistungsumfang erstellt.

Bauliche Veränderungen an den Ständen einschließlich der Ausstattung (Bekleben, Streichen etc.) dürfen nicht vorgenommen werden. Im Falle der Zuwiderhandlung hat der Aussteller die Kosten für die Wiederherstellung des Zustandes, der bei Beginn des Mietverhältnisses bestand, zu ersetzen.

Classic: Systemstand Typ A

- Teppichboden, Einweg-Bahnenware, mit Folie abgedeckt, in den Farben Dunkelblau, Hellblau, Anthrazit, Grau, Rot oder Grün
- Begrenzungswände zu den Nachbarständen bzw. Hallenwänden im Octanorm-System, silber mit lichtgrauen Füllungen, 250 cm hoch
- Decke, OC-Deckenzargen an den offenen Standseiten einschließlich erforderlicher Querträger und Stützen
- Blende, vorgehängt, je 1 x pro offene Gangseite, 200x30 cm, lichtgrau, einschl. Beschriftung Futura Bold schwarz (max. 30 Buchstaben)
- 1 Elt-Verteilerkasten mit 2 verfügbaren Steckdosen 230 V
- 4 Strahler, je 50 W
- Kabine, 100x100 cm, mit Wandelementen und einem abschließbaren Türelement
- Mobiliar: 1 Tisch, Durchmesser ca. 70 cm oder 70x70 cm, Chromgestell mit weißer Platte, 3 Stühle: Chromgestell, schwarze Polsterung, 1 Garderobenleiste in der Kabine montiert, 1 Papierkorb

Comfort: Systemstand Typ B

- Teppichboden, Einweg-Bahnenware, mit Folie abgedeckt, in den Farben Dunkelblau, Hellblau, Anthrazit, Grau, Rot oder Grün
- Begrenzungswände zu den Nachbarständen bzw. Hallenwänden im Octanorm-System, silber mit lichtgrauen Füllungen, 250 cm hoch
- Decke, Octanorm-Struktur, umlaufend (ca. 100x100 cm), silber, auf das OC-System aufgesetzt, OK 300 cm
- Blende, trapezförmig, je 1 x pro offene Gangseite, 200x50 cm, lichtgrau, einschl. Beschriftung Futura Bold schwarz (max. 30 Buchstaben)
- 1 Elt-Verteilerkasten mit 2 verfügbaren Steckdosen 230 V
- Je 1 Strahler, 50 W, pro 3 m² Standfläche
- Papierkorb
- Standgrößenabhängige Ausstattung:

Standgröße in m²	≤ 49	50-79	≥ 80
Kabinengröße	4 m²	8 m²	10 m²
Anzahl Tische	1	2	3
Anzahl Stühle	4	8	12
Anzahl Garderobenleisten	1	2	2

Premium: Systemstand Typ D

- Teppichboden, Einweg-Bahnenware, mit Folie abgedeckt, in den Farben Dunkelblau, Hellblau, Anthrazit, Grau, Rot oder Grün
- Begrenzungswände zu den Nachbarständen bzw. Hallenwänden aus 40 mm starken Wandmodulen, lichtgrau, 250 cm hoch

IV. Supplementary Conditions for a fair package

Scope of Services and Conditions

1. Stand space

2. Stand setup and fittings/furnishings

Introduction

The rented stand will be set up as ordered and handed over to the exhibitor in a turnkey condition at 12 noon on the day before the event opens. This shall be returned in a proper and clean state on the first day of the dismantling period.

Exhibitors may order supplementary services to complement a basic fair package, via OBS+ or by submitting the appropriate form in the Services manual of Deutsche Messe.

The stand, which includes the services described below, shall be constructed at the space allocated by Deutsche Messe in the confirmed size and subsequently dismantled.

The stand and its fittings/furnishings may not be structurally modified or defaced in any way by taping, tacking, painting, or the like. In case of violations, the exhibitor shall be liable for the costs incurred to restore the stand to its original condition at the time of rental.

Classic: System Stand Type A

- Disposable off-the-roll carpeting; choice of 6 colors: dark-blue, light-blue, anthracite, grey, red or green
- Partition walls to adjacent stands and/or halls, constructed of Octanorm elements, silver, light grey inlaid panels, 250 cm high
- Ceiling of OC frame sections along open sides of the stand, all necessary cross girders and pillars
- Fascia panel, light grey, 200x30 cm, black lettering in Futura Bold typeface (maximum of 30 letters), mounted on each side opening to an aisle
- 1 power distribution box, dual-socket, 230 V
- 4 spotlights, 50 W each
- Cubicle, 100x100 cm, lockable door
- Furniture: 1 table 70 cm round or square, white top with chrome-plated frame/legs; 3 chairs, chrome-plated frame/legs, black upholstery; 1 coat rack in the cubicle; 1 wastebasket

Comfort: System Stand Type B

- Disposable off-the-roll carpeting; choice of 6 colors: dark-blue, light-blue, anthracite, grey, red or green
- Partition walls to adjacent stands and/or halls, constructed of Octanorm elements, silver, light grey inlaid panels, 250 cm high
- Ceiling of Octanorm 100x100 cm modular sections all around, mounted on OC frames, top edge 300 cm above the floor
- Fascia panel, trapezoidal, light grey, 200x50 cm, black lettering in Futura Bold typeface (maximum of 30 letters), mounted on each side opening to an aisle
- 1 power distribution box, dual-socket, 230 V
- 1 50 W spotlight for each 3 m^2 of stand space
- Wastebasket
- Furnishings based on stand space:

Stand space in m²	≤ 49	50-79	≥ 80
Size of cubicle	4 m²	8 m²	10 m²
Number of tables	1	2	3
Number of chairs	4	8	12
Number of coat racks	1	2	2

Premium: System Stand Type D

- Disposable off-the-roll carpeting, choice of 6 colors: dark-blue, light-blue, anthracite, grey, red or green
- 40 mm thick partition walls to adjacent stands and/or halls, silver, light grey, 250 cm high

17

- 2 Zargen in variablen Längen
- 1 Elt-Verteilerkasten mit 2 verfügbaren Steckdosen 230 V
- Je 1 Strahler, 50 W, pro 3 m² Standfläche
- Papierkorb
- Standgrößenabhängige Ausstattung:

Standgröße in m²	≤ 49	50-79	≥ 80
Kabinengröße	4 m²	8 m²	10 m²
Anzahl Tische	1	2	3
Anzahl Stühle	4	8	12
Anzahl Garderobenleisten	1	2	2
Anzahl Werbetürme*	1	2	2

* Werbeturm: 50x50x350 cm, mit rotierendem Element, Würfel (50x50x50 cm), hinterleuchtet, inkl. Beschriftung in Standard-Schrifttype Futura Bold (max. 40 Buchstaben/Turm)

3. Technische Serviceleistungen

Die **Reinigung** vor Messebeginn und die **tägliche Reinigung** während der Veranstaltung abends umfassen die Fußbodenpflege sowie die Reinigung der Standeinrichtung (ohne Glas/Exponate). Darüber hinaus gehende Leistungen können über das OBS+ bestellt werden.

Die **Abfallentsorgung** umfasst die tägliche abendliche Abholung und Entsorgung des Standabfalls. Der zu entsorgende Abfall ist nach Wert- und Reststoffen zu trennen und täglich nach Veranstaltungsschluss vor Ihrem Stand bereit zu stellen. Sollte der tägliche Standabfall die übliche Menge übersteigen, wird die Mehr-Entsorgung gesondert in Rechnung gestellt.

Es wird ein **Elektroanschluss** mit Standzuleitung bis zu 3 KW gestellt. Die Anschlussgebühr und die Verbrauchskosten sind im Preis enthalten. Darüber hinausgehende Leistungen können über das OBS+ (Online Business Service) der Deutsche Messe bestellt werden.

4. PR-Serviceleistungen

Im **Presseführer Online** werden Ihre Ansprechpartner für Journalisten, Ihre Messestandnummer, Telefon- und Fax-Nr., Email-Adresse sowie Ihre Heimatadresse veröffentlicht. Der Presseführer wird im Internet auf dem Presseserver bereitgestellt.

Im Presse-Centrum auf dem Messegelände steht dem Aussteller für die Dauer der Veranstaltung ein **Pressefach** (deutsch/englisch) zur Auslage von Presseinformationen oder kompletten Pressemappen zur Verfügung.

Themenservice aktuell: Mit dem „Themenservice aktuell" wird tagesaktuell über Highlights des Messegeschehens berichtet. Es ist für Printmedien, Hörfunk und Fernsehen eine begehrte Informationsquelle. Eine unabhängige Redaktion wählt und bereitet die Themen mediengerecht auf. Der „Themenservice aktuell" erscheint direkt vor Messebeginn und dann in mehreren Ausgaben während der ersten Tage der Messe. Bitte reichen Sie möglichst deutschsprachige Presse-Information, Beschreibungen oder Anwendungsbeispiele ca. vier Wochen vor Messebeginn bei der Deutsche Messe ein (nach Möglichkeit per E-Mail). **Wichtiger Hinweis**: Es besteht keine Garantie der Veröffentlichung.

Verzeichnis wichtiger Redaktionsadressen: Ein Presseverteiler mit Redaktionsadressen hilft Ihnen, Ihre Informationen und Einladungen gezielt an die gewünschten Medien-Zielgruppen zu versenden. Die Deutsche Messe stellt sowohl ein Verzeichnis der aktuellen Medien (Tageszeitungen, Funk, Fernsehen) in Deutschland als auch ein Verzeichnis wichtiger Fachzeitschriften in Europa und den USA zusammen. Bereits 6-8 Wochen vor Veranstaltungsbeginn ist die Adressenliste als PDF oder Access-Format für sie kostenlos verfügbar.

Produkte und Innovationen - Dieser Informationsdienst auf dem HANNOVER MESSE-Presseserver unterrichtet die Medien in Kurzform über neue oder weiterentwickelte Produkte. Für den Neuheitendienst können Kurzbeschreibungen für bis zu fünf Produkten, Dienstleistungen oder Messeneuheiten per E-Mail oder Fax eingereicht werden. Die Texte sollten in deutscher und englischer Sprache abgefasst sein und pro Produkt nicht mehr als 1000 Zeichen umfassen. Jedes Produkt muß mindestens einer Produktgruppe zugeordnet werden. Vor Veröffentlichung werden die Texte redaktionell aufbereitet. Die Veröffentlichungstermine sind 8, 6 und 4 Wochen vor Messebeginn.

- 2 ceiling frame sections of varying lengths
- 1 power distribution box, dual-socket, 230 V
- 1 50 W spotlight for each 3 m² of stand space
- Wastebasket
- Furnishings based on stand space:

Stand space in m²	≤ 49	50-79	≥ 80
Size of cubicle	4 m²	8 m²	10 m²
Number of tables	1	2	3
Number of chairs	4	8	12
Number of coat racks	1	2	2
Number of display towers*	1	2	2

* Display tower: 50x50x350 cm, with rotating element, cube (50x50x50 cm), backlit, incl. lettering in standard Futura Bold typeface (maximum of 40 letters per tower)

3. Technical Services

The stand and its fittings/furnishings and floor (excluding glass surfaces and exhibits) will be **cleaned** before the show opens and **each evening** during the event. You may order supplementary services from Deutsche Messe via OBS+.

Waste disposal consists of the collection every evening of waste produced at the stand. Exhibitors must sort the waste into recyclable and non-recyclable waste, and place the bags at the front edge of the stand for pick-up at the end of every tradeshow day. Exhibitors will be invoiced for removal of waste that exceeds the normal amount.

The stand will be supplied with **power** rated at 3 KW. The installation and consumption are included in the rental fee, but extra services may be ordered from Deutsche Messe via OBS+.

4. PR Services

The **online Press Guide** contains a listing with your contact for the press, trade fair stand number, phone and fax numbers, and business address. The Press Guide is available to journalists online via the press server.

During the show, you may deposit press releases or press kits in German or English in **info trays** at the Press Center, for convenient pick-up by members of the press.

HOT TOPICS: A free service for the daily and business press, radio and TV. Deutsche Messe publishes HOT TOPICS to keep you informed of highlights at the fair. Our unbiased editors select the news and prepare professional reports of topics of interest. HOT TOPICS are published just before the show, and several times during the early days of the fair. Please submit your press releases or descriptions of new products and applications to Deutsche Messe. The texts should preferably be in German and sent via e-mail about a month before the show. **Please note** that we cannot guaranty publishing your material.

Directory of key publishers: This is your opportunity to captivate the attention of or invite specific media groups. Deutsche Messe compiles a directory of key media in Germany (such as daily newspapers, radio and TV broadcasters) and in Europe and the US (major trade journals). The directory is available free of charge 6 to 8 weeks before the show, as a downloadable PDF or Access file.

Products and Innovations: This is an information service available on the HANNOVER MESSE press server, and contains concise descriptions of new products and refinements. Exhibitors may submit brief descriptions of up to five of their products and/or services or news via e-mail or fax. The texts should be in English and German, not exceed 1,000 characters per product, and you must classify each description into at least one product group. All texts are edited before publication, which is scheduled for 8, 6, and 4 weeks before the show.

Cooperative visitor promotion: A successful exhibit depends on laying the groundwork well before the show begins. Deutsche Messe can bolster your effort by providing extensive advertising materials you can use to spread the news of your participation at the show and attract not only business partners but also current and potential customers.

Exhibitors who rent a fair package will receive a host of advertising materials (brochures for visitors, invitations, posters, and poster stickers) in the requested quantity and language(s). You can order an unlimited quantity of almost all such materials at no cost from Deutsche Messe via OBS+.

18

Kooperative Besucherwerbung: Den Grundstein für eine erfolgreiche Messepräsentation legen Sie bereits lange vor Veranstaltungsbeginn. Informieren Sie Ihre Geschäftspartner und neue wie alte Kunden über Ihren Messeauftritt. Die Deutsche Messe hat dazu eine Vielzahl geeigneter Werbemittel für Sie vorbereitet. Nutzen Sie diese, um mit Ihrer Geschäftspost eine breitgestreute Promotion zu betreiben.

Mit der fair-package-Lösung werden eine Vielzahl Werbemittel (z.B. Besucherprospekte, Einladungen, Plakate) in der bestellten Anzahl und Sprachversion zur Verfügung gestellt.

Fast alle Werbemittel der Deutsche Messe können Sie in unbegrenzter Stückzahl kostenfrei über das OBS+ bestellen.

Mit **Fachbesucher-Tickets** kann der Aussteller z.B. Kunden oder Geschäftspartnern einen kostenlosen Besuch der Veranstaltung ermöglichen. Diese Ausweise gelten nach Registrierung als Eintrittsausweise und werden beim Messebesuch an den Einlass-Drehkreuzen entwertet.

You can distribute **complimentary tickets** to your customers or business associates for free entrance to the show. These tickets are valid following registration, and will be cancelled when used at the turnstiles.

5. Medieneinträge

Zur **Unternehmensdarstellung** können Aussteller Firmenname, Adresse, Kontaktdaten, Firmensteckbrief, Kurzprofil und Firmenlogo auf der Website der Veranstaltung veröffentlichen. Die Deutsche Messe übernimmt auf Wunsch des Ausstellers einmalig die Erfassung von Informationen zur Unternehmensdarstellung. Angaben zu Halle und Standort sowie die Messe-Telefonnummer des Ausstellers werden seitens der Deutsche Messe automatisch ergänzt. Grundlage hierfür sind die Daten, die der Deutsche Messe vom Aussteller mit seiner Anmeldung übermittelt bzw. über den anschließenden Redaktionsprozess mitgeteilt werden. Zur Darstellung von Produkten können **Produktbeschreibungen** in Text und Bild inkl. einer Klassifizierung über Produktgruppen veröffentlicht werden. Die Einpflege von fünf ausführlichen Produktbeschreibungen mit jeweils bis zu vier Produktgruppenzuordnungen kann durch einen kostenlosen Redaktionsservice der Deutsche Messe erfolgen. **Weitere Produktbeschreibungen** sind bei eigener Pflege online in unbegrenzter Anzahl kostenlos möglich. Jedem Produkt müssen mind. eine und max. vier Produktgruppen zugeordnet werden.
Hinweis:
Aktualisierungen und Anpassungen können vom Aussteller selbst über ein Online-Redaktionssystem erfasst oder kostenpflichtig bei der Deutsche Messe bestellt werden. Die Unternehmens- und Produktdarstellung wird auszugsweise im Elektronischen Besucher-Informationssystem EBi sowie in gedruckten Ausstellerverzeichnissen veröffentlicht. Nicht termingerecht eingehende Angaben zum Unternehmen und Produkten können für etwaige Druckerzeugnisse nicht berücksichtigt werden. Dies gilt auch, wenn der Aussteller erst nach dem Einsendeschluss eine Teilnahmebestätigung zur Messe erhält.

5. Media Entries

A **company profile** publicizes your company name, address, contact information, facts & figures, a brief description, and company logo via the show's website. Upon request, Deutsche Messe will create a profile for you once, and automatically insert your hall, stand, and phone number at the show. Listings are based on the information you supply to Deutsche Messe with your registration or during the subsequent editing process.
Make sure your products get the attention and publicity they deserve. Deutsche Messe's editorial team can create five illustrated **product descriptions** free of charge. You may create an unlimited number of **additional product descriptions** and update the content online. Each product must be classified into at least one but no more than four product groups.
Note: You can update or modify your entries using an online editing program, or request Deutsche Messe to make changes and corrections for a fee.
Excerpts of your company profile and product descriptions will also be published via the visitor information system (EBi) and in the printed lists of exhibitors. However, late submissions of company or product information will not appear in print, irrespective of whether you received confirmation of your participation after the deadline.

6. Ausweise

Ausstellerausweise dienen dazu, dem Standpersonal des Ausstellers den Zugang zum Messestand zu ermöglichen. Sie berechtigen den Inhaber, die Hallen in der Zeit zwischen 7.00 und 19.00 Uhr zu betreten. Auf Basis der bestätigten Grund-Standfläche werden Ausstellern folgende Anzahl an Ausstellerausweisen bereitgestellt:

- 15 bis 19 m² Grund-Standfläche: 4 Ausstellerausweise
- 20 bis 29 m² Grund-Standfläche: 5 Ausstellerausweise
- 30 bis 49 m² Grund-Standfläche: 8 Ausstellerausweise
- ab 50 m² Grund-Standfläche: 15 Ausstellerausweise

Um sicherzustellen, dass die Ausstellerausweise rechtzeitig vorliegen, werden die Ausstellerausweise nur bis 2 Wochen vor Veranstaltungsbeginn versandt. Nach diesem Termin werden die Ausweise im "Aussteller Service Center" der Deutsche Messe vorgehalten und können gegen Vorlage einer entsprechenden Legitimation entgegengenommen werden.

6. Passes/Tickets

Stand personnel require an **exhibitor pass** for admission to the Exhibition Grounds and stands, open from 7 a.m. to 7 p.m. Exhibitors will be allocated passes based on the confirmed stand size as follows:

- Standard stand space of 15 to 19 m²: 4 exhibitor passes
- Standard stand space of 20 to 29 m²: 5 exhibitor passes
- Standard stand space of 30 to 49 m²: 8 exhibitor passes
- Standard stand space of 50 m² or more: 15 exhibitor passes

Exhibitor passes are mailed at least two weeks or more before the event starts, to ensure that exhibitors receive them on time. Thereafter, the passes can be picked up at the "Exhibitor Service Center" on the exhibition grounds, upon presentation of proper authorization.

7. Versicherung und Haftung

Für Schäden, die während der Mietzeit an den Sachen entstehen, die dem Aussteller als Grund- und Zusatzausstattung der fair-package-Lösungen zur Verfügung gestellt werden, besteht **Versicherungsschutz.** Folgende Risiken sind versichert: Elementarereignisse, Feuer- und Nässeschäden, Einbruchsdiebstahl, Diebstahl, Abhandenkommen, mut- und böswillige Beschädigungen, Bruchschäden.
Von der Versicherung ausgenommen sind Lack-, Kratz- und Schrammschäden sowie jegliche Folgeschäden des Ausstellers, die ihm infolge des Verlustes oder der Beschädigung der Grund- oder

7. Insurance and Liability

An **insurance policy** covers any damage to the basic or supplementary fittings/furnishings of a fair package during the term of the rental agreement. The policy covers natural events like fire and water damage, and burglary, loss, vandalism, malicious damage, or breakage.
This insurance policy excludes damage to paintwork and surface scratches and marks, as well as any consequential damages incurred by the exhibitor as a result of the loss of or damage to the basic or supplementary fittings/furnishings. Any damages that arise from culpable acts involving the exhibitor and/or his staff are also excluded.

19

Zusatzausstattung entstehen. Ferner sind von der Versicherung solche Schäden ausgenommen, zu deren Entstehung der Aussteller oder ein Angehöriger seines Unternehmens schuldhaft selbst beigetragen hat. Soweit Schäden an den zur Verfügung gestellten Sachen (Grund- oder Zusatzausstattung) während der Mietzeit entstehen und für diese kein Versicherungsschutz besteht, haftet der Aussteller für die Kosten der Wiederherstellung des Zustandes, der bei Beginn des Mietverhältnisses bestand.

Die **Versicherungsbedingungen** werden dem Aussteller auf Anforderung zugesandt. Die Versicherung umfasst ausschließlich die im Rahmen der fair-package-Lösungen zur Verfügung gestellte Grund- und Zusatzausstattung, nicht jedoch die Exponate oder sonstige vom Aussteller eingebrachte oder von ihm angemietete Sachen. Es wird empfohlen, für diese Gegenstände gesonderten Versicherungsschutz abzuschließen (Formular 5.50 im Online Business Service der Deutsche Messe, OBS+). Maßgeblich für den Umfang des Versicherungsschutzes sind die zwischen der Deutsche Messe und der Landschaftliche Brandkasse Hannover vereinbarten Versicherungsbedingungen für fair-package-Lösungen. Auch diese werden dem Aussteller auf Anforderung zugesandt.

Die **Deutsche Messe schließt außer bei Vorsatz und grober Fahrlässigkeit die Haftung für jegliche Schäden** aus, die im Zusammenhang mit der Erbringung von Reinigungs- und Entsorgungsleistungen, Elektroinstallationen bzw. aus Störungen der Elektroversorgung oder des Versorgungsnetzes entstehen.

Die **Deutsche Messe übernimmt keine Gewähr für die Funktionstüchtigkeit der externen Datennetze**, an die sie direkt oder indirekt angeschlossen ist. Sie haftet nur bei Vorsatz oder grober Fahrlässigkeit für technisch bedingte Ausfälle bzw. eingeschränkte Verfügbarkeit des Internet-Rechners. Von der Deutsche Messe und den mit der Durchführung der Leistung beauftragten Firmen wird keine Haftung für nicht erfolgte Eintragungen und fehlerhafte Ausführungen übernommen, soweit diese nicht auf Vorsatz oder grober Fahrlässigkeit beruhen. Aus wettbewerbsrechtlichen Gründen ist es erforderlich, dass alle Angaben des Ausstellers den Tatsachen entsprechen. Bei Zuwiderhandlung haftet der Aussteller für alle der Deutsche Messe daraus mittelbar oder unmittelbar entstehenden Schäden.

8. Sonstige Vereinbarungen

Beanstandungen jeder Art, die sich auf die Ausführung unserer Leistungen oder sonstige Unregelmäßigkeiten beziehen, sind unverzüglich schriftlich Ihrem Ansprechpartner bei der Deutsche Messe zwecks Abhilfe mitzuteilen. Bei nicht rechtzeitiger Mitteilung können Rechte aus solchen Beanstandungen nicht geltend gemacht werden.

Zugang zum OBS+ (Online Business Service): Mit der Bestätigung des fair-packages erhält der Aussteller ein Kennwort, mit dem er über den in seinem fair-package enthaltenen Leistungsumfang hinaus weitere entgeltliche Serviceleistungen via OBS+ online bestellen kann. Die Deutsche Messe wird im Übrigen sämtliche zur Erbringung ihrer Leistungen bzw. für die Veröffentlichung in den Medien benötigten Angaben abfragen.

The exhibitor shall be liable for any uninsured loss or damage to the basic or supplementary fittings/furnishings that occurs during the term of the rental agreement, and shall be liable for the costs incurred to restore the stand to its original condition at the time of rental.

The **terms and conditions of the insurance policy** will be provided to exhibitors on request. This insurance is exclusively for basic and supplementary fittings/furnishings of the fair package and does not cover the exhibits or any other items belonging to or brought by the exhibitor. We therefore recommend that exhibitors take out a supplementary policy to cover their exhibits (Form 5.50 in OBS+). The insurance coverage is based on the terms and conditions for fair packages, which will be provided to exhibitors on request, as negotiated between Deutsche Messe and the insurer, Landschaftliche Brandkasse, Hannover.

Deutsche Messe accepts no liability whatsoever, except for acts of willful misconduct or gross negligence, for any damage arising from or in connection with cleaning and waste disposal services, or electrical installations, or malfunctions in electrical systems or the supply network.

Deutsche Messe accepts no liability whatsoever for the functionality of external networks to which it is directly or indirectly connected. Deutsche Messe shall be liable only for acts of willful misconduct or gross negligence that result in technical breakdowns or limited accessibility of the Internet server. Deutsche Messe and the companies it commissions accept no liability for the failure of listings to appear or for improper performance, except for acts of willful misconduct or gross negligence. Competition laws require that all statements made by exhibitors are factual, whereby exhibitors who contravene this regulation shall be liable for any resulting direct or consequential damages incurred by Deutsche Messe.

8. Miscellaneous Provisions

Any **complaints** of unsatisfactory performance of services or other irregularities must be promptly reported in writing to your contact at Deutsche Messe, to enable the latter to resolve the problem. You shall forfeit your right to make claims, if you do not file the complaint on time.

Access to OBS+ (Online Business Service): You fair package confirmation will include a password giving you access to our OBS+, through which you can order additional services to complement your fair package. Upon logging in, you will be asked to give additional information necessary to provide you with the requested services and to publish it in all relevant media.

Deutsche Messe AG
Hannover

Hausordnung
der DEUTSCHEN MESSE AG
für das Messegelände einschließlich der Parkplätze

1. In der Auf- und Abbauzeit kann das Messegelände ohne besondere Kontrolle betreten werden. Die Ordnungsorgane der Deutschen Messe AG sind befugt, Personenkontrollen auf dem Messegelände durchzuführen. Personen, die sich dabei nicht als zum Standaufbau zugehörig ausweisen können, können vom Messegelände verwiesen werden.

2. Das Messegelände darf während der Veranstaltung nur mit einem gültigen Ausweis zu den hierfür jeweils bestimmten Zeiten betreten werden. Kinder unter 15 Jahren haben nur in Begleitung aufsichtspflichtiger Erwachsener Zutritt.

3. Nicht gestattet ist:

   a) die Mitnahme von Tieren auf das Messegelände,
   b) jede unbefugte gewerbliche Tätigkeit auf dem Messegelände, insbesondere das Verkaufen, Verteilen oder Anbieten von Gegenständen und Leistungen aller Art.
   c) jeglicher Direktverkauf sowie die Mitnahme von Ausstellungsgegenständen aus dem Messegelände durch Besucher,
   d) jede Art von Aussteller- und Besucherbefragungen außerhalb des eigenen Ausstellungsstandes. Die Deutsche Messe AG führt selbst umfangreiche Befragungen durch. Weitere Befragungen sind wegen der damit verbundenen zusätzlichen Belastung der Befragten unzulässig.
   e) jede Art von Werbung, wie z.B. das Verteilen oder Aushängen von Werbeschriften, Aufstellen von Werbeaufbauten usw. außerhalb der Ausstellungsstände,
   f) Verunreinigung der Hallen und des Geländes durch Wegwerfen von Papier, Abfällen usw.,
   g) das unbefugte und verkehrsbehindernde Abstellen von Kraftfahrzeugen, Anhängern, Absetzcontainern, Sattelaufliegern, Wechselbrücken u.Ä. sowie Hindernissen jeglicher Art und das unbefugte Benutzten von Kraftfahrzeugen auf dem Messegelände,
   h) das Betreten der nicht ausdrücklich für den Fußgängerverkehr freigegebenen Rasenflächen, gärtnerischen oder sonstigen Anlagen,
   i) der Betrieb von Sende- und Empfangsgeräten (Rundfunk-, Fernseh-, Funk- und Funksprechgeräten) auf dem Messgelände ohne ausdrückliche schriftliche Erlaubnis der Deutschen Messe AG,
   j) jegliches sonstiges Verhalten, das geeignet ist, die Ruhe und Ordnung innerhalb des Messegeländes zu stören oder das äußere Bild innerhalb und außerhalb der Hallen zu beeinträchtigen.

- 2 -

- 2 -

4. a) Auf dem Messegelände gelten die Regeln der Straßenverkehrsordnung (StVO). Die zulässige Höchstgeschwindigkeit beträgt 20 km/h.

   b) Die Deutsche Messe AG ist befugt, widerrechtlich abgestellte Kraftfahrzeuge, Anhänger, Container, Sattelauflieger, Wechselbrücken u.Ä. sowie Hindernisse jeglicher Art auf Kosten und Gefahr des Halters bzw. Eigentümers ohne vorherige Unterrichtung entfernen zu lassen, und zwar insbesondere, wenn diese Hindernisse nicht an allen vier Ecken bzw. Standbeinen durch 0,50 m lange und mindestens 0,10 m breite reflektierenden Foilen (diagonal rot-weiß gestreift) in Scheinwerferhöhe kenntlich gemacht sind. Stützfüße müssen ausreichend unterbaut werden.

5. Produktionen für TV, Video und Neue Medien sowie das Fotografieren von Ständen, insbesondere von Exponaten, auch zu privaten Zwecken, sind nur zulässig, wenn der betreffende Aussteller vorab ausdrücklich zugestimmt hat. Werden Produkte für TV, Video und Neue Medien zu kommerziellen Zwecken angefertigt, ist darüber hinaus vorab eine schriftliche Erlaubnis der Deutschen Messe AG einzuholen.

6. Ausstellungsgüter, Inventar oder Teile von Standeinrichtungen und ähnliche Gegenstände dürfen nur bei Nachweis der Berechtigung durch Vorlage einer schriftlichen Bestätigung der zuständigen Stellen (Aussteller, Inhaber oder Leiter von Service-Einrichtungen usw.) aus dem Messegelände gebracht werden.

7. Die Deutsche Messe AG behält sich vor, einzelnen Unternehmen nach Überprüfung von deren Zuverlässigkeit eine Konzession zu Erbringung von Serviceleistungen an Aussteller auf dem Messegelände zu erteilen. Ziffer 3c) bleibt unberührt.

8. Innerhalb des Messegeländes gefundene Gegenstände sind entweder im Fundbüro, in einer Halleninspektionen oder dem Sicherheitsdienst der Deutschen Messe AG abzugeben.

9. Die Ordnungsorgane sind beauftragt, für den reibungslosen Ablauf der Veranstaltung sowie für die Sicherheit und Ordnung auf dem Messegelände Sorge zu tragen und die Einhaltung der hierfür geltenden Bestimmungen zu überwachen.

10. Das Hausrecht auf dem Messegelände einschließlich Eingangsanlagen und Parkplätzen steht der Deutschen Messe AG zu; sie übt es auch durch ihre Organe aus, kann es jedoch im Einzelfall auch auf den offiziellen Träger eine Veranstaltung auf dem Messegelände übertragen.

11. Bei Zuwiderhandlungen gegen die Hausordnung, die Bestandteil der Teilnahmebedingungen ist, bzw. gegen die sonstigen Bestimmungen (Technische Richtlinien, Abbauinformationen usw.) behält sich die Deutsche Messe AG geeignete Maßnahmen vor. Bei groben Verstößen kann Verweisung vom Messgelände, ein Geländeverbot auf Zeit oder auf Dauer bzw. der Ausschluss von der Veranstaltung überhaupt ausgesprochen werden.

Deutsche Messe AG
Zentrale Dienste

Stichwortverzeichnis